RÉGION ET DÉVELOPPEMENT

n° 38-2013

Diffusions, frictions et inégalités spatiales

L'Harmattan

REVUE RÉGION ET DÉVELOPPEMENT

Revue fondée en 1995 par Gilbert Benhayoun et Maurice Catin

Revue semestrielle référencée dans ECONLIT et dans IDEAS (REPEC)

Site web : www.regionetdeveloppement.org
ISSN 2117-0843

5-7, rue de l'Ecole polytechnique, 75005 Paris

http://www.harmattan.fr
diffusion.harmattan@wanadoo.fr
harmattan1@wanadoo.fr
ISBN : 978-2-343-03435-5
EAN : 9782343034355

Région et Développement

n° 38 - 2013

Diffusions, frictions et inégalités spatiales

Coordonné par
Catherine BAUMONT et Rachel GUILLAIN

Articles

Varia

INTRODUCTION
DIFFUSIONS, FRICTIONS ET INÉGALITÉS SPATIALES

Catherine BAUMONT[*], Rachel GUILLAIN[**]

« Favoriser le développement économique » et « lutter contre les inégalités territoriales » sont deux objectifs des décideurs publics. D'un côté, les disparités et les fractures territoriales sont sources de dysfonctionnements : elles portent préjudice à la croissance et créent des tensions sociales, quelles que soient les échelles spatiales considérées. Ces principes fondent un ensemble de politiques publiques. Par exemple, la politique de Cohésion européenne vise à amoindrir les inégalités de développement entre les régions européennes qui se renforcent au fur et à mesure de l'histoire de la construction de l'Union européenne. Au sein des villes, les politiques publiques tentent de lutter contre la ségrégation urbaine.

D'un autre côté, créer les conditions de croissance des territoires et assurer les moyens de leur développement économique semble aller de pair avec une diminution des inégalités. Pourtant, les relations entre disparités et développement économique des territoires sont complexes. L'Économie géographique propose un cadre cohérent pour comprendre l'inégale répartition des populations et des activités économiques. Dans les modélisations récentes, la structure centre-périphérie initialement mise en évidence par Krugman (1991) a laissé place à d'autres visions de l'organisation des territoires : à une phase d'agglomération peut succéder une phase de dispersion des activités économiques, tendance caractérisant la distribution des activités appelée « courbe en cloche ». Ceci appelle des remarques quant à l'évolution des disparités territoriales en lien avec le développement économique des territoires.

La première remarque concerne l'agglomération des richesses sur les territoires. Thisse et Prager (2009) la considèrent comme « la contrepartie territoriale de la croissance tant les processus à l'œuvre dans les deux cas se ressemblent ». Duranton et Puga (2004), en clarifiant les propos de Marshall (1890), identifient les fondements microéconomiques aux mécanismes d'agglomération : *sharing* (partage), *matching* (appariement) et *learning* (apprentissage). Trois arguments fondent le *sharing* : le partage de biens ou d'équipements indivisibles (infrastructures locales), des risques (les entreprises gagnent à se regrouper pour limiter les effets des fluctuations du marché) et des gains issus du partage d'inputs spécialisés. Le *matching* traduit le meilleur appariement sur un marché local entre employeurs et employés, entre acheteurs et fournisseurs, globalement entre agents en situation d'interactions économiques. L'appren-

[*] LEDi, UMR CNRS 6307, Université de Bourgogne; catherine.baumont@u-bourgogne.fr
[**] LEDi, UMR CNRS 6307, Université de Bourgogne ; rachel.guillain@u-bourgogne.fr

tissage (*learning*) est favorisé par les interactions directes répétées possibles dans la proximité urbaine et la diversité de l'environnement urbain est un catalyseur pour l'innovation car il favorise la recherche et l'expérimentation. L'agglomération des activités économiques et des populations est alors une organisation territoriale économiquement efficace : elle permet de diminuer les frictions liées à la distance dans les interactions économiques, même si son corolaire est une augmentation des inégalités. Les décideurs publics sont face à un arbitrage « qui porte sur l'efficacité globale du territoire et l'équité spatiale à l'intérieur de ce territoire » (Thisse et Prager, 2009).

La seconde remarque porte sur la phase de dispersion, à terme, des activités. Cette phase s'explique par l'émergence de forces de dispersion souvent engendrées par les forces d'agglomération (congestion, hausse des coûts fonciers, des salaires, etc.), qui rendent les territoires périphériques attractifs. Cette phase conduit à un rééquilibrage dans la distribution des activités économiques et par conséquent, à une diminution des inégalités. Cependant, celle-ci reste théoriquement et empiriquement difficile à appréhender. Tout d'abord, la question est celle de la position de l'économie dans la courbe en cloche. A titre illustratif, la re-dispersion des activités au sein de l'Union européenne n'est pas observée (Duboz *et al.*, 2009). Est-ce à dire que le processus d'intégration n'est pas suffisamment avancé pour constater un tel mouvement ? Une réponse précise nécessite d'estimer les coûts d'échanges et leurs évolutions potentielles au sens entendu dans les modèles d'Économie géographique, ce qui, en l'état actuel des connaissances, pose des difficultés de calibrage. Le degré de complexité augmente dès lors qu'une différenciation entre les activités est envisagée : tous les secteurs n'ont pas a priori les mêmes potentiels de redéploiement, ni les mêmes temporalités. Ensuite, l'échelle de la phase de dispersion est d'importance. Si la courbe en cloche est robuste à différentes hypothèses, notamment relativement à la mobilité des travailleurs (Combes *et al.*, 2006), les enseignements sont plutôt relatifs à une échelle régionale. Il est difficile de les transposer directement à une échelle urbaine par exemple. Enfin, le ré-équilibrage territorial par diffusion par cercles concentriques autour d'un centre économique moteur, ou dans un système urbain régional et hiérarchique, n'est envisageable que sous condition d'un environnement local favorable (infrastructures, capital humain, etc.). Thisse et Prager (2010) concluent que les effets de diffusion restent limités, ils se heurtent à des frictions si un ensemble de conditions politiques, sociales et culturelles ne sont par réunies.

Finalement, les conjectures de l'Économie géographique sont en faveur de la formation d'un espace « en peau de léopard » aux différentes échelles territoriales (Combes *et al.*, 2006). La structure centre-périphérie émerge à des échelles spatiales réduites : dans les régions urbaines comme autour du Grand Londres dans le Sud-Est de l'Angleterre ou autour de Toulouse en Midi-Pyrénées mais aussi dans les villes avec des quartiers huppés opposés à des quartiers où se cumulent difficultés socio-économiques qualifiant la ségrégation (Baumont et Guillain, 2013). Ce schéma coexiste avec des forces de rappel qui limitent l'agglomération voire favorisent la dispersion. Les inégalités se modifient au sein des espaces mais ne disparaissent pas.

Ce numéro rassemble sept contributions qui apportent un éclairage descriptif et explicatif à ces nouvelles articulations territoriales et en soulignent notamment deux aspects. Premièrement il s'agit de rendre compte des schémas de répartition des activités économiques à différentes échelles. En effet, si l'Économie géographique rend surtout compte de configurations spatiales complètement agglomérées ou dispersées : la réalité semble être plutôt dans des situations intermédiaires. En outre, les configurations territoriales sont reliées aux situations productives locales et aux conditions socio-économiques, éléments peu intégrés en Économie géographique. Deuxièmement, il s'agit de mieux cerner les interdépendances dans les territoires et les effets de débordement qui en découlent. Les modèles fondateurs de l'Économie géographique sont des modèles à deux régions et le passage à *n* régions est loin d'être une évidence. En effet, en considérant deux régions, une seule possibilité d'interaction est à considérer : directe. Dès qu'une modélisation à trois ou *n* régions est envisagée, des interactions de deux natures sont à prendre en compte : directes et indirectes, ce qui complexifie l'analyse avec des effets actions-réactions à considérer (Behrens et Thisse, 2007).[1] Très peu d'études forment à proprement parler un test des modèles d'Économie géographique car les enseignements sont basés sur une modélisation à deux régions (Behrens *et al.*, 2009). Ertur et Koch (2007 ; 2011) ont dérivé une équation structurelle des modèles de croissance avec une prise en compte des effets de débordement entre les pays. Behrens *et al.* (2012) estiment structurellement les équations de gravité dérivées de modèles d'équilibre général spatial sur le commerce entre le Canada et les États-Unis. Les outils empiriques, notamment l'économétrie spatiale, sont plus avancés et permettent d'apprécier les conséquences des interdépendances entre les territoires.

Dans ce contexte, les deux premiers articles de ce numéro spécial dressent un état des lieux des disparités au sein des régions européennes. Le troisième article s'intéresse aux déterminants des disparités salariales en Grande-Bretagne.

Roberto Ezcurra étudie l'évolution du degré de polarisation au sein des 263 régions européennes appartenant aux 27 États membres. A partir d'une méthodologie basée sur des outils de l'analyse non paramétrique, l'auteur conclut en faveur d'une diminution du degré de polarisation du PIB par habitant entre les régions européennes entre 1995 et 2008. Cette baisse va de pair avec une diminution de la présence d'autocorrélation spatiale dans la distribution du PIB par tête entre les régions. En conséquence, la position géographique des régions est d'importance pour expliquer les modifications constatées dans la distribution du PIB par tête. Différentes explications théoriques peuvent soustendre ces tendances comme par exemple la politique régionale européenne ciblant la cohésion sociale et économique et la réduction des disparités. C'est l'angle privilégié par **Salima Bouayad Agha, Nadine Turpin et Lionel Vé-**

[1] « Dealing with these spatial interdependencies constitutes one of the main theoretical and empirical challenges NEG and regional economics will surely have to face in the future ».

drine. Les effets de l'objectif 1 de la politique de cohésion sont étudiés à l'aide d'une régression quantile. Dans une optique de réduction des inégalités, les programmes de l'objectif 1 sur la période 2000-2006 favorisent l'investissement dans les régions les plus pauvres de l'Union européenne. De nombreuses études empiriques sont focalisées sur l'effet moyen alors que l'Europe des 27 est hétérogène. A l'aide d'une régression quantile, l'analyse permet de mettre en évidence un impact différencié selon les quantiles des distributions des taux de croissance et d'investissement. Il en ressort que les programmes éligibles à l'objectif 1 sont bénéfiques aux régions à fort potentiel de croissance et non à celles présentant un faible potentiel; un résultat semblable est obtenu au niveau de l'investissement. Ainsi, l'hétérogénéité des régions ciblées par les politiques européennes doit être intégrée dans l'établissement des politiques de cohésion. **Bernard Fingleton et Silvia Palombi** abordent les disparités sous l'angle des salaires à l'échelle d'un pays de l'Union européenne. Ils analysent les disparités salariales au sein des 408 « *local authorities* » britanniques sur la période 1998-2010. Traditionnellement, la distribution des salaires est inversement liée à celle du chômage : cette relation, désignée sous le terme de « courbe des salaires », s'impose comme une loi empirique. Typiquement, sur un territoire donné, une corrélation négative est observée entre le niveau de salaire et le taux de chômage. L'objectif de cet article est de confronter le pouvoir explicatif de la courbe des salaires à celui de la Nouvelle Économie Géographique (NEG) et de l'Économie urbaine (UE). Dans ces théories, la référence n'est pas le taux de chômage mais le rôle du potentiel de marché (NEG) et des effets externes générés par la concentration des firmes et des travailleurs (UE). Les résultats obtenus, grâce à des techniques récentes de l'économétrie spatiale, sont en faveur du pouvoir explicatif de « la courbe des salaires ». Cependant, ce principe ne peut être tenu comme absolu car, théoriquement, la Nouvelle Économie Géographique et l'Économie urbaine rendent aussi compte des variations locales de salaires.

Les deux articles suivants apportent une compréhension du rôle de la structure territoriale sur le développement local.

Nadine Levratto et Denis Carré proposent une analyse de la croissance des établissements français sur la période 2003-2009 à l'aide de deux méthodes. La première intègre dans un modèle de croissance les variables qualifiant le territoire et la seconde repose sur la méthode structurelle-résiduelle (*shift-share*) permettant de dissocier l'effet structurel de l'effet géographique. Selon différentes études empiriques, la croissance des établissements dépend d'une part de caractéristiques qui leur sont spécifiques (taille et âge de la firme...) et d'autre part de leur environnement local. Au-delà du simple constat que la localisation compte dans la croissance des entreprises, cette étude permet de différencier l'importance des facteurs locaux, tangibles et intangibles, dans les performances de croissance des firmes. Dans une perspective similaire, **Roberto Basile, Cristiana Donati et Rosanna Pittiglio** s'intéressent au rôle de la structure locale industrielle sur la croissance de l'emploi dans l'industrie et dans les services à l'échelle des systèmes locaux de travail italiens (Local Labor System). L'analyse repose sur des modèles géo-additifs semi-paramétriques estimés sur trois périodes : 1981-1991, 1991-2001, 2001-2008. Cette approche permet notamment d'affiner les rôles des externalités de localisation et d'urbanisation, de la concurrence locale et des économies d'échelle internes. Par exemple, la relation entre structure industrielle locale et croissance de l'emploi n'est pas linéaire : il existe un effet « plateau » pour l'effet de la densité sur la croissance de l'emploi et la diversification a un rôle positif sur la croissance de l'emploi manufacturier mais non linéaire sur les services. Cette approche permet de mieux cerner le fonctionnement des districts industriels et notamment d'expliquer les résultats souvent contradictoires sur le rôle des externalités de localisation et d'urbanisation.

Les deux derniers articles ont aussi pour objectif d'étudier le développement économique des territoires mais en considérant une échelle particulière, à savoir la ville, et selon deux angles différents.

Catherine Baumont et Rachel Guillain étudient le rôle des spillovers dans la croissance de 82 villes européennes sur la période 1990-2005. D'une part, la croissance économique des villes repose sur le climat urbain des affaires à savoir une concentration d'activités intensives en connaissance, génératrices de spillovers, qui minimisent dans les villes leurs coûts de transaction. D'autre part, la croissance est générée par les liens dus aux échanges que les villes établissent entre elles. Cet article propose une modélisation des schémas d'interdépendance entre les économies urbaines. Cinq schémas d'interactions sont élaborés reposant sur les proximités géographique, institutionnelle, organisationnelle et leur combinaison. L'impact de ces schémas est étudié avec les outils de l'économétrie spatiale pour statuer sur le rôle du capital de connaissance et des spillovers générés sur la croissance économique des villes. Les résultats montrent que les attributs locaux des villes européennes sont des déterminants essentiels à leur croissance économique. De plus, l'ensemble des schémas d'interactions sont influents pour les spillovers. Si la littérature pointe souvent le rôle trop important accordé par les chercheurs à la proximité géographique, les résultats montrent ici qu'elle n'est pas supplantée par d'autres formes de proximités. Dans une perspective de croissance des villes mais à l'échelle des quartiers, **Florian Mayneris et Loriane Py** proposent une revue critique de la littérature sur les programmes ciblés d'accès à l'emploi dans des territoires connus en France sous le nom de « Zones Franches Urbaines ». Ces politiques publiques présentent différents enjeux de développement économique et social du territoire concerné : favoriser la création d'entreprises et d'emplois dans des quartiers urbains présentant des difficultés socio-économiques, améliorer le bien-être des populations résidentes. Différentes évaluations *a posteriori* ont été menées mais elles présentent des conclusions contradictoires. Les auteurs examinent les éléments explicatifs de ces diagnostics contrastés : les difficultés mais aussi les nouvelles opportunités méthodologiques ; le rôle joué par les caractéristiques initiales et structurelles des zones étudiées et par les types d'incitations choisies. Les recommandations des auteurs sont en faveur de l'utilisation d'un cadre d'équilibre général pour statuer sur les impacts quantitatifs et qualitatifs des politiques zonées.

REFERENCES

Baumont, C., Guillain, R., 2013, « Ségrégation spatiale, nouvelles approches, nouveaux résultats », *Revue Économique*, 64(5), pp. 765-774.

Behrens, K., Thisse, J.-F., 2007, "Regional economics: A new economic geography perspective", *Régional Science and Urban Economics*, 37(4), pp. 457-465.

Behrens, K., Ertur, C., Koch, W., 2012, "A 'dual' gravity model: Using spatial econometrics to control for multilateral resistance", *Journal of Applied Econometrics*, 27(5), pp. 773-794.

Behrens, K., Lamorgese, A.R., Ottaviano, G.I.P., Tabuchi, T., 2009, "Beyond the home market effect: market size and specialization in a multi-country world", *Journal of International Economics*, 79(2), pp. 259-265.

Combes, P.-P., Mayer, T., Thisse, J.-F., 2006, *Economie Géographique, l'intégration des régions et des nations*, Economica, Paris.

Duranton, G., Puga, D., 2004, "Microfoundations of urban agglomeration economies", in Henderson, J.V., Thisse, J.-F., (Eds), *Handbook of Regional and Urban Economics*, vol. 4, Elsevier: North Holland Amsterdam, pp. 2063-2117.

Duboz, M.-L., Guillain, R., Le Gallo, J., 2009, « Les schémas de concentration sectorielle au sein de l'Union européenne : l'Est miroir de l'Ouest ? », *Économie et Statistique*, 423, pp. 59-76.

Ertur, C., Koch, W., 2007, "Growth, technological interdependence and spatial externalities", *Journal of Applied Econometrics*, 22(6), pp. 1033-1062.

Ertur, C., Koch, W., 2011, "A contribution to the theory and empirics of Schumpeterian growth with worldwide inter-actions", *Journal of Economic Growth*, 16(3), pp. 215-255.

Krugman, P.R., 1991, "Incresing returns and economic geography", *Journal of Political Economy*, 99(3), pp. 483-499.

Marshall, A., 1890, *Principles of Economics*, Macmillan, London.

Thisse, J.-F., Prager, J.-C., 2009, *Les enjeux géographiques du développement économique*, Agence Française du Développement, Ferréol, Lyon.

Thisse, J.-F., Prager, J.-C., 2010, *Économie géographique du développement*, Collection Repères, La Découverte, Paris.

***

Nous tenons à remercier Fabien Candau (Université de Pau), Coro Chasco Yrigoyen (Université autonome de Madrid), Aurélie Cassette-Vermaut (Université de Lille), Nicolas Debarsy (Université d'Orléans) et Grégory Verdugo (Banque de France) pour leurs remarques et leurs conseils avisés sur les premières versions de ce numéro. Nous remercions particulièrement Maurice Catin et Michel Dimou (Université de Toulon) et la rédaction de la revue Région et Développement pour le soutien apporté à la réalisation de ce numéro.

Nous remercions aussi Camille Grivault, Ingénieur d'études au sein de l'équipe Économie-Territoires-Environnement du laboratoire LEDi (Université de Bourgogne), pour le travail préalable de mise en page et de relecture.

POLARIZATION TRENDS ACROSS THE EUROPEAN REGIONS

Roberto EZCURRA*

Abstract - *This paper examines the level of polarization in the distribution of GDP per capita in 263 European regions over the period 1995-2008. To that end I have completed the non-parametric analysis of the external shape of the distribution with the information provided by a series of measures proposed by Esteban and Ray (1994) and Esteban et al. (2007). The results show a reduction in the degree of polarization across the European regions throughout the study period. This conclusion does not depend on the specific number of groups considered in the analysis and the value assigned to the polarization sensitivity parameter. The analysis carried out also shows that polarization and spatial autocorrelation have followed a similar trend between 1995 and 2008, which reveals the importance of the geographical location of the various regions in explaining the variations registered by the distribution of GDP per capita over time.*

Key-words: POLARIZATION, GDP PER CAPITA, REGIONS, EUROPEAN UNION

JEL Classification: R11, R12, F15

I am grateful to one anonymous referee for her/his useful comments and suggestions to an earlier version of the paper. I would also like to thank Vicente Rios for his work in the compilation of the database used in the empirical analysis. This research has benefited from the financial support of the Spanish Ministry of Economy and Competitiveness (Project ECO2011-29314-C02-01).

*Department of Economics, Universidad Pública de Navarra, Spain.
Mail: roberto.ezcurra@unavarra.es.

Figure 1. Kernel density estimates of the regional distribution of GDP per capita

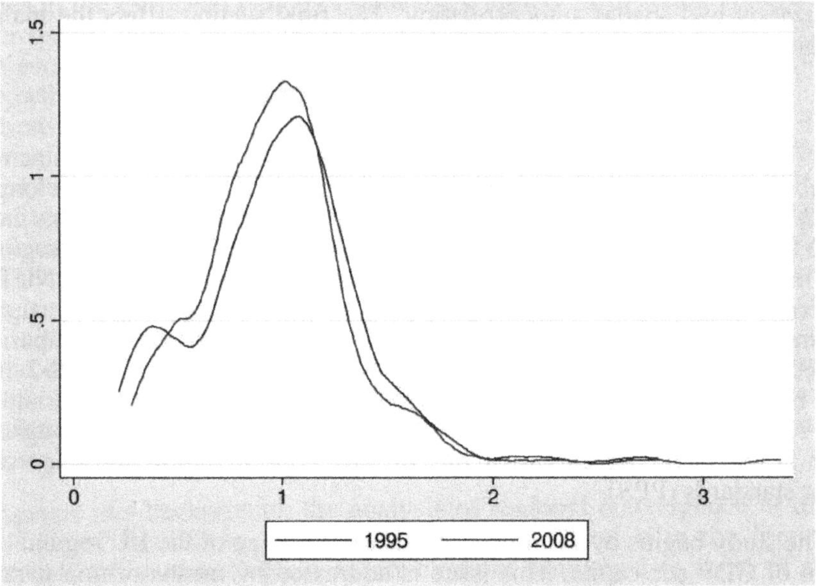

The kernel density estimates are shown in Figure 1[4]. When reading the graph it should be noted that, in order to facilitate comparisons and remove from the analysis the influence of absolute changes over time, each region's GDP per capita is normalized according to the sample average. Figure 1 confirms clearly that there are important differences in terms of GDP per capita across the European regions. The estimated density function for 1995 is characterized by the presence of two modes[5]. Thus, besides the main mode, which is located slightly above the EU average, the estimates show a second mode situated at about 50% of the EU average, which is formed mainly by Central and Eastern European regions belonging to the countries incorporated into the EU in the last enlargements. In that respect, it should be recalled that the integration of the new member states contributed to a substantial increase in the magnitude of regional disparities within the EU, to the point that the traditional North/South divide has been replaced by a new North-West/East polarization pattern (Ertur and Koch, 2006; Ezcurra and Rapún, 2007). Nevertheless, Figure 1 reveals that

[4] Though I have obtained estimates of the density functions for each year of the period, to save space, I present only those of 1995 and 2008. The rest are available upon request.

[5] As is usual in the literature, this finding depends on the visual examination of the estimated density functions. In order to confirm formally the presence of various modes in the distribution, a multimodality test based on the notion of "critical bandwidth" introduced by Silverman (1981) should be applied (Bianchi, 1997). Nevertheless, this test uses different bootstrap samples to calculate the critical bandwidth, which might raise problems in this context due to the presence of spatial dependence in the sample. For further details on this issue, see section 5.

the initial situation has not remained stable during the time span considered. In fact, between 1995 and 2008, there has been an increase in the density concentrated around the average. This trend has led to the disappearance at the end of the study period of the second mode located at the lower end of the distribution. In any case, the results show that in 2008 there were still numerous regions whose GDP per capita is below 75% of the EU average, which indicates the difficulties faced by these regions to improve their relative situation in terms of development.

3. MEASURING REGIONAL POLARIZATION

The non-parametric approach used in the previous section presents a major limitation as it does not provide precise quantitative information about the changes experienced by the level of polarization over time. To overcome this shortcoming one can resort to some of the polarization indices derived by various authors during the last two decades (e.g. Esteban and Ray, 1994; Wolfson, 1994; Wang and Tsui, 2000). Within this framework, in this paper I use the measures proposed by Esteban and Ray (1994) and Esteban et al. (2007), since this approach allows the researcher to incorporate into the analysis the error generated when partitioning the original distribution into various groups in order to quantify the level of polarization. In addition, these measures are particularly useful in our context since they can be applied not only to the study of bipolarization (polarization into two groups), but also to the analysis of polarization in general.

According to Esteban and Ray (1994), the degree of polarization of a distribution *f* into a given number of groups can be obtained by means of the following expression:

$$P^{ER}(\alpha,\rho) = \sum_{i=1}^{n}\sum_{j=1}^{n} p_i^{1+\alpha} p_j |\mu_i - \mu_j| \qquad (1)$$

where μ_i and p_i, respectively, denote the average GDP per capita and the population share of group *i*. Likewise, α is a parameter that captures the degree of sensitivity of P^{ER} to polarization, the value of which falls in the interval [1, 1.6] in order to be consistent with a set of axioms proposed by Esteban and Ray (1994). Before going any further, it is worth noting that the proposed measure of polarization bears an obvious likeness to one of the indicators most commonly used in the traditional literature on inequality, the Gini index, *G*. Nevertheless, the fact that in expression (1) p_i is raised to $(1+\alpha)$ means that the measure of polarization will, in practice, follow a different pattern from that of the Gini index. In particular, the higher the value adopted by α, the greater the conceptual division between inequality and polarization measures.

Before applying this measure, however, it is first necessary to define a simplified representation of the original distribution into a set of *n* exhaustive and mutually exclusive groups, $\rho = (z_0, z_1, \dots, z_n; \mu_1, \dots, \mu_n; p_1, \dots, p_n)$, the boundaries of which are given by GDP per capita intervals of the form

$[z_{i-1}, z_i]$. This will involve a certain degree of error, however, as this partition will generate some loss of information, depending on the level of income dispersion within each of the various groups considered. Taking this into account, the generalized measure of polarization proposed by Esteban et al. (2007) is obtained after correcting the P^{ER} index applied to the simplified representation of the original distribution with a measure of the grouping error, $\varepsilon(f,\rho)$. That is,

$$P^{EGR}(f,\alpha,\rho,\beta) = P^{ER}(\alpha,\rho) - \beta\varepsilon(f,\rho) \tag{2}$$

where $\beta \geq 0$ is a parameter representing the weight assigned to the error term in expression (2).

Nonetheless, it is important to bear in mind that when dealing with income distributions, there are no unanimous criteria for establishing the precise demarcation between the different groups. To address this problem, Esteban et al. (2007) use the algorithm proposed by Davies and Shorrocks (1989) in order to find the optimal partition of the original distribution into a given number of groups, ρ^*. This means selecting the partition that minimizes the Gini index value of within-group inequality, $G(f) - G(\rho^*)$. Given that $\varepsilon(f,\rho^*) = G(f) - G(\rho^*)$, the generalized measure of polarization proposed by Esteban et al. (2007), therefore, can be expressed as:

$$P^{EGR}(f,\alpha,\rho^*,\beta) = P^{ER}(\alpha,\rho^*) - \beta[G(f) - G(\rho^*)] \tag{3}$$

4. REGIONAL POLARIZATION IN THE EU

According to the above methodology, I estimate the level of polarization registered by the EU regional distribution of GDP per capita, using the information provided by various partitions of the original distribution into two and three groups. In order to check the robustness of the results, different degrees of sensitivity to polarization are considered in the analysis. Specifically, α=1,1.3,1.6. Likewise, as in Esteban et al. (2007), in all cases β=1.[6] To respect the scale invariance principle, we normalize beforehand the GDP per capita of the various regions by the sample average. In addition, in the results presented below the values of the generalized measure of polarization proposed by Esteban et al. (2007) are divided by two to make its interval between 0 and 1 when α=1.

4.1. Regional bipolarization

According to the algorithm proposed by Davies and Shorrocks (1989), in the optimal two-group partition of the distribution the cut-off income between the two groups is equal to the average GDP per capita. When the various regions are divided into two groups using this criterion, it is possible to explain

[6] This choice is due to the fact that, as mentioned above, the formulation of P^{ER} is similar to that of the Gini index. The second term in expression (3) is in fact the difference between two Gini indices. It is therefore reasonable to select in empirical analyses a value of β equal to one (Duro, 2005).

around 69% of the overall inequality measured by the Gini index. Accordingly, this would leave about 31% of internal inequality unexplained by the partition.

Table 1. Generalized measures of polarization: The two-group case

	P^{EGR}		
Year	α=1	α=1.3	α=1.6
1995	0.096	0.065	0.040
1996	0.095	0.064	0.039
1997	0.094	0.063	0.039
1998	0.094	0.063	0.038
1999	0.093	0.063	0.038
2000	0.093	0.062	0.037
2001	0.090	0.060	0.036
2002	0.087	0.057	0.033
2003	0.084	0.055	0.032
2004	0.083	0.054	0.032
2005	0.080	0.053	0.030
2006	0.079	0.052	0.030
2007	0.077	0.051	0.029
2008	0.077	0.051	0.030

Table 1 presents the evolution of the generalized measure of polarization over time in the two-group case (bipolarization). Taking the study period as a whole, the results obtained reveal a decrease in the bipolarization of the EU regional distribution of GDP per capita. In particular, the values of P^{EGR} fell by between 19% and 26% over the study period, depending on the value assigned to the parameter α. This trend was the result of the gradual reduction registered by the index throughout the time span considered, particularly since 2001.

Nevertheless, according to expression (3), the value of P^{EGR} depends on two factors: the bipolarization of the simplified distribution and the degree of within-group dispersion weighted by the parameter β. In order to complete the results obtained so far, Table 2 provides information relating to these two components of the measure of generalized bipolarization. Regarding the evolution of regional bipolarization in the simplified distribution, the results show a decrease of about 16% in the value of the P^{ER} index between 1995 and 2008 for the different values adopted by the parameter α. In overall terms, however, P^{ER} followed a similar evolution to that of P^{EGR} described above.

To complete these results, Table 3 reveals how the average GDP per capita and the population shares of each of the two groups into which I have divided the distribution evolved over time. The results reveal the existence of a process of convergence in average GDP per capita levels between the two groups throughout the study period, which contributes to explaining the observed decrease in the degree of bipolarization of the simplified distribution. Thus, in 1995, the average GDP per capita in the poor regions stood at around 49% of that of the rich ones. Fourteen years later, however, this percentage had increased to 56%. This is consistent with the improvement achieved by some of the regions initially located at the lower end of the distribution, as shown in the non-parametric analysis performed in the preceding section (Figure 1). With respect to the population shares of the two groups, Table 3 indicates that the differences between the two groups decreased over the study period. Nevertheless, Table 3 shows that the influence of this factor on the evolution of P^{ER} was offset by the observed process of convergence in the average GDP per capita of the two groups.

Table 2. Simplified polarization and internal dispersion: The two-group case

	P^{ER}			Error
Year	α=1	α=1.3	α=1.6	ε(*f*,ϱ)
1995	0.166	0.135	0.110	0.070
1996	0.164	0.134	0.109	0.070
1997	0.163	0.133	0.108	0.069
1998	0.163	0.133	0.108	0.070
1999	0.164	0.133	0.108	0.070
2000	0.164	0.133	0.108	0.071
2001	0.161	0.131	0.107	0.071
2002	0.157	0.128	0.104	0.070
2003	0.153	0.125	0.101	0.069
2004	0.150	0.122	0.099	0.067
2005	0.148	0.120	0.098	0.068
2006	0.145	0.118	0.096	0.066
2007	0.141	0.115	0.093	0.064
2008	0.140	0.114	0.092	0.063

Table 3. Average GDP per capita and relative size of the two groups

	Average GDP per capita		Population shares	
Year	Group 1	Group 2	Group 1	Group 2
1995	0.634	1.305	0.455	0.545
1996	0.649	1.308	0.468	0.532
1997	0.653	1.308	0.471	0.529
1998	0.651	1.307	0.469	0.531
1999	0.656	1.313	0.476	0.524
2000	0.649	1.308	0.468	0.532
2001	0.651	1.300	0.463	0.537
2002	0.670	1.300	0.476	0.524
2003	0.669	1.286	0.463	0.537
2004	0.689	1.290	0.482	0.518
2005	0.678	1.273	0.458	0.542
2006	0.705	1.285	0.492	0.508
2007	0.717	1.283	0.499	0.501
2008	0.719	1.279	0.498	0.502

Finally, I will examine the second component of the generalized polarization measure: the error term that captures the degree of within-group dispersion in the two groups considered. As can be observed in Table 2, internal cohesion increased during the study period. Specifically, the value of ε experienced an 11% decrease between 1995 and 2008. According to expression (3), this rise in the level of internal cohesion suggested by the evolution of ε should, *ceteris paribus*, favor an increase in P^{EGR}, as the polarization forecast based on the simplified distribution has improved in absolute terms. Nevertheless, this finding must be treated with some reservation since, as pointed out earlier, the value of ε depends ultimately on the weight assigned to the parameter β. In any case, the results indicate that the impact of the error term was offset by the reduction experienced by P^{ER} over the study period.

4.2. Regional polarization: The three-group case

So far I have examined the degree of bipolarization registered by the regional distribution of GDP per capita over the period 1995-2008. As the previous analysis shows, the two-group representation of the original distribution allows us to examine a series of issues of undeniable interest without any disproportionate loss of information. It is important to note, however, that when examining the evolution of polarization in a bimodal distribution, one runs the risk of interpreting a decrease in polarization, when what is actually taking place is a division of the distribution into three poles (Esteban and Ray, 1994). Likewise, the dualized view of the spatial distribution of GDP per capita in the EU underlying the above analysis may be an oversimplification in more than one respect. As a first step toward addressing these potential problems, I now consider an alternative classification of the European regions into three groups: one made up of regions with GDP per capita around the EU average, and two extreme groups.

Table 4. Generalized measures of polarization: The three-group case

	P^{EGR}		
Year	α=1	α=1.3	α=1.6
1995	0.104	0.066	0.039
1996	0.101	0.064	0.038
1997	0.100	0.063	0.037
1998	0.101	0.064	0.038
1999	0.101	0.063	0.037
2000	0.102	0.065	0.039
2001	0.102	0.065	0.039
2002	0.099	0.064	0.039
2003	0.095	0.060	0.034
2004	0.093	0.059	0.034
2005	0.092	0.058	0.033
2006	0.089	0.056	0.033
2007	0.088	0.056	0.033
2008	0.086	0.054	0.032

When the original distribution is simplified into three groups using the methodology developed by Davies and Shorrocks (1989), it is possible to account for an average of around 86% of the overall inequality measured in terms of the Gini index. The remaining 14% corresponds to the internal dispersion unexplained by this partition. Anyway, it is interesting to note that the three-group partition provides a 17% increase in explanatory power in comparison with the two-group case.

Table 4 shows the measure of generalized polarization in the three-group case for different values of the parameter α. The results reveal a reduction in polarization for the period as a whole. The P^{EGR} values, in particular, decreased in this case by between 17% and 18% from 1995 to 2008, depending on the weight assigned to the polarization sensitivity parameter. Although this is in line with the information provided by Table 1, it should be noted that the degree of reduction experienced by regional polarization when the original distribution is partitioned into three groups is lower than in the two-group case. In any case, the evolution of P^{EGR} was not a uniform throughout the study period. In fact, two distinct phases can be observed, irrespective of the degree of sensitivity to polarization considered. Thus, regional polarization remained virtually stable during the first years of the study period. This trend was to change since 2002, however, when a gradual reduction in the values of P^{EGR} took place.

Table 5. Simplified polarization and internal dispersion: The three-group case

		P^{ER}		Error
Year	α=1	α=1.3	α=1.6	$\varepsilon(f,\varrho)$
1995	0.135	0.097	0.070	0.032
1996	0.133	0.096	0.070	0.032
1997	0.132	0.095	0.069	0.032
1998	0.133	0.096	0.069	0.032
1999	0.133	0.096	0.070	0.033
2000	0.134	0.097	0.071	0.032
2001	0.133	0.097	0.070	0.031
2002	0.131	0.095	0.070	0.031
2003	0.126	0.091	0.065	0.031
2004	0.123	0.089	0.064	0.030
2005	0.122	0.088	0.064	0.030
2006	0.119	0.086	0.062	0.030
2007	0.117	0.085	0.062	0.029
2008	0.115	0.084	0.061	0.029

Next, I examine regional polarization in the simplified three-group distribution. Table 5 reveals a decrease in polarization in the simplified distribution for the study period as a whole. The values of the corresponding indices fell by about 14% between 1995 and 2008, regardless of the value assigned to the polarization sensitivity parameter. As can be observed, P^{ER} follows a similar trend to that of P^{EGR} described earlier.

To further complete these results, I now examine the evolution of the average GDP per capita and the relative sizes of each of the three groups considered. In this respect, the information displayed by Table 6 shows the low income group to be shifting toward the EU average. Specifically, in 1995 the average GDP per capita of this group was equivalent to 50% of that of the middle income group, and 35% of that of the high income group. Fourteen years later, however, the above percentages had increased to 60% and 42%, respectively. This, however, should not obscure the fact highlighted in the analysis performed in the preceding section, which is the difficulties faced by some of the less developed regions of the Union to improve their relative situation in this context. Meanwhile, the distance between the high income group and the middle income group remained virtually constant throughout the period. These trends, therefore, contributed, in the three-group case, to the observed decrease in regional polarization detected in the EU over the study period. With respect to the relative sizes of the different groups, Table 6 reveals the existence of some changes between 1995 and 2008. In particular, the different groups tended to be less homogeneous in terms of size during the study period. Such changes in relative group size should, in theory, lead to a reduction in regional polarization. Accordingly, in the three-group case the two factors that explain the dynamics of the simplified distribution work in the same direction, which contrasts with the results obtained in the two-group case.

Table 6. Average GDP per capita and relative size of the three groups

	Average GDP per capita			Population shares		
Year	Group 1	Group 2	Group 3	Group 1	Group 2	Group 3
1995	0.525	1.043	1.505	0.325	0.403	0.272
1996	0.532	1.045	1.506	0.324	0.412	0.264
1997	0.532	1.042	1.492	0.322	0.407	0.271
1998	0.541	1.050	1.509	0.331	0.410	0.259
1999	0.541	1.047	1.512	0.332	0.409	0.260
2000	0.534	1.050	1.523	0.328	0.420	0.252
2001	0.548	1.058	1.536	0.337	0.424	0.239
2002	0.545	1.058	1.542	0.323	0.455	0.222
2003	0.553	1.021	1.458	0.318	0.390	0.292
2004	0.566	1.032	1.466	0.321	0.408	0.271
2005	0.574	1.032	1.470	0.322	0.415	0.264
2006	0.578	1.023	1.465	0.312	0.426	0.262
2007	0.599	1.035	1.491	0.323	0.446	0.231
2008	0.622	1.036	1.488	0.341	0.426	0.233

Lastly I focus on the evolution of the error term, which accounts for internal dispersion in the three groups considered. According to Table 5, internal cohesion increased over the study period. Specifically, the value of ε decreased by around 8%. From a theoretical point of view, this rise in internal cohesion should help to increase the level of generalized polarization, even though the ultimate effect of ε on P^{EGR} depends, as we are already aware, on the value assigned to the parameter β.

At this point it is interesting to discuss briefly how to select the optimal partition of the original distribution to investigate regional polarization in the EU. To explore this question, in addition to the two classifications adopted in this section, an alternative four-group partition using the methodology proposed by Davies and Shorrocks (1989) is also considered[7]. Following Esteban et al. (2007), the optimal number of groups can be found by selecting the partition which provides the maximum value of the measure of generalized polarization. This criterion is based on the idea that the distribution is partitioned in such a way as to capture its polarization as fully as possible. Therefore it appears reasonable to select the simplified distribution which provides the highest value of the phenomenon under study. According to the results, the highest level of generalized polarization is obtained on average for the three-group partition of the original distribution.

5. POLARIZATION AND SPACE

In the analysis carried out so far, the different regions have been considered as isolated units, thus ignoring the spatial characteristics of the data. This should raise no major problems, as long as each economy evolves independently of the rest. However, this does not seem a very realistic assumption in the context of the economic integration process currently underway in Europe. On the contrary, the importance of interregional trade, and technology and knowledge transfer processes suggests that geography plays an important role in explaining regional growth patterns in the European setting (e.g. Magrini, 2004; Creszenci, 2005; Fingleton and López-Bazo, 2006).

Nevertheless, the different polarization measures calculated in the previous section do not take into account the geographical location of the various regions in accounting for the formation of homogeneous groups linked by similar levels of GDP per capita. In view of this, and in order to complete the results, I proceed to calculate the Moran's I test to examine the possible presence of spatial autocorrelation in the EU regional distribution of GDP per capita (Cliff and Ord, 1981). To do so I use different spatial weights matrices (W) based on the inverse of the geographical distance between the centroids of the sample regions. In order to check the robustness of the results, the spatial weights matrices are defined using different cut-off parameters above which spatial interactions are assumed negligible. In particular, the cut-off parameters used coincide with the various quartiles of the distance distribution (Le Gallo and Dall'erba, 2008). As is usual in the literature, the spatial weights matrices

[7] The results of the four-group partition are not reported for lack of space, but are available upon request. In any case, it should be noted that the evolution of generalized polarization does not appear to depend on the number of groups considered in the analysis, since the P^{EGR} value decreased in all cases between 1995 and 2008.

are row standardized, so that it is relative, and not absolute, distance which matters.

Table 7. Spatial autocorrelation (Moran's I test)

Year	$W(Q_1)$	$W(Q_2)$	$W(Q_3)$	$W(Q_4)$
1995	0.460	0.342	0.246	0.198
1996	0.449	0.337	0.244	0.195
1997	0.441	0.335	0.244	0.194
1998	0.434	0.330	0.241	0.191
1999	0.425	0.323	0.237	0.187
2000	0.427	0.329	0.243	0.190
2001	0.416	0.322	0.239	0.186
2002	0.403	0.315	0.236	0.183
2003	0.386	0.301	0.226	0.174
2004	0.380	0.297	0.223	0.172
2005	0.366	0.287	0.216	0.166
2006	0.347	0.272	0.205	0.157
2007	0.334	0.260	0.195	0.151
2008	0.319	0.246	0.183	0.144

Note : All the statistics are significant at the 1% level.

The results are presented in Table 7. It should be noted that, regardless of the specific spatial weights matrix used in the analysis, all the statistics calculated are positive and statistically significant at the 1% level. This indicates the existence of a pattern of positive spatial association in this context, which confirms the results obtained in the literature (e.g. Le Gallo and Ertur, 2003; Ertur and Koch, 2006). Nevertheless, the value of the statistic decreased over the study period. Indeed, it is important to stress that the evolution of Moran's I is similar to that registered by P^{EGR}. This impression is confirmed by the various correlation coefficients calculated in Table 8, which suggests that physical-geography spillover effects play a relevant role in explaining the changes registered by the EU regional distribution of GDP per capita.

Table 8. Correlation between regional polarization and spatial autocorrelation

	Generalized measures of polarization (P^{EGR})					
	Two groups			Three groups		
Moran's I	α=1	α=1.3	α=1.6	α=1	α=1.3	α=1.6
$W(Q_1)$	0.869	0.872	0.862	0.865	0.941	0.873
$W(Q_2)$	0.835	0.833	0.804	0.861	0.946	0.890
$W(Q_3)$	0.798	0.840	0.716	0.859	0.941	0.892
$W(Q_4)$	0.850	0.827	0.843	0.832	0.950	0.894

Note : All the correlation coefficients are significant at the 1% level.

6. CONCLUSIONS

In this paper I have examined the level of polarization of the GDP per capita distribution in 263 European regions over the period 1995-2008. Taking into account that the non-parametric techniques used so far to study this issue do not enable to obtain a precise quantification of the changes in the degree of polarization over time, I have employed in this context the different measures proposed by Esteban and Ray (1994) and Esteban et al. (2007).

Although the relatively short time span considered implies that the findings of the paper should be treated with some caution, the results reveal a reduction in polarization across the EU regions throughout the study period as a whole. This conclusion does not depend on the specific number of groups considered in the analysis and the value assigned to the polarization sensitivity parameter. The analysis carried out also shows that polarization and spatial autocorrelation have followed a similar trend between 1995 and 2008, which reveals the importance of the geographical location of the various regions in explaining the variations registered by the distribution of GDP per capita over time.

The results indicate that the observed reduction in the degree of polarization throughout the study period is the final outcome of various factors, sometimes working in opposite directions. For example, in the two-group case the process of convergence in terms of average GDP per capita between the various groups outweighs the reduction in the differences in their relative sizes, which explains the observed decrease in polarization in the simplified distribution. According to the approach developed by Esteban and Ray (1994) and Esteban et al. (2007), the evolution of generalized polarization also depends on within-group dispersion. In all the cases considered, within-group dispersion decreased in the EU over the study period, which should, in theory, give rise, *ceteris paribus*, to an increase in generalized polarization. This factor appears, nevertheless, not to have caused any substantial alteration in the evolution displayed by the simplified distribution.

The findings of the paper are compatible with different theoretical explanations. For example, the reduction in the degree of polarization and spatial autocorrelation detected during the study period may be related to the existence of diseconomies of agglomeration prevailing after some level of concentration, core-periphery spread effects, technological diffusion processes, or transport infrastructures that affect the locational choice of private capital. Likewise, the important amount of funds devoted over the last two decades by the European regional policy to promoting economic and social cohesion and reducing disparities in the level of development of the various regions may have led to a more spatially balanced growth and, consequently, to a lower degree of polarization. In any case, the analysis carried out in the paper does not allow us to disentangle the specific role played by these factors in explaining the observed polarization trends. Future research should pay particular attention to the need to identify and study the various theoretical mechanisms which explain ultimately the changes experienced by the regional distribution of GDP per capita in the EU.

REFERENCES

Anderson G., 2004, "Toward an empirical analysis of polarization", *Journal of Econometrics,* 122, pp. 1-26.

Barro R., Sala-i-Martin X., 1995, *Economic Growth,* New York: McGraw-Hill.

Bianchi M, 1997, "Testing for convergence: Evidence from nonparametric multimodality tests", *Journal of Applied Econometrics,* 12, pp. 393-409.

Cliff A., Ord J., 1981, *Spatial Processes. Models and Applications.,* Pion, London.

Crescenzi R., 2005, "Innovation and regional growth in the enlarged Europe: The role of local innovative capabilities, peripherality and education", *Growth and Change*, 36, pp. 471-507.

Davies J.B., Shorrocks A.F., 1989, "Optimal grouping of income and wealth data, *Journal of Econometrics*, 42, pp. 97-108.

Duro J.A., 2005, "International income polarization: a note", *Applied Economics Letters*, 12, pp. 759-762.

Ertur C., Koch W., 2006, "Regional disparities in the European Union and the enlargement process: an exploratory spatial data analysis, 1995-2000", *Annals of Regional Science*, 40, pp. 723-765.

Esteban J.M., Ray D., 1994, "On the measurement of polarization", *Econometrica,* 62, pp. 819-851.

Esteban J.M., Gradín C., Ray D., 2007, "An Extension of a Measure of Polarization, with an application to the income distribution of five OECD countries", *Journal of Economic Inequality*, 5, pp. 1-19.

European Commission, 2007, *Fourth Report on Economic and Social Cohesion: Growing Regions, Growing Europe*, Office for Official Publications of the European Communities, Luxembourg.

Ezcurra R., Rapún M., 2007, "Regional dynamics and convergence profiles in the enlarged European Union: A non-parametric approach", *Tijdschrift voor Economische en Sociale Geografie (Journal of Economic and Social Geography)*, 98, pp. 564-584.

Ezcurra R., Pascual P., Rapún M., 2006, "Regional polarization in the European Union", *European Planning Studies*, 14, pp. 459-484.

Ezcurra R., Pascual P., Rapún M., 2007, "Spatial disparities in the European Union: An analysis of regional polarization", *Annals of Regional Science*, 41, pp. 401-429.

Ezcurra R., Gil C., Pascual P., Rapún M., 2005, "Inequality, polarisation and regional mobility in the European Union", *Urban Studies,* 42, pp. 1057-1076.

Fingleton B., López-Bazo E., 2006, "Empirical growth models with spatial effects", *Papers in Regional Science*, 85, pp. 177-199.

Fotopoulos G., 2008, "European Union regional productivity dynamics: A "distributional" approach", *Journal of Regional Science*, 48, pp. 419-454.

Krugman P., 1991, "Increasing returns and economic geography, *Journal of Political Economy*, 99, pp. 483-499.

Le Gallo J., 2004, "Space-time analysis of GDP disparities among European regions: A Markov chains approach", *International Regional Science Review*, 27, pp. 138-163.

Le Gallo J., Dall'erba S., 2008, "Spatial and sectoral productivity convergence between European regions, 1975-2000", *Papers in Regional Science*, 87, pp. 505-525.

Le Gallo J., Ertur C., 2003, "Exploratory spatial data analysis of the distribution of regional per capita GDP in Europe, 1980-1995", *Papers in Regional Science*, 82, pp. 175-201.

Magrini S., 2004, "Regional (di)convergence". In V. Henderson and J.F. Thisse, eds., *Handbook of Urban and Regional Economics*, vol. IV, pp. 2741-2796., Amsterdam: North Holland.

Quah D., 1996, "Twin peaks: Growth and convergence in models of distribution dynamics", *Economic Journal*, 106, pp. 1045-1055.

Quah D., 1997, "Empirics for growth and distribution: Stratification, polarization and convergence clubs", *Journal of Economic Growth*, 2, pp. 27-59.

Sheather S.J., Jones M.C., 1991, "A reliable data-based bandwidth selection method for kernel density estimation", *Journal of the Royal Statistical Society, Series B* 53, pp. 683-690.

Silverman B.W., 1981, "Using kernel estimates to investigate multimodality", *Journal of the Royal Statistical Society–Series B* 43, pp. 683-690.

Silverman B.W., 1986, *Density Estimation for Statistics and Data Analysis*. Monographs on Statistics and Applied Probability, London: Chapman and Hall.

Wang Y., Tsui K., 2000, "Polarization orderings and new classes of polarization indices", *Journal of Public Economic Theory*, 2, pp. 349-363.

Wolfson M., 1994, "When inequalities diverge", *American Economic Review*, 84, pp. 353-358.

L'ÉVOLUTION DU DEGRÉ DE POLARISATION DES RÉGIONS EUROPÉENNES

Résumé - *Cet article étudie le degré de polarisation de la distribution du PIB par habitant dans 263 régions européennes sur la période 1995-2008. Une analyse non paramétrique de la forme de la distribution est menée grâce à une série de mesures proposées par Esteban et Ray (1994) et Esteban et al. (2007). Les résultats montrent une diminution du degré de polarisation dans les régions européennes sur la période étudiée. Cette conclusion est indépendante du nombre de groupes considérés et de la valeur attribuée au coefficient de sensibilité à la polarisation. L'analyse montre également que la polarisation et l'autocorrélation spatiale ont suivi une même tendance entre 1995 et 2008. Ceci est révélateur de l'importance de la localisation des différentes régions comme élément explicatif de l'évolution de la distribution du PIB par habitant observée dans la période.*

Mots-clés : POLARISATION, PIB PAR TÊTE, RÉGIONS, UNION EUROPÉENNE

AU-DELÀ DE LA MOYENNE : LES EFFETS PAR QUANTILE DE LA POLITIQUE DE COHÉSION DE L'UNION EUROPÉENNE

Salima BOUAYAD AGHA[*], Nadine TURPIN[**], Lionel VEDRINE[***]

Résumé - *Depuis plusieurs décennies, l'Europe cherche à réduire les disparités de développement de ses régions. Cette politique, dite de cohésion, mobilise une part croissante du budget européen. Elle repose sur un co-financement des Etats Membres des projets qu'elle soutient au niveau régional. De plus, avec les élargissements successifs de l'Europe, les régions qu'elle cible évoluent, suscitant un effet de redistribution. Or, quelles que soient les méthodes utilisées et les périodes étudiées, les évaluations successives ne mettent en évidence, au mieux, qu'un effet modeste de la politique de cohésion sur le rattrapage de croissance des régions les plus pauvres d'Europe. Dans cet article, nous nous intéressons au programme dit « Objectif 1 » de la politique de cohésion, qui aide les régions les plus pauvres, et attribue des co-financements sur un critère de niveau de richesse. Elle favorise l'investissement et a pour objectif d'accélérer leur croissance pour permettre aux régions les plus pauvres de rattraper le niveau de richesse moyen. Nous mesurons l'effet de ce programme sur la distribution des taux de croissance et de l'investissement par habitant des régions bénéficiaires. Nous montrons que les régions à fort potentiel de croissance (celles qui auraient connu la plus forte croissance en l'absence de politique) ont bénéficié d'un gain de croissance de l'ordre de 0.6%. A contrario, les régions à faible potentiel de croissance n'ont pas bénéficié significativement de la politique mise en place.*

Mots-clés - EFFET DE TRAITEMENT PAR QUANTILE, POLITIQUE RÉGIONALE, UNION EUROPÉENNE

Classification JEL : C21, C26, R58

Les auteurs remercient C. Baumont et R. Guillain et le relecteur pour leurs commentaires ainsi que les participants de la conférence annuelle de l'ERSA (Palerme, 2013).

[*] CREST ; GAINS-TEPP, Université du Maine ; salima.bouayad.agha@ensae.fr
[**] Irstea, UMR Métafort, F-63170 Aubière, France ; nadine.turpin@irstea.fr
[***] INRA, UMR 1041 CESAER ; lionel.vedrine@dijon.inra.fr

1. INTRODUCTION

L'objectif de la cohésion économique et sociale, déjà consigné dans l'Acte unique européen, a pris corps en 1988, avec l'adoption du premier règlement qui donna naissance à la politique de cohésion. Les traités de Maastricht, d'Amsterdam et de Nice ont réaffirmé l'importance de cette politique. Le traité de Lisbonne a élargi son champ d'application en lui conférant une nouvelle dimension territoriale. De plus, les Conseils européens de 1988, 1992, 1999 et 2005 ont régulièrement confirmé l'importance de cette politique de cohésion en lui affectant une part croissante du budget européen, via l'instrument économique des Fonds structurels. En 1987, environ 20 % du budget européen était consacré aux Fonds structurels, et le montant des fonds a augmenté à partir de 1999 pour atteindre environ 35 % du budget européen sur la période de programmation 2000-2006.

La réglementation des Fonds structurels (Règlement (CE) n°1260/1999 du Conseil) prévoit la mise en place d'aides aux régions selon trois programmes, appelés « Objectifs ». Les projets proposés par les régions à ces programmes sont cofinancés par les Etats Membres à hauteur de 50% pour les programmes Objectif 2 et Objectif 3, et seulement à hauteur de 20 à 25 % pour le programme Objectif 1. Le programme Objectif 1 cherche à promouvoir le développement des régions les plus pauvres. Pour concentrer efficacement les interventions, ce programme est le plus doté des trois, avec 70 % du montant des Fonds structurels soit 137 milliards d'euros sur la période 2000-2006.

La question de l'impact de cette politique a fait l'objet d'un très grand nombre de travaux se heurtant tous à des difficultés méthodologiques communes à toutes les évaluations d'impact ex post. Cette question devient d'autant plus cruciale à la fin des années 2000 que l'on observe des restrictions budgétaires au niveau central et que les Etats Membres traversent une succession de crises économiques. Par ailleurs, l'élargissement de l'Europe vers des pays aux régions moins riches induit une réallocation des fonds vers ces pays plutôt que vers les régions anciennement bénéficiaires C'est ainsi que dans le cadre du débat assez général de l'arbitrage entre compétitivité et équité, on peut se poser la question de l'efficacité des transferts (ou des réallocations) des régions les plus riches vers les régions les plus pauvres transitant par le biais du niveau central européen (voir Gripaios et al., 2008 et Mohl et Hagen, 2010 pour des revues récentes de la littérature).

Les travaux empiriques ne font pas consensus sur l'impact de la politique de cohésion : certaines études font état d'un impact positif sur la croissance régionale (Dall'erba, 2005 ; Ramajo et al., 2008 ; Mohl et Hagen, 2010 ; Bouayad-Agha et al., 2011). D'autres ne trouvent aucun effet en termes de convergence régionale (Esposti et Bussoletti, 2008 ; Dall'erba et Le Gallo, 2008), même si certains travaux montrent que les Fonds structurels améliorent la convergence au niveau des pays (Beugelsdijk et Eijffinger, 2005). D'autres caractéristiques des régions semblent également interagir avec l'efficacité de la politique de cohésion : l'opposition centre-périphérie (Dall'erba et al., 2009), la synchronisation des cycles économiques régionaux et nationaux (Rodriguez-

Pose et Fratesi, 2007) et le niveau des inégalités (Petrakos et al., 2005 ; Ezcurra, 2007). Etant donné leur nombre et leur nature, les effets de tous ces différents facteurs ne peuvent être contrôlés de manière satisfaisante dans le cadre d'une régression linéaire classique.

En utilisant des méthodes spécifiques à l'estimation des effets propres des politiques publiques, une vague plus récente de travaux a fait ressortir des effets significatifs, mais modestes, pour un groupe restreint de régions (les régions bénéficiant de l'Objectif 1, Becker et al., 2010) et conditionnés à la capacité de ces régions à absorber les fonds européens (Becker et al., 2012).

Ces travaux se sont intéressés aux effets moyens de la politique. Considérant la très grande hétérogénéité des régions-cibles de cette politique, Le Gallo et al. (2011) ont approfondi l'analyse en estimant des effets individuels (sur l'ensemble des trois programmes). Ces auteurs ont ainsi mis en évidence que l'effet moyen peut être non significatif et qu'il peut en même temps y avoir un effet significatif, pour certaines régions prises individuellement, des Fonds structurels sur la convergence conditionnelle des régions. Si leurs travaux démontrent bien la nécessité de prendre en compte la variabilité interrégionale, ils se heurtent encore à un problème d'endogénéité d'allocation des fonds, problème qu'ils ne traitent pas.

L'objectif de ce papier est d'analyser l'hétérogénéité de l'effet du programme Objectif 1 à travers la position de chaque région dans la distribution de la variable de résultat, tout en contrôlant de l'hétérogénéité inobservée. Le programme Objectif 1 se proposant d'aider les régions les moins riches à accroître leurs investissements productifs (publics ou privés), pour à terme accélérer leur croissance, nous proposons de tirer parti de ces trois éléments dans notre analyse. Ainsi, notre stratégie d'estimation de l'impact prendra comme variables de résultat à la fois le taux de croissance et le niveau d'investissement, les deux rapportées à la population des régions.

Nous nous proposons de mesurer l'effet du programme Objectif 1 en mettant en œuvre une régression quantile. Cette méthode permet une description de l'impact de variables explicatives plus complète que la régression linéaire car elle permet de modéliser l'ensemble de la distribution conditionnelle d'une variable continue selon ces variables explicatives. Celles-ci affectent l'ensemble de la distribution mais avec un impact différencié selon les quantiles de la distribution. Dans le contexte de l'évaluation d'impact des politiques publiques, il est généralement pertinent d'aller au-delà des effets moyens de celles-ci. Dans le cadre de ce travail, notre apport à la littérature est d'examiner l'effet de la politique de cohésion par quantile de la distribution des deux variables de résultat retenues. Afin de contrôler l'hétérogénéité inobservée, nous estimons ces effets par quantiles en exploitant l'une des règles de l'éligibilité des régions à ce programme comme une quasi-expérience. En effet, cette règle crée une discontinuité au seuil (défini par l'UE) dans la probabilité pour les régions Objectif 1 de recevoir le programme. Cette discontinuité permet d'iden-tifier un effet causal du programme en comparant les résultats observés sur les régions autour du seuil, dont l'éligibilité est conforme à la règle.

Nous utilisons des données pour l'UE-25 au niveau NUTS2 pour la période de programmation 2000-2006, période pour laquelle nous avons les données les plus complètes pour l'ensemble des régions concernées. Nous montrons ainsi que les régions à fort potentiel de croissance (celles qui auraient connu la plus forte croissance en l'absence de politique) ont bénéficié d'un gain de croissance de l'ordre de 0,6%. A contrario, les régions à faible potentiel de croissance n'ont pas bénéficié significativement de la politique mise en place.

Le reste de l'article est organisé de la façon suivante : la section 2 décrit les données utilisées et la méthode mise en œuvre. La section 3 présente les résultats et les discute. Enfin, la section 4 conclut.

2. DONNÉES ET MÉTHODE D'ESTIMATION

2.1. Données

Notre analyse se concentre sur la période de programmation 2000-2006 pour laquelle nous avons des données en coupe les plus complètes. Tout comme Becker et al. (2012), nous avons construit une base de 251 régions à partir de plusieurs sources d'information. Les données sur le niveau de PIB et l'investissement sont issues de la base de données régionales compilée par « Cambridge Econometrics » ; l'information sur l'éligibilité des régions au programme Objectif 1 provient de l'exploitation du règlement (502/1999) de la Commission européenne et des éditions du Journal Officiel de l'Union européenne.

Graphique 1. Carte des bénéficiaires du programme Objectif 1 (2000-2006)

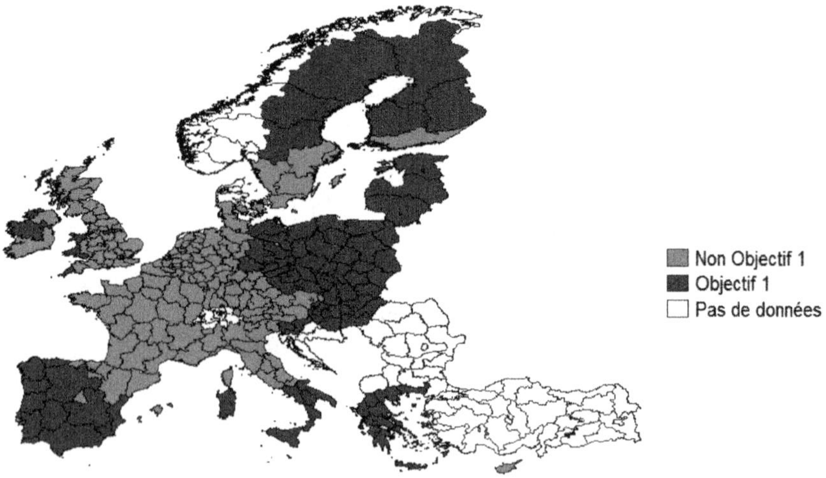

Le Graphique 1 décrit la localisation géographique des régions bénéficiaires de ce programme. On observe, que pour la plupart, celles-ci se trouvent à la « périphérie » de l'Union européenne et que la quasi-totalité des régions des nouveaux Etats Membres bénéficient de ce programme. On constate également que les régions du sud de l'Italie et de l'Espagne, l'Eire, la Grèce et le Portugal (à l'exception de la région de Lisbonne) bénéficient également de ce programme. Enfin, les länder de l' « ex-RDA », ainsi que la région de la Merseyside au Royaume-Uni figurent aussi dans le programme Objectif 1.

Graphique 2. Distribution des régions Objectif 1 selon les déciles de la distribution du taux de croissance de l'ensemble des régions

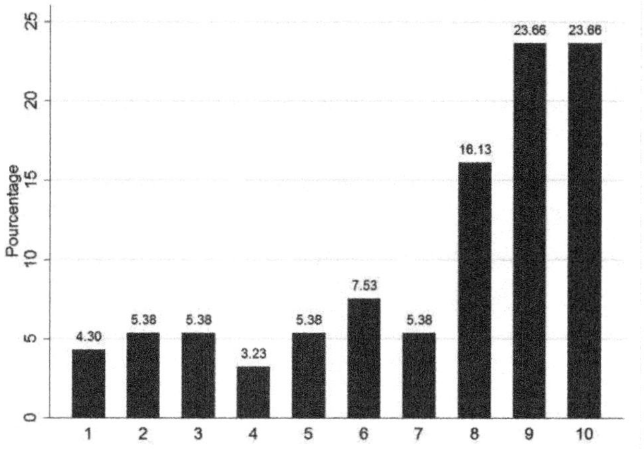

Pour compléter cette description géographique, nous identifions les positions occupées par les régions Objectif 1 dans la hiérarchie de la distribution des taux de croissance (Graphique 2). On constate que 62 % des régions Objectif 1 se situent dans les trois derniers déciles de cette distribution tandis que les 38% restantes se répartissent de manière assez homogène dans chacun des 7 premiers déciles.

Graphique 3. Proportion de régions Objectif 1 par décile de la distribution du taux de croissance de l'ensemble des régions

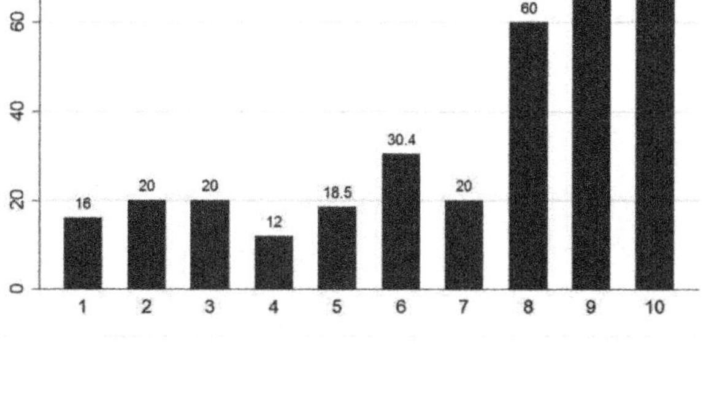

Dans chacun des 7 premiers déciles de cette distribution, la proportion de régions Objectif 1 (Graphique 3) varie entre 12 et 30% alors qu'elle est très largement sur-représentée dans les trois derniers déciles.

Enfin, on peut observer (Graphique 4) que les régions Objectif 1 des trois derniers déciles de la distribution du taux de croissance se localisent à différents endroits de l'espace géographique et ne concernent pas obligatoirement uniquement les régions des nouveaux Etats Membres.

Graphique 4. Carte des régions selon les déciles du taux de croissance et selon les bénéficiaires du programme Objectif 1 (2000-2006)

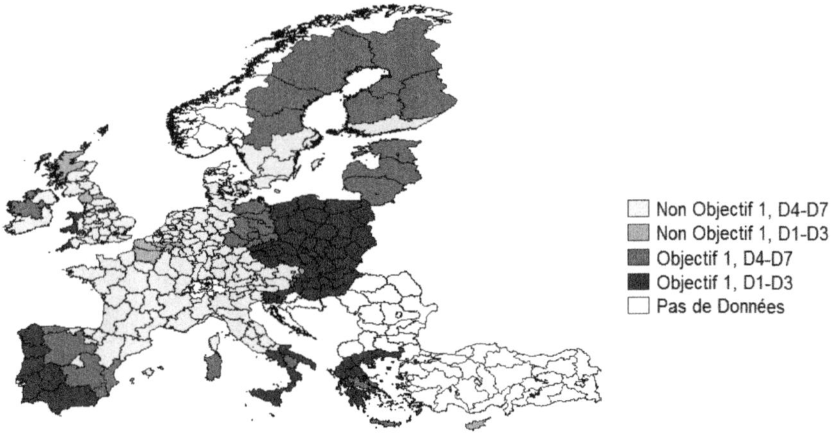

Tandis que les régions Objectif 1 se positionnent dans le haut de la distribution des taux de croissance, il convient de noter que plus des deux tiers de ces régions se situent dans les trois premiers déciles de la distribution du logarithme de l'investissement par tête de l'ensemble des régions (Graphique 5).

Graphique 5. Répartition des régions objectif 1 selon les déciles de la distribution du log de l'investissement par tête de l'ensemble des régions

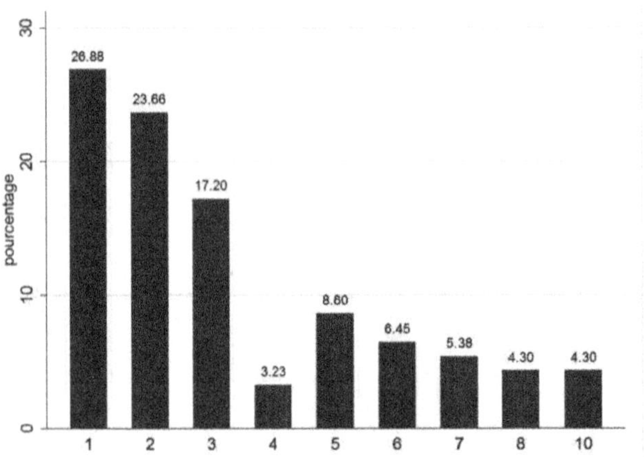

En proportion, les régions Objectif 1 sont très largement sur-représentées dans les trois premiers déciles tandis qu'elles représentent entre 12 et 32% dans les 7 derniers (Graphique 6).

Graphique 6. Proportion de régions objectif 1 par décile de la distribution du log de l'investissement par tête de l'ensemble des régions

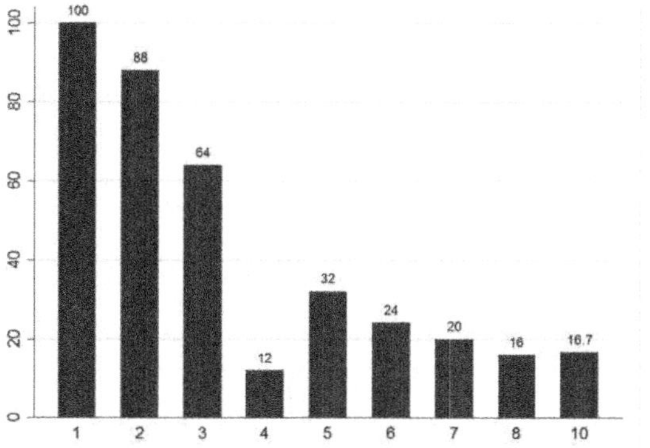

On peut observer (Graphique 7) que les régions Objectif 1 des trois premiers déciles de la distribution se localisent à différents endroits de l'espace. Une lecture comparée des Graphiques 4 et 7 permet de constater que ce ne sont pas nécessairement les mêmes régions qui se trouvent dans le haut de la distribution des taux de croissance et dans le bas de la distribution de l'investissement.

Graphique 7. Carte des régions selon les déciles de l'investissement et selon les bénéficiaires du programme Objectif 1 (2000-2006)

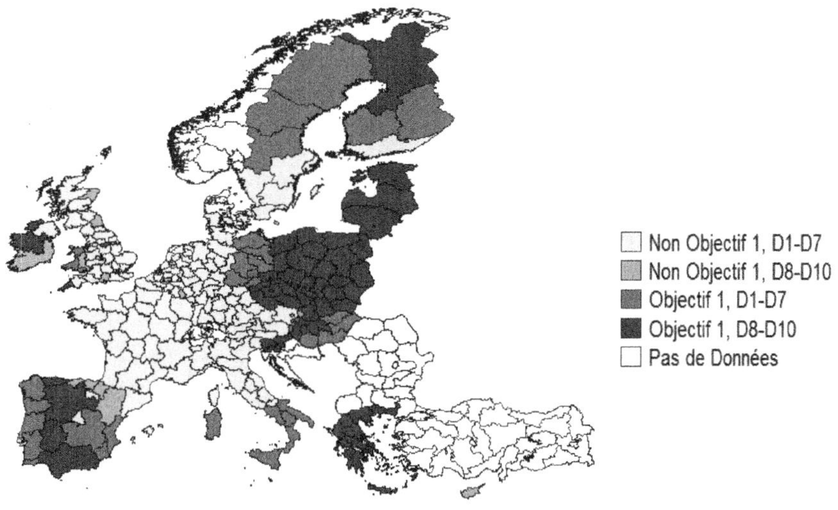

Tableau 1. Statistiques descriptives selon les déciles du taux de croissance

	Déciles du taux de croissance										Total
	1	2	3	4	5	6	7	8	9	10	
Toutes les régions											
Effectifs	25	25	25	25	27	23	25	25	25	24	249
Taux de croissance moyen	0,021	0,029	0,032	0,036	0,039	0,042	0,046	0,052	0,061	0,080	0,044
Investissement par tête moyen (log)	8,340	8,359	8,490	8,386	8,473	8,240	8,478	8,144	7,660	7,672	8,228
Régions Objectif 1											
Effectifs	4	5	5	3	5	7	5	15	22	22	93
Taux de croissance moyen	0,018	0,029	0,032	0,035	0,039	0,042	0,046	0,052	0,061	0,078	0,054
Investissement par tête moyen (log)	7,848	8,127	8,326	7,689	8,331	7,718	8,289	7,83	7,548	7,627	7,797
Régions non Objectif 1											
Effectifs	21	20	20	22	22	16	20	10	3	2	156
Taux de croissance moyen	0,022	0,029	0,032	0,036	0,039	0,042	0,046	0,052	0,058	0,098	0,037
Investissement par tête moyen (log)	8,434	8,417	8,531	8,481	8,505	8,469	8,526	8,617	8,477	8,16	8,485

Tableau 2. Statistiques descriptives selon les déciles du log de l'investissement par tête

	Déciles de l'investissement par tête (log)										Total
	1	2	3	4	5	6	7	8	9	10	
Toutes les régions											
Effectifs	25	25	25	25	25	25	25	25	25	24	249
Taux de croissance moyen	0,062	0,055	0,046	0,037	0,036	0,037	0,039	0,038	0,046	0,044	
Investissement par tête moyen (log)	6,877	7,725	8,112	8,257	8,473	8,240	8,478	8,144	7,660	7,662	8,228
Régions Objectif 1											
Effectifs	25	22	16	3	8	6	5	4	_	4	93
Taux de croissance moyen	0,062	0,054	0,051	0,044	0,039	0,046	0,042	0,04	_	0,088	0,054
Investissement par tête moyen (log)	6,877	7,693	8,084	8,224	8,327	8,323	8,384	8,544	_	9,169	7,797
Régions non Objectif 1											
Effectifs	_	3	9	22	17	19	20	21	25	20	156
Taux de croissance moyen	_	0,063	0,035	0,036	0,031	0,035	0,039	0,038	0,039	0,038	0,037
Investissement par tête moyen (log)	_	7,963	8,161	8,261	8,33	8,385	8,457	8,534	8,643	8,964	8,485

La régression quantile donne une description de la manière dont le quantile d'une variable de résultat se modifie en fonction de certaines variables explicatives. Nous présentons donc quelques statistiques descriptives selon les déciles de chacune des variables de résultat que nous avons retenues afin de préciser les caractéristiques de leur distribution. Pour le taux de croissance (Tableau 1), on observe que la variabilité inter-décile est supérieure à la variabilité entre les deux groupes de régions à décile donné.

On observe également que le taux de croissance moyen des régions Objectif 1, tout décile confondu est de 5,5% et qu'il est supérieur au taux de 4,4% calculé pour l'ensemble des régions et tout décile confondu. Enfin, on note que les régions Objectif 1 qui sont au-delà du cinquième décile ont un taux de croissance au-delà du taux de croissance moyen des régions européennes.

De façon similaire, à décile donné du logarithme de l'investissement par tête (Tableau 2), il n'y a pas de différence entre les régions Objectif 1 et non Objectif 1. Les différences entre les deux groupes de régions ne s'observent que pour les extrémités de la distribution.

2.2. Méthode d'estimation

Pour évaluer l'effet de la politique de cohésion, nous mettons en œuvre une régression quantile qui nous permet d'aller au-delà de l'effet moyen de celle-ci. Cette méthode permet en effet une description de l'impact de variables explicatives plus complète que la régression linéaire car elle permet de modéliser l'ensemble de la distribution conditionnelle d'une variable continue selon ces caractéristiques. Celles-ci affectent l'ensemble de la distribution mais avec un impact différencié selon les quantiles de la distribution (section 2.2.1.). L'identification de l'effet causal d'une politique publique nécessite avant toute chose de prendre en considération l'hétérogénéité inobservée. La stratégie d'estimation utilisée dans notre étude (régression par discontinuité) se distingue par des hypothèses très peu contraignantes, qui reposent sur la continuité des distributions des résultats et l'existence d'une discontinuité dans l'éligibilité, pour un seuil défini politiquement. Nous exploitons ici une discontinuité dans l'éligibilité au programme Objectif 1 provoquée par la définition d'un seuil de niveau de production par habitant. Si les hypothèses de cette stratégie sont peu contraignantes, l'effet causal du programme Objectif 1 est identifié à partir d'une sous-population particulière de notre échantillon (section 2.2.2).

2.2.1. De l'effet moyen de la politique à l'effet par quantile

Nous définissons une variable binaire OBJ_i qui représente le statut de la région i relativement à ce programme :

$$OBJ1_i = \begin{cases} 1 \text{ lorsque la région } i \text{ bénéficie de ce programme} \\ 0 \text{ sinon} \end{cases}$$

L'effet de la politique sur la région i est défini comme la différence entre le résultat de cette région lorsqu'elle en bénéficie (Y_i^1) et celui qu'elle aurait connu en l'absence du programme (Y_i^0). Evidemment, il n'est pas possible d'observer simultanément ces deux résultats (dits potentiels) pour chaque région i, et donc de calculer un effet du programme Objectif 1 pour chacune d'entre elles. Plus précisément, le résultat observé d'une région i dépend de son statut relativement à la politique :

$$Y_i = Y_i^1(OBJ1_i) + Y_i^0(1 - OBJ1_i)$$

Nous nous intéressons à l'effet du programme Objectif 1 sur la distribution de variables continues : le taux de croissance du PIB et le logarithme de l'investissement par tête.

Nous définissons F_{Y^1} et F_{Y^0}comme les distributions des résultats potentiels avec ou sans la politique. La régression par quantile repose sur le quantile de la distribution conditionnelle du résultat observé relativement au traitement :

$$Q_\tau(Y^1|OBJ1_i) = F_{Y^1}{}^{-1}(\tau)$$

$$\text{et } Q_\tau(Y^0|OBJ1_i) = F_{Y^0}{}^{-1}(\tau)$$

avec τ qui représente le $\tau^{ième}$ quantile.

A partir de ces distributions conditionnelles, on peut définir l'effet causal moyen par quantile (*quantile treatment effect, QTE*) comme la différence entre les quantiles des distributions des résultats potentiels (Doksum, 1974 ; Lehman, 1974) :

$$\delta_\tau^{QTE} = F_{Y^1}{}^{-1}(\tau) - F_{Y^0}{}^{-1}(\tau)$$

ainsi qu'un effet moyen sur les bénéficiaires :

$$\delta_\tau^{QTT} = F_{Y^1}{}^{-1}(\tau|OBJ1_i = 1) - F_{Y^0}{}^{-1}(\tau|OBJ1_i = 1)$$

L'effet du traitement sur le quantile pour les traités (*quantile treatment effect on the treated, QTT*) est calculé comme l'écart entre le i^{eme} quantile de la distribution de la variable de résultat pour les régions traitées, et le quantile correspondant de la distribution de cette même variable pour ces mêmes régions, si elles n'avaient pas bénéficié de la politique.

On peut de cette manière calculer un effet du programme Objectif 1 sur le quantile correspondant à la médiane de chacune des distributions (taux de croissance et investissement). Ce premier effet apporte des éléments intéressants de comparaison avec l'effet moyen estimé dans les travaux antérieurs. Il est de plus possible d'estimer ces effets sur chacun des déciles, ou quartiles, pour approfondir la possibilité d'effets différenciés selon ces groupes de régions au sein de la distribution des résultats.

2.2.2. Stratégie d'identification de l'effet par quantile : une approche par la discontinuité de la régression

Nous ne pouvons estimer correctement δ_τ^{QTT} ou δ_τ^{QTE} à l'aide des estimateurs classiques par quantiles (Koenker et Bassett, 1978 ; Buchinsky, 1998) car l'assignation au programme Objectif 1 n'est pas aléatoirement distribué entre les régions. On ne peut pas mesurer l'effet causal par quantile en considérant la différence des quantiles des distributions des résultats potentiels selon l'assignation au programme Objectif 1. Dans ce cas, l'effet estimé serait composé par le « véritable » effet causal par quantile et par un effet « parasite » car les régions bénéficiant de l'Objectif 1 ont des caractéristiques différentes des régions non bénéficiaires (hétérogénéité inobservée).

Dans la littérature récente, plusieurs méthodes ont été développées pour contrôler ce type d'hétérogénéité inobservée (Athey et Imbens, 2003 ; Lamarche, 2007). Firpo (2007) propose une méthode d'estimation de l'effet par quantile sur les bénéficiaires, conditionnellement à des caractéristiques observables. Cette méthode repose sur des hypothèses d'identifications comparables à celles que l'on retrouve dans les méthodes d'appariement sur le score de propension.

Abadie, Angrist et Imbens (2002) proposent une méthode de régression par quantiles à l'aide de variables instrumentales. C'est à partir de cette approche que Frandsen et al. (2012) étendent la méthode de régression par discontinuités (RDD par la suite) au cadre de l'identification d'effets de traitement par quantile. Cette dernière méthode est particulièrement intéressante dans notre cas car elle nous permet d'exploiter l'une des particularités de l'éligibilité des régions au programme Objectif 1 comme une « quasi-expérience ». Une des règles d'assignation au programme Objectif 1 est claire : une région est éligible à l'Objectif 1 si elle a un niveau de PIB par habitant inférieur à un seuil défini, arbitrairement, par la Commission Européenne (75% du niveau moyen de PIB par habitant de l'UE). Cette règle d'assignation crée une discontinuité, au niveau du seuil, dans la probabilité de bénéficier de l'Objectif 1 (Graphique 6) :

$$Z_i = 1(PIB_i > c)$$

avec $c = 0.75.\overline{PIB}_{UE}$

Z_i représente une variable binaire qui vaut 1 lorsque la région est en dessous du seuil d'éligibilité et 0 sinon. La variable d'assignation est dans notre cas le PIB par habitant, et le seuil (c) est défini par la Commission européenne à 0,75 du PIB moyen par habitant de l'UE.

Nous pouvons réécrire le statut d'une région comme fonction de la variable d'assignation $OBJ1_i(PIB_i)$. Nous avons également besoin de définir les limites de $OBJ1_i(PIB_i)$ autour du seuil d'éligibilité (c) pour définir un estimateur par discontinuité de la régression :

$$OBJ1_i{}^0 \equiv \lim_{PIB_i \to c^+} OBJ1_i(PIB_i)$$

$$OBJ1_i{}^1 \equiv \lim_{PIB_i \to c^-} OBJ1_i(PIB_i)$$

Comme présenté par Imbens et Angrist (1994) et Hahn et al. (2001) dans le cadre classique des effets de traitement, l'identification de l'effet par quantile de la politique se fait à partir d'un sous échantillon. Au lieu d'estimer l'effet moyen du traitement sur l'ensemble des régions, on identifie un effet moyen local sur un sous-ensemble de régions. Ce sous échantillon est donc constitué des régions dont le niveau de richesse initial se situe à proximité du seuil et dont le statut (bénéficiaire ou non) est conforme à la règle d'assignation définie par la Commission européenne. Ce groupe, dit des « conformistes locaux[1] » (C) est constitué de régions qui bénéficieraient du programme objectif avec un niveau de richesse initial en dessous du seuil d'éligibilité mais qui ne bénéficieraient pas de ce même programme avec un niveau de richesse initial au-dessus du seuil d'éligibilité. Dans ce cas, l'effet par quantile identifié est un effet local : c'est la différence entre les distributions marginales des résultats potentiels des « conformistes » (ceux qui ont réagi conformément à la règle) évaluée au seuil d'éligibilité du programme Objectif 1. On obtient ainsi pour un quantile τ donné :

$$\delta_\tau^{LQTE} = F_{Y^1|C,PIB_i=c}{}^{-1}(\tau) - F_{Y^0|C,PIB_i=c}{}^{-1}(\tau)$$

Les distributions des résultats potentiels sont définies ici pour le groupe des conformistes locaux. Nous pouvons les identifier comme des ratios de Wald :

$$F_{Y^1|C,PIB_i=c} = \frac{\lim_{PIB\to c^-} E[1(Y \le y)OBJ1|PIB = c] - \lim_{PIB\to c^+} E[1(Y \le y)OBJ1|PIB = c]}{\lim_{PIB\to c^-} E[OBJ1|PIB = c] - \lim_{PIB\to c^+} E[OBJ1|PIB = c]}$$

$$F_{Y^0|C,PIB_i=c} = \frac{\lim_{PIB\to c^-} E[1(Y \le y)(1 - OBJ1)|PIB = c] - \lim_{PIB\to c^+} E[1(Y \le y)(1 - OBJ1)|PIB = c]}{\lim_{PIB\to c^-} E[(1 - OBJ1)|PIB = c] - \lim_{PIB\to c^+} E[(1 - OBJ1)|PIB = c]}$$

L'effet par quantile du programme Objectif 1 est alors identifié comme la différence horizontale entre les ratios de Wald ci-dessus (Imbens et Rubin, 1997; Abadie, 2002). La validité de cette approche repose sur quatre hypothèses d'identification (Frandsen et al., 2012) :

- la présence d'une discontinuité autour du seuil de la règle d'assignation dans la probabilité de bénéficier du programme, cette discontinuité étant à la base de notre stratégie d'identification,
- la continuité au seuil de la distribution (conditionnelle au traitement) des résultats potentiels, ce qui implique que rien (en dehors de la règle d'éligibilité) ne provoque de discontinuité dans les résultats potentiels,
- la monotonicité, *i.e.* l'absence de régions qui bénéficieraient du programme si leur niveau de richesse était supérieur au seuil et qui ne bénéficieraient pas

[1] Voir Hahn et al. (2001) et Frandsen et al. (2012) pour une définition plus formalisée des « conformistes locaux ».

du programme dans le cas contraire (« defiers » qu'on appelle aussi anti-conformistes c'est-à-dire des régions pour lesquelles la règle a un effet opposé à celui couramment attendu),

- la présence de régions au niveau du seuil ; par convention on détermine une largeur de bande autour du seuil.

$F_{Y^1|C,PIB_i=c}$ et $F_{Y^0|C,PIB_i=c}$ sont estimés à l'aide de régressions linéaires locales. Un moyen d'estimer simultanément les quatre espérances conditionnelles nécessaires à la détermination de $F_{Y^1|C,PIB_i=c}$ et $F_{Y^0|C,PIB_i=c}$ est d'utiliser les doubles moindres carrés pondérés comme sugéré par Imbens et Lemieux (2008). La pondération de cette régression est le rapport entre une distance (la différence entre la valeur du niveau de richesse initial et le seuil d'éligibilité) et la largeur de bande autour du seuil (qui détermine la taille de l'échantillon)[2].

3. RÉSULTATS EMPIRIQUES

La présence effective d'une discontinuité dans la probabilité de bénéficier du programme Objectif 1 nous permet bien d'identifier un effet causal par quantile, autour de cette discontinuité. Pour la période 2000-2006, nous observons une discontinuité assez importante au seuil de 75% du PIB moyen de l'Union Européenne (Graphique 8). En effet, la probabilité qu'une région bénéficie de l'Objectif 1 passe de 80% juste en dessous du seuil à 40% juste au-dessus. La proportion de « conformistes » autour du seuil est de 40%. Sous les hypothèses de continuité locale des distributions, l'effet de la politique est identifié comme une discontinuité, au seuil, dans la distribution du taux de croissance du PIB (ou de l'investissement par tête). Dans le cas d'une assignation probabiliste (comme ici), nous pondérons cette différence par l'ampleur de la discontinuité induite par la règle d'assignation au programme Objectif 1. Nous reportons les résultats d'une régression simple (par MCO) et d'une RDD classique, à titre de comparaison avec nos résultats obtenus avec la régression par quantile. Les estimations sont menées d'abord sur la distribution du taux de croissance du PIB par tête (Section 3.1), puis sur celle de logarithme de l'investissement par tête (section 3.2).

3.1. Effets du programme Objectif 1 par quantile de la distribution du taux de croissance du PIB

Une première estimation par les MCO (Tableau 3) montre que le groupe des régions bénéficiant de l'Objectif 1 a un taux de croissance du PIB supérieur à celui des autres régions (0,017). Il n'est pas surprenant que les régions bénéficiant de ce programme, qui sont rappelons-le les régions ayant le PIB le plus

[2] Nous utilisons les mêmes largeurs que Becker et al. (2010), largeur de bande optimale (et le double) calculée selon la méthode de validation croisée (Imbens et Lemieux, 2008).

faible, connaissent en moyenne des taux de croissance un peu plus élevés que le reste de l'échantillon. Les régions les moins riches semblent avoir un taux de croissance supérieur à celui des autres régions, toute chose égale par ailleurs.

Graphique 8. Discontinuité dans la probabilité de bénéficier du programme Objectif 1 (2000-2006)

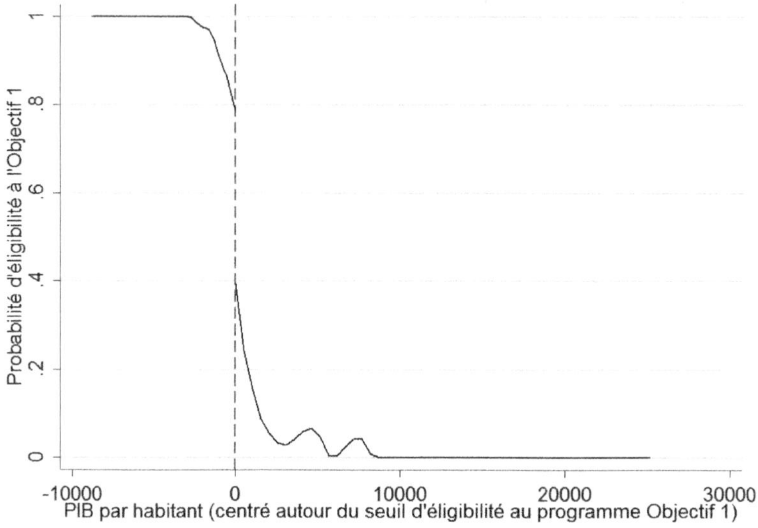

Cette estimation, qui ne tient pas compte de l'hétérogénéité inobservée, ne reflète bien entendu pas l'effet de bénéficier du programme Objectif 1 et souffre d'un biais de sélection positif.

Tableau 3. Effets du programme Objectif 1 sur le taux de croissance du PIB par tête (2000-2006)

	MCO	RDD			
Effet moyen	0,017***	0,013			
Ecart-type	0,002	0,677			
	RDD-QTE				
Quantile	.1	.25	.5	.75	.9
LQTE (lb=500)	-0,0001	0,008	0,009**	0,009**	0,023***
Ecart-type	0,021	0,005	0,003	0,003	0,001
LQTE (lb=237)	-0,001	0,008***	0,009**	0,009**	0,023***
Ecart-type	0,001	0,002	0,001	0,001	0,001

Note : lb fait référence à la largeur de bande optimale estimée par becker et al. (2010) selon la méthode de validation croisée (Imbens et Lemieux, 2008). LQTE : effet local par quantile du programme Objectif 1.

L'existence de ce biais est confirmée par les résultats obtenus à l'aide d'une régression par discontinuité (Tableau 3). Avec cette technique, l'effet moyen estimé du programme est non significativement différent de 0. Le programme Objectif 1 n'a donc pas affecté significativement le taux de croissance moyen des régions bénéficiaires. Ce résultat s'inscrit dans le corpus des évaluations successives montrant l'absence d'effet ou un effet moyen très faible.

Graphique 9. Effets du programme Objectif 1 par décile du taux de croissance (2000-2006)

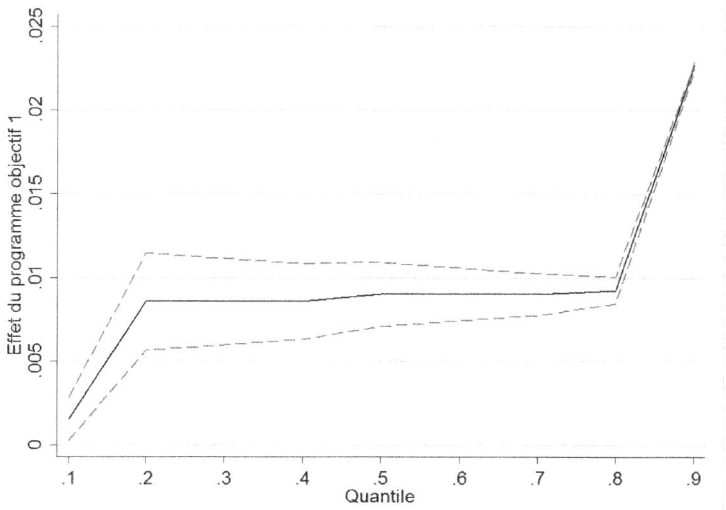

Graphique 10. Effets du programme Objectif 1 par décile du taux de croissance (largeur de bande à 500 euros par tête)

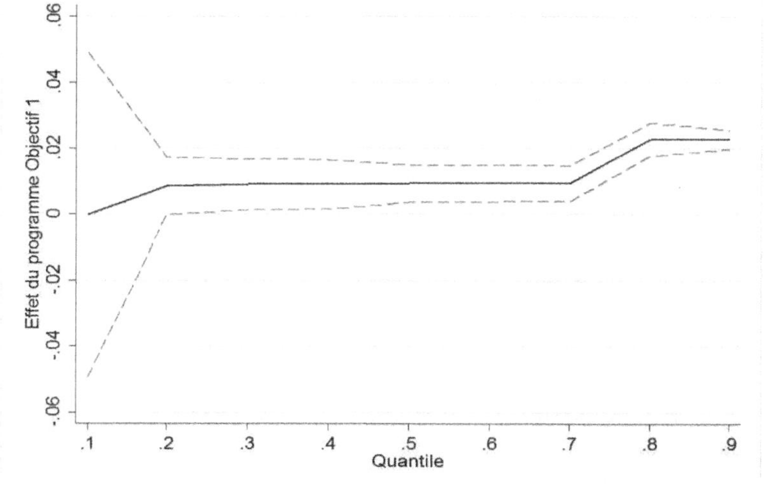

Si le programme Objectif 1 n'a pas permis d'accroître de manière significative le taux de croissance moyen des régions bénéficiaires, il semble par contre affecter positivement et significativement le taux de croissance des régions qui ont le plus fort potentiel de croissance (les régions à droite de la distribution). Ces régions sont celles qui auraient connu les plus forts taux de croissance même en l'absence du programme. Nous observons 3 types de résultats (Tableau 3 et Graphiques 9 et 10).

Tout d'abord, nous observons un effet non significatif du programme sur les régions du premier décile quelle que soit la largeur de bande. Les aides à l'investissement que procure le programme Objectif 1 n'ont pas permis, dans ces régions à « faible potentiel[3] », d'avoir un effet de levier sur l'économie.

Nous observons également un effet faible (0,009), mais significatif du programme Objectif 1 pour les régions avec un taux de croissance autour de la médiane. Globalement le nombre de régions avec effet significatif est beaucoup plus important que celles sans effet.

Enfin, le programme Objectif 1 affecte beaucoup plus fortement (0,023) la croissance des régions ayant le plus fort potentiel de croissance (celles du dernier décile). Les résultats sont peu sensibles à la définition de la largeur de bande.

Le programme Objectif 1 a pour cible les régions sur des critères de richesse et non de potentiel de croissance. Or les régions bénéficiant le plus de ce programme sont celles déjà inscrites dans une dynamique de développement et qui possèdent un taux de croissance supérieur à la médiane. Cette disparité d'effet selon la dynamique des régions (effet non significatif pour les régions à faible potentiel de croissance effet significatif pour celles ayant un potentiel de croissance positif) suggère que le programme est bien adapté pour le sous ensemble de régions déjà inscrites dans une dynamique de développement.

3.2. Effets du programme Objectif 1 par quantile de la distribution de l'investissement par tête

Les régions bénéficiant de l'Objectif 1 investissent moins en moyenne que le reste de l'échantillon (estimation par les MCO de -0,097, Tableau 4). Les aides du programme Objectif 1 semblent donc bien adaptées aux régions cibles, puisqu'elles visent essentiellement à augmenter l'investissement dans ces régions.

Le biais de sélection est négatif pour l'investissement par tête. Mais, contrairement aux résultats obtenus par Becker et al. (2010), nous n'observons pas d'effet moyen significatif du programme Objectif 1 pour la période 2000-2006 sur le logarithme de l'investissement par tête. Ce résultat pose question. En effet, le programme Objectif 1 vise à augmenter l'investissement dans les régions les plus pauvres, qui ont par ailleurs un taux d'investissement faible. Mais ce programme ne montre pas d'effet moyen significatif sur l'investissement dans les régions cibles.

---

[3] Nous qualifions de régions à « faible potentiel » les régions qui auraient connu des taux de croissance faibles en l'absence de la politique.

Tableau 4. Effets du programme Objectif 1 sur l'investissement par tête (2000-2006)

	MCO	RDD			
Effet moyen	-0,097***	0,086			
Ecart-type	0,036	0,200			
	RDD-QTE				
Quantile	.1	.25	.5	.75	.9
LQTE (lb=500)	-0,260	-0,068	0,060	0,220	0,353**
Ecart-type	0,331	0,370	0,347	0,221	0,172
LQTE (lb=237)	-0,260	0,027	0,060	0,238*	0,353***
Ecart-type	0,247	0,183	0,184	0,130	0,022

Note : lb fait référence à la largeur de bande optimale estimée par Becker et al. (2010) selon la méthode de validation croisée (Imbens et Lemieux, 2008). LQTE : effet local par quantile du programme Objectif 1.

L'analyse de l'effet par quantile du programme Objectif 1 révèle toutefois des effets contrastés entre les régions (Tableau 4, Graphiques 11 et 12). Le programme Objectif 1 n'a bénéficié de manière significative qu'aux régions qui auraient, en l'absence de ce programme, investi le plus fortement. Les régions en dessous de la médiane (du logarithme) de l'investissement par tête n'ont pas bénéficié de l'effet attendu, à savoir une incitation à l'investissement. Le programme Objectif 1 semble ainsi avoir eu un effet de réallocation des investissements nationaux plus faible que prévu initialement.

Graphique 11. Effets du programme Objectif 1 par décile de l'investissement par tête (largeur de bande à 237 euros par tête)

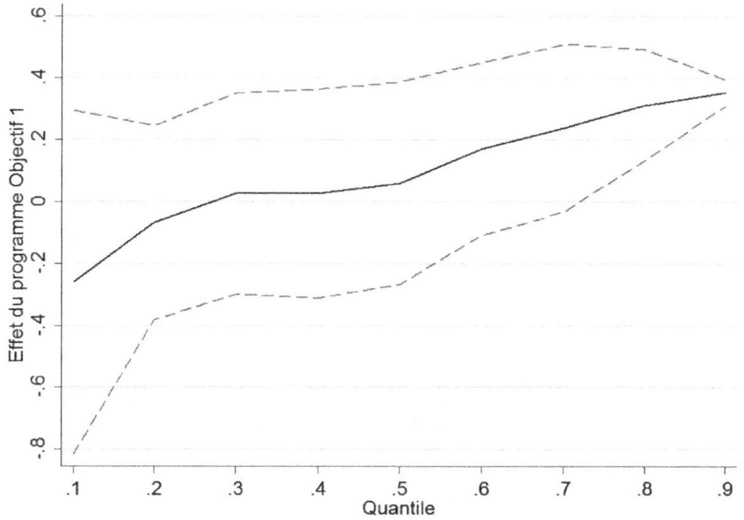

Graphique 12. Effets du programme Objectif 1 par décile de l'investissement par tête (largeur de bande à 500 euros par tête)

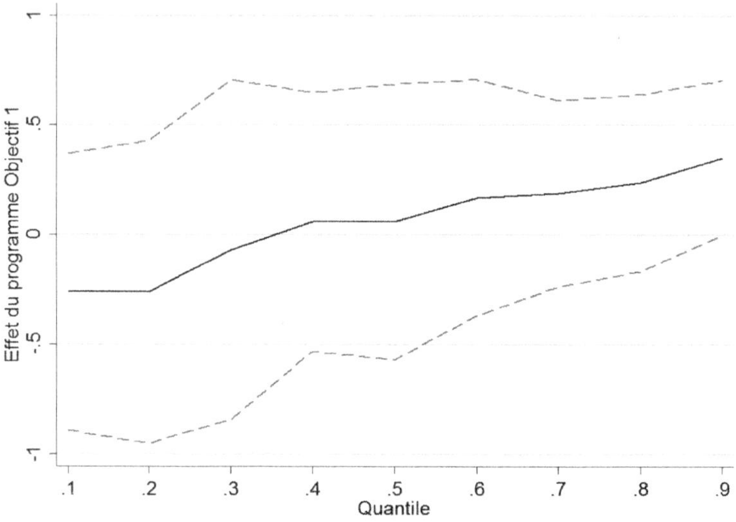

4. CONCLUSION

Le programme Objectif 1 de la politique européenne de cohésion concentre 70% des moyens de cette politique. Il propose aux régions les moins riches de l'Union d'aider leurs investissements publics et privés, avec pour objectif prioritaire d'accroître leur taux de croissance. La politique de cohésion en elle-même mobilise une part importante du budget européen et a fait l'objet d'une attention soutenue des décideurs publics et des économistes.

Les travaux antérieurs ont mis en évidence un effet moyen de cette politique, significatif mais faible, tandis que ceux approfondissant l'analyse et mesurant des effets par région ont montré l'intérêt de s'intéresser à la variabilité interrégionale.

Nous étendons les travaux existants en estimant un effet du programme Objectif 1 sur la distribution du taux de croissance et du niveau d'investissement. Pour ce faire, nous avons mobilisé la technique de régression par discontinuité sur les quantiles de ces variables de résultat, en instrumentant autour de la discontinuité du critère d'assignation des fonds.

Nous avons montré que l'effet moyen du programme Objectif 1 n'est pas significatif sur le taux de croissance. Néanmoins, les régions des derniers quartiles, celles à fort potentiel de croissance, ont bénéficié significativement de la politique. Ces régions ont ainsi bénéficié d'un gain supplémentaire de 0,6 % de croissance, en réponse au programme Objectif 1. A contrario, les régions des groupes disposant des plus faibles potentiels de croissance, n'ont pas bénéficié de la politique.

Par ailleurs, et contrairement aux travaux antérieurs, nous n'avons pas mis en évidence d'effet moyen du programme Objectif 1 sur le niveau moyen d'investissement des régions bénéficiaires. Ce n'est pas le cas pour les régions ayant un fort niveau d'investissement par tête. De façon un peu similaire au taux de croissance, il semble que ce soient les groupes de régions déjà inscrites dans une dynamique d'investissement qui voient un effet significatif.

Nos travaux mettent en avant l'intérêt de considérer l'hétérogénéité des régions cibles, dans la mesure où le programme actuel n'a pas d'effet sur les régions à faible potentiel de croissance et à faible niveau d'investissement. Nos travaux ne permettent pas d'expliciter les raisons et mécanismes ayant permis au programme Objectif 1 de bénéficier, ou pas, aux régions de chaque décile de la distribution du taux de croissance ou du niveau d'investissement. Cependant, les résultats que nous obtenons nous permettent de suggérer que ce programme pourrait être amélioré s'il était accompagné de mesures spécifiques (et additionnelles) pour les régions les plus pauvres et ayant les taux de croissance les plus bas.

ANNEXE 1

La réglementation des Fonds structurels (Règlement (CE) n°1260/1999 du Conseil) prévoit la mise en place d'aides aux régions. En particulier, le programme Objectif 1 cherche à promouvoir le développement des régions en retard de développement. Conformément à la nécessité de concentrer les interventions sur les régions les plus en difficulté, l'Objectif 1 est le plus doté puisqu'il concentre environ 70 % des dotations aux Fonds structurels soit 137 milliards d'euros sur 7 ans. Dans le cadre de cet objectif, les taux de co-financements des fonds européens peuvent atteindre 80% du coût total du projet contre 50% pour les autres objectifs prioritaires.

L'Objectif 1 est qualifié de « régionalisé » car il s'applique à des territoires délimités de niveau NUT2 dans la nomenclature statistique des unités territoriales d'Eurostat. Parmi ces zones, seules sont éligibles à l'Objectif 1 celles dont le PIB par habitant est inférieur à 75 % de la moyenne communautaire. L'Objectif 1 concerne également des catégories particulières de régions :

• Les 7 régions dites "ultrapériphériques" qui se trouvent dans une situation unique au sein de l'Union due à leur éloignement du continent européen ainsi qu'à leur faible poids démographique et économique. Ce sont les Iles Canaries, la Guadeloupe, la Martinique, la Réunion, la Guyane, les Açores et Madère.

• Les zones suédoises et finlandaises éligibles à l'ancien Objectif 6 entre 1994 et 1999 qui intervenait spécifiquement dans les régions à très faible densité de population. Il s'agit d'une partie des régions Norra Mellansverige, Mellersta Norrland, Övre Norrland pour la Suède et Pohjois-Suomi, Väli-Suomi ainsi que la totalité de la région Itä-Suomi pour la Finlande.

• L'Irlande du Nord bénéficie d'un soutien communautaire particulier dans le but de promouvoir la réconciliation entre les communautés et l'émergence d'une société stable et pacifique. Né d'une Initiative communautaire pendant la période 1994-1999, le Programme opérationnel PEACE II (2000-2004) est désormais partie intégrante de l'Objectif 1 et bénéficie d'un soutien financier de 500 millions d'euros.

REFERENCES

Abadie, A., 2002, "Bootstrap tests for distributional treatment effects in instrumental variable models", *Journal of the American Statistical Association*, 97(457), pp. 284-292.

Abadie, A., Angrist, J., Imbens, G., 2002, "Instrumental variables estimates of the effect of subsidized training on the quantiles of trainee earnings", *Econometrica*, 70(1), pp. 91-117.

Athey, S., Imbens, G. W., 2006, "Identification and Inference in Nonlinear Difference - in - Differences Models", *Econometrica*, 74(2), pp. 431-497.

Imbens, G. W., Angrist, J. D., 1994, "Identification and estimation of local average treatment effects", *Econometrica*, 62(2), pp. 467-475.

Becker, S. O., Egger, P. H., Von Ehrlich, M., 2010, "Going NUTS: The effect of EU Structural Funds on regional performance", *Journal of Public Economics*, 94(9), pp. 578-590.

Becker, S., Egger, P., Von Ehrlich, M., 2012, "Absorptive capacity and the growth effects of regional transfers: a regression discontinuity design with heterogeneous treatment effects", *American Economic Journal: Economic Policy* , forthcoming.

Beugelsdijk, M., Eijffinger, S. C., 2005, "The Effectiveness of Structural Policy in the European Union: An Empirical Analysis for the EU - 15 in 1995-2001", *Journal of Common Market Studies*, 43(1), pp. 37-51.

Bouayad Agha, S., Turpin, N., Védrine, L., 2011, "Fostering the Development of European Regions: A Spatial Dynamic Panel Data Analysis of the Impact of Cohesion Policy", *Regional Studies*, (ahead-of-print), pp. 1-21.

Buchinsky, M., 1998, "Recent advances in quantile regression models: a practical guideline for empirical research", *Journal of Human Resources*, pp. 88-126.

Dall'Erba, S., 2005, "Distribution of regional income and regional funds in Europe 1989–1999: an exploratory spatial data analysis", *The Annals of Regional Science*, 39(1), pp. 121-148.

Dall'Erba, S., Le Gallo, J., 2008, "Regional convergence and the impact of European structural funds over 1989–1999: A spatial econometric analysis", *Papers in Regional Science*, 87(2), pp. 219-244.

Dall'erba, S., Guillain, R., Le Gallo, J., 2009, "Impact of structural funds on regional growth: How to reconsider a 9-year-old black box", *Région et Développement,* 30, pp. 77-100.

Doksum, K., 1974, "Empirical probability plots and statistical inference for nonlinear models in the two sample case", *Annals of Statistics*, 2, pp. 267-77.

Esposti, R., Bussoletti, S., 2008, "Impact of objective 1 funds on regional growth convergence in the European Union: A panel-data approach", *Regional Studies*, 42(2), pp. 159-173.

Ezcurra R., 2007, "Is Income Inequality Harmful for Regional Growth? Evidence from the European Union", *Urban Studies*, 44, pp. 1953-1971.

Frandsen, B. R., Frölich, M., Melly, B., 2012, "Quantile treatment effects in the regression discontinuity design", *Journal of Econometrics*, 168(2), pp.382-395.

Firpo, S., 2007, "Efficient semiparametric estimation of quantile treatment effects", *Econometrica*, 75(1), pp. 259-276.

Gripaios, P., Bishop, P., Hart, T., McVittie, E., 2008, "Analysing the impact of Objective 1 funding in Europe: a review", *Environment and planning C, Government and Policy*, 26(3), 499.

Hahn, J., Todd, P., Van der Klaauw, W., 2001, "Identification and estimation of treatment effects with a regression - discontinuity design", *Econometrica*, 69(1), pp. 201-209.

Imbens, G. W., Rubin, D. B., 1997, "Estimating outcome distributions for compliers in instrumental variables models", *The Review of Economic Studies*, 64(4), pp. 555-574.

Imbens, G. W., Lemieux, T., 2008, « Regression discontinuity designs: A guide to practice", *Journal of Econometrics*, 142(2), pp. 615-635.

Koenker, R., Bassett Jr, G., 1978, "Regression quantiles", *Econometrica*, pp. 33-50.

Lamarche, C., 2010, "Robust penalized quantile regression estimation for panel data", *Journal of Econometrics*, 157(2), pp. 396-408.

Le Gallo, J. , Dall'erba, S. , Guillain, R., 2011, "the Local versus Global Dilemma of the Effects of Structural Funds", *Growth and Change*, 42(4), pp. 466-490.

Lehmann, E., 1974, *Nonparametrics: Statistical Methods Based on Ranks*, Holden-Day: San Francisco.

Mohl, P., Hagen, T., 2009, "Econometric Evaluation of EU Cohesion Policy–A Survey", *ZEW-Centre for European Economic Research Discussion Paper*, (09-052).

Mohl, P., Hagen, T., 2010, "Do EU structural funds promote regional growth? New evidence from various panel data approaches", *Regional Science and Urban Economics*, 40(5), pp. 353-365.

Ramajo, J., Márquez, M. A., Hewings, G. J., Salinas, M. M., 2008, "Spatial heterogeneity and interregional spillovers in the European Union: Do cohesion policies encourage convergence across regions?", *European Economic Review*, 52(3), pp. 551-567.

Petrakos, G., Rodríguez-Pose, A., Rovolis, A., 2005, Growth, integration, and regional disparities in the European Union, *Environment and Planning A*, 37, pp. 1837-1855.

Rodríguez-Pose, A., Fratesi, U., 2007, Regional business cycles and the emergence of sheltered economies in the southern periphery of Europe, *Growth and Change*, 38, pp. 621-648.

BEYOND THE AVERAGE: DOES THE COHESION POLICY CHANGES THE GROWTH PATTERN IN EUROPE?

Abstract - *For decades, Europe has sought to mitigate disparities among the development levels of its regions. This policy, called "cohesion policy", makes use of an increasing share of the EU budget. It is grounded on the co-financing by Member States of projects that she subsidises at regional level. Moreover, with the successive enlargements of Europe, the targeted regions evolve, which generates a redistribution effect. But whatever the methods used and the periods analysed, the successive analysis highlight, at best, a low impact of the cohesion policy on the catch-up growth of the poorest regions in Europe. In this paper, we focus on the program called "objective 1" of the cohesion policy, which helps the poorest regions, and assigns co-financing on a criterion level of wealth. It promotes investment and aims to accelerate growth to enable the poorest regions to achieve the average level of wealth. We measure the effect of this program on the distribution of growth rate and investment level of beneficiary regions. We show that the regions with the highest growth potential (those who would experience the strongest growth in the absence of policy) have benefited from a gain of growth of around 0.4%. In contrast, the growth low-potential regions have not benefited significantly from the policy.*

Key-words - QUANTILE TREATMENT EFFECTS, REGIONAL POLICY, EUROPEAN UNION

THE WAGE CURVE RECONSIDERED: IS IT TRULY AN 'EMPIRICAL LAW OF ECONOMICS'?

Bernard FINGLETON[*], **Silvia PALOMBI** [**]

Abstract - *The negative relationship between wages and unemployment, embodied within the so-called wage curve, has an extensive literature and has been referred to as 'an empirical law of economics'. However there are newer alternative theories that seek to explain the variation in wages without reference to unemployment rates, namely Urban Economics (UE) and New Economic Geography (NEG). The present paper considers the relative success of non-nested models of wage determination from the perspective of Great Britain's 408 local authorities over the period 1998-2010.*

Key-words: WAGE CURVE, EMPLOYMENT DENSITY, MARKET POTENTIAL, SPATIAL PANEL DATA ECONOMETRICS, NON-NESTED MODELS, SPATIAL J-TEST

JEL Classification: C23, C52, J30, J40, J63, O18, R11, R12

[*] Department of Land Economy, University of Cambridge, 19 Silver Street, Cambridge CB3 9EP, UK; bf100@cam.ac.uk
[**] Department of Economics, University of Strathclyde, Sir William Duncan Building, 130 Rottenrow, Glasgow G4 0GE, UK; silvia.palombi@strath.ac.uk

1. INTRODUCTION

Since Blanchflower and Oswald's seminal paper on *The Wage Curve* (Blanchflower and Oswald, 1990), a wealth of international research has emerged on the responsiveness of wages to changes in local labour market conditions. In most cases, an unemployment elasticity of pay of around -0.10 has been found; given its uniformity across countries and its stability over time, the wage curve has been referred to as an 'empirical law of economics' (Card, 1995). There is substantial heterogeneity among wage curve analyses in terms of data sets, model specifications and econometric methods; the most prominent contributions include studies which look at Great Britain (Bell, Nickell and Quinitini, 2002; Johnes, 2007), Germany (Baltagi and Blien, 1998; Baltagi, Blien and Wolf, 2009), the United States (Blanchflower and Oswald, 2005), Australia (Kennedy and Borland, 2000) and New Zealand (Morrison, Papps and Poot, 2006). In the German context, we also see a growing literature which pays attention to, and corrects for, spatial dependence arising from cross-region interactions and spillovers (Buettner, 1999; Baltagi, Blien and Wolf, 2000; Elhorst, Blien and Wolf, 2007; Longhi, Nijkamp and Poot, 2006).

On the whole, the wage curve research prompted by Blanchflower and Oswald's work confirms the existence of a negative relationship between earnings and the rate of unemployment; this suggests imperfectly competitive labour markets where firms are not wage takers but adjust the level of pay downwards as local joblessness increases. However, the approach of investigators so far has been to attest the empirical validity of the wage curve simply by verifying whether the relationship is replicated in their data. This has resulted in a large amount of international evidence on the magnitude and significance of the wage curve elasticity, with almost one thousand estimates available at the time of Nijkamp and Poot's (2005) meta-analysis. Nevertheless, none of these authors has taken a step further to explore whether the wage curve can also be accepted as being superior to rival wage equations. To answer the question as to whether the wage curve truly is an 'empirical law of economics', the relationship needs being studied outside the confines of its own specific proposition and requires a directly confrontation with alternative earnings functions.

In this paper we go beyond model fitting and slope estimation to examine the relative success of the wage curve in the face of competing hypotheses of wage determination. In doing so, we look at Great Britain's 408 unitary authority and local authority areas (UALADs) over the period 1998-2010. The wage curve is thus tested against two contemporary theory-derived models which also provide an explanation for regional wage disparities, namely Urban Economics (UE) and New Economic Geography (NEG). Both have strong foundations in the urban and geographical economics literature, summarised by Huriot and Thisse (2000), Fujita and Thisse (2000), Fujita, Krugman and Venables (1999) and Brakman, Garretsen and Van Marrewijk (2009a), but propose distinct causes of pecuniary spatial externalities and economic agglomeration. Our study builds on Fingleton (2006, 2007), who evaluate the performance of NEG *vis-à-vis* UE using cross-sectional data respectively for Britain's UALADs and for the 200 NUTS2 regions of the European Union. We adopt the same approach to non-nested hypothesis testing; this involves estimating an Artificial Nested Model (ANM) which encompasses both models being compared (Davidson and MacKinnon, 1993; Hendry, 1995) as well as (a spatial version of) the J-test procedure (Kelejian, 2008; Burridge and Fingleton, 2010). We also allow for spatial effects that work through the disturbance term by specifying a spatially autoregressive error component structure, following the burgeoning spatial econometrics literature pioneered by Kapoor et al. (2008).

Of the two alternative rival theories, Urban Economics attributes a primary role to market linkages at the *intra-regional level*; productivity or wage variation is driven by differences in employment density, because of a greater variety of increasing-returns intermediate services accessible to final goods and services firms. By contrast, New Economic Geography emphasises market interdependencies at the *inter-regional level*; the wage rate increases with market potential because of cost advantages from locating close to large sources of supply and demand in high-income areas. As in UE, spatial concentration of economic activity reduces average production costs, allowing efficiency gains through greater exploitation of internal scale economies; in addition, proximity to final consumer markets and intermediate input providers implies lower transport costs, thus entailing pecuniary agglomeration externalities. Hence, Urban Economics and New Economic Geography have two distinct views on how economic geography can affect wages, respectively looking at within- and between-area market interactions, but there is no reference to labour market conditions (i.e. unemployment) in either theory.

The paper is organised as follows. Section 2 reviews the relevant wage curve literature and specify the model to be estimated empirically. Section 3 is concerned with the theoretical relationships coming from UE and NEG and the extended empirical specifications. Section 4 describes the variables and the data. Section 5 briefly sets out the FGS2SLS+GMM estimation strategy, while results are presented in Section 6 for the wage curve, UE and NEG models in isolation. In Section 7 the issue of comparing non-nested rival models is considered, and ANM and spatial J-test results discussed. Section 8 concludes.

2. THE WAGE CURVE MODEL

2.1. Review of the Wage Curve literature

The extensive literature which has developed in the last couple of decades on the wage curve postulates that, other things constant, employees who work in areas of high unemployment earn less than those working in areas of low unemployment. Blanchflower and Oswald (1990), using US and British micro-data, are among the first to derive an inverse relationship between the wage rate paid to individuals and the rate of unemployment in the local labour market. In their subsequent book (Blanchflower and Oswald, 1994a) they replicate this research with individual-level data for sixteen countries, and discover an unemployment elasticity of pay which is very similar across different nations and between different time periods, of approximately -0.10. This empirical regularity is also documented in Blanchflower and Oswald (1995), in which they provide international evidence drawn from their seminal book, and in Blanchflower and Oswald (2005), where they confirm the existence of the U.S. wage curve using modern American data. More specifically for the British case (see also Blanchflower and Oswald, 1994b), they examine data on approximately 175,000 workers from the General Household Surveys of 1973-1990, and estimate a slope of around -0.10 after controlling for regional fixed effects and the individual characteristics of workers; this finding is robust to the sample selected, the procedure used, the inclusion of a labour force participation variable, and to race, skill and gender.

In contrast to Blanchflower and Oswald (1994b), other investigators find that the elasticity of the wage curve varies across different categories. For instance, Card (1995), Baltagi and Blien (1998) and Baltagi et al. (2009) find that wages are more responsive to unemployment rate variation (hence the wage curve is more elastic) for men (see also Fingleton and Longhi, 2011) who tend to be employed in sectors with relatively higher entry and exit costs as opposed to women, and also for the young, the skilled, foreigners (Baltagi et al., 2009), non-union members and private sector workers (Card, 1995) all of whom tend to have relatively weak bargaining power. However there are some exceptions; for example, Baltagi et al. (2000) and Kennedy and Borland (2000) report that in Eastern Germany and Australia respectively the unemployment elasticity of female earnings is higher than that of male earnings. For the weak bargaining power groups, the link between unemployment and pay is evidently stronger because, in depressed labour markets, they have more difficulty than others finding alternative jobs when threatened by dismissal (e.g. in the event of an industrial dispute) or by lay-off (e.g. during a negative economic shock), therefore employers do not need to remunerate them so well.

A less elastic wage curve for union workers seems to contradict Blanchflower and Oswald's union-bargaining explanation that in a slack labour market a union would be more concerned about the number of unemployed members than higher wages for its employed members, which could lead to accepting a lower negotiated level of pay. Efficiency wage or labour turnover costs provide another non-competitive labour market explanation for why, at least in the short-run, wages tend to be lower in labour markets with higher unemployment. The argument is that, when unemployment is higher, firms face lower costs of replacing workers while the costs for employees of job losses or of voluntary quits are higher, therefore the wage that firms pay in excess of market-clearing to motivate workers or increase their productivity is lower. By contrast, at times of low unemployment there are more alternatives open to workers, and as a consequence employers must offer higher wages to retain workers or avoid shirking[1].

[1] Another theory is the labour-contract model, where firms and their workers are assumed to maximise joint utility, which implies that higher wages may be associated with higher contractual employment and therefore with lower unemployment rates. Sato (2000) proposes a search model showing that equilibrium wages and unemployment are driven by productivity differentials across local labour markets, with higher productivity being related to higher wages and lower unemployment.

One of the main contributions in the U.K. context is that of Bell et al. (2002). Their analysis is based on wages over the period 1976-1997 which are compositionally corrected in order to eliminate intra-region correlation and grouped data bias[2]. The correction is implemented in two stages; first they regress individual-level wages on individual (time-varying) characteristics, individual fixed effects, and region-specific time dummies. The dummy variables parameter estimates from the first-stage regression, which vary by regions and are constant across individuals within each region, are then treated as compositionally wage levels, having been adjusted for individual variables. These compositionally corrected wages enters the second-stage OLS regression as the dependent variable, and are explained by region-level variables (including the unemployment rate) and region-specific time trends. Using this approach, Bell et al. (2002) obtain a (short-run) elasticity of pay with respect to unemployment of -0.034. Later, Johnes (2007) focuses on a two-level model where the first level refers to time periods while the second level consists of a cross-classification between individuals and regions. With this set-up, he is able to simultaneously allow for time fixed effects and region plus individual random effects in order to accommodate grouped data effects as well as unobserved heterogeneity. Using 1992-2003 data from the British Household Panel Survey and instrumenting the local unemployment rate by its one-year lag, Johnes (2007) estimates an unemployment elasticity of -0.05. Hence British evidence suggests that while a wage curve appears to exist for Britain its magnitude does not accord with the 'empirical law' of -0.10. A similar conclusion is reached by Nijkamp and Poot (2005) in their meta-analysis of international evidence. They show that the wage curve is a robust empirical phenomenon but its corrected elasticity, after controlling for publication bias and the effect of unemployment on hours worked, is no more than -0.05. Moreover, they confirm that the role of unemployment in the determination of earnings is reduced when human capital variables such as education and job experience are also considered.

2.2. The empirical Wage Curve specification

The wage curve literature reviewed in Section 2.1 neglects the geography of interaction among regional economies; wages in one area are described as a function of local employment conditions alone, while the impact of proximate labour markets and thus the pay or joblessness rates nearby is ignored. There are wage curve studies, however, which do give attention to the implications of spatial spillover effects for the validity and strength of Blanchflower and Oswald's 'law', and we draw from these in order to motivate the empirical specification for the wage curve equation in this paper.

---

[2] The grouped nature of the sample data is a possible cause of cross-section positive dependence in the error term and downward biased standard errors. When data is collected at two hierarchical levels of aggregation, namely individual (wages and personal or job characteristics) and region (unemployment), a grouped data bias is introduced (Moulton, 1990) because individuals within the same region can be expected to share unmeasured as well as observable characteristics.

One argument in favour of a spatial approach to the wage curve estimation is the presence of spatial correlation in regional unemployment; the rate of unemployment in one region is commonly found to positively correlate with that in surrounding regions, with high -(low)- unemployment areas clustered in space as a result. This is a widely recognised phenomenon in labour market research (Manning, 1994; Molho, 1995), and there are several suggested reasons as to why it may occur. First, as workers can be expected to commute between home and workplace within functional local labour market areas, the formal administrative units often used for data collection do not reflect these functional areas but cut across them, thus a functional area may be represented in several formal areas. This means that variables such as the unemployment rate, which will tend towards equilibrium within a given functional area, may typically have similar values in proximate formal administrative areas. Concentrations of high or low unemployment may also be due to the spatial patterns of employment growth (labour demand), the spatial distribution of population characteristics such as job skills (labour supply), and the geography of house prices as disadvantaged workers seek cheaper accommodation. If unemployment rates in nearby districts directly determine the local wage rate but their effects are omitted, then the wage curve model will be misspecified and estimates of the unemployment elasticity of pay will be biased. An explicit way to take account of these effects is by adding the spatially lagged unemployment variable, as in Buettner (1999) and Longhi et al. (2006).

Longhi et al. (2006) estimate a wage curve for Western Germany by fixed-effects 2SLS using data for 327 regions over the period 1990-1997, and find a non-spatial, baseline parameter of -0.05 compared to almost -0.06 after accounting for spatial effects. The inclusion of spatial variables, while leaving results generally unchanged, enables the authors to uncover a range of spatial processes that should be accounted for in a proper wage curve specification. They show that Blanchflower and Oswald's relationship is stronger if regions are more isolated, because the mobility costs associated with a job change (commuting, migration, job search) are higher in less accessible, remote regions and thus the local labour supply is relatively inelastic. This means that employers can reduce wage rates at times of rising unemployment without fearing a potential move of workers to adjacent areas, a finding which can be interpreted as evidence that the wage curve arises from monopsonistic competition in local labour markets. Consistent with this hypothesis is the finding that the elasticity is larger (more negative) if employment opportunities in surrounding regions are tighter. Longhi et al. (2006) also demonstrate that wage rates are directly affected by accessibility and by the spatially lagged unemployment rate, with respectively positive and negative effects on local pay. In particular, the conclusion that employers have to pay higher wages in strongly interacting, agglomerated regions in order to retain workers or increase productivity (as opposed to dispersed, mostly rural regions) is in line with efficiency wage and labour turnover cost theories; it is also a feature of the wage curve analysis carried out by Morrison et al. (2006) in the New Zealand context, using the weighted average of inter-region road travel time as a measure of regional accessibility.

An additional source of model misspecification and incorrect (biased and inconsistent) estimates is the spatial correlation in wage rates. Buettner (1999) tests for spatial effects in the German wage curve by including the spatial lag of the dependent variable, and finds strong support for the hypothesis that wage rates in neighbouring districts exert an autonomous influence on local pay.

Another type of cross-section dependence involves the error term, being manifest as spatially autocorrelated residuals, typically reflecting one or more of shocks that are common to different areas, unobserved across-area spillovers and externalities stemming from inter-economy linkages, and omitted spatially autocorrelated explanatory variables. In this case the usual assumption of spherical disturbances underpinning conventional inferential methods is violated, therefore failure to account for positive spatial residual correlation leads to inflated t-ratios and unreliable inference. Existing wage curve studies correct for spatial correlation in the residuals by means of a common factor approach. For example, looking at Eastern Germany, Baltagi, Blien and Wolf (2000) use 2SLS estimation on variables in first differences as a way to wipe out (time-invariant) regional fixed effects, possibly related to a common history or locally available natural resources, which may cause dependencies among closely located areas. A similar framework is adopted by Elhorst, Blien and Wolf (2007), whose strategy is to also eliminate time-period fixed effects by taking the differences between the dependent and independent variables for each region and a reference region. Their method can be seen as equivalent to that in Pesaran (2006), which suggests estimating an augmented model with cross-section averages of the regressand and regressors acting as placeholders for unobserved common factors. Therefore, in their treatment of spatial residual correlation, they do not explicitly define the various connections between regions involved in the transmission of spatial effects via weights matrices and thus do not invoke a spatially lagged error as is typically employed in spatial econometrics. Likewise, in Buettner (1999) and Longhi et al. (2006), econometric specifications with a spatial lag in the error term are not considered.

In the present paper we follow the strand of the wage curve literature which deals with labour market interactions but we also rethink the error structure in order to explicitly model the spatial effects working through the disturbance term. Blanchflower and Oswald's relationship is thus extended by adding a spatially autoregressive error process (Kapoor et al., 2007), which assumes autocorrelated disturbances across space and time, to a random effects panel specification, together with spatial lags of the dependent and independent variables in order to capture the influence on local wages of the levels of pay or unemployment in areas nearby. The different spatial mechanisms that we introduce in the estimation of the wage curve can be summarised as follows:

$$\begin{aligned} LogWage_t &= \beta_0 + \rho(W * LogWage_t) + \beta_1 LogU_t + \theta(W * LogU_t) + \beta_2 LogT_t + \\ &+ \beta_3 LogS_t + \beta_4 LogA_t + \omega_1(LogU_t)(W * LogWage_t) + \omega_2(LogU_t)(LogA_t) + e_t \\ e_t &= \lambda M e_t + \xi_t \\ \xi_t &= \mu + v_t \end{aligned} \qquad (1)$$

where the N x1 vector e_t is the spatially dependent error term, and this is a function of ξ_t which combines a permanent, that is time-constant, component $\mu \sim iid(0, \sigma_\mu^2)$, and a transient error component $\nu_t \sim iid(0, \sigma_\nu^2)$. **W** and **M** are N x N spatial weights matrices, defining the structure and intensity of linkages and spillovers among areas; these are specified in Section 4.

The variable A refers to an index of accessibility/agglomeration, and is computed following Longhi et al. (2006) as the sum of total employment Emp in all other districts weighted by distance, i.e. $A_{it} = \sum_j kEmp_{jt} d_{ij}^{-1}$ [3] [4].

A set of additional explanatory variables, consisting of (log) local schooling S and (log) local technical knowledge T as described in Section 4, is also included on the right-hand side of the earnings equation to control for composition effects. This is in line with applied wage curve studies using micro data which often consider regional averages of individual-level attributes such as gender, educational attainment, employment status (blue collar/white collar, part-time/full-time), firm size, industry classification, and other personal and job characteristics[5]. If the bargaining-power explanation for the existence of a wage curve holds, or if the monopsonistic power of employers in areas with a qualified and skilled workforce is lower as one would anticipate, then we might expect local wages to increase with T ($\beta_2>0$) and to decrease with S ($\beta_3<0$).

3. THE RIVAL MODELS

3.1. The model motivated by Urban Economics (UE) theory

This Section sets out the UE model, following Rivera-Batiz (1988), Abdel-Rahman and Fujita (1990), Ciccone and Hall (1996) and Fingleton (2003) [6]. The aim is to estimate a reduced form linking wage/productivity levels with density of economic activity in the form of employment density, and allowing for a direct test of the existence of increasing returns to agglomeration. UE theory emphasises the varying regional supply of non-traded producer services; in this set up market potential (i.e. transport costs, transport cost mediated price index variations and income variations across areas), which is at the core of NEG theory, is not relevant. Therefore spatial interdependencies and the rela-

---

[3] k is a scaling parameter, here equal to 10^{-6}.

[4] Following Longhi et al. (2006) we also construct variable A in a gravity-model fashion, allowing the agglomeration index of region i to depend both on its own employment size and that of its neighbours as in $A_{it} = \sum_j k(Emp_{jt} Emp_{it})^{0.5} d_{ij}^{-1}$. This alternative specification gives a similar set of estimation results.

[5] This is the approach commonly adopted after Blanchflower and Oswald (1994a, pp. 168-170) in order to avoid grouped data bias i.e. downward bias in the standard error of the unemployment coefficient (Moulton, 1990) and thus cross-section dependence in the error term (inter-region correlation).

[6] There are alternative UE models, e.g. Combes et al. (2008) and Brakman et al. (2009b), which lead to the same reduced form.

tive geographical position of regions do not matter, whereas local production conditions are crucial to explaining why some areas have higher wages than others.

The model assumes that the economy is divided into a traded sector (*M*), consisting of final goods and services produced under perfect competition, and a non-traded intermediate market service sector (*I*), characterised by monopolistic competition and providing inputs to the output (*Q*) of competitive industry *M*. So, assuming a Cobb-Douglas production function for *M*, we have

$$Q=(M^{\beta}I^{1-\beta})^{\alpha}L^{1-\alpha}=(M^{\beta}I^{1-\beta})^{\alpha} \qquad (2)$$

where land (*L*) is equal to one because production is per unit area, *M* is the level of labour efficiency units employed in making *M*'s goods and services directly, and *I* is the level of producer services based on a CES sub-production function under monopolistic competition *à la* Dixit and Stiglitz (1977) that is

$$I=\left[\sum_{z=0}^{x} i_z^{1/\mu}\right]^{\mu} \qquad (3)$$

As shown in the Appendix, this leads to a relationship between the level of final goods and services output *Q* and the total effective labour (in both final goods and services and intermediate market services) per unit area (*N*), as in

$$Q=(M^{\beta}I^{1-\beta})^{\alpha}=\phi N^{\gamma} \qquad (4)$$

with constants ϕ and elasticity γ where

$$\gamma=\alpha[1+(1-\beta)(\mu-1)] \qquad (5)$$

N is given by the product between total employment level per unit area (*E*) and each area's level of labour efficiency (*H*), i.e. $N=E\cdot H$. Parameter μ ($\mu>1$) refers to internal increasing returns; it reflects the degree of product differentiation in the *I* sector, hence the strength of market power available to *I* firms, and defines the constant elasticity of substitution among service varieties $\sigma=\mu/(\mu-1)$ and the constant price elasticity of demand (see Appendix). Whether or not there are external increasing returns (**$\gamma>1$**) depends on the amount of internal scale economies being sufficiently large (**$\mu>1$**), on the non-traded, increasing-returns sector being sufficiently important to final production (which is indexed by the magnitude of **$\beta<1$**), and on diminishing returns due to congestions costs[7] (**$1-\alpha<1$**) being small enough so as not to outweigh the other two factors.

As long as $\gamma>1$, equation $Q=\phi N^{\gamma}$ captures increasing returns to density of economic activity given by *E* and *N* that are a result of the variety of produc-

[7] Crowding more and more workers onto the same unit area has detrimental effects on final output.

er services, which increases with clustering. Therefore efficiency gains (i.e. cost advantages) from internal increasing returns to scale in the producer service sector translate into productivity gains in the competitive, constant-returns final goods and services sector, due to agglomeration externalities i.e. external, city-wide increasing returns to scale; this is because final goods and services producers have a preference for a greater availability of producer service varieties which characterises larger towns and cities. Denser areas thus tend to have higher productivity and wage levels because of stronger local linkages between competitive industry and intermediate market service suppliers.

For the determination of wage rates, we use the equilibrium allocation of labour inputs to final production Q. This entails calculating the derivative of $Q = [f(N)]^{\alpha} L^{1-\alpha}$ with respect to N, which is the marginal product of labour, as follows

$$\begin{aligned} \mathrm{d}Q/\mathrm{d}N &= L^{1-\alpha} \cdot \alpha \cdot f(N)^{\alpha} \cdot f(N)^{-1} \\ &= f(N)^{\alpha} L^{1-\alpha} \cdot \alpha / f(N) \\ &= \alpha Q / f(N) \end{aligned} \tag{6}$$

We can replace $f(N)$ with N without losing meaning and, following standard competitive equilibrium theory, we set the remuneration of effective labour (i.e. the nominal wage rate w) equal to its marginal product

$$w = \alpha Q / N \tag{7}$$

This implies that the share of final output going to labour is the wage rate per labour efficiency unit (w) times the number of labour efficiency units (N) divided by final output (Q), which is equal to the coefficient α as in $wN/Q = \alpha$. Taking the natural logarithm of both sides of $w = \alpha Q / N$ gives

$$Log(w) = Log(Q) + Log(\alpha) - Log(N) \tag{8}$$

Substituting for $Q = \phi N^{\gamma}$ and for $N=H \cdot E$ gives the short-run wage equation

$$\begin{aligned} Log(w) &= Log(\phi) + \gamma Log(H \cdot E) + Log(\alpha) - Log(H \cdot E) \\ &= k_1 + (\gamma - 1) Log(E) + (\gamma - 1) Log(H) \end{aligned} \tag{9}$$

in which k_1 denotes a constant. The estimated parameter for increasing returns to agglomeration is (γ-1) not γ, so it is possible to directly test for the presence of increasing returns by simply looking at the sign and significance of $(\gamma-1)$. In the absence of increasing returns, $\gamma=1$ and the employment density variable disappears from the equation. When $\gamma>1$ an increase in employment density yields a more than proportionate increase both in nominal wage rates (through the short-run wage equation) and in final output (since $Q = \phi N^{\gamma}$).

3.2. The model motivated by New Economic Geography (NEG) theory

The concept of market potential dates back to Harris (1954) but has long remained unmodelled because conventional assumptions of perfect competition and constant returns to scale could not provide a theoretical justification for the observed economic agglomeration phenomenon and the associated productivity advantages. Krugman (1991) was the first to develop a structural model around Harris's (1954) initial formulation, using the theory of monopolistic competition, product variety and internal scale economies introduced by Dixit and Stiglitz (1977). NEG theory thus has much in common with UE theory, having the same utility and profit maximising microfoundations and being based on the same market structure assumptions which give rise to pecuniary externalities from concentrated production.

Under Krugman's (1991) general equilibrium model (i.e. the basic NEG specification[8]), the wage equation is one of a set of simultaneous non-linear equations determining the equilibrium distribution of economic activity. This short-run relationship predicts that the nominal wage rate that firms in region *i* can afford to pay increases with market potential (*MP*) of region *i*, i.e. the level of access of region *i*'s firms to local and neighbouring markets.

$$Wage_i = \left[\sum_r Y_r (G_r)^{\sigma-1} (T_{ir})^{1-\sigma} \right]^{\frac{1}{\sigma}} = MP_i^{\frac{1}{\sigma}}$$
$$LogWage_i = \frac{1}{\sigma} LogMP_i \qquad (10)$$

Region *i*'s market potential depends on the level of income (*Y*) locally and in neighbouring areas, on trade costs (*T*) which increase with distance from *i*, and on the price index (*G*). A smaller elasticity of substitution among varieties ($\sigma>1$) tends to create a flatter market potential surface, whereas a larger elasticity of substitution leads to peaks centred on cities as the effect of distance is magnified as one moves away from accessible cities. Thus a smaller elasticity of substitution reduces the downward impact of distance on market potential and hence wages. Also, other regions will be less able to substitute for region *i*'s goods and services because a smaller σ (which also equals the price elasticity of demand) reduces the downward impact of competition on wages by increasing consumers' preference for product varieties, thus diminishing price competition from firms in other regions.

Krugman's (1991) formalised version of market potential is derived from economic theory but requires a number of pragmatic decisions in order to be estimated empirically. One advantage of Harris's (1954) original formulation is that it has less rigorous data requirements and does not necessitate stringent assumptions in order to be operationalised; he defines each region's market

[8] Extensions of the basic NEG specification include models developed by Krugman and Venables (1995) and Venables (1996), which incorporate UE-style input-output (vertical) linkages.

potential as the distance-weighted sum of market size (here proxied by population) of surrounding regions

$$MP_i = \sum_r Y_r d_{ir}^{-1} \tag{11}$$

Therefore, following Mion and Naticchioni (2005) and Brakman et al. (2009b), we draw from NEG theory to motivate the use of market potential while using Harris's definition to capture the extent of agglomeration externalities. The rationale is that the scope of the present analysis is not to structurally fit a NEG specification but to obtain a measure of the magnitude of NEG-style spatial linkages, without seeking to estimate and interpret the coefficient on the market potential variable as a function of the parameters of the underlying model. The use of Harris' market potential is supported by the finding in Head and Mayer (2004) that it performs fairly well when compared with a more structural measure.

3.3. The empirical extended UE and NEG specifications

Next we make some assumptions regarding the determinants of the variation in labour efficiency level (*H*) among areas. First we assume that *H* is affected by differences between workers in their ability to make productive use of the available technology, which is taken as homogenous across areas. We thus express the natural logarithm of each area's level of efficiency as a linear function of the level of educational attainment of resident workers; to avoid having to choose which level of schooling to consider, we focus on the percentage of working-age resident population with no qualifications. We denote this variable by ***S***. Another indicator of local area efficiency is the size of the local knowledge base. This variable is denoted by ***T***, and is approximated by the relative concentration of local employment in technology-intensive computing and R&D sectors (see Section 4 for a more precise description).

We also recognise that workers are mobile and wages paid at a workplace depend on the labour efficiency level at other locations from which workers commute; this means that the quality of the workforce at location *i* is determined by labour efficiency within commuting distance of *i*, as well as locally. Such efficiency spillovers are modelled via the term *W*LogH* which represents the matrix product of the standardised spatial weight matrix *W* (see Section 4) and the natural logarithm of *H*; more precisely, the contribution to region *i*'s efficiency level from in-commuting is given by row *i* of vector *W*LogH* which contains the sum of the weighted efficiency levels in other designated areas. This term captures the totality of the effects influencing local area efficiency, not only the effects of *S* and *T* locally but also their effects in other areas together with the local and remote effects of unmodelled factors represented by the random shocks[9].

[9] This is the outcome of a Leontief expansion, as shown in Fingleton (2006).

Combining the local (exogenous) variables assumed to influence an area's level of efficiency, we have

$$Log(H) = b_0 + b_1 S + b_2 T + \rho W * Log(H) + \vartheta$$
$$\vartheta \sim iid(0, \sigma_\vartheta^2) \quad (12)$$

To find $W*LogH$ in terms of known variables, we then rearrange $Log(w) = k_1 + (\gamma - 1)Log(E) + (\gamma - 1)Log(H)$ and multiply both sides by W. This gives

$$W * Log(H) = W * \frac{-k_1}{\gamma - 1} + \frac{1}{\gamma - 1} W * Log(w) - W * Log(E) \quad (13)$$

Substituting the expressions for *Log(H)* and *W*Log(H)* into $Log(w) = k_1 + (\gamma - 1)Log(E) + (\gamma - 1)Log(H)$, and adding an error term (ζ) which has the same spatial structure as that of the empirical wage curve model, we obtain:

$$Log(w) = k_1 + (\gamma - 1)Log(E) + (\gamma - 1)\Big[b_0 + b_1 S + b_2 T +$$
$$+ \rho\left(W * \frac{-k_1}{\gamma - 1} + \frac{1}{\gamma - 1} W * Log(w) - W * Log(E)\right) + \vartheta\Big] + \varsigma \quad (14)$$

Hence, simplifying and adding subscript t

$$Log(w_t) = \beta_0 + \rho W * Log(w_t) + (\gamma - 1)(Log(E_t) - \rho W * Log(E_t)) +$$
$$+ \beta_2 S_t + \beta_3 T_t + e_t$$
$$e_t = \lambda M e_t + \xi_t \quad (15)$$
$$\xi_t = \mu + \nu_t$$

Using the same arguments, the empirical extended version of the NEG model is

$$Log(w_t) = \beta_0 + \rho W * Log(w_t) + b_1(Log(MP_t) - \rho W * Log(MP_t)) +$$
$$+ \beta_2 S_t + \beta_3 T_t + e_t$$
$$e_t = \lambda M e_t + \xi_t \quad (16)$$
$$\xi_t = \mu + \nu_t$$

4. VARIABLES AND DATA

The present Section provides a comprehensive description of the key variables which are considered in this study, all expressed in levels (before taking logs). These have been thoroughly presented or theoretically derived in previous chapters, where the Wage Curve, Urban Economics and New Economic Geography models are outlined.

The following table contains details on data sources, variable definitions and summary statistics for the variables in question, excluding transformations of these such as interaction terms and spatial lags. (Log) Wage spans the period 1998-2008 while all predictors, except (log) *S* which refers to year 2001, denote *N* x 1 vectors (for N=408 regions) at time *t* (with t=1999...2009). Regressors are thus lagged by one year so that they pre-date the period of analysis and can be treated as exogenous.

Data sources and variable definitions

	Source[a]	Description	Mean	Min	Max
Wage	Annual Survey of Hours and Earnings (ASHE)	**Mean Gross Weekly Wage Rate** (pay, in £ p/w, at the place of employment; all occupations, all persons)	£468.85	£166.64	£1,210.80
T	Annual Business Survey (ABS)	**Technical Knowledge** Series of location quotients, i.e. measure of relative employment specialisation, in high knowledge-based sectors, namely computing & related activities and R&D, with LQ>1 high; LQ=1 none; LQ<1 low (local employment share in 1992 SICs 72 & 73 over the national share)	0.3	0.0	3.5
S	ONS 2001 Census	(Lack of) **Educational Attainment** (percentage of residents with no qualifications)	28.6%	10.0%	45.6%
U	ONS / JobCentre Plus	**Claimant Counts Ratio** (proportion of working-age population claiming unemployment-related benefits[b])	2.4%	0.2%	10.5%
E	Annual Business Survey (ABS)	**Employment Density** (total employment per square kilometre)	867	3	96,125[c]
MP	ONS mid-year population estimates	**Market Potential** (distance-weighted sum of population in adjacent areas, as in Eq. 11 of Ch. 3.2)	2,261	358	5,468

[a] *All data is available from NOMIS, the ONS' labour market statistics database.*
[b] *Since 1996 only people claiming Jobseeker's Allowance have been counted.*
[c] *City of London.*

The N x N standardised spatial weights matrix $\mathbf{W}$ takes the following form:

$$\begin{aligned} &W_{ij}^{*} = \exp(-\hat{\sigma}_i d_{ij}) && \text{for } i \neq j \\ &W_{ij}^{*} = 0 && \text{for } i = j \\ &W_{ij}^{*} = 0 && \text{for } d_{ij} > 100\text{km} \\ &W_{ij} = \frac{W_{ij}^{*}}{\sum_{j=1}^{N} W_{ij}^{*}} \end{aligned} \tag{17}$$

where $\hat{\sigma}_i$ is calibrated on commuting flows (Fingleton, 2003). It should be noted that the commuting data used to obtain $\mathbf{W}$ is taken from the UK's Census for the year 1991, therefore spatial weights are pre-determined with respect to wage data. The choice of a $\mathbf{W}$ matrix which pre-dates the dependent variable rules out potential concerns about the exogeneity of $\mathbf{W}$ and the consistency of estimates, by ensuring that causation can only run from commuting to pay. This $\mathbf{W}$ matrix is adopted to construct spatially lagged variables $W*LogWage$ and $W*LogU$, the latter referring to a Wage Curve specification. $W*LogWage$ is the spatial lag of local earnings, given by the product between $\mathbf{W}$ and the (log) wage vector at each time period t; the size and significance of the coefficient on this term indicates the responsiveness of a region's level of pay to variations in the wage rate of surrounding areas. $W*LogU$ is the spatial lag of the (log) unemployment rate vector; its inclusion allows testing the extent to which local wage variability can be explained by the unemployment rate in neighbouring regions.

The spatial weights matrix $\mathbf{M}$ for the error process is given by:

$$\begin{aligned} &M_{ij}^{*} = 1 \text{ if } i \text{ and } j \text{ are contiguous i.e. share a border} \\ &M_{ij}^{*} = 0 \text{ otherwise} \\ &M_{ij} = \frac{M_{ij}^{*}}{\sum_{j=1}^{N} M_{ij}^{*}} \end{aligned} \tag{18}$$

5. ESTIMATION STRATEGY

This Section briefly sets out the FGS2SLS plus GMM procedure for estimating a random effects panel model with an endogenous spatial lag and spatially autoregressive disturbances (SARAR-RE Model).

There are three estimation stages. Stages 1 and 3 provide estimates of $b = (\beta_0, \rho, \beta_1, \theta, \beta_2, \beta_3, \beta_4, \omega_1, \omega_2)$ for the wage curve model,

$b=(\beta_0,\rho,(\gamma-1),\beta_2,\beta_3)$ for UE or $b=(\beta_0,\rho,b_1,\beta_2,\beta_3)$ for NEG, but differ in the values adopted for σ_v^2, σ_1^2 and λ; Stage 1 uses arbitrary values of 1, 1 and 0 respectively for σ_v^2, σ_1^2 and λ, but estimates are available from the data via Stage 2 for use in Stage 3.

In both Stages 1 and 3, error dependence is eliminated using a Cochrane-Orcutt (C-O) transformation to give ξ. This is done by pre-multiplying by $(I_{TN}-\lambda I_T\otimes M)$ since $e=(I_{TN}-\lambda I_T\otimes M)^{-1}\xi$ and $\xi=(I_T\otimes(I_N-\lambda M))e$, thus

$$\begin{aligned}Y^* &= (I_T\otimes(I_N-\lambda M))Y\\ X^* &= (I_T\otimes(I_N-\lambda M))X\end{aligned} \tag{19}$$

The TN x $f\geq(k+1)$ matrix of instruments Z comprises a linearly independent subset of the exogenous variables, and matrices X and Z are assumed to be full column rank with $f\geq(k+1)$. The error covariance matrix is $\Omega_\xi=E(\xi\xi')=\sigma_u^2(J_T\otimes I_N)+\sigma_v^2 I_{TN}$, which means that the disturbances are non-spherical, and therefore $P_Z=Z(Z'\hat{\Omega}_\xi Z)^{-1}Z'$, which is a symmetric matrix as $P_Z\Omega_\xi$ is idempotent. The vector of regression coefficients is therefore

$$\begin{aligned}\hat{b} &= \left[(X^{*\prime}Z)(Z'\hat{\Omega}_\xi Z)^{-1}(Z'X^*)\right]^{-1}(X^{*\prime}Z)(Z'\hat{\Omega}_\xi Z)^{-1}(Z'Y^*)=\\ &= (X^{*\prime}P_Z X^*)^{-1}X^{*\prime}P_Z Y^*\end{aligned} \tag{20}$$

and the estimated variance-covariance matrix is given by

$$\hat{C}=\left[(X^{*\prime}Z)(Z'\hat{\Omega}_\xi Z)^{-1}(Z'X^*)\right]^{-1}=(X^{*\prime}P_Z X^*)^{-1} \tag{21}$$

Greene (2003) refers to equivalent equations as generalized methods of moments (instrumental variables) estimators with non-spherical disturbances.

The standard errors of the $\hat{b}$ are given by the squares roots of the values on the main diagonal of $\hat{C}$, which allows 't-ratios' to be calculated for purposes of inference.

Stage 2 consists of GMM estimation, based on Kapoor et al. (2007). First the relationships between unknown population vectors and matrices is defined

$$\Gamma\phi'-\eta=0 \text{ and } \tilde{\Gamma}\phi'-\tilde{\eta}=0 \tag{22}$$

where Γ and $\tilde{\Gamma}$ are 3 x 4 matrices, η and $\tilde{\eta}$ are 3 x 1 vectors and the vector of parameters to be estimated is $\phi = \begin{bmatrix} \lambda & \lambda^2 & \sigma_v^2 & \sigma_1^2 \end{bmatrix}$. With the estimated disturbances $\hat{e}$ given by Stage 1, the estimates of unknown vectors η and $\tilde{\eta}$, denoted by g and $\tilde{g}$ can be obtained, that is

$$\begin{aligned} g &= \hat{e}' Q_0 \hat{e} \\ \tilde{g} &= \hat{e}' Q_1 \hat{e} \end{aligned} \tag{23}$$

The corresponding sample counterparts of matrices Γ and $\tilde{\Gamma}$ given by G and $\tilde{G}$ can be obtained also. These sample counterparts are defined as follows

$$G = \begin{bmatrix} \frac{2}{N(T-1)} \hat{e}' Q_0 \hat{e}_{-1} & \frac{-1}{N(T-1)} \hat{e}'_{-1} Q_0 \hat{e}_{-1} & 1 & 0 \\ \frac{2}{N(T-1)} \hat{e}'_{-2} Q_0 \hat{e}_{-1} & \frac{-1}{N(T-1)} \hat{e}'_{-2} Q_0 \hat{e}_{-2} & \frac{1}{N} t_1 & 0 \\ \frac{1}{N(T-1)} (\hat{e}' Q_0 \hat{e}_{-2} + \hat{e}'_{-1} Q_0 \hat{e}_{-1}) & \frac{-1}{N(T-1)} \hat{e}'_{-1} Q_0 \hat{e}_{-2} & 0 & 0 \end{bmatrix} \tag{24}$$

$$G \begin{bmatrix} \lambda & \lambda^2 & \sigma_v^2 & \sigma_1^2 \end{bmatrix}' - g = \zeta(\lambda \quad \sigma_v^2 \quad \sigma_1^2) \tag{25}$$

$$\tilde{G} = \begin{bmatrix} \frac{2}{N} \hat{e}' Q_1 \hat{e}_{-1} & \frac{-1}{N} \hat{e}'_{-1} Q_1 \hat{e}_{-1} & 0 & 1 \\ \frac{2}{N} \hat{e}'_{-2} Q_1 \hat{e}_{-1} & \frac{-1}{N} \hat{e}'_{-2} Q_1 \hat{e}_{-2} & 0 & \frac{1}{N} t_1 \\ \frac{1}{N} (\hat{e}' Q_1 \hat{e}_{-2} + \hat{e}'_{-1} Q_1 \hat{e}_{-1}) & \frac{-1}{N} \hat{e}'_{-1} Q_1 \hat{e}_{-2} & 0 & 0 \end{bmatrix} \tag{26}$$

$$\tilde{g} = \begin{bmatrix} \frac{1}{N} \hat{e}' Q_1 \hat{e} \\ \frac{1}{N} \hat{e}'_{-1} Q_1 \hat{e}_{-1} \\ \frac{1}{N} \hat{e}' Q_1 \hat{e}_{-1} \end{bmatrix} \tag{27}$$

$$\tilde{G}\left[\lambda \quad \lambda^2 \quad \sigma_v^2 \quad \sigma_1^2\right]' - \tilde{g} = \tilde{\zeta}(\lambda \quad \sigma_v^2 \quad \sigma_1^2) \tag{28}$$

in which $t_1 = tr(M'M)$, $\hat{e}_{-1} = (I_T \otimes M)\hat{e}$, $\hat{e}_{-2} = (I_T \otimes M)\hat{e}_{-1}$, and $\xi(\lambda \quad \sigma_v^2 \quad \sigma_1^2)$ and $\tilde{\xi}(\lambda \quad \sigma_v^2 \quad \sigma_1^2)$ are residuals. The parameter estimates are given by

$$(\hat{\lambda}, \hat{\sigma}_v^2, \hat{\sigma}_1^2) = \arg\min\left\{\zeta(\lambda \quad \sigma_v^2 \quad \sigma_1^2)'\zeta(\lambda \quad \sigma_v^2 \quad \sigma_1^2) + \right. \\ \left. + \tilde{\zeta}(\lambda \quad \sigma_v^2 \quad \sigma_1^2)'\tilde{\zeta}(\lambda \quad \sigma_v^2 \quad \sigma_1^2)\right\} \tag{29}$$

These can be obtained via non-linear least squares estimation. Given that the variance of the two components within argmin{...} are not the same, Kapoor et al. (2007) suggest differential weighting. However for simplicity equal weight is given to each of the six moments equations, which also gives consistent estimates.

6. ESTIMATION RESULTS

6.1. The spatial Wage Curve model

6.1.1. Parameter estimates

Table 1.a reports the results of fitting wage equations motivated by the wage curve literature. The (log) unemployment rate and (log) agglomeration are lagged by one year and thus predetermined, whereas the spatial lag of *LogWage* is clearly endogenous because of multilateral spatial dependence between the wage observations[10]. Therefore we instrument *W*LogWage* by the first-order spatial lag of covariates *LogA*, *LogT* and *LogS* following Kelejian and Prucha (1998); the other instruments are the exogenous variables *LogU*, *LogA*, *LogT* and *LogS*. The starting point is a specification as eq. 1 in Section 2.2. This model (Table 1.a, first column) gives an unemployment elasticity of pay that has the expected negative sign but a p-value (0.2104) which exceeds conventional Type I error rates. Its spatial lag, however, is highly significant and closely resembles the 'law' of -0.10. The other parameter estimates are all appropriately signed and statistically significant except for the interaction terms. In particular, the coefficient on the interaction term involving *LogU* and *W*LogU* is negative, thus correctly suggesting that the wage curve is more elastic in areas surrounded by high unemployment, but has no additional explanatory power. With regards to the interaction of *LogU* and *LogA*, not only is this statistically irrelevant but it is also wrongly signed in the light of the expectation that more accessible areas should have a less elastic wage curve, as was suggested by Longhi et al. (2006).

[10] Wages observed in any two regions *i* and *j* are correlated with the error term and, since there is two-way causation between them through the spatial lag of *LogWage*, *W*LogWage* also correlates with the error term.

Table 1.a. Results from the spatial Wage Curve model estimated in isolation (*dependent variable*: *LogWage*)

	1	2	3	4
	FGS2SLS +GMM	**FGS2SLS +GMM ($\rho = 0$)**	**FGS2SLS +GMM ($\beta_4 = \omega_1 = \omega_2 = 0$)**	**FGS2SLS+ GMM ($\theta = \beta_4 = \omega_1 = \omega_2 = 0$)**
Spatial Externalities/ Monopsony Effects				
$W * LogWage_{it}$ (ρ)	**0.0793**		**0.0876**	**0.0427**
(t-stat)	(4.41)***		(5.51)***	(2.38)***
Local Unemployment				
$LogU_{it}$ (β_1)	**-0.1552**	**-0.4393**	**0.0185**	**-0.0203**
(t-stat)	(-1.13)	(-3.83)***	(1.47)*	(-1.67)**
Unemployment within Commuting Distance				
$W * LogU_{it}$ (θ)	**-0.1260**	**-0.1118**	**-0.1480**	
(t-stat)	(-4.49)***	(-3.93)***	(-6.67)***	
Interaction of $LogU_{it}$ with its *Spatial Lag*				
$(LogU_{it})$ X $(W * LogU_{it})$ (δ_1)	**-0.0106**	**-0.0486**		
(t-stat)	(-0.48)	(-2.30)***		
Agglomeration/Accessibility				
$LogA_{it} = Log(\sum_j TotEmp_{jt} / Dist_{ij})$ (β_4)	**0.1276**	**0.1787**		
(t-stat)	(4.45)***	(7.15)***		
Interaction of $LogU_{it}$ with $LogA_{it}$				
$(LogU_{it})$ X $(LogA_{it})$ (δ_2)	**-0.0243**	**-0.0698**		
(t-stat)	(-1.23)	(-4.35)***		
Local knowledge				
$LogT_{it}$ (β_2)	**0.0369**	**0.0415**	**0.0419**	**0.0559**
(t-stat)	(8.59)***	(9.37)***	(9.17)***	(11.50)***
Local Unskilled Workforce				
$LogS_i$ (β_3)	**-0.1070**	**-0.1098**	**-0.1539**	**-0.1172**
(t-stat)	(-3.59)***	(-3.38)**	(-4.71)***	(-3.59)***
Constant	7.2165	8.0865	6.4751	6.6494
(t-stat)	(26.88)***	(43.32)***	(41.85)***	(40.27)***
Error process				
λ [a]	**0.6628*** **	**0.6511*** **	**0.6686*** **	**0.6278*** **
σ_v^2	0.0035	0.0038	0.0037	0.0047
$\sigma_1^2 = \sigma_v^2 + T\sigma_u^2$	0.0561	0.0604	0.0613	0.0685
RSS	75.70	83.68	83.94	99.02
R^2 [b]	0.7389	0.7035	0.7169	0.6546
No. areas	408	408	408	408
No. in-sample years (1999-2009)	11	11	11	11

[a] *Standard error (not reported) of the spatial autoregressive parameter is obtained by bootstrapping.*
[b] *Correlation between observed and fitted values of LogWage.*

We see strong evidence of a spatially autoregressive process involving both *LogWage* and the errors. As suggested by $\hat{\rho} = 0.0793$ with a t-ratio of 4.41, the spatially weighted wages in surrounding areas located within commuting distance have a positive and significant effect on local wages. First, the endogenous spatial lag may be picking up the benefits associated with proximity to high-productivity, high-wage areas (external scale economies from urban density). Secondly, higher earnings in nearby areas may be raising the opportunity wage of local workers, thereby increasing the wage rate that local employers need to pay in order to attract or retain workers. Hence, while *W*LogWage* in the urban economics and economic geography models comes from an auxiliary SAR process involving labour efficiency (Section 3.3), here it represents something different i.e. spatial externalities and/or monopsonistic competition in local labour markets. We also find significantly positive spatial correlation in the disturbance term ($\hat{\lambda} = 0.6628$), which points to the presence of global shock effects being transmitted across the urban hierarchy with feedback loops.

In the specification without an endogenous spatial lag (second column), the coefficient on *LogU* becomes significant but its size does not seem to be appropriate, being well below the empirical regularity of -0.10. Given our results so far, it is apparent that the spatial lag of the (log) wage rate should be in the model while there is not much evidence of significant interaction variables. Moreover, it can be argued that *LogA* should be omitted from the wage curve specification because it may be measuring the same proximity effects as Market Potential, and we want to maintain a clear distinction between the wage curve model and the rival (non-nested) NEG specification. This leads us to the third specification, which reaffirms the main finding from model 1, namely that local wages evidently do not respond to unemployment in the immediate area but are strongly determined by unemployment within commuting distance. Importantly, the presence of *W*LogWage* in the earnings equation requires a special interpretation of the estimated coefficients, one which is different from ordinary regression. We undertake this task below in order to give a precise account of the impact of unemployment, agglomeration and the locational variables on wages. It should be noted that, in a specification without the spatial lag of *LogU* (column 4), local unemployment becomes negatively signed although it does not reach the two-tailed level of significance; accordingly, our preferred specification remains model 3 (after excluding *LogU*). Moreover model 4 is evidently omitting important spatial effects, as reflected by a lower correlation between actual and predicted wages.

6.1.2. Marginal effects

LeSage and Pace (2009) point out that, when the endogenous spatial lag is in the model, the true total effect on a dependent variable Y of a unit change in an exogenous variable X_k is not the same as the regression coefficient estimate β_k , because the true partial derivative $\partial Y / \partial X_k$ also takes account of changes passing through the simultaneous dependence system.

The regression in column 3 of Table 1.a is equivalent to a *spatial Durbin model* (Elhorst, 2010a, 2010b) with spatially autoregressive error components (time-constant region-specific random effects plus time- and region-varying disturbances). In this specification, regional variation in (log) wage levels depends also on the level of pay in neighbouring regions, as captured by *W*LogWage*, and on the rate of unemployment in neighbouring regions, as represented by *W*LogU*. The model thus accommodates multi-regional interdependencies up and down the spatial network, and expands the information set for the *i*th region to include observations on the dependent and explanatory variables in other regions. The general implication of including the spatial lags of the regressand and regressor is that a change in *LogU* associated with a given region *i* will directly affect *LogWage* in region *i* itself but will potentially have an indirect impact on *LogWage* in all other regions also. This is different from non-spatial linear regression (based on the assumption of independence among cross-sectional units) where $\partial y_i / \partial x_{ik} = \beta_k$ for all *i* while $\partial y_i / \partial x_{jk} = 0$ for $i \neq j$.

The proper interpretation of the marginal effects of the *k*th explanatory variable can be derived from the panel data specification

$$Y_t = \rho W Y_t + \alpha + X_t \beta + W X_t \theta + e_t$$

$$(I - \rho W) Y_t = \alpha + X_t \beta + W X_t \theta + e_t \qquad (30.a)$$

$$Y_t = (I - \rho W)^{-1} \alpha + (I - \rho W)^{-1} (X_t \beta + W X_t \theta) + (I - \rho W)^{-1} e_t$$

$$(I - \rho W)^{-1} = I + \rho W + \rho^2 W^2 + \rho^3 W^3 + \ldots \qquad (30.b)$$

from which it follows that, at a given time *t*, the matrix of partial derivatives of *Y* in the different regions (y_i for i=1,..., *N*) with respect to X_k in the different regions (x_{ik} for i=1,..., *N*) varies over *i* and is equal to

$$S_k = \frac{\partial Y}{\partial X_k} = \begin{bmatrix} \frac{\partial y_1}{\partial x_{1k}} & \cdots & \frac{\partial y_1}{\partial x_{Nk}} \\ \vdots & \ddots & \vdots \\ \frac{\partial y_N}{\partial x_{1k}} & \cdots & \frac{\partial y_N}{\partial x_{Nk}} \end{bmatrix} = (I - \rho W)^{-1} \begin{bmatrix} \beta_k & w_{12}\theta_k & \cdots & w_{1N}\theta_k \\ w_{21}\theta_k & \beta_k & \cdots & w_{2N}\theta_k \\ \vdots & \vdots & \beta_k & \vdots \\ w_{N1}\theta_k & w_{N2}\theta_k & \cdots & \beta_k \end{bmatrix} \qquad (31)$$

or $S_k = (I - \rho W)^{-1} C_k$. These differentiated effects can be summarised by summing the total effects over the rows (or columns) of the matrix S_k and then computing the mean over all regions, as in

$$N^{-1} \sum_{ij}^{N} \frac{\partial Y_i}{\partial X_{jk}} = N^{-1} \iota' \left[(I - \rho W)^{-1} C_k \right] \iota \qquad (32)$$

It is possible to distinguish the *average total effects* of a unit change in X_k on *Y* between two types of impact. The *average row effect* quantifies the *average total impact <u>to</u> an observation*; this is the mean of the elements of an N x 1 column vector, where each element is the sum of the impacts on a particular unit of observation (region) of the dependent variable of a unit change in *all* x_{ik}

i.e. the kth explanatory variable across all N regions. The *average column effect* quantifies the *average total impact from an observation*; this is the mean of the elements of a 1 x N row vector, where each element is the sum of the impacts on *all* y_i resulting from a unit change in a particular unit of observation (region) of the kth explanatory variable.

This average total effect can be partitioned into a direct and indirect component. The *average direct effect* is a scalar summary measure of the own-partial derivatives, where each of these derivatives is the own-region (direct) impact i.e. the impact of a unit change in region i's X_k on region i's Y. It is calculated as the average of the main diagonal elements of the asymmetric N x N matrix S_k, as in

$$N^{-1}\sum_{j}^{N}\frac{\partial Y_j}{\partial X_{jk}} = N^{-1}trace\left[(I-\rho W)^{-1}I\beta_k\right] \tag{33}$$

The *average indirect effect* is a scalar summary that corresponds to the cross-partial derivatives, or other-region (indirect) impacts, associated with a unit change in the explanatory variable. It thus represents the response of region i's Y to a unit change in X_k in all other regions. It is equal to the difference between the average total effect and the average direct effect, and is computed as the average of either the row sums or the column sums of the off-diagonal elements of matrix S_k.

Table 1.b. Direct, Indirect and Total Effects of Wage Curve (Model 3)'s variables

	$LogU_{it}$	$LogT_{it}$	$LogS_i$
AVG DIRECT (OWN-REGION) EFFECTS	**0.0176**	**0.0420**	**-0.1540**
(bootstrapped t-ratio)	(1.26)	(10.27)***	(-4.57)***
AVG INDIRECT (SPATIAL) EFFECTS	**-0.1591**	**0.0040**	**-0.0146**
(bootstrapped t-ratio)	(-7.15)***	(59.19)***	(-24.64)***
AVERAGE TOTAL EFFECTS	**-0.1415**	**0.0459**	**-0.1686**
(bootstrapped t-ratio)	(-5.36)***	(11.25)***	(-4.99)***

Table 1.b displays the true marginal effects related to the explanatory variables of the log wage rate (column 3), i.e. the average total impacts, and their average direct and indirect components. Interestingly, for *LogT* and *LogS*, it is the case that the spatial impacts are highly statistically significant but quantitatively small, so that the total impacts are mostly due to the own-region effects. By contrast, for *LogU*, local unemployment evidently has no influence on local wages, since the average own-region effects are not significant (as well as wrongly signed), but what counts for local wages is unemployment within commuting distance; therefore, the true wage curve elasticity amounts to -0.14, which is close to the 'empirical law' of -0.10, and this is effectively entirely attributable to other-region effects (and most likely monopsonistic local labour

markets). It should be noted that the direct effect is different from β_1, and the indirect effect associated with *LogU* is different from θ, because they incorporate some feedback loop effects, as implied by eq. 30.b; these arise because any given region is considered a neighbour to its neighbour, so impacts pass through neighbouring areas and eventually come back to the area of origin itself.

6.2. The Urban Economics (UE) model

Table 2 summarises the outcome of estimating the rival urban economics model by FGS2SLS, using the exogenous spatial lags *W*LogT* and *W*LogS* as instruments for the spatially lagged dependent variable (column 3). The (log) employment density predates the (log) wage rate by one year, thus it can be taken as exogenous. The estimates given in column 1 correspond to a basic UE specification, without controlling for local and in-commuting labour efficiency. The coefficient of 0.0348 on *LogE* (here ρ is constrained to the value 0) is highly significant and, quantitatively, means that doubling the number of employees per square kilometre increases local wages by 2.4% ($2^{0.0348}$-1=0.0244); this result is somewhat below the range of elasticities (3-8%) typically found in the agglomeration literature (Rosenthal and Strange, 2004). Allowing for efficiency variations (column 2) reduces the size of the coefficient by around one third, an indication that the labour efficiency variables are not orthogonal to employment density, although evidence remains of a very significant employment density effect. Commuting, as embodied in the endogenous spatial lag introduced in column 3, also emerges as a significant determinant of local wages ($\hat{\rho}$ = 0.0890 with t-ratio=5.49), causing the level of labour efficiency and thus the wage rate to be higher in workplace areas with intense in-commuting flows of qualified and skilled workers (in line with the interpretation of the endogenous lag as derived in Section 3.3).

Despite these significant labour efficiency spillovers, the efficiency level of the resident workforce is still a significant explanatory factor, with both variables *LogT* and *LogS* measured within each local area being statistically relevant and carrying the expected sign. In particular, doubling a region's relative specialisation in computing and R&D activities (*T*) raises wages by 2.24% ($2^{0.0320}$-1=0.0224), while a fall by a half in the proportion of working-age population without qualifications (*S*) produces an increase in wages by 13.45% ($2^{0.1821}$-1=0.1345).

A separate source of higher wages is represented by increasing returns to employment density; the estimated value of $(\gamma-1)$ is positive and statistically significantly above zero, thus suggesting external scale economies due to pecuniary externalities boosting productivity and wages in areas with greater concentration of economic activity. More specifically, the preferred model (column 3) gives a density elasticity of 2.15% ; this is larger than other related (cross-sectional) studies of spatial wage disparities in Great Britain, e.g. Fingleton (2003, 2006), who find an urban wage premium on density of around 1.5%. That for France is even higher, at 3-4% (Barde, 2009), also after controlling for the effects of spatial sorting by individual skills (Combes et al., 2008), as captured by worker fixed effects, age and squared age.

Table 2. Results from the competing UE model estimated in isolation (*dependent variable*: *LogWage*)

	1	2	3
	FGS2SLS+GMM	**FGS2SLS+GMM**	**Iterated [b] FGS2SLS+GMM**
In-commuting Labour Efficiency			
$W * LogWage_{it}$ (ρ)			**0.0890**
(t-stat)			(5.49)***
Employment Density			
$(LogE_{it} - \rho W * LogE_{it})$ $(\gamma - 1)$	**0.0348**	**0.0199**	**0.0215**
(t-stat)	(7.87)***	(5.28)***	(5.96)***
Local Knowledge Base			
$LogT_{it}$ (β_2)		**0.0507**	**0.0320**
(t-stat)		(10.79)***	(6.73)***
Local Unskilled Workforce			
$LogS_i$ (β_3)		**-0.1774**	**-0.1821**
(t-stat)		(-6.94)***	(-7.68)***
Constant	5.9408	6.9562	6.3030
(t-stat)	(208.78)***	(82.88)***	(47.16)***
Error process			
λ [a]	**0.6898***	**0.5354***	**0.5397***
σ_v^2	0.0039	0.0059	0.0052
$\sigma_1^2 = \sigma_v^2 + T\sigma_u^2$	0.0973	0.0692	0.0608
RSS	138.12	101.27	88.97
R^2 [c]	0.4320	0.6270	0.7031
No. areas	408	408	408
No. in-sample years (1999-2009)	11	11	11

[a] *Standard error (not reported) of the spatial autoregressive parameter is obtained by bootstrapping.*
[b] *Iteration is to satisfy the constraint involving ρ.*
[c] *Correlation between observed and fitted values of LogWage.*

Importantly, as pointed out in Corrado and Fingleton (2012), the partial derivative $\partial LogWage/\partial LogE$ is simply equal to $(\gamma - 1)$ i.e. the coefficient estimate on $(LogE - \rho WLogE)$, or $(I - \rho W)LogE$, so the presence of the spatial lag *W*LogWage* does not require any special interpretation of the marginal effect of the compound employment density variable. This is because the empirical specification of the urban economics model, which includes the endogenous spatial lag, is a reduced form resulting from an auxiliary SAR process involving (log) labour efficiency (Section 3.3).

The positive sign and statistical significance of the estimated λ reflects positive spatial residual correlation, hence positive dependence among the permanent and transient error components, hinting at spatially autocorrelated heterogeneity and omitted variables. Moreover, with a correlation between actual and predicted values of log wages equal to 70%, the UE model (column 3) has a level of the fit which is almost the same as that of the wage curve model, which is an informal indication that neither model is quantitatively superior to the other. We carry out a more formal analysis subsequently.

Table 3. Results from the competing NEG model estimated in isolation (*dependent variable*: *LogWage*)

	1	2	3
	FGS2SLS+GMM	**FGS2SLS+GMM**	**Iterated [b] FGS2SLS+GMM**
In-Commuting Labour Efficiency			
$W * LogWage_{it}$ (ρ)			**0.0635**
(t-stat)			(4.11)***
Market Potential			
$(LogMP_{it} - \rho W * LogMP_{it})$ (ϕ)	**0.2137**	**0.1225**	**0.1236**
(t-stat)	(6.85)***	(6.04)***	(5.93)***
Local Knowledge Base			
$LogT_{it}$ (β_2)		**0.0507**	**0.0411**
(t-stat)		(12.32)***	(10.14)***
Local Unskilled Workforce			
$LogS_i$ (β_3)		**-0.1343**	**-0.1278**
(t-stat)		(-5.53)***	(-5.54)***
Constant	4.4933	5.9806	5.5578
(t-stat)	(18.76)***	(31.93)***	(27.72)***
Error process			
λ [a]	**0.7185*** **	**0.5825*** **	**0.5867*** **
σ_v^2	0.0036	0.0052	0.0049
$\sigma_1^2 = \sigma_v^2 + T\sigma_u^2$	0.0830	0.0617	0.0580
RSS	124.56	97.55	89.17
R^2 [c]	0.4980	0.6415	0.6856
No. Areas	408	408	408
No. in-sample years (1999-2009)	11	11	11

[a] *Standard error (not reported) of the spatial autoregressive parameter is obtained by bootstrapping.*
[b] *Iteration is to satisfy the constraint involving ρ.*
[c] *Correlation between observed and fitted values of LogWage.*

6.3. The New Economic Geography (NEG) model

Table 3 gives results of estimating the empirical NEG model. The coefficient on the composite market potential variable (column 1) is highly significant and positively signed, which is a strong indication of pecuniary external economies from geographical proximity to large nearby markets for intermediate inputs and final goods (as implied by lower transport costs, and lower average production costs). The market potential effect is noticeably smaller once the technology and schooling variables are controlled for (column 2), thus suggesting its correlation with *LogT* and *LogS*.

It should be noted that our indicators of local area efficiency possibly pick up non-pecuniary externalities, which operate through non-market interactions and depend on the technological and skill content of local employment. The significance and appropriate sign of the coefficients on *LogT* and *LogS* might thus indicate the presence of 'technological externalities' involving localised knowledge spillovers[11]. These considerations also hold for the UE results discussed previously.

There is evidence that in-commuting labour efficiency effects are also important (column 3), as inferred from a spatially autoregressive coefficient which is statistically significant and positively signed ($\hat{\rho}$ =0.0635, t-ratio=4.11). In this specification, the composite market potential variable retains its quantitative size and explanatory power, which means that neighbouring effects driven by commuting are specifically identified and captured by the endogenous spatial lag, separately from market potential effects.

According to results in column 3, a 1% increase in market potential is associated with a wage improvement of 0.12%. This estimate is smaller than those derived by other spatial panel studies also applying a FGS2SLS+GMM procedure but structurally estimating a short-run NEG wage equation. Fingleton (2008) uses a panel of 77 countries in the years 1970, 1980, 1990 and 2000 to fit a model with spatially and temporally autocorrelated disturbances, also controlling for educational attainment measures (i.e. years of schooling and the literacy ratio) and a time trend, and obtains an elasticity of 0.45. With the same empirical specification (except for the time trend) but at a lower spatial scale of analysis, Amaral et al. (2010) tests the relationship between market potential and nominal wages for Brazilian municipalities over the period 1980-2000, and arrives at a coefficient of 0.35; his approach is the same as that adopted by Fingleton (2008) also in the choice of instruments, namely the exogenous schooling and literacy variables as well as the absolute latitude of each geographical unit and its square. Within the GB context, the study of Great Britain's local authority areas carried out by Fingleton (2006) gives a value of 0.15, which is very close to that found here[12]; his paper mainly differs from the present analysis in that it is based on cross-sectional observations and does not incorporate spatially autoregressive errors, but the empirical assumptions regarding local labour efficiency variation are similar.

---

[11] Technological externalities usually refer to external economies from access to a large pool of skilled workers and learning externalities from information flows. Cross-sector knowledge spillovers (external to the firm and industry but internal to the city) stem from industrial diversification and are referred to as urbanisation or Jacobian externalities (Jacobs, 1969), whereas own-sector knowledge spillovers (external to the firm but internal to the industry) are referred to as localisation or Marshallian externalities and may be due to the higher degree of beneficial specialisation (Marshall, 1890) or of innovative activity (Arrow, 1962) possible in denser areas.

[12] Evidence of positive pecuniary externalities stemming from proximity to large markets has been found by Hanson (1998) in the United States and Mion (2004) in Italy (see also Roos, 2001 and Brakman *et al.*, 2004 for Germany, and Niebuhr, 2006 for 158 European regions).

7. MODELS COMPARISON AND SELECTION

One important issue is that the wage curve and the competing UE or NEG theory are non-nested models, because the explanatory variables of one are not a subset of the explanatory variables of the other, therefore constraining the relevant parameters to zero does not reduce from one to the other. This means that it is not possible to simply restrict parameters and use such tests as the Likelihood Ratio in order to decide between non-nested rival hypotheses.

7.1. Results obtained using 'Inclusive Regressions'

To shed light on which model might be the preferred specification from an econometric perspective, we initially adopt an 'inclusive regression' approach (Davidson and MacKinnon, 1993; Hendry, 1995). Thus, after estimating the models individually, we combine the wage curve and either the UE or the NEG theory in a single empirical specification of which each non-nested rival hypothesis is a special case. Fingleton (2006, 2007) refer to this composite data generating process (DGP) as an artificial nested model (ANM). We then look at whether, even in the presence of the competing variable, (log) unemployment retains its significance and the elasticity that one would anticipate under the wage curve. Since the DGP nests the unemployment hypothesis and thus explains the data generated by the wage curve, if either UE or NEG encompasses the DGP then we can infer that Blanchflower and Oswald's relationship is encompassed by the competing model.

We find that neither the employment density hypothesis (Table 4) nor the market potential hypothesis (Table 5) dominates the wage curve; that is, unemployment does not lose its predictive power when directly confronted by each of these separate effects. The coefficients on the UE variable in Table 4 and on the NEG variable in Table 5 are also significantly above zero, an indication that reducing from the ANM to the wage curve by restricting either of these parameters to zero is not feasible as the ANM's fit would be significantly lowered; this is evidence that, given the presence of *LogU* or *W*LogU* (together with *LogS*, *LogT* and *W*LogWage*), intra- and inter-region economic geography play an additional role in predicting wages. At this stage we are not able to say which one, if any, of the rival UE and NEG hypotheses is more challenging for the wage curve; however the consensus among the empirical geographical economics literature is that, at a low level of spatial aggregation, market potential has weaker explanatory force while employment density is more relevant (Brakman et al., 2009b; Brülhart and Mathys, 2008), therefore we may expect UE to be the stronger competing paradigm.

So far we have seen that both unemployment and either employment density or market potential should enter the earnings equation. This is the case irrespective of whether local unemployment or unemployment within commuting distance is considered, although our results confirm that specifications with the latter variable should be preferred, since the estimated coefficient on *W*LogU* is more in line with the 'empirical law' of -0.10 (consistently with Table 1.a).

Table 4. Results from 'inclusive regressions' nesting Wage Curve and UE models (*dependent variable*: *LogWage*)

	1 FGS2SLS+ GMM ($\rho = 0$)	2 FGS2SLS+ GMM ($\rho = 0$)	3 Iterated FGS2SLS+ GMM	4 Iterated FGS2SLS+ GMM
Endogenous Spatial Lag				
$W * LogWage_{it}$ (ρ)			**0.1083**	**0.1185**
(t-stat)			(6.53)***	(7.58)***
Local Unemployment				
$LogU_{it}$ (β_1)	**-0.0648**		**-0.0722**	
(t-stat)	(-4.84)***		(-5.70)***	
Unemployment within Commuting Distance				
$W * LogU_{it}$ (θ)		**-0.1272**		**-0.1262**
(t-stat)		(-6.24)***		(-6.52)***
Employment Density				
$(LogE_{it} - \rho W * LogE_{it})(\gamma - 1)$	**0.0292**	**0.0178**	**0.0326**	**0.0197**
(t-stat)	(6.56)***	(4.37)***	(7.72)***	(5.23)***
Local Knowledge Base				
$LogT_{it}$ (β_2)	**0.0510**	**0.0489**	**0.0309**	**0.0268**
(t-stat)	(10.35)***	(9.86)***	(6.46)***	(5.63)***
Local Unskilled Workforce				
$LogS_i$ (β_3)	**-0.0797**	**-0.1362**	**-0.0769**	**-0.1538**
(t-stat)	(-2.39)***	(-4.96)***	(-2.55)***	(-6.18)***
Constant	6.6246	6.9013	5.8223	6.0877
(t-stat)	(60.60)***	(76.37)***	(36.93)***	(46.25)***
Error process				
λ [a]	**0.5783*** **	**0.5913*** **	**0.6063*** **	**0.6165*** **
σ_v^2	0.0047	0.0043	0.0040	0.0036
$\sigma_1^2 = \sigma_v^2 + T\sigma_u^2$	0.0743	0.0751	0.0611	0.0618
RSS	95.35	90.95	80.56	76.52
R^{2} [b]	0.6563	0.6759	0.7382	0.7498
No. Areas	408	408	408	408
No. in-sample years (1999-2009)	11	11	11	11

[a] *Standard error (not reported) of the spatial autoregressive parameter is obtained by bootstrapping.*
[b] *Correlation between observed and fitted values of LogWage.*

Moreover we see that (log) schooling and (log) knowledge are statistically significant and appropriately signed, a result which endorses an extended model as set out in Section 3.3 that incorporates local labour efficiency variations. The spatially lagged dependent variable also has significant explanatory power, and improves the level of fit noticeably when is added to the ANM.

However it leaves estimates broadly unchanged, and this result is somewhat different from existing evidence; for example, Fingleton (2006) finds that spatial (commuting) effects nullify the impact of market potential in the ANM specification. In a later study seeking to explain individual-level wages from the

British Household Panel Database, Fingleton and Longhi (2011) estimate an ANM which combines per-district, within-commuting-distance employment density and market potential and additionally controls for local unemployment as well as a set of individual-level covariates (e.g. age, marriage, children); they also find that, having taken spatial effects into account, market potential is not a factor affecting pay. Another important result is that the relative performance of the wage curve and UE models depends on gender; that is, in the presence of the alternative wage predictors, unemployment is significant for male respondents but not for females while the reverse is observed for the spatially weighted employment density variable.

Table 5. Results from 'inclusive regressions' nesting Wage Curve and NEG models (*dependent variable*: *LogWage*)*

	1 FGS2SLS+ GMM ($\rho = 0$)	2 FGS2SLS+ GMM ($\rho = 0$)	3 Iterated FGS2SLS+ GMM	4 Iterated FGS2SLS+ GMM
Endogenous Spatial Lag				
$W * LogWage_{it}$ (ρ)			**0.0688**	**0.1026**
(t-stat)			(4.38)***	(7.06)***
Local Unemployment				
$LogU_{it}$ (β_1)	**-0.0219**		**-0.0253**	
(t-stat)	(-1.89)**		(-2.25)***	
Unemployment within Commuting Distance				
$W * LogU_{it}$ (θ)		**-0.1223**		**-0.1247**
(t-stat)		(-5.86)***		(-6.09)***
Market Potential				
$(LogMP_{it} - \rho W * LogMP_{it})$ (ϕ)	**0.1229**	**0.1186**	**0.1228**	**0.1154**
(t-stat)	(5.58)***	(4.94)***	(5.41)***	(4.51)***
Local Knowledge Base				
$LogT_{it}$ (β_2)	**0.0532**	**0.0485**	**0.0437**	**0.0360**
(t-stat)	(11.92)***	(11.38)***	(10.15)***	(9.10)***
Local Unskilled Workforce				
$LogS_i$ (β_3)	**-0.0951**	**-0.0985**	**-0.0831**	**-0.1059**
(t-stat)	(-2.98)***	(-3.87)***	(-2.76)***	(-4.52)***
Constant	5.8776	5.9571	5.4204	5.3868
(t-stat)	(28.36)***	(27.70)***	(24.64)***	(23.79)***
Error process				
λ [a]	**0.6115*****	**0.6556*****	**0.6196*****	**0.6808*****
σ_v^2	0.0047	0.0038	0.0044	0.0035
$\sigma_1^2 = \sigma_v^2 + T\sigma_u^2$	0.0648	0.0638	0.0601	0.0552
RSS	96.24	87.78	87.26	75.80
R^2 [b]	0.6479	0.6861	0.6950	0.7410
No. Areas	408	408	408	408
No. in-sample years (1999-2009)	11	11	11	11

[a] *Standard error (not reported) of the spatial autoregressive parameter is obtained by bootstrapping.*
[b] *Correlation between observed and fitted values of LogWage.*

Table 6.a. Direct, Indirect and Total Effects of Table 4 variables (inclusive model nesting Wage Curve and UE)

	$LogU_{it}$	$LogT_{it}$	$LogS_i$
AVG DIRECT (OWN-REGION) EFFECTS	**-0.0369**	**0.0275**	**-0.1089**
(bootstrapped t-ratio)	(-2.41)***	(5.84)***	(-3.46)***
AVG INDIRECT (SPATIAL) EFFECTS	**-0.1140**	**0.0038**	**-0.0149**
(bootstrapped t-ratio)	(-5.53)***	(50.43)***	(-33.99)***
AVERAGE TOTAL EFFECTS	**-0.1509**	**0.0313**	**-0.1238**
(bootstrapped t-ratio)	(-5.45)***	(6.66)***	(-3.96)***

Table 6.b. Direct, Indirect and Total Effects of Table 5 variables (inclusive model nesting Wage Curve and NEG)

	$LogU_{it}$	$LogT_{it}$	$LogS_i$
AVG DIRECT (OWN-REGION) EFFECTS	**0.0088**	**0.0348**	**-0.1223**
(bootstrapped t-ratio)	(0.87)	(8.85)***	(-4.59)***
AVG INDIRECT (SPATIAL) EFFECTS	**-0.1451**	**0.0039**	**-0.0138**
(bootstrapped t-ratio)	(-7.22)***	(69.47)***	(-36.70)***
AVERAGE TOTAL EFFECTS	**-0.1362**	**0.0388**	**-0.1362**
(bootstrapped t-ratio)	(-5.54)***	(9.83)***	(-5.10)***

Our next task, given the presence of the endogenous spatial lag in model 4 of Tables 4 and 5, is to also consider the direct, indirect and total effects of our variables, as previously done in Section 6.1.2 for the wage curve model. Results from estimating 'inclusive regressions' nesting the wage curve and the UE model (Table 6.a) and the wage curve and the NEG model (Table 6.b) are obtained including both *LogU* and *W*LogU* in the fitted specification, comparably to Table 1.b in Section 6.1.2. With regards to $(LogE - \rho W * LogE)$ and $(LogMP - \rho W * LogMP)$, as mentioned earlier these compound variables do not require any special interpretation of the marginal effect, and so we focus on the direct and indirect effects of the main variables of our basic wage curve equation, *LogU*, *LogT* and *LogS*.

Tables 6.a and 6.b differ from Table 1.b in terms of the inclusion of either $(LogE - \rho W * LogE)$ or $(LogMP - \rho W * LogMP)$ in the ANM specification, a presence which leaves estimated effects broadly unchanged. It turns out that, when

Blanchflower and Oswald's law is challenged by the UE theory, the average direct impact of *LogU* becomes negative and significant, as one would expect under the Wage Curve, a finding which may be related to the estimated coefficient on employment density being economically less important (with an elasticity of around 0.02) than that on market potential (with elasticity of about 0.12). Overall though, when one considers the average total effect of *LogU*, it is not dissimilar under either model, and also of a similar order of magnitude to the classic Blanchflower and Oswald's law.

7.2. Results obtained using the spatial J-test

The evidence we have presented so far suggests that the goodness of fit of the wage curve model is about the same as that produced by models derived from the Urban Economics or New Economic Geography theories, and that the unemployment hypothesis is not dominated by, nor dominates, the employment density or market potential hypotheses. We next provide further evidence about the relative performance of the wage curve, UE theory and NEG theory using the J-test procedure (Davidson and MacKinnon, 1981, 1982).

This allows us to test a null model, $Model_0$, against an alternative, and non-nested, model, $Model_1$. Here the testing problem involves first estimating the H1: UE model or H1: NEG model to obtain fitted values of $LogWage_{UE}$ or fitted values of $LogWage_{NEG}$, and then adding these as an auxiliary variable to the maintained H0: Wage Curve model. We then test whether the predictive value from H1 has significant explanatory power given the presence of the wage curve variables. To accomplish this, we adopt a spatial extension due to Kelejian (2008) of Davidson and MacKinnon's (1981) J-test, which allows specifications containing spatial lags in both the dependent variable and the disturbance term, namely the SARAR-RE model.

7.2.1. Test specification

Under the null hypothesis, SARAR-RE $Model_0$ is true

$$\begin{aligned} \mathbf{Y} &= \rho_0 \mathbf{W}\mathbf{Y} + \mathbf{X}_0 \boldsymbol{\beta}_0 + \mathbf{e}_0 \\ \mathbf{e}_0 &= \lambda_0 \mathbf{M}\mathbf{e}_0 + \xi_0 \end{aligned} \qquad (34)$$

where $\mathbf{Y}$ is the N x 1 vector of observations on *LogWage*, $\mathbf{X}_0$ is the N x k_0 matrix of observations on exogenous regressors *LogU* (or *WLogU*), *LogT* and *LogS*, $\mathbf{W}$ and $\mathbf{M}$ are the non-stochastic pre-defined matrices of exogenous spatial weights, $\mathbf{e}_0$ is the N x 1 vector of disturbance terms, and $\xi_0 \sim (\boldsymbol{\iota}_T \otimes \mathbf{I}_N)\boldsymbol{u}_0 + \boldsymbol{v}_0$ is the unobserved shock vector with time constant region effects picking up regional heterogeneity, $\boldsymbol{u}_0 \sim iid(0, \sigma_{u0}^2)$, and innovations $\boldsymbol{v}_0 \sim iid(0, \sigma_{v0}^2)$. The parameters to be estimated are the slope coefficients in the k_0 x 1 vector $\boldsymbol{\beta}_0$, the spatial autoregressive parameters ρ_0 and λ_0, and the error variances σ_{v0}^2 and σ_{u0}^2. Under the alternative, the data are generated by a similar structure, giving SARAR-RE Model_1

$$\begin{aligned} \mathbf{Y} &= \rho_1 \mathbf{WY} + \mathbf{X}_1 \boldsymbol{\beta}_1 + \mathbf{e}_1 \\ \mathbf{e}_1 &= \lambda_1 \mathbf{Me}_1 + \xi_1 \end{aligned} \tag{35}$$

in which $\mathbf{X}_1$ is the N x k_1 matrix of observations on the competing explanatory variable *LogE* (under the rival UE hypothesis) or *LogMP* (under the rival NEG hypothesis) plus the other exogenous variables *LogT* and *LogS*. The spatial autoregressive processes involving $\mathbf{Y}$ and $\mathbf{e}$, and the exogenous weighting matrices $\mathbf{W}$ and $\mathbf{M}$ which govern them, are identical to those in Model_0. Kelejian (2008) extends his approach to allow for a finite number $g \geq 1$ of non-nested alternatives, but in the interest of simplicity and clarity, we opt to keep the UE and NEG rivals as two separate competing hypotheses and consider each of these in turn.

As in Burridge and Fingleton (2010), we write $\mathbf{X}_0 = [\mathbf{X}_{00} \vdots \mathbf{X}_{01} \vdots \mathbf{X}_{02} \vdots \mathbf{X}_{03}]$ and $\mathbf{X}_1 = [\mathbf{X}_{10} \vdots \mathbf{X}_{11} \vdots \mathbf{X}_{12} \vdots \mathbf{X}_{13}]$, in which $\mathbf{x}_{00} = \mathbf{x}_{10} = [1,1,...,1]'$ and the remaining Xs are the exogenous regressors in the null and alternative models. Also, $\mathbf{Z}_0 = [\mathbf{WY} \vdots \mathbf{X}_{00} \vdots \mathbf{X}_{01} \vdots \mathbf{X}_{02} \vdots \mathbf{X}_{03}]$, $\boldsymbol{\alpha}_0 = [\rho_0, \boldsymbol{\beta}_0']'$, $\mathbf{Z}_1 = [\mathbf{WY} \vdots \mathbf{X}_{10} \vdots \mathbf{X}_{11} \vdots \mathbf{X}_{12} \vdots \mathbf{X}_{13}]$ and $\boldsymbol{\alpha}_1 = [\rho_1, \boldsymbol{\beta}_1']'$, so that the following notation can be adopted for the null and alternative models

$$\begin{array}{lll} H_0 : \textit{WAGE CURVE} & \mathbf{Y} = \rho_0 \mathbf{WY} + \mathbf{X}_0 \boldsymbol{\beta}_0 + \mathbf{e}_0 & = \mathbf{Z}_0 \alpha_0 + \mathbf{e}_0 \\ H_1 : \textit{UE} & \mathbf{Y} = \rho_{UE} \mathbf{WY} + \mathbf{X}_{UE} \boldsymbol{\beta}_{UE} + \mathbf{e}_{UE} & = \mathbf{Z}_{UE} \alpha_{UE} + \mathbf{e}_{UE} \\ H_1 : \textit{NEG} & \mathbf{Y} = \rho_{NEG} \mathbf{WY} + \mathbf{X}_{NEG} \boldsymbol{\beta}_{NEG} + \mathbf{e}_{NEG} & = \mathbf{Z}_{NEG} \alpha_{NEG} + \mathbf{e}_{NEG} \end{array} \tag{36}$$

We implement the test in four steps. *Step 1* consists of estimating α_0 and α_1 in eq. 36 by instrumental variables (IV) since, given the presence of $\mathbf{WY}$, the ordinary least squares (OLS) estimator would be inconsistent. As in Kelejian (2008) we define the following matrices, respectively for Model_0, Model_1 (which can be either UE or NEG) and the model that combines both (for later use). We thus have

$$\mathbf{L}_0 = [\mathbf{X}_0 \vdots \mathbf{WX}_{02} \vdots \mathbf{WX}_{03}] = [\mathbf{X}_{00} \vdots \mathbf{X}_{01} \vdots \mathbf{X}_{02} \vdots \mathbf{X}_{03} \vdots \mathbf{WX}_{02} \vdots \mathbf{WX}_{03}] \tag{37.a}$$

$$\mathbf{L}_1 = [\mathbf{X}_1 \vdots \mathbf{WX}_{12} \vdots \mathbf{WX}_{13}] = [\mathbf{X}_{10} \vdots \mathbf{X}_{11} \vdots \mathbf{X}_{12} \vdots \mathbf{X}_{13} \vdots \mathbf{WX}_{12} \vdots \mathbf{WX}_{13}] \tag{37.b}$$

$$\mathbf{L}_{01} = \left[[\mathbf{X}_0 \vdots \mathbf{X}_1] \vdots \mathbf{WX}_{02} \vdots \mathbf{WX}_{03} \vdots \mathbf{WX}_{12} \vdots \mathbf{WX}_{13}\right] \tag{37.c}$$

It should be noted that, contrary to Kelejian (2008), we are excluding $\mathbf{WX}_{01}$ and $\mathbf{WX}_{11}$ because our main variables of interest (namely unemployment within commuting distance, and employment density and market potential when ρ is not constrained to zero) are spatially lagged by definition (i.e. $W * LogU$) or already include a spatial lag as they are empirically derived as being net of spatial (commuting) effects (i.e. $(LogE - \rho W * LogE)$ and $(LogMP - \rho W * LogMP)$). Secondly, we use a minimal set of instruments, as advocated by Burridge and Fingleton (2010), by only adopting first-order **W** matrices, although Kelejian (2008) allows **W**s of any order up to arbitrary small integer *r*. Thirdly, covariates are the same, thus $\mathbf{WX}_{02} = \mathbf{WX}_{12} = W * LogT$ and $\mathbf{WX}_{03} = \mathbf{WX}_{13} = W * LogS$. Next we construct the matrices of instruments $\mathbf{H}_0 = [\mathbf{L}_0 \vdots \mathbf{M}\,\mathbf{L}_0]_{LI}$, $\mathbf{H}_1 = [\mathbf{L}_1 \vdots \mathbf{M}\,\mathbf{L}_1]_{LI}$ and $\mathbf{H}_{01} = [\mathbf{L}_{01} \vdots \mathbf{M}\,\mathbf{L}_{01}]_{LI}$ in which the subscript *LI* denotes a spanning set of linearly independent columns. These instrument sets, from which we exclude $\mathbf{MX}_{01}$ and $\mathbf{MX}_{11}$ consistently with the arguments laid out above, give the projection matrices $\mathbf{P}_0 = \mathbf{H}_0(\mathbf{H}_0'\mathbf{H}_0)^{-1}\mathbf{H}_0'$ and $\mathbf{P}_1 = \mathbf{H}_1(\mathbf{H}_1'\mathbf{H}_1)^{-1}\mathbf{H}_1'$, leading to the IV estimators for the null and alternative models respectively

$$\hat{\alpha}_{0,\mathrm{IV}} = [\mathbf{Z}_0'\mathbf{P}_0\mathbf{Z}_0]^{-1}\mathbf{Z}_0'\mathbf{P}_0\mathbf{Y} \qquad (38.a)$$

$$\hat{\alpha}_{1,\mathrm{IV}} = [\mathbf{Z}_1'\mathbf{P}_1\mathbf{Z}_1]^{-1}\mathbf{Z}_1'\mathbf{P}_1\mathbf{Y} \qquad (38.b)$$

In *Step 2* the vectors of residuals from IV estimation of the null and alternative models, defined as $\hat{\mathbf{e}}_0 = \mathbf{Y} - \mathbf{Z}_0\hat{\alpha}_0$ and $\hat{\mathbf{e}}_1 = \mathbf{Y} - \mathbf{Z}_1\hat{\alpha}_1$, are used to estimate λ_0 and λ_1, σ_{0u}^2 and σ_{0v}^2, σ_{1u}^2 and σ_{1v}^2 via the non-linear GMM method of Kapoor et al. (2007) explained in Section 5.

In *Step 3*, we use $\hat{\lambda}_0$ and $\hat{\lambda}_1$ to construct the spatially lag-transformed variables

$$\begin{aligned} \boldsymbol{Y}^*(\hat{\lambda}_0) &= (\boldsymbol{I} - \hat{\lambda}_0\mathbf{M})\boldsymbol{Y} \\ \mathbf{Z}_0^*(\hat{\lambda}_0) &= (\boldsymbol{I} - \hat{\lambda}_0\mathbf{M})\mathbf{Z}_0 \\ \boldsymbol{Y}^*(\hat{\lambda}_1) &= (\boldsymbol{I} - \hat{\lambda}_1\mathbf{M})\boldsymbol{Y} \\ \mathbf{Z}_1^*(\hat{\lambda}_1) &= (\boldsymbol{I} - \hat{\lambda}_1\mathbf{M})\mathbf{Z}_1 \end{aligned} \qquad (39)$$

Then, using the same instrument sets $\mathbf{H}_0$ and $\mathbf{H}_1$ as previously, and the estimated covariance matrices $\hat{\mathbf{\Omega}}_{0\zeta} = \hat{\sigma}_{0u}^2(\boldsymbol{J}_T \otimes \boldsymbol{I}_N) + \hat{\sigma}_{0v}^2\boldsymbol{I}_{TN}$ and for the disturbance terms $\hat{\mathbf{\Omega}}_{1\zeta} = \hat{\sigma}_{1\mu}^2(\boldsymbol{J}_T \otimes \boldsymbol{I}_N) + \hat{\sigma}_{1v}^2\boldsymbol{I}_{TN}$, we estimate by IV the resulting equations for, respectively, the null and alternative hypotheses

$$(I-\hat{\lambda}_0\mathbf{M})Y=(I-\hat{\lambda}_0\mathbf{M})(\mathbf{Z}_0\alpha_0+\mathbf{e}_0)$$
$$\mathbf{Y}^*(\hat{\lambda}_0)=\mathbf{Z}_0^*(\hat{\lambda}_0)\alpha_0+\mathbf{e}_0^*(\hat{\lambda}_0) \tag{40.a}$$

$$(I-\hat{\lambda}_1\mathbf{M})Y=(I-\hat{\lambda}_1\mathbf{M})(\mathbf{Z}_1\alpha_1+\mathbf{e}_1)$$
$$\mathbf{Y}^*(\hat{\lambda}_1)=\mathbf{Z}_1^*(\hat{\lambda}_1)\alpha_1+\mathbf{e}_1^*(\hat{\lambda}_1) \tag{40.b}$$

With $\mathbf{P}_0^*=\left[\mathbf{H}_0(\mathbf{H}_0'\hat{\mathbf{\Omega}}_{0\xi}\mathbf{H}_0)^{-1}\mathbf{H}_0'\right]$ and $\mathbf{P}_1^*=\left[\mathbf{H}_1(\mathbf{H}_1'\hat{\mathbf{\Omega}}_{1\xi}\mathbf{H}_1)^{-1}\mathbf{H}_1'\right]$, we thus obtain parameter estimates, fitted values and the residual vector for the Wage Curve model

$$\hat{\alpha}_{0,FGS2SLS}=\left[\mathbf{Z}_0^{*\prime}\mathbf{P}_0^*\mathbf{Z}_0^*\right]^{-1}\mathbf{Z}_0^{*\prime}\mathbf{P}_0^*\mathbf{Y}^*(\hat{\lambda}_0) \tag{41.a}$$

$$\hat{\mathbf{Y}}^*(\hat{\lambda}_0)=\mathbf{Z}_0^*(\hat{\lambda}_0)\hat{\alpha}_{0,FGS2SLS} \tag{41.b}$$

$$\hat{\mathbf{e}}_0(\hat{\lambda}_0)=\mathbf{Y}-\hat{\mathbf{Y}}^*(\hat{\lambda}_0) \tag{41.c}$$

and the rival, either UE or NEG, model

$$\hat{\alpha}_{1,FGS2SLS}=\left[\mathbf{Z}_1^{*\prime}\mathbf{P}_1^*\mathbf{Z}_1^*\right]^{-1}\mathbf{Z}_1^{*\prime}\mathbf{P}_1^*\mathbf{Y}^*(\hat{\lambda}_1) \tag{42.a}$$

$$\hat{\mathbf{Y}}^*(\hat{\lambda}_1)=\mathbf{Z}_1^*(\hat{\lambda}_1)\hat{\alpha}_{1,FGS2SLS} \tag{42.b}$$

$$\hat{\mathbf{e}}_1(\hat{\lambda}_1)=\mathbf{Y}-\hat{\mathbf{Y}}^*(\hat{\lambda}_1) \tag{42.c}$$

In *Step 4*, we augment the right-hand side of the Wage Curve in eq. 39.a with predictions $\hat{\mathbf{Y}}^*(\hat{\lambda}_1)$ from eq. 41.a, which approximate the forecast value of the competing (UE or NEG) theory, to obtain

$$\mathbf{Y}^*(\hat{\lambda}_0)=\mathbf{Z}_0^*(\hat{\lambda}_0)\alpha_0+\hat{\mathbf{Y}}^*(\hat{\lambda}_1)\delta+\mathbf{e}_0^*(\hat{\lambda}_0)$$
$$=\mathbf{Z}_{01}^{**}(\hat{\lambda}_0)\eta+\mathbf{e}_{01}^{**}(\hat{\lambda}_0) \tag{43}$$

Under the null model, $\eta_0=[\alpha_0',0]'$ is assumed to be the true value but we estimate $\eta=[\alpha_0',\delta]'$; that is, we test the Wage Curve model (the null model) against either the rival UE theory or the rival NEG theory (the alternative model) in terms of the hypotheses H_0: $\delta=0$ against H_1: $\delta\neq0$. Following Kelejian (2008), we use the instrument matrix $\mathbf{H}_{01}$ as defined previously, which is equal to $\mathbf{H}_{01}=\left[[\mathbf{X}_0 \vdots \mathbf{X}_1] \vdots \mathbf{WX}_{02} \vdots \mathbf{WX}_{03} \vdots \mathbf{MX}_{02} \vdots \mathbf{MX}_{03} \vdots \mathbf{MWX}_{02} \vdots \mathbf{MWX}_{03}\right]_{LI}$ since $\mathbf{X}_{02}=\mathbf{X}_{12}$ and $\mathbf{X}_{03}=\mathbf{X}_{13}$. This gives the projection matrix $\mathbf{P}_{01}^{**}=\left[\mathbf{H}_{01}(\mathbf{H}_{01}'\hat{\mathbf{\Omega}}_{0\xi}\mathbf{H}_{01})^{-1}\mathbf{H}_{01}'\right]$ so that the FGS2SLS estimator of η is

$$\hat{\eta}_{FGS2SLS} = \left[\mathbf{Z}_{01}^{***\prime} \mathbf{P}_{01}^{**} \mathbf{Z}_{01}^{**} \right]^{-1} \mathbf{Z}_{01}^{***\prime} \mathbf{P}_{01}^{**} \mathbf{Y}^{*}(\hat{\lambda}_0) \tag{44}$$

and the estimated variance-covariance matrix of the slope coefficients is

$$\hat{\mathbf{V}} = \left[(\mathbf{Z}_{01}^{***\prime} \mathbf{H}_{01})(\mathbf{H}_{01}{}' \hat{\mathbf{\Omega}}_{0\xi} \mathbf{H}_{01})^{-1} (\mathbf{H}_{01}{}' \mathbf{Z}_{01}^{**}) \right]^{-1} = (\mathbf{Z}_{01}^{***\prime} \mathbf{P}_{01}^{**} \mathbf{Z}_{01}^{**})^{-1} \tag{45}$$

which is used to construct a Wald test statistic for δ=0 in eq. 43. More precisely, when the null is true

$$\hat{J} = \frac{(\hat{\eta}(l))^2}{\hat{\mathbf{V}}(l,l)} \rightarrow^{d} \chi_1^2 \tag{46}$$

where l is the number of elements in η, so that $\hat{\eta}(l)$ is the last parameter i.e. δ, and $\hat{\mathbf{V}}(l,l)$ is its estimated variance.

7.2.2. Test results

Tables 7.a and 7.b present the outcome of the spatial J-test procedure for discriminating between non-nested models. In Table 7.a, we treat the wage curve as the null or maintained model, testing the local unemployment hypothesis first (columns 1 and 2) and its spatial lag then (columns 3 and 4) against either of the employment density or market potential hypotheses. The null that the fitted values from the UE or NEG models add no explanatory information given the wage curve is rejected in all cases, as the J-statistic is significantly larger than the critical value from the reference χ_1^2 distribution under the null. We can therefore reject the wage curve as a complete explanation *per se* because of the additional explanatory power of the non-nested rival theories. We have also evidence of relatively weaker rejection of the wage curve when H_0: *W*LogU* is considered as the maintained hypothesis; this is expected since, as we showed previously, unemployment within commuting distance has stronger statistical and economic significance than local unemployment.

Having seemingly rejected the wage curve, this does not imply that UE and NEG hold. This becomes evident when we treat each of these in turn as the maintained hypothesis. According to results in Table 7.b, neither UE nor NEG are acceptable *per se*, since we find that the wage curve is capable of falsifying both of these competing models, given that we always reject the null that the coefficient on the fitted values from the wage curve is zero (i.e. the null that the wage curve has no additional predictive power given UE or NEG). Interestingly, we also see that the J-statistic leads to relatively stronger rejection when H_1: *W*LogU* is used as the alternative hypothesis. This adds support to the thesis that unemployment within commuting distance rather than local joblessness is the important factor affecting wages. Hence, while it is not obvious which hypothesis should be preferred, the key feature of this analysis is that unemployment does not outperform either employment density or market potential, and thus the wage curve, by itself, should not be regarded as an outright 'law'.

Table 7.a. Spatial J-test results: Wage Curve as maintained hypothesis (*dependent variable*: *LogWage*)

	1	2	3	4
	H0:*LogU* H1: UE Model	**H0: *LogU* H1: NEG Model**	**H0:*W*LogU* H1: UE Model**	**H0: *W*LogU* H1: NEG Model**
Endogenous Spatial Lag				
$W * LogWage_{it}$ (ρ)	-0.0328	0.0047	0.0334	0.0298
(t-stat)	(-1.53)*	(0.22)	(1.63)*	(1.31)
Local Unemployment				
$LogU_{it}$	**-0.0710**	**-0.0246**		
(t-stat)	(-5.34)***	(-2.10)***		
Unemployment within Commuting Distance				
$W * LogU_{it}$			**-0.1203**	**-0.1219**
(t-stat)			(-5.55)***	(-5.67)***
Fitted Values (FV) from UE Model				
FV of $LogWage_{\mathrm{UE}}$ (δ)	**1.4684**		**0.8152**	
(t-stat)	(7.40)***		(4.68)***	
Fitted Values (FV) from NEG Model				
FV of $LogWage_{\mathrm{NEG}}$ (δ)		**0.9873**		**0.8939**
(t-stat)		(4.95)***		(4.06)***
Local Knowledge Base				
$LogT_{it}$ (β_2)	-0.0156	0.0029	0.0012	-0.0000
(t-stat)	(-1.68)**	(0.30)	(0.14)	(-0.01)
Local Unskilled Workforce				
$LogS_i$ (β_3)	0.1945	0.0443	-0.0026	-0.0000
(t-stat)	(4.01)***	(1.11)	(-0.08)	(-0.01)
Constant	-3.3792	-0.0634	1.0234	0.5489
(t-stat)	(-2.61)***	(-0.05)	(0.92)	(0.39)
Spatial J-Test				
$\hat{J} = \hat{\delta}^2 / \hat{\mathbf{V}}(\delta) \to^d \chi_1^2$	54.81	24.53	21.90	16.47
Prob > χ_1^2	0.0000	0.0000	0.0000	0.0000
RSS	79.78	85.23	77.40	75.53
$R^{2\,a}$	0.7434	0.7058	0.7510	0.7430
No. Areas	408	408	408	408
No. in-sample years (1999-2009)	11	11	11	11

[a] *Correlation between observed and fitted values of LogWage.*

Table 7.b. Spatial J-test results: UE or NEG as maintained hypotheses (*dependent variable*: *LogWage*)

	1 **H0: UE Model** **H1: *LogU***	2 **H0: NEG Model** **H1: *LogU***	3 **H0: UE Model** **H1: *W*LogU***	4 **H0: NEG Model** **H1: *W*LogU***
Endogenous Spatial Lag				
$W * LogWage_{it}$ (ρ)	-0.1616	-0.0076	0.0173	0.0039
(t-stat)	(-3.67)***	(-0.18)	(0.93)	(0.21)
Employment Density				
$(LogE_{it} - \rho W * LogE_{it})$	**0.0350**		**0.0214**	
(t-stat)	(8.75)***		(5.98)***	
Market Potential				
$(LogMP_{it} - \rho W * LogMP_{it})$		**0.1211**		**0.1115**
(t-stat)		(5.82)***		(5.35)***
Fitted Values (FV) from Wage Curve Model				
FV of $LogWage_{LogU}$ (δ)	**3.2247**	**1.1168**		
(t-stat)	(6.53)***	(2.49)***		
Fitted Values (FV) from Wage Curve Model				
FV of $LogWage_{W*LogU}$ (δ)			**1.0093**	**0.9837**
(t-stat)			(7.79)***	(7.26)***
Local Knowledge Base				
$LogT_{it}$ (β_2)	-0.1181	-0.0087	-0.0113	-0.0012
(t-stat)	(-5.12)***	(-0.44)	(-1.66)*	(-0.18)
Local Unskilled Workforce				
$LogS_i$ (β_3)	0.1997	0.0178	-0.0477	-0.0000
(t-stat)	(3.18)***	(0.30)	(-1.64)*	(-0.01)
Constant	-14.2787	-1.6337	-0.1824	-0.7102
(t-stat)	(-4.56)	(-0.58)	(-0.22)	(-0.83)
Spatial J-Test				
$\hat{J} = \hat{\delta}^2 / \hat{\mathrm{V}}(\delta) \rightarrow^d \chi_1^2$	42.64	6.21	60.62	52.70
Prob > χ_1^2	0.0000	0.0127	0.0000	0.0000
RSS	78.05	84.83	75.08	75.20
$R^{2\,a}$	0.7431	0.7061	0.7507	0.7424
No. Areas	408	408	408	408
No. in-sample years (1999-2009)	11	11	11	11

[a] *Correlation between observed and fitted values of LogWage.*

8. CONCLUSION

Looking at Britain's 408 local authorities over the period 1998-2010, the present paper has explored the predictive force of the wage curve relatively to two major alternative explanations for spatial wage differentials. These are provided by Urban Economics (UE) and New Economic Geography (NEG) respectively; NEG theory postulates that the level of pay in a given region depends directly and with a distance decay effect on its location relative to large supplier and consumer markets, while UE theory predicts that earnings are higher in cities and larger towns because of external economies and productivity advantages stemming from the spatial concentration of workers and firms. To establish whether the wage curve truly represents an empirical reality, this paper has evaluated its explanatory performance under the direct challenge of each of these competing wage functions considered in turn.

Initially we have estimated an inclusive wage equation that nests both, to see which of the rival models (if any) encompasses the other; we find that unemployment is not dominated by either of the rivals, as it retains its significance in the presence of the competing variable, but there is no evidence that the wage curve is the dominant paradigm, since excluding UE or NEG effects also entails a significant loss of information. To formally discriminate among non-nested models, we have then implemented a spatial J test, alternating between the wage curve and either UE or NEG as to which is treated as the maintained hypothesis. Again, our findings are not conclusive; they show that the wage curve is capable of falsifying either UE or NEG, since the J-statistic rejects the null that its predictive value adds no significance to the maintained (UE or NEG) model, but test results also suggest that we cannot accept the wage curve as the superior proposition in the face of either alternative model.

All in all, our analysis has confirmed that the wage curve holds, as indicated by an estimated slope which is statistically relevant and broadly in line with the classic elasticity of -0.10; additionally, by means of spatial econometrics methods, we have been able to infer that it is unemployment within commuting distance which exerts most influence on wages, with local unemployment accounting for only a small fraction of the total impact. Importantly, however, Blanchflower and Oswald's relationship does not emerge as the only explanation of wage variation, given that UE and NEG are equally successful. The evidence we have presented thus points to the conclusion that the wage curve should not be taken as an absolute principle governing the spatial distribution of wages and economic development; there are in fact other strands of the regional economic literature which are able to account for local wage variation, and these are strongly grounded in economic theory as well as being validated empirically.

REFERENCES

Abdel-Rahamn H., Fujita M., 1990, "Product variety, Marshallian externalities and city size", *Journal of Regional Science*, 30, pp. 165-183.

Amaral P.V., Lemos M., Simões R., Chein F., 2010, "Regional imbalances and market potential in Brazil", *Spatial Economic Analysis*, 5(4), pp. 463-482.

Baltagi B.H., Blien U., 1998, "The German Wage Curve: Evidence from the IAB Employment Sample", *Economics Letters*, 61, pp. 135-142.

Baltagi B.H., Blien U., Wolf K., 2000, "The East German wage curve: 1993-1998", *Economics Letters*, 69, pp. 25-31.

Baltagi B.H., Blien U., Wolf K., 2009, "New Evidence on the Dynamic Wage Curve for Western Germany: 1980–2004", *Labour Economics*, 16, pp. 47-51.

Barde S., 2010, "Increasing returns and the spatial structure of French wages", *Spatial Economic Analysis*, 5, pp. 73-91.

Bell B., Nickell S., Quintini G., 2002, "Wage Equations, Wage Curves and All That", *Labour Economics*, 9, pp. 341-360.

Blanchflower D.G., Oswald A.J., 1990, "The Wage Curve", *Scandinavian Journal of Economics*, 92, pp. 215-235.

Blanchflower D.G., Oswald A.J., 1994a, *The Wage Curve*, Cambridge: MIT Press.

Blanchflower D.G., Oswald A.J., 1994b, "Estimating a Wage Curve for Britain 1973-90", *The Economic Journal*, 104, pp. 1025-1043.

Blanchflower D.G., Oswald A.J., 1995, "An Introduction to the Wage Curve", *Journal of Economic Perspectives*, 9, pp. 153-167.

Blanchflower D.G., Oswald A.J., 2005, "The Wage Curve Reloaded", Working Paper No. 11338, *National Bureau of Economic Research*, Cambridge, MA.

Brakman S., Garretsen H., Schramm M., 2004, "The spatial distribution of wages and employment: estimating the Helpman-Hanson model for Germany", *Journal of Regional Science*, 44(3), pp. 437-466.

Brakman S., Garretsen H., Van Marrewijk C., 2009a, *An Introduction to Geographical Economics*, Cambridge: Cambridge University Press.

Brakman S., Garretsen H., Van Marrewijk C., 2009b, "Economic geography within and between European Nations: the role of market potential and density across space and time", *Journal of Regional Science*, 49, pp. 777–800.

Brülhart M., Mathys N.A., 2008, "Sectoral agglomeration economies in a panel of European regions", *Regional Science and Urban Economics*, 38, pp. 348-362.

Buettner T., 1999, "The Effect of Unemployment, Aggregate Wages, and Spatial Contiguity on Local Wages: an Investigation with German District Level Data", *Papers in Regional Science*, 78, pp. 47-67.

Burridge P., Fingleton B., 2010, "Bootstrap inference in spatial econometrics: the J test", *Spatial Economic Analysis*, 5(1), pp. 93-119.

Card D., 1995, "The Wage Curve: A Review", *Journal of Economic Literature*, 33, pp. 785-799.

Ciccone A., Hall R.E., 1996, "Productivity and the density of economic activity", *American Economic Review*, 86, pp. 54-70.

Combes P-P., Duranton G., Gobillon L., 2008, "Spatial wage disparities: sorting matters!", *Journal of Urban Economics*, 63, pp. 723-742.

Combes P-P., Mayer T.H., Thisse J-F, 2008, *Economic Geography: the Integration of Regions and Nations*, Princeton: Princeton University Press.

Corrado L., Fingleton B., 2012, "Where is the economics in spatial econometrics?", *Journal of Regional Science*, 52, pp. 210-239.

Davidson R., MacKinnon J., 1981, "Several tests for model specification in the presence of alternative hypotheses", *Econometrica*, 49, pp. 781-93.

Davidson R., MacKinnon J., 1982, "Some non-nested hypothesis tests and the relations among them", *Review of Economic Studies*, 49, pp. 551-65.

Davidson R., MacKinnon J., 1993, *Estimation and Inference in Econometrics*, Oxford: Oxford University Press.

Davidson R., MacKinnon J., 2002a, "Bootstrap J tests of non-nested linear regression models", *Journal of Econometrics*, 109, pp. 167-93.

Davidson R., MacKinnon J., 2002b, "Fast double bootstrap tests of nonnested linear regression models", *Econometric Reviews*, 21, pp. 419-29.

Dixit A., Stiglitz J.E., 1977, "Monopolistic competition and optimum product diversity", *American Economic Review*, 67, pp. 297-308.

Elhorst J.P., Blien U., Wolf K., 2007, "New Evidence on the Wage Curve: A Spatial Panel Approach", *International Regional Science Review*, 30(2), pp. 173-191.

Elhorst J.P., 2010a, "Spatial Panel Data Models", in Fischer M.M., Getis A. (eds) *Handbook of Applied Spatial Analysis*, Berlin, Germany: Springer.

Elhorst J.P., 2010b, "Applied spatial econometrics: raising the bar", *Spatial Economic Analysis*, 5, pp. 9-28.

Fingleton, B., 2003, "Increasing returns: evidence from local wage rates in Great Britain", *Oxford Economic Papers*, 55, pp. 716-39.

Fingleton B., 2006, "The new economic geography versus urban economics: an evaluation using local wage rates in Great Britain", *Oxford Economic Papers*, 58, pp. 501-30.

Fingleton B., 2007, "Testing the 'new economic geography': a comparative analysis based on EU regional data", in Fingleton B. (ed.) *New Directions in Economic Geography*, Cheltenham: Edward Elgar, pp. 70-97.

Fingleton B., 2008, "Competing models of global dynamics: evidence from panel models with spatially correlated error components", *Economic Modelling*, 25(3), pp. 542-558.

Fingleton B., Longhi S., 2013, "The effects of agglomeration on wages: evidence from the micro-level", *Journal of Regional Science*, 53(3), pp. 443-463.

Fujita M., Thisse J-F, 2002, *Economics of Agglomeration*, Cambridge: Cambridge University Press.

Fujita M., Krugman P.R., Venables A.J., 1999, *The Spatial Economy: Cities, Regions, and International Trade*, Cambridge, MA: MIT Press.

Greene W.H., 2003, *Econometric Analysis*, 5th edition, New Jersey: Prentice Hall.

Hanson G., 1998, "Market potential, increasing returns, and geographic concentration", *Journal of International Economics*, 67(1), pp. 1-24.

Harris C., 1954, "The market as a factor in the localization of industry in the United States", *Annals of The Association of American Geographers*, 64, pp. 315-348.

Head K., Mayer T., 2004, "Market potential and the location of Japanese investment in the European Union", *Review of Economics and Statistics*, 86(4), pp. 959-972.

Hendry D.F., 1995, *Dynamic Econometrics*, Oxford: Oxford University Press.

Huriot J-M., Thisse J-F., 2000, *Economics of Cities*, Cambridge: Cambridge University Press.

Jacobs J., 1969, *The Economy of Cities*, New York: Vintage Books.

Johnes G., 2007, "The Wage Curve Revisited: Estimates from a UK panel", *Economics Letters*, 94, pp. 414-420.

Kapoor M.H., Kelejian H.H., Prucha I.R., 2007, "Panel data models with spatially correlated error components", *Journal of Econometrics*, 140, pp. 97-130.

Kelejian H.H., 2008, "A spatial J-test for model specification against a single or a set of non-nested alternatives", *Letters in Spatial and Resource Sciences*, 1, pp. 3-11.

Kelejian H.H., Prucha I.R., 1998, "A generalized spatial two-stage least squares procedure for estimating a spatial autoregressive model with autoregressive disturbances", *Journal of Real Estate Finance and Economics*, 17, p. 99-121.

Kennedy S., Borland J., 2000, "A wage curve for Australia?", *Oxford Economic Papers*, 52, pp. 774-803.

Krugman P.R., 1991, "Increasing returns and economic geography", *Journal of Political Economy*, 99, pp. 483-499.

Krugman P.R., Venables A.J., 1995, "Globalization and the inequality of nations", *Quarterly Journal of Economics*, 110, pp. 857-80.

Le Sage J., Pace R.K., 2009, *Introduction to Spatial Econometrics*, Boca Raton, FL: CRC Press.

Longhi S., Nijkamp P., Poot J., 2006, "Spatial Heterogeneity and the Wage Curve Revisited", *Journal of Regional Science,* 46, pp. 707-731.

Manning N., 1994, "Earnings, unemployment and contiguity: evidence from British counties 1976-1992", *Scottish Journal of Political Economy*, 41(1), pp. 43-68.

Mion G., 2004, "Spatial externalities and empirical analysis: the case of Italy", *Journal of Urban Economics*, 56(1), pp. 97-118.

Mion G., Naticchioni P., 2009, "The spatial sorting and matching of skills and firms", *Canadian Journal of Economics*, 42(1), pp. 28-55.

Molho I., 1995, "Spatial autocorrelation in British unemployment", *Journal of Regional Science*, 35(4), pp. 641-658.

Morrison P.S., Papps K.L., Poot, J., 2006, "Wages, employment, labour turnover and the accessibility of local labour markets", *Labour Economics*, 13, pp. 639-663.

Moulton B.R., 1990, "An illustration of a pitfall in estimating the effects of aggregate variables on micro units", *Review of Economics and Statistics*, 72(2), p. 334-338.

Niebuhr A., 2006, "Market access and regional disparities", *The Annals of Regional Science*, 40(2), pp. 313-334.

Nijkamp P., Poot J., 2005, "The Last Word on the Wage Curve ?", *Journal of Economic Surveys*, 19, pp. 421-450.

Pesaran M.H., 2006, "Estimation and inference in large heterogenous panels with a multifactor error structure", *Econometrica*, 74, pp. 967-1012.

Rivera-Batiz F., 1988, "Increasing returns, monopolistic competition, and agglomeration economies in consumption and production", *Regional Science and Urban Economics*, 18, pp. 125-153.

Rosenthal S.S., Strange W.C., 2004, "Evidence on the nature and sources of agglomeration economies", in Henderson V. and Thisse J-F. (eds) *Handbook of Urban and Regional Economics*, 4, Amsterdam: Elsevier-North Holland.

Sato Y., 2000, "Search theory and the wage curve", *Economics Letters*, 66, pp. 93-98.

Venables A.J., 1996, "Equilibrium locations of vertically linked industries", *International Economic Review*, 37, pp. 341-59.

APPENDIX. Derivation of the Urban Economics Model

The starting point is a *Cobb-Douglas production function for the output Q* of the competitive final goods and services sector: $Q = (M^{\beta} I^{1-\beta})^{\alpha}$. Internal increasing returns are modelled through the monopolistic competition and product variety theory of Dixit and Stiglitz (1977), assuming a *CES* (Constant Elasticity of Substitution) *sub-production function for producer service inputs I* (the increasing-returns sector[13]). This means that intermediate services are modelled as a 'continuum' of x varieties, each produced by a specialised firm with monopolistic power[14], with $i(t)$ representing the amount of type-z variety in the assumed 'continuum' of varieties.

$$I = \left[\sum_{z=0}^{x} i_z^{(\sigma-1)/\sigma} \right]^{\sigma/(\sigma-1)} = \left[\sum_{z=0}^{x} i_z^{1/\mu} \right]^{\mu}$$

[13] I-sector activities include business and professional services, financial services, insurance services, and real estate services. These sub-sectors can be considered as being characterized by small firms producing highly-differentiated varieties, easy entry and exit, and minimal strategic interaction, which is close to what is implied by monopolistic competition.

[14] Monopolistic power exist because internal scale economies imply large-size firms with market power, and thus debar perfect competition, and also because each firm produces a differentiated variety of the composite intermediate service.

In equilibrium, the CES sub-production function can be re-written as $I = x^{\mu} i$ because, due to the assumption of free entry and exit in response to positive and negative profits, each firm produces the same zero-profit level of intermediate service output, equal to *i* for all *z*. In $I = x^{\mu} i$, parameter **μ (μ>1)** measures the equilibrium amount of *internal increasing returns to scale* that can be exploited by the individual producer service firm, since an increase in the number of firms/varieties *x* yields a more than proportionate increase in the output of the intermediate service sector *I*. It also determines the *constant price elasticity of demand* (*ped*), since from the constant elasticity demand function

$$i(z) = kp^{-\sigma} = kp^{-\mu/(\mu-1)}$$

$$di(z)/dp = k \cdot -\frac{\mu}{\mu-1} p^{-\mu/(\mu-1)-1} = k \cdot -\frac{\mu}{\mu-1} p^{-\mu/(\mu-1)} p^{-1} = -\frac{kp^{-\mu/(\mu-1)}\mu}{(\mu-1)p} = -\frac{i(z)\mu}{(\mu-1)p}$$

$$ped = -\frac{di(z)}{dp} \cdot \frac{p}{i(z)} = -\left(-\frac{i(z)\mu}{(\mu-1)p}\right) \cdot \frac{p}{i(z)} = \frac{i(z)\mu}{(\mu-1)p} \cdot \frac{p}{i(z)} = \frac{\mu}{\mu-1}$$

It also determines the *constant elasticity of substitution* among varieties (σ), since

$$-\frac{di(z)}{dp_z} \frac{p_z}{i(z)} = \frac{\mu}{\mu-1} = \sigma$$

Hence μ controls the *degree of differentiation in the service sector* (i.e. the importance of intermediate service variety to final producers), because as μ shrinks to one the elasticity of substitution σ increases, and also the *degree of monopolistic/market power* available to producer service firms, which decreases as varieties become more perfectly substitutable.

Production costs (i.e. labour costs, as labour is the only input) incurred by each producer service firm have a fixed component as well as a variable component; there is a fixed labour requirement to start production, *s*, then labour requirement increases with output, i.e. $a \cdot i(z)$ with *a* being the marginal labour requirement. The presence of fixed production costs implies falling average costs as output increases, so that a firm can obtain a cost advantage and operate more efficiently by concentrating production at one large plant. Therefore, the amount of labour efficiency units required to produce each variety is given by

$$[a \cdot i(z) + s]$$

The number of producer service firms/varieties *x* is equal to producer service effective labour in the unit area divided by effective labour per firm

$$x = \frac{(1-\beta) \cdot N}{a \cdot i(z) + s}$$

where (1-β) is the share of total labour efficiency units employed in the producer service sector under competitive equilibrium in the labour market. Thus an increase in density of activity (in the form of employment density *N*) leads to an increase in the variety of intermediate producer services *x*, because a larger number of firms can break even when the local market is larger; however, the scale of production of any one existing variety remains unchanged, with each of the x firms producing the same zero-profit level of output $i(z)$. Moreover, since $I=x^{\mu}i$ and since it requires $x \cdot i$ units to produce I, intermediate service productivity is $x^{\mu-1}$, so that there is a positive relation between the number of producer service firms/varieties x and productivity $x^{\mu-1}$.

Replacing I with $x^{\mu}i$ in $Q=(M^{\beta}I^{1-\beta})^{\alpha}$ gives

$$Q=(M^{\beta}(x^{\mu}i(z))^{1-\beta})^{\alpha}=M^{\alpha\beta}x^{\alpha\mu(1-\beta)}i(z)^{\alpha(1-\beta)}$$

and substituting for $M=\beta N$ and for $x=\dfrac{(1-\beta)\cdot N}{a\cdot i(z)+s}$ we obtain

$$\begin{aligned}Q&=(\beta N)^{\alpha\beta}\left(\frac{(1-\beta)N}{a\cdot i(z)+s}\right)^{\alpha\mu(1-\beta)}i(z)^{\alpha(1-\beta)}\\&=\beta^{\alpha\beta}N^{\alpha\beta}N^{\alpha\mu(1-\beta)}(1-\beta)^{\alpha\mu(1-\beta)}\left(a\cdot i(z)+s\right)^{-\alpha\mu(1-\beta)}i(z)^{\alpha(1-\beta)}\\&=\beta^{\alpha\beta}N^{\alpha\beta}N^{-\alpha\mu(\beta-1)}(1-\beta)^{-\alpha\mu(\beta-1)}\left(a\cdot i(z)+s\right)^{\alpha\mu(\beta-1)}i(z)^{\alpha(1-\beta)}\\&=N^{\alpha(\beta+\mu-\mu\beta)}\beta^{\alpha\beta}(1-\beta)^{-\alpha\mu(\beta-1)}\left(a\cdot i(z)+s\right)^{\alpha\mu(\beta-1)}i(z)^{\alpha(1-\beta)}\end{aligned}$$

Collecting constants simplifies to

$$Q=\phi N^{\alpha(1+(1-\beta)(\mu-1))}=\phi N^{\gamma}$$

LA COURBE DE SALAIRE RECONSIDÉRÉE : S'AGIT-IL VRAIMENT D'UNE LOI EMPIRIQUE DE L'ÉCONOMIE ?

Résumé *- La relation négative entre les salaires et le chômage, appelée «courbe de salaire », a fait l'objet d'une vaste littérature et a été définie comme une « loi empirique de l'économie ». Cependant, des théories alternatives plus récentes, issues de l'Economie Urbaine et de la Nouvelle Economie Géographique, tentent d'expliquer la variation des salaires sans faire référence au taux de chômage. Cet article étudie la représentativité des modèles non imbriqués de détermination des salaires en utilisant des données concernant 408 communes britanniques (local authorities) sur la période 1998-2010.*

Mots-clés : COURBE DE SALAIRE, DENSITÉ D'EMPLOI, MARCHÉ POTENTIEL, ÉCONOMÉTRIE SPATIALE DES DONNÉES DE PANEL, J-TEST SPATIAL, MODÈLES NON IMBRIQUÉS

LA CROISSANCE DES ÉTABLISSEMENTS INDUSTRIELS : UNE QUESTION DE LOCALISATION

Nadine LEVRATTO[*], **Denis CARRÉ**[**]

Résumé - *Le but de cet article est d'explorer l'impact de la localisation selon les zones d'emploi sur la croissance de l'effectif des établissements industriels au cours de la période 2003-2009. Deux approches alternatives sont mobilisées. La première spécifie les variables qualifiant un territoire telles que la densité, la spécialisation, l'agglomération, etc. et les introduit dans un modèle de croissance de l'emploi. La seconde, plus novatrice, remplace les précédents déterminants par la composante géographique d'un modèle structurel-résiduel (shift-share). Les résultats rendent compte de l'influence des caractéristiques des zones d'emploi sur les trajectoires de croissance des établissements et de l'importance de l'effet géographique. Cette influence apparaît plus marquée en province qu'en Ile-de-France.*

Mots-clés - CROISSANCE DES ENTREPRISES, ANALYSE RÉGIONALE, SHIFT-SHARE, PME

Classification JEL : J21, L11, L25

Cet article est issu d'une étude réalisée pour l'Assemblée des Communautés de France et l'Institut CDC pour la Recherche. Nous remercions les membres du comité de pilotage de l'étude et les participants au séminaire commun CESAER-LEG qui s'est tenu le 29 janvier 2013 pour leurs remarques et suggestions relatives à une première version de ce texte.

[*] EconomiX-UMR 7235 CNRS-université de Paris Ouest, Nanterre, La Défense ; Chercheur associé au Centre d'Etudes de l'Emploi et professeur affilié à Kedge Business School; nadine.levratto@u-paris10.fr

[**] EconomiX-UMR 7235-université de Paris Ouest, Nanterre, La Défense ; denis.carre@u-paris10.fr

1. INTRODUCTION

Depuis le début de la crise de 2008, les autorités locales se préoccupent des conséquences de la fermeture de sites sur l'emploi. Parmi les décideurs publics, nombreux sont ceux qui tentent de mettre en œuvre des mesures et dispositifs publics pour empêcher la hausse du taux de chômage et la perte de compétitivité de leur région. La priorité donnée aux questions liées à l'emploi et au soutien des entreprises existantes plutôt qu'aux créations a accompagné l'adoption de politiques publiques d'attractivité des investissements étrangers ou d'établissements implantés dans d'autres régions et de relocalisation d'entreprises parties à l'étranger dans les régions les plus sévèrement touchées par la crise. Tous ces efforts tendent vers un même objectif, la création d'emplois. Relativement nouvelles dans un pays comme la France, réputé centralisé, ces priorités exprimées à l'échelon local peuvent être plus fortement affirmées dans un contexte de relative autonomie des collectivités locales. On assiste ainsi au renforcement des dispositifs locaux en faveur de l'emploi et de la croissance des entreprises.

L'observation de l'entrepreneuriat et des trajectoires d'entreprises au niveau régional n'est pas une problématique nouvelle dans l'analyse économique. Depuis une vingtaine d'années la Nouvelle Économie Géographique a contribué à l'élaboration d'une théorie sur l'émergence des métropoles qui repose sur l'existence de rendements d'échelle croissants et les coûts de transport (Baldwin, 1994), tout en mettant l'accent sur les relations entre les entreprises et leurs fournisseurs ou leurs clients. De ces relations résulte l'avantage donné à la concentration géographique de l'activité économique. Pour les entreprises d'un même secteur, ce résultat trouve son origine chez Marshall (1920, chap. 10) qui introduit une différence entre le fait d'avoir un important vivier de main-d'œuvre, la possibilité d'utiliser des biens non échangeables et les effets de *spillover*. Ces éléments ont fait l'objet d'un grand nombre d'analyses empiriques dont la plupart portent sur les *spillovers* technologiques (Jaffe, 1986 ; Audretsch et Feldman, 2004 ; ou Acs et al., 1994). D'autres travaux s'intéressent également aux forces de marché pour montrer à quel point il peut être avantageux pour une entreprise de se localiser à proximité de ses ressources et débouchés. Dans cette perspective, Schulz et Stahl (1996) soulignent que si les consommateurs doivent supporter des coûts de recherche, alors les compétiteurs ont intérêt à favoriser la proximité même si cela doit intensifier la concurrence dans la mesure où une diversité accrue accroît la qualité des appariements entre les besoins et l'offre. Ottaviano et Puga (1997) et Glaeser (1998) fournissent des recensions de la littérature sur les effets d'agglomération et de dispersion alors que Glaeser et al. (1992) ou Duranton et Puga (2005) établissent un lien entre considérations locales d'une part et croissance et performances des firmes de l'autre.

Cette prise en considération des phénomènes locaux a longtemps échappé aux économistes industriels alors que la plupart des travaux réalisés dans ce domaine proposent une analyse empirique très détaillée du fonctionnement des entreprises. Depuis l'interprétation la plus largement partagée de la loi de Gibrat suivant laquelle « la probabilité d'un changement proportionnel donné de la taille (d'une entreprise) au cours d'une certaine période est la même pour toutes les entreprises d'un même secteur – indépendamment de leur taille au début de la période » (Mansfield, 1962, p. 1031), popularisée par Sutton (1997) jusqu'aux modèles plus sophistiqués proposés par Bottazzi et al. (2011) ou Levratto et al. (2010), la localisation intervient comme une variable de contrôle au même titre que le secteur. Le travail de Becchetti et Trovato (2002) consacré à l'estimation d'un modèle multivarié de croissance de la firme est emblématique de ce premier style d'application d'une théorie exhaustive de la croissance. Elle est exposée par Coad (2009) qui propose de différencier trois familles de facteurs de croissance. La première inclut les facteurs dits inhérents à la firme, stables à court ou moyen terme; la seconde comprend des éléments complètement exogènes liés à l'environnement alors que la troisième fait référence à des déterminants endogènes au sens où ils sont étroitement dépendants de la stratégie mise en œuvre.

Quoique riches et à fort pouvoir explicatif, les résultats de ces travaux deviennent quelque peu insatisfaisants. Un nombre croissant d'auteurs mentionnent que la croissance est un phénomène complexe et multidimensionnel si bien qu'une approche spécifique à la firme et centrée sur ses ressources internes néglige le potentiel prédictif des variables d'interaction entre la firme et son environnement. La mise au point la plus claire sur le nécessaire élargissement des facteurs explicatifs est due à Audretsch et Dhose (2007). Ils font un défi théorique de la réduction de l'écart entre une littérature sur la croissance locale d'une part et la croissance de la firme de l'autre tout en soulignant que « beaucoup reste à apprendre au sujet de l'impact de la localisation sur la croissance au niveau microéconomique ou de l'entreprise » (*Ibid,* p. 80).

En dépit de la diffusion de l'idée d'un lien entre contexte local et performance de l'entreprise, les recherches à ce sujet demeurent rares. L'intensité de cette relation a pourtant été à l'origine du concept de « milieu innovateur » mise en avant par le Groupe de Recherche sur les Milieux Innovateurs (GREMI). La plupart des chapitres constitutifs de l'ouvrage collectif édité par Camagni et Maillat (2004) attirent l'attention sur « l'apprentissage collectif » comme notion enveloppe représentant la capacité d'un milieu particulier à engendrer ou faciliter un comportement innovant de la part des firmes qui appartiennent à ce milieu. Ce faisant, ils confirment le rôle clef des régions dans l'activation d'interdépendances non marchandes entre les entreprises locales et les autres organisations ou institutions (Storper, 1995). Ces recherches fournissent une analyse fine de la relation entre la firme et son milieu. Cependant, les travaux empiriques qui en évaluent l'intensité sont encore rares, malgré l'article d'Audretsch et Dhose (2007) qui insiste sur la symbiose entre la firme et son environnement et des travaux principalement centrés sur la question de la survie des nouveaux entrants et la création de start-up (Raspe et van Oort, 2008, 2011 ; Audretsch et al., 2011 ; Schimke et Teicher, 2012) et la façon dont les *spillovers* locaux les influencent.

Cet article vise à apporter une contribution au débat sur les déterminants locaux de la croissance des entreprises. Centré sur les entreprises existantes, il se différencie des travaux précédents qui s'intéressent surtout à l'intensité entrepreneuriale (Audretsch et al., 2012), aux turbulences (Nyström, 2007) ou aux jeunes entreprises (Hoogstra et van Dijk, 2004) et pas aux trajectoires. De plus, outre le domaine d'application, une seconde originalité de notre approche provient de la méthode utilisée pour capturer les spécificités locales. Une analyse, même rapide, de la littérature montre que l'enjeu majeur réside dans l'identification des meilleures variables *proxies* pour décrire le climat des affaires local. Les efforts des auteurs portent ainsi essentiellement sur le choix des variables les mieux appropriées à introduire dans le modèle. Se référant à l'économie géographique, la plupart des textes font référence à la concentration, un indice de mesure de l'activité entrepreneuriale, et un indicateur de dynamisme démographique parfois combinés à un indice de spécialisation régionale afin de refléter les capacités du territoire à héberger des nouvelles entreprises ou des secteurs en croissance. Braunerhjelm et Borgman (2004) proposent une définition exhaustive des différentes variables introduites dans ces modèles alors que Schimke et Teicher (2012) se concentrent sur les différentes manières de refléter la composition et, donc, la qualité de la base de connaissances locales. Nous prolongeons cette voie mais nous nous en différencions en expérimentant une variable composite résultant de l'application de la méthode structurelle-résiduelle initialement proposée par Dunn (1960) dont l'originalité consiste dans la séparation d'un effet structurel (sectoriel) et d'un effet géographique dans les dynamiques régionales (Lamarche et al., 2003). L'idée centrale est d'analyser dans quelle mesure la différence de croissance entre chaque région et l'ensemble du pays est due à des caractéristiques associées au territoire ou à un portefeuille d'activités particulier. Ainsi, au lieu d'introduire le plus grand nombre de variables possibles dans le but de capter l'effet local aussi précisément que possible, nous procédons différemment en ajoutant aux caractéristiques individuelles des firmes l'effet géographique issu d'une décomposition préalable par la méthode structurelle-résiduelle. La robustesse de cette approche est testée en associant à chaque établissement une variable représentative de l'effet géographique de son secteur d'appartenance dans sa zone d'emploi de localisation.

Les résultats obtenus confirment les recherches habituelles sur la croissance de la firme. Corrigés du secteur, la taille à l'origine et l'âge influencent négativement la croissance des établissements au cours de la période considérée. A ces éléments relatifs aux caractéristiques propres aux établissements viennent s'ajouter des facteurs associés au territoire. Le fait d'être localisé dans des zones d'emploi à dominante industrielle et dans celles qui présentent une composante géographique ou locale élevée favorise l'augmentation des effectifs salariés. En revanche, les établissements localisés dans une zone d'emploi d'Ile-de-France souffrent d'un handicap en matière de croissance. La séparation de l'échantillon entre ces deux espaces permet d'affiner ces résultats. Nous montrons en particulier que les établissements franciliens sont nettement moins sensibles au contexte local que les établissements de province.

La suite du texte s'organise comme suit. La section 2 propose un modèle de mesure de l'influence des déterminants locaux de la croissance des firmes. La section 3 présente les données et accorde une attention particulière à l'effet géographique et à la méthode structurelle-résiduelle qui entre dans le modèle comme une variable explicative calculée. La section 4 décrit les résultats des estimations et les discute avant de conclure dans la section 5.

2. LA LOCALISATION, DÉTERMINANT DE LA CROISSANCE DE LA FIRME

L'hypothèse sous-jacente de la théorie de la croissance de la firme est que les opportunités de croissance sont distribuées de manière aléatoire. Par conséquent, la principale prédiction est que la croissance de la firme est imprévisible et qu'elle n'est spécifique ni à la firme, ni à l'endroit où elle est implantée. En raison d'un regain d'intérêt pour les phénomènes locaux dû à la reconnaissance du fait que le territoire importe, il est de plus en plus fréquemment admis que les entreprises ne sont pas « hors sol » mais que, au contraire, elles sont insérées dans un contexte local qui affecte leur comportement et leurs performances. Il est donc de la plus grande importance de distinguer les effets spécifiques à la firme de ceux spécifiques au territoire afin de mieux comprendre le processus de croissance et de fournir aux décideurs publics des instruments d'action efficaces.

2.1. Fondements théoriques

Le modèle formel de base établissant une relation entre la croissance et les caractéristiques des entreprises est issu de l'utilisation de la loi de Gibrat (1931) en économie industrielle. Le principe qui la sous-tend est que la croissance suit une loi de distribution log-normale et se présente comme un phénomène aléatoire puisque « la probabilité d'une variation proportionnelle donnée de la taille d'une entreprise au cours d'une période est identique pour toutes les entreprises d'un même secteur, quelle que soit leur taille au début de la période » (Mansfield, 1962, p. 1031). Depuis les revues de la littérature sur le sujet proposées par Caves (1998) et Sutton (1997) publiées dans le Journal of Economic Literature, nombre de travaux testant la validité de la loi de Gibrat dans le domaine de la croissance des entreprises ont été publiés. Ils cherchent à confirmer que la croissance de la firme suit un processus stochastique, est distribuée de manière aléatoire entre les entreprises et se révèle indépendante des caractéristiques individuelles telles que la taille ou l'âge. En fait, cette littérature consiste presque exclusivement dans des essais de mise en relation des taux de croissance de l'effectif employé ou du chiffre d'affaires avec des caractéristiques propres aux établissements. Celles-ci peuvent aller des plus structurelles comme la taille ou l'âge, jusqu'aux plus stratégiques, telles que les dépenses de Recherche et Développement, les choix d'innovation ou la structure de financement (Santarelli et al., 2006).

Plus récemment, et suivant les développements de l'économie régionale, la recherche empirique sur les effets externes d'agglomération a étayé l'hypothèse du rôle joué par les facteurs locaux dans les dynamiques locales de l'emploi. La croissance se présente alors comme un processus largement conditionné par sa localisation en raison des ressources et du capital humain liés au territoire, de la proximité à des biens et services spécialisés ainsi que des intrants non échangeables et des possibilités d'accès aux débouchés (Audretsch et Dhose, 2007).

Il est largement admis que la localisation des entreprises procède d'une double logique. La recherche d'opportunités de marché tout d'abord puisque les entreprises tendent à s'implanter là où les consommateurs sont disposés à acheter leur production et la disponibilité de ressources ensuite car les producteurs trouvent intérêt à implanter leur activité près de fournisseurs capables de satisfaire leurs besoins de production et d'organisation. Outre ces motivations qui relèvent d'effets de proximité directs, différents types d'effets externes ont été identifiés comme jouant un rôle dans les choix de localisation.

Suivant Porter (1998), les performances d'une entreprise donnée peuvent être affectées par la concentration d'une certaine activité sur son territoire car elle détermine l'intensité de la concurrence qui prévaut localement et peut inciter à l'innovation comme moyen de préserver ou d'améliorer la compétitivité. Les clusters technologiques et autres pôles de compétitivité sont également à l'origine de rendements dynamiques croissants favorables à l'innovation en raison du nombre important d'opportunités qu'ils offrent en matière de socialisation et de partage des connaissances au sein de réseaux d'entreprises auxquels peuvent également participer d'autres institutions telles que les universités ou les centres de recherche. Les économies externes de spécialisation sont tout particulièrement pertinentes pour les entreprises innovantes dans la mesure où, si les projets qu'elles développent sont spécifiques à un territoire et que les localisations diffèrent en fonction de la rentabilité qu'elles sont à même d'offrir, alors les entreprises qui cherchent à exploiter de nouvelles idées tendront à les mettre en œuvre sur les territoires qui procurent les chances de réussite les plus élevées. Ce n'est que dans un second temps et à un rythme bien moins élevé qu'elles s'implanteront en des lieux qui offrent de moins bonnes conditions de succès.

Ces choix sont très fortement renforcés par le jeu des effets de *spillover*. Comme le rappellent Audretsch et Dhose (2007), « les entreprises qui recourent à des intrants immatériels de connaissance présentent des performances plus élevées lorsqu'elles sont implantées dans des agglomérations » (p. 83). Des facteurs qui reflètent les caractéristiques de l'environnement des entreprises peuvent par conséquent être introduits comme des variables explicatives de l'équation de croissance de l'entreprise. Ce cadre inspire le modèle empirique utilisé dans ce travail.

2.2. Le modèle empirique

C'est la variation du nombre de salariés qui est ici retenue comme variable expliquée. Pour la calculer, on dispose de différentes méthodes de mesure de la croissance plus ou moins sensibles à la classe de taille d'appartenance de l'entreprise. La croissance absolue de l'emploi mesurée comme une différence première d'effectif à deux dates différentes est favorable aux plus grandes entreprises. En revanche, le taux de croissance relative est biaisé en faveur des plus petites entreprises. Il faut donc éliminer cet effet d'origine qui entacherait d'erreurs les résultats de la modélisation et sa vérification empirique.

Conformément au modèle de base de Gibrat enrichi, on considère que le meilleur moyen d'identifier les origines de la croissance de la firme est d'exprimer cette dernière sous la forme d'une équation de régression. Notre modèle économétrique de base dérive donc directement du modèle de croissance multivarié de la firme tel qu'il est repris et présenté par Coad (2009) et la croissance est mesurée comme une différence de logarithmes népériens. On a ainsi :

$$\Delta Eff_{i,t} = \ln Eff_{i,t} - \ln Eff_{i,t-1} \quad (1)$$

avec $Eff_{i,t}$, l'effectif employé à une période *t* dans un établissement *i* et $\Delta Eff_{i,t}$ sa croissance entre *t* et *t-1*.

Le point de départ de l'analyse est donc constitué du modèle de croissance de base défini de la manière suivante :

$$\boldsymbol{\Delta Eff_{i,t} = \beta_0 + \beta_1 ln(Eff_{i,t-1}) + \beta_2 ln(Age_{i,t})} + \varepsilon_{i,t}$$
(2)

dans laquelle le taux de croissance, toujours défini par $\Delta \mathrm{Eff}_{i,t}$, est fonction de la taille retardée exprimée par le nombre de salariés ($\mathrm{Eff}_{i,t-1}$) et de l'âge de l'établissement *(Age)*. Le coefficient β_1 mesure l'effet de la taille sur le taux de croissance de l'entreprise et β_2 celui de l'âge. Le terme $\varepsilon_{i,t}$ est un terme d'erreur aléatoire. Les nombreux travaux qui ont testé cette équation ont mis en évidence que (i) le taux de croissance de l'effectif des entreprises diminue avec leur taille, (ii) quelle que soit la taille de la firme, son taux de croissance tend à diminuer avec l'âge.

Afin d'aller des facteurs inhérents à la firme, le modèle de base a été incrémenté de deux groupes de facteurs explicatifs. Le premier contient des facteurs strictement exogènes liés à l'environnement national ou sectoriel ou à la conjoncture économique. Le second groupe de facteurs rassemble des éléments stratégiques largement déterminés par les choix retenus par l'équipe de direction. Les travaux de Bechetti et Trovato (2002) consacrés à l'estimation de modèles de croissance multivariés proposent un premier niveau d'application de cette théorie de la croissance de la firme. Nous nous référons à leurs conclusions et, plus généralement, à la théorie des ressources d'Edith Penrose (1959) pour introduire des variables supplémentaires dans l'équation (2) :

$$\begin{aligned}\boldsymbol{\Delta Eff_{i,z,t}} = {} & \beta_0 + \beta_1 ln(\boldsymbol{Eff_{i,z,t-1}}) + \beta_2 ln(Age_{i,z,t}) + \\ & + \beta_3 D\_Group_{i,z,t0} + \beta_4 D\_Indus_{i,z,t0} + \varepsilon_{i,z,t}\end{aligned} \quad (3)$$

dans laquelle la croissance de la firme *i*, localisée en *z* au temps *t* est fonction de la taille retardée ($Eff_{i,t-1}$), de l'âge en début de période *(Age)*, de son autonomie de décision représentée par la variable $D\_Group_{i,t0}$ et du secteur d'appartenance ($D\_Indus_{i,t0}$). Ainsi, β_1 représente l'effet de la taille initiale de l'entreprise sur sa croissance, β_2 mesure l'effet de l'âge, β_3 l'autonomie décisionnelle et β_4 l'influence de la dynamique sectorielle.

A ce stade de l'analyse, toutes les variables sont spécifiques à la firme et, comme dans la grande majorité des travaux antérieurs, le secteur d'activité n'apparaît que comme variable de contrôle. L'équation (3) peut donc être représentée sous la forme condensée suivante :

$$\Delta \boldsymbol{Eff}_{i,t} = \beta_0 + \beta_i Firm_{i,t} + \varepsilon_{i,t} \qquad (4)$$

avec $Firm_{i,t}$ un vecteur de variables représentatives des caractéristiques de la firme. Nous étendons cette relation en considérant des déterminants territoriaux du comportement des entreprises. L'équation (4) peut être complétée grâce à l'introduction de variables spécifiques à l'environnement de l'entreprise. En résulte un modèle dans lequel sont combinées deux catégories de variables. La première reflète les caractéristiques propres de la firme alors que la seconde décrit le territoire sur lequel elle est implantée. Le modèle complet prend alors la forme de l'équation suivante :

$$\Delta \boldsymbol{Eff}_{i,t} = \beta_0 + \beta_j Firm_{i,t} + \gamma_k Local_z + \varepsilon_{i,t} \qquad (5)$$

dans laquelle $Local_z$ est un vecteur de variables locales attachées au territoire de localisation de chaque firme. Si l'hypothèse habituelle selon laquelle la croissance se présente comme un phénomène aléatoire est validée, les coefficients ne seront pas différents de zéro. Par contre, si les facteurs locaux influencent la trajectoire de croissance de l'entreprise, hypothèse ici soutenue, alors les coefficients ne seront pas nuls.

La littérature identifie notamment deux grandes sortes d'économies d'agglomération, les économies de localisation et les économies d'urbanisation. Les économies de localisation peuvent résulter soit de la taille soit du nombre d'entreprises implantées sur le territoire. Un haut niveau d'utilisation d'un facteur local peut aussi favoriser le jeu d'économies externes dans un groupe d'entreprises appartenant à un même secteur (Duranton et Puga, 2000). Selon Catin (1994), les économies d'urbanisation sont externes à la firme et externes à l'industrie à laquelle appartient la firme. Pour l'ensemble de l'industrie, ces économies résultent notamment de la taille économique de l'agglomération, de la concentration de la population (densité), de la disponibilité d'infrastructures et de services aux entreprises. La diminution des coûts de production induite par ces économies d'agglomération autorise des gains de performance lesquels, à leur tour, peuvent favoriser la création d'emplois dans les établissements qui en bénéficient.

3. PRÉSENTATION DES DONNÉES

3.1. La variable expliquée : la croissance de la firme

Afin d'estimer l'influence des caractéristiques locales sur la croissance des firmes, nous conduisons notre analyse au niveau de l'établissement, soit la plus petite unité productive possible, ce qui permet de la rattacher à un territoire sans risque de confusion lié à la localisation du siège[1]. On obtient ainsi une

[1] Les données d'établissements utilisées dans cet article proviennent du fichier Clap (Connaissance Locale de l'Appareil Productif) pour les années 2003-2010. Ces bases nous ont été transmises grâce à l'accréditation de l'équipe par le Comité du Secret Statistique et en contrepartie d'un engagement de confidentialité.

population d'établissements industriels[2] au sens large (industrie extractive, industrie manufacturière, eau, gestion des déchets, dépollution et énergie) actifs en 2003 et en 2009 déclarant au moins un salarié. Les établissements ne comptant aucun salarié en 2003 ou en 2009 ont été éliminés de même que ceux dont le taux de croissance est supérieur ou inférieur à 100% au motif que ces cas correspondent la plupart du temps à des opérations de croissance interne ou à des fusions et acquisitions de la part d'autres entités. Une fois ces opérations effectuées, la population finale obtenue est composée de 58 324 établissements qui correspondent à 52 268 entreprises (seules 6 056 entreprises possèdent plusieurs établissements) qui emploient 1,8 millions de salariés en 2009[3]. La structure régionale de l'échantillon est donnée par le tableau 1.

Tableau 1. Structure de l'échantillon par région

Région	Fréquence	%	Région	Fréquence	%
Alsace	2 078	3,56	Languedoc-Roussillon	1 873	3,21
Aquitaine	3 276	5,62	Limousin	857	1,47
Auvergne	1 688	2,89	Lorraine	2 360	4,05
Basse-Normandie	1 365	2,34	Midi-Pyrénées	3 034	5,20
Bourgogne	1 977	3,39	Pays de la Loire	3 582	6,14
Bretagne	2 823	4,84	Picardie	1 730	2,97
Centre	2 697	4,62	Poitou-Charentes	1 797	3,08
Champagne-Ardenne	1 518	2,60	Provence-Alpes-Côte d'Azur	3 729	6,39
Corse	269	0,46	Rhône-Alpes	8 067	13,83
Franche-Comté	1 611	2,76	Ile-de-France	7 235	12,40
Haute-Normandie	1 599	2,74	Total	58 324	100,00

Source : Clap-Insee.

Concernant la variable « croissance de l'établissement », il existe un grand nombre de définitions rappelées par Ardishvili et al. (1998), Delmar (1997) et Davidsson et al. (2007). Les critères les plus fréquemment retenus sont le chiffre d'affaires, l'effectif employé, le total de l'actif, la production, la part de marché et les profits. Cependant, mesurer la croissance de la firme en utilisant des variables comptables peut soulever des difficultés de comparaison dans la mesure où ces indicateurs sont extrêmement sensibles au type de production et que les niveaux à atteindre dépendent fortement des normes de management en vigueur et des exigences des actionnaires ou associés. La variation du chiffre d'affaires est souvent considérée comme un indicateur de croissance approprié car il est utilisé par les manageurs ou les entrepreneurs mêmes et qu'il est aisément concevable qu'une entreprise puisse trouver un avantage à voir son chiffre d'affaires évoluer à la hausse. Toutefois, son niveau ne dépend pas seulement de l'entreprise ; l'Etat et le fonctionnement du marché interviennent également ce qui tend à troubler l'étude des déterminants de la croissance. Aussi, mesurer la taille de la firme et donc sa croissance en termes de nombre de salariés présente l'avantage de réduire la sensibilité du résultat observé à

[2] Afin d'éviter les difficultés liées au changement de nomenclature survenu en 2008, la structure sectorielle des panels a été déterminée en 2009 à partir de la NAF Rev2 2008 et conservée sur toute la période.
[3] A comparer aux 3,3 millions de salariés travaillant dans l'industrie en 2009.

l'inflation, aux conditions qui prévalent dans le secteur et aux normes comptables. En outre, proposer une meilleure compréhension de la relation entre la variation du nombre de salariés que compte un établissement et des facteurs spécifiques ou liés à l'environnement peut présenter un certain intérêt pour des élus locaux ou les décideurs publics qui consacrent d'importants efforts financiers pour stimuler le marché du travail et la création d'emplois. Enfin, travaillant au niveau de l'établissement, nous ne disposons d'aucune variable comptable ce qui contraint le choix de l'indicateur retenu.

Graphique 1. Représentation de la variable $\Delta Eff_{i,t}$ par une fonction de densité à noyau

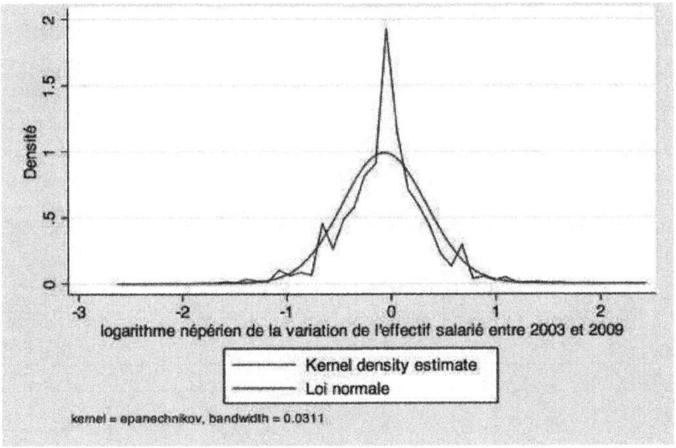

Source : Clap-Insee ; calculs des auteurs.

Suivant ainsi les usages de la littérature sur la croissance de la firme, nous retenons donc la variation de l'effectif salarié comme indicateur de croissance de l'établissement. La variable dépendante du modèle empirique est donc calculée comme la différence entre le nombre total de salariés déclarés au 31 décembre de l'année *t* et ceux qui étaient dénombrés à la même date en (*t-1*). Les chiffres agrègent les salariés à temps plein et ceux à temps partiel convertis en équivalent temps plein sous le contrôle de l'INSEE.

3.2. Variables explicatives

3.2.1. Variables spécifiques à l'établissement et au secteur

La première variable explicative de la croissance des établissements est leur taille au début de la période ($lnSize03$). La variable d'effectif utilisée dans cet article est le nombre de salariés en équivalent temps plein déclaré par les établissements en 2003. Sa valeur est prise en logarithme car c'est sous cette forme qu'elle produit le meilleur résultat d'estimation compte tenu de la dispersion de cette variable.

Outre la taille, l'âge apparaît comme un facteur déterminant des trajectoires de croissance des établissements (Coad, 2009). Il est souvent introduit comme un *proxy* de l'expérience, donc de l'efficacité productive de l'établissement. Ici, l'âge (*lnage_03*) est mesuré comme la différence entre le début de la période d'analyse (2003) et l'année de création de l'établissement déclarée dans le Répertoire des entreprises et des établissements (REE) de l'INSEE.

La dernière variable caractéristique de l'établissement concerne la structure de gouvernance telle qu'elle est donnée par la forme de détention du capital et le statut de l'entité qui contrôle l'établissement. L'hypothèse qui sous-tend son introduction est que la proximité entre l'entité dirigeante et l'établissement intensifie les liens avec le territoire d'implantation en vertu des différentes formes de proximité recensées par la littérature (Boschma, 2005). Nous introduisons donc une variable $GROUP_j$ (j= 0,...,4) dans l'équation à estimer, la valeur de *j* décrit la situation de l'établissement au regard de l'entreprise dans laquelle il est inclus. Cinq possibilités sont identifiées : l'établissement peut être intégré dans une entreprise indépendante (*Group_0*), détenu par une entreprise faisant partie du contour élargi de groupes qui n'en contrôlent pas la stratégie (*Group_1*), appartenir à une entreprise filiale détenue majoritairement par un groupe français (*Group_2*) ou étranger (*Group_3*) ou, enfin, appartenir à un micro-groupe français de moins de 500 salariés (*Group_4*).

Tableau 2. Structure de la population par secteur

Secteur	Part (en %)	Taille moyenne
Fabrication de denrées alimentaires, boissons	24,4	17,8
Fabrication de textiles, habillement, cuir	5,2	27,2
Travail du bois, industrie du papier et imprimerie	10,0	22,2
Cokéfaction, raffinage, chimie, caoutchouc, plastique	11,5	44,1
Industrie pharmaceutique	0,49	167,5
Métallurgie et fabrication de produits métalliques	14,4	31,8
Fabrication de produits informatiques, électroniques et électriques	4,3	64,9
Fabrication de matériel de transport	2,1	171,6
Industries extractives, électricité, gaz, eau, gestion des déchets	7,2	30,3
Autres industries manufacturières	18,3	15,5
Total	**100,00**	**30,3**

Source : Clap-Insee ; calculs des auteurs.

Le secteur d'appartenance a été maintes fois mentionné comme un élément explicatif déterminant des performances de la firme (Sutton, 1997). Une agrégation de la nomenclature NAF Rev. 2, 2008 (Nomenclature d'Activités Françaises: NAF révision 2, 2008) en 10 secteurs économiquement cohérents a été réalisée. La variable de contrôle *Ind* introduite dans le modèle est une variable muette prenant la valeur 1 si l'établissement appartient à un secteur donné et zéro sinon. La répartition des 58 324 établissements actifs entre 2003 et 2009 suit donc la répartition du tableau 2.

3.2.2. Variables spécifiques à la localisation

Allant dans le sens d'Audresch et Dhose (2007), on retient ici l'idée que le territoire est tout d'abord support d'infrastructures, de ressources et d'organisations ; il est également le lieu de concentration d'éléments plus intangibles ou invisibles tels que l'identité, la culture, les comportements, etc. La maille ici retenue est la zone d'emploi à partir de laquelle toutes les variables locales sont calculées. La définition et le calcul des variables sont successivement examinés.

- Les facteurs tangibles

Les variables utilisées pour capturer l'environnement local des établissements sont fondées sur les caractéristiques de la zone d'emploi dans laquelle chaque établissement est localisé. L'objectif est de déterminer dans quelle mesure les potentialités locales sont sources de différence de croissance entre les établissements. Suivant les différentes formes d'externalités à l'œuvre sur un territoire (Saives, 2002 ; Carré et Levratto, 2011) captées par les entreprises, nous identifions des *proxies* permettant de révéler l'influence du local sur la trajectoire de croissance des établissements.

En ce qui concerne les externalités d'urbanisation, North et Smallbone (1995) ont montré dans une étude relative à trois régions du Royaume-Uni que la croissance de l'effectif employé par les entreprises diffère significativement suivant leur site d'implantation. La croissance d'un échantillon d'entreprises appariées en fonction de leur secteur d'activité, de la structure du capital, de leur taille et de leur âge diffère selon qu'elles sont implantées dans des zones rurales isolées, des zones rurales aisément accessibles ou des zones urbaines industrialisées. Suivant ainsi l'étude d'Almus et Nerlinger (1999) sur les entreprises allemandes du secteur des nouvelles technologies, nous considérons que la variation de la densité démographique (*Δ_Dens*) détermine le taux de croissance de l'effectif employé par unité de production. Nous la mesurons par le rapport entre la population totale salariée en 2003 et la superficie de la zone d'emploi exprimée en km^2. Comme dans Ciccone et Hall (1996), nous nous attendons à ce que le signe associé soit positif.

Les externalités de localisation sont prises en compte grâce à l'introduction de deux variables. La première approxime les compétences disponibles et la manière dont les savoir-faire et les qualifications favorisent la croissance par le biais des gains de productivité, et donc de compétitivité, qu'elles induisent. Comme l'a souligné Hammermesch (1993), la demande de travail est étroitement liée à la structure de qualification de la main-d'œuvre. De manière similaire à celle de Cooke (2005), les changements intervenus dans la disponibilité de compétences locales, notée *Δ_QUAL* sont illustrés par la variation de la part de cadres et professions intellectuelles supérieures au niveau de chaque zone d'emploi.

Les modèles de Glaeser et al. (1992) et Henderson et al. (1995) ont introduit un ensemble de variables pour tenir compte des effets d'agglomération et de l'impact du portefeuille d'activités sur la croissance des industries régionales. Leurs résultats permettent de constater d'abord qu'une trop grande spécialisation industrielle peut freiner la croissance de l'emploi sectoriel régional alors que la concurrence lui est favorable. Couplant cette conclusion à l'analyse de Davezies (2008) qui montre que les régions industrielles sont devenues les grandes perdantes en matière de revenu et d'emploi, nous considérons ici la part de l'industrie comme un facteur pouvant jouer de manière défavorable à la croissance des entreprises et des établissements de ce même secteur.

Afin de prendre en compte le rôle de la variation de l'intensité industrielle d'un territoire on introduit la variable *ΔW_Ind*, calculée de la manière suivante :

$$\Delta W\_Ind_{ZE,2009} = \frac{Eff-Indus_{ZE,2009}}{Eff-Tot_{ZE,2009}} - \frac{Eff-Indus_{ZE,2003}}{Eff-Tot_{ZE,2003}} \quad (6)$$

avec $\mathrm{Eff} - \mathrm{Indus}_{\mathrm{ZE,n}}$ l'effectif salarié des établissements du secteur de l'industrie d'une zone d'emploi donnée au cours de l'année *n* et $\mathrm{Eff} - \mathrm{Tot}_{\mathrm{ZE,n}}$ l'effectif salarié total au cours de l'année *n* également.

La part des grands établissements peut également constituer un frein ou un moteur à la dynamique des activités économiques sur le territoire. Bien que cette question ait fait l'objet de nombreuses recherches, il n'apparaît guère de consensus quant à la nature des effets qu'elle exerce. L'indicateur de concentration de l'appareil productif local ici retenu est la part des cinq premiers établissements dans l'emploi total, exprimée en variation sur la période étudiée. Il est noté *Δ_C5*.

Enfin, en accord avec l'idée porterienne d'une croissance de la firme portée par le marché et les débouchés, nous considérons que la variation des effectifs employés par les établissements est positivement liée à celle du PIB par habitant de la région dans laquelle ils sont implantés. La variable ΔPIB_R utilisée comme une variable approximative de la dynamique du marché local se définit comme la différence entre le Produit intérieur Brut régional par tête calculé par l'INSEE entre 2009 et 2003. Elle permet de prendre en compte les interactions entre la situation macro-régionale et les performances individuelles d'une entreprise.

Le niveau régional est également mobilisé ici en distinguant les établissements selon qu'ils appartiennent ou non aux territoires de la région Ile-de-France. On justifie cette variable « binaire » à partir de différentes hypothèses et observations empiriques. Si globalement, on s'attache à considérer qu'existe une relation tendancielle entre l'ampleur des populations et l'efficacité économique des territoires (Combes et al., 2009 ; Mélo et al., 2009), en revanche les mécanismes sous-jacents ne font pas l'unanimité. Y-a-t-il en effet un effet tendanciel favorable à la productivité des entreprises, ou bien des phénomènes d'éviction là également associés à des profils d'entreprises ou / et d'activités et pourquoi pas de fonctions ? Duranton et Puga (2001) avaient ainsi repris le principe de cycle de vie des produits, la concentration urbaine amenant les activités plus standard à quitter ce centre pour la périphérie. Ils existeraient au sein de ces grandes concentrations métropolitaines à la fois des accélérateurs mais également des freins à la croissance des établissements industriels.

S'intéresser à l'effet propre de chaque élément suppose que chacun d'entre eux agit de manière autonome et que les facteurs systémiques, ou le climat des affaires pour reprendre l'expression de *Doing Business,* n'apparaissent pas. Or, cette possibilité est contredite par les formes d'interactions repérées par Glaeser et al. (1992) entre spécialisation, diversité et concurrence qui entrent en résonnance pour typer le milieu dans lequel travaillent les entreprises. Cette possibilité nous conduit à compléter la description des caractéristiques locales par une variable illustrative de l'ambiance du territoire.

- Les facteurs invisibles

Afin de rendre compte des phénomènes omis par les variables de structures et d'agglomération, nous introduisons dans le modèle une variable capable de capter l'ambiance locale, des « facteurs invisibles » (Doeringer et al., 1997) ou, plus positivement, les capacités de coordination à l'œuvre sur un territoire. La solution ici retenue réside dans le recours à la composante géographique de la méthode structurelle-résiduelle ou *shift-share* (Lamarche et al., 2003).

L'analyse *shift-share* est de longue date utilisée « pour analyser dans quelle mesure ces différences de croissance s'expliquent par la structure sectorielle (favorable ou défavorable) de l'économie de la région en début de période ou par la tendance spécifique (dynamisme ou absence de dynamisme) de la région en cours de période » (Beaud, 1966, p. 57). Initialement proposée par Dunn (1960), elle a ensuite été fréquemment appliquée en géographie économique et humaine[4] pour étudier les variations de l'emploi (Haynes et Dinc 1997), les migrations (Plane 1987; Wright 1996) ou les évolutions démographiques (Franklin et Plane 2004). En économie, l'un de ses principaux domaines d'application est la croissance des entreprises (Fotopoulos et Spence 2001 ; Johnson 2004 ; Dinc et Haynes, 2005, Mueller et al., 2008). En France elle reste relativement peu répandue (Par exemple Jayet, 1993 ; Gaigné et al., 2005), les principales utilisations étant observées dans des travaux réalisés par l'INSEE (Redor, 2010).

« Cette méthode tente au départ de statistiques d'emplois par branche établies à deux dates différentes de dégager la croissance relative de chaque région par rapport à la croissance nationale et de déterminer, en outre, dans cette croissance la part due à l'existence d'une structure originelle favorable et celle due aux avantages de localisation existant dans la région » (Mérenne-Schoumaker, 2002, p. 28). Elle permet de décomposer l'évolution d'une variable observée en deux composantes :

- le taux de croissance structurel ou taux de croissance hypothétique qu'aurait connu un territoire donné si chaque secteur avait connu le rythme de croissance observé dans l'ensemble du pays pour le secteur correspondant. Il est obtenu par application, à la valeur en début de période de chaque élément sectoriel de la grandeur étudiée dans le territoire, du taux de croissance effectivement réalisé au cours de la période pour ce secteur dans l'ensemble du pays,

[4] Voir la revue de la littérature sur cette méthode proposée par Stimson et al. (2006) dans le chapitre III intitulé: Traditional Tools for Measuring and Evaluating Regional Economic Performance I: Economic Base and Shift-Share Analysis.

- la composante de localisation, appelée effet géographique, qui compare le comportement des secteurs d'activité en un lieu et durant la période considérée avec celui de ces secteurs au niveau régional. Il s'agit d'un résidu, considéré comme l'expression de la dynamique propre de la région.

L'effet géographique dont bénéficie un secteur *s* dans une zone d'emploi *z* (noté $EG_{s,z}$) reflète tous les facteurs autres que le portefeuille d'activités ayant influé sur la croissance du territoire pour l'accélérer ou la freiner (situation géographique dans l'espace économique national, mesures prises en faveur ou au détriment de la région, dynamisme propre du territoire, etc.). Il est égal à la différence entre le taux d'accroissement de l'emploi observé pour un secteur *s* dans une zone d'emploi *j* ($ET_{s,z}$) et le taux d'accroissement structurel hypothétique ($ES_{s,z}$) de ce même secteur dans la zone d'emploi considérée. On écrit alors :

$$EG_{s,z} = ET_{s,z} - ES_{s,z} \tag{7}$$

L'effet géographique à l'échelle de la zone d'emploi est alors égal à la somme de l'effet géographique des différents secteurs qu'elle accueille, soit :

$$EG_Z = \sum_S EG_{S,Z} \tag{8}$$

L'effet géographique est positif si l'accroissement du territoire considéré est plus rapide que sa structure en début de période n'aurait normalement dû le permettre ; il est négatif dans le cas contraire et nul si les deux croissances, observée et hypothétique, sont analogues (Carré et Levratto, 2011). Par sa construction même, l'effet géographique mesure donc la dynamique propre au territoire et traduit une situation dominée par des avantages comparatifs naturels (géographie), et/ou institutionnels et culturels (organisation, coopération, esprit d'entreprise, capacité d'innovation, etc.)

Sur la période considérée, l'effet géographique prend ses valeurs les plus élevées dans les zones d'emploi du sud de la France. Le niveau maximum est observé dans les zones d'emploi de Corse (il atteint 70% dans celle de Corté) alors que les plus faibles valeurs sont plutôt situées au nord du pays (le minimum de -17% observé à Oyonnax en Rhône-Alpes fait partie des exceptions). Le graphique 2 présente la répartition en quantile de l'effet géographique calculé sur la période 2003-2009 à partir d'une nomenclature en 38 secteurs.

Afin de pouvoir être incorporé dans le modèle sous une forme logarithmique conformément à la spécification de l'équation à estimer, l'effet géographique a fait l'objet d'un rééchelonnement permettant de ne travailler qu'avec des valeurs positives. La méthode utilisée consiste à calculer un effet géographique rééchelonné (*ln_EffGeo_res*) tel que :

$$ln\_EffGeo\_res = ln(EffGeo + 1 - Min\_EffGeo) \tag{9}$$

avec Min_EffGeo, la valeur minimale prise par l'effet géographique tel que résultant de l'application de l'équation (7).

Graphique 2. Effet géographique par zone d'emploi entre 2000 et 2009

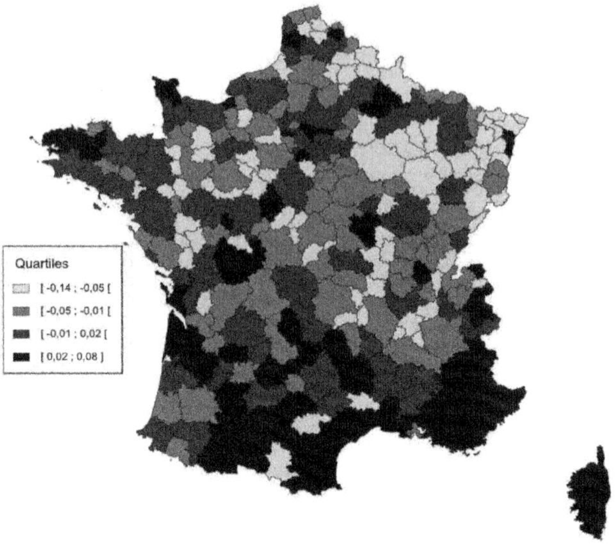

Source : Pôle emploi ; calculs des auteurs.

Au total, le modèle est estimé sur la base de 58 324 observations relatives à des établissements industriels. Le tableau 3 et l'annexe 1 décrivent les variables utilisées.

Tableau 3. Statistiques descriptives des différentes variables d'intérêt pour l'ensemble de la population

Variable	Obs	Mean	Std. Dev.	Min	Max
Growth	58324	-0.0671020	0.4023951	-2.586689	2.3978950
lnSize03	58324	2.2614550	1.3819010	0	9.3734790
lnage_03	58324	4.8334470	0.7648737	3.178054	7.1236730
group1_03	58324	0.6990604	0.4586704	0	1
group2_03	58324	0.0325766	0.1775273	0	1
group3_03	58324	0.0814073	0.2734620	0	1
group4_03	58324	0.0649647	0.2464656	0	1
group5_03	58324	0.1219909	0.3272782	0	1
Var_GDP	58324	0.1336514	0.0210134	0.0729313	0.1816330
Var_W_Ind	58324	-0.1537561	0.0693899	-0.5947387	0.2310922
Var_Qual	58324	-0.1238941	0.0826442	-0.4212236	0.0678279
Var_C5	58324	-0.3656849	0.2720301	-1.1421700	0.1378508
Var_dens	58324	0.1145843	0.2495648	-0.3003292	1.2842160
EffGeo	58324	0.1967506	6.7369850	-17.1902800	70.2253400

Source : Calcul des auteurs, INSEE-CLAP.

4. RÉSULTATS

Cette section porte sur la présentation des résultats des estimations réalisées. La méthode retenue consiste à introduire séparément les trois familles de variables du modèle. Sont d'abord estimés les coefficients des variables spécifiques à l'établissement, puis les facteurs locaux explicites (la variation du PIB régional, de la part des salariés de l'industrie, celle de la part de cadres et professions intellectuelles supérieure dans l'emploi salarié total, celle de la densité en emploi et celle de la part des cinq plus grands établissements employeurs) et, enfin, l'effet géographique calculé au niveau de la zone d'emploi et de la région dans son ensemble.

Deux séries de modèles ont été estimées à l'aide de la méthode des MCO. Le test de Durbin-Wu-Hausman effectué en essayant différents instruments[5] n'a pas révélé de problèmes d'endogénéité de la variable effet géographique ; l'estimateur des MCO est donc non biaisé. La première famille de modèles concerne l'ensemble de la population des établissements, alors que la deuxième distingue deux sous-populations selon la localisation (Ile-de-France vs. province). Dans chaque cas, les variables individuelles ont été introduites en une seule fois puisqu'elles constituent le socle du modèle. En revanche les variables locales sont introduites les unes après les autres de manière à tester la robustesse des résultats. Le secteur est introduit comme variable de contrôle[6].

4.1. Ensemble de l'industrie

De manière générale, la croissance des effectifs des établissements est d'autant plus forte qu'ils sont petits et jeunes. Ce résultat est conforme à ceux des travaux antérieurs sur le sujet. La relation décroissante entre taille et âge, souvent considérés comme deux indicateurs complémentaires de l'expérience et du savoir-faire de la firme (Greiner, 1972), est ici confirmée. Elle peut traduire un effet de sélection Jovanovic (1982) dans la mesure où au fur et à mesure que le temps passe, les firmes les moins performantes sont éliminées du marché si bien qu'au bout du compte seuls demeurent dans le panel les établissements les plus productifs. Cette relation s'explique également par un processus d'apprentissage par la pratique (Arrow, 1962 ; Garnsey, 1998) qui permet aux firmes les plus âgées d'être plus productives, donc de moins recourir à la main-d'œuvre pour un niveau d'output donné.

Plus rarement testée (Oberhofer et Pfaffermayr, 2012), en raison des difficultés à disposer d'un information exhaustive concernant la structure du capital, la question de l'appartenance à un groupe apparait pourtant comme un facteur de différenciation important des trajectoires d'entreprises et des évolutions de l'emploi (Bunel et al., 2008). A la lecture des résultats obtenus, il apparaît que la position de l'établissement au regard de son indépendance détermine fortement sa croissance. D'abord, les établissements qui appartiennent à des entreprises indépendantes mono établissement de moins de 250 salariés en 2003

[5] Les tests ont été effectués en prenant le revenu salarial moyen et un indicateur de concentration de l'emploi sur les 4 plus grands établissements de la zone d'emploi. Nous tenons ces résultats à disposition des lecteurs sur simple demande.

[6] Le VIF (Variance Inflation Factor) calculé pour la forme complète du modèle est au maximum égal à 4,92 pour la variable secteur 2 ce qui est conforme à la valeur considérée pour traduire une absence de colinéarité entre les différentes variables explicatives (en général égale à 5, voire même à 10 selon Kutner et al., 2004). Avec $\sqrt{1,86} = 1,36$ l'écart-type de l'estimateur des variables exogènes est au maximum égal à 1,36.

connaissent une croissance de leurs effectifs inférieure à tous les autres : établissements appartenant à des entreprises incluses dans le contour élargi de groupes, appartenant à des groupes français, à des groupes étrangers[7] ou à des micro-groupes[8]. Le fait de faire partie d'un groupe, français ou étranger, améliore considérablement l'augmentation du nombre de salariés[9].

Tableau 4. Résultats des estimations sur l'ensemble de la population

	(1)	(2)	(3)
lnSize03	-0.042	-0.041	-0.041
	(27.26)***	(26.92)***	(26.95)***
lnage_03	-0.043	-0.043	-0.042
	(19.66)***	(19.47)***	(19.27)***
group1_03	-0.057	-0.057	-0.057
	(10.31)***	(10.23)***	(10.20)***
group2_03	0.002	0.002	0.001
	(0.18)	(0.16)	(0.10)
group3_03	0.020	0.019	0.019
	(2.59)***	(2.49)**	(2.43)**
group4_03	0.014	0.015	0.014
	(1.68)*	(1.81)*	(1.74)*
indic_idf	-0.035	-0.035	-0.024
	(6.99)***	(5.91)***	(4.08)***
Var_GDP		0.102	0.044
		(1.18)	(0.51)
Var_W_Ind		0.163	0.145
		(6.68)***	(5.93)***
Var_Qual		-0.005	-0.008
		(0.21)	(0.37)
Var_C5		-0.018	-0.004
		(2.64)***	(0.54)
var_dens		0.013	-0.007
		(1.66)*	(0.81)
ln_EffGeo_res			0.033
			(8.53)***
_cons	0.304	0.302	0.217
	(24.64)***	(17.37)***	(10.82)***
N	58,324	58,324	58,324
F	123.34	98.12	97.13
R^2 Aj.	0.03	0.04	0.04

t entre parenthèses : * $p<0.1$; ** $p<0.05$; *** $p<0.01$.

[7] L'effectif français total du groupe est alors supérieur à 500 salariés.
[8] L'effectif total du groupe est inférieur à 500 salariés.
[9] Il en va de même du changement de statut au cours de la période étudiée. Si le fait de devenir indépendante ou de passer dans le contour élargi d'un groupe influence négativement la création d'emplois dans les établissements concernés par rapport à ceux qui sont entrés dans des micro-groupes, l'entrée dans un grand groupe français ou étranger est positivement corrélée à la croissance des effectifs entre 2003 et 2009.

Conforme aux analyses macroéconomiques conduites à la fin des années 1990 par Demirgüç-Kunt et Maksimovic (1998) qui rendaient compte de l'absence d'effet du PIB par habitant sur la croissance des entreprises, notre résultat va également dans le sens des conclusions de travaux davantage intéressés par le contexte régional à l'instar de Cassia et al. (2009) qui montrent que la croissance d'entreprises innovantes britanniques ne subit pas l'influence des variations du PIB régional.

Les variations de la qualité de la main-d'œuvre ne jouent non plus aucun rôle dans la croissance de l'emploi des établissements, ce qui va à l'encontre des résultats obtenus pour l'Allemagne par Krumm et Strotmann (2013) dont l'étude conclut que de bonnes dotations régionales en main-d'œuvre qualifiée promeuvent la croissance de l'emploi dans l'industrie manufacturière. Cette contradiction tient vraisemblablement au positionnement de marché et aux avantages comparatifs des entreprises industrielles françaises. En effet, les mêmes auteurs démontrent que de faibles coûts de production sont également des facteurs propices à la croissance de l'emploi (*ibid.*) ce qui, pour des entités en recherche de compétitivité prix, peut s'accompagner d'un recours à une main-d'œuvre choisie en fonction du taux de salaire plus que des compétences. Le recours à une variable en variation plutôt qu'en niveau peut également expliquer la différence avec les travaux antérieurs.

La part d'établissements industriels au sein de la zone d'emploi joue un rôle déterminant sur la croissance des établissements. En effet, les établissements industriels créent d'autant plus d'emplois que la part de l'industrie de la zone d'emploi dans laquelle ils sont localisés augmente ce qui confirme l'importance des effets d'agglomération par ailleurs mentionnés par Fafchamps (2004). La complémentarité entre activités industrielles semble ainsi plus favorable à la croissance que l'existence d'un « continuum » industrialo-serviciel, qui joue favorablement dans certaines configurations exceptionnelles (Zuliani, 2012). En revanche, la concentration de l'activité dans quelques grands établissements (*C5*) et la croissance de l'effectif des autres entités localisées au sein de la même zone d'emploi ne semblent pas entretenir de relation, ce qui va à l'encontre du résultat de Moati et al. (2006) qui montrent que l'intensité de la concurrence locale exerce un effet négatif sur la croissance des jeunes entreprises.

La prise en compte de l'effet géographique à l'échelon de la zone d'emploi confirme l'importance des facteurs invisibles : le coefficient associé à cette variable étant très significativement supérieur à 0. En d'autres termes, plus l'effet géographique de la zone d'emploi est élevé, plus les effectifs salariés des établissements sont susceptibles de croître.

L'introduction d'une variable muette pour caractériser les établissements industriels localisés en Ile-de-France apporte une dimension supplémentaire à la relation entre localisation et croissance. Le fait d'être implanté dans la région capitale constitue un handicap à la croissance, ce résultat confirmant les travaux de Carré et Levratto (2011) sur les départements franciliens. C'est pourquoi la section suivante propose de distinguer deux sous-ensembles d'établissements suivant qu'ils sont localisés en Ile-de-France ou en province.

4.2. Distinction entre l'Ile-de-France et les autres régions

L'estimation de modèles spécifiques à certaines régions permet de préciser les résultats d'ensemble. Le découpage ici retenu distingue les zones d'emploi franciliennes du reste de la population. Ce découpage assez conventionnel compte tenu de la structuration économique du territoire national est justifié par la présence de secteurs particulièrement porteurs mais pourtant moins performants en termes de création d'emplois (Carré et Levratto, 2012) ou de performance (Carré, 2006).

Tableau 5. Résultats des estimations sur la population des établissements franciliens et implantés en province

	Ile-de-France			Province		
	(1)	(2)	(3)	(1)	(2)	3)
lnSize03	-0.046	-0.046	-0.046	-0.042	-0.041	-0.041
	(9.81)***	(9.79)***	(9.81)***	(25.74)***	(25.44)***	(25.46)***
lnage_03	-0.045	-0.045	-0.044	-0.042	-0.042	-0.041
	(7.05)***	(7.02)***	(6.96)***	(18.07)***	(17.85)***	(17.74)***
group1_03	-0.056	-0.056	-0.056	-0.058	-0.057	-0.057
	(3.33)***	(3.33)***	(3.33)***	(9.87)***	(9.78)***	(9.75)***
group2_03	-0.032	-0.032	-0.032	0.005	0.004	0.004
	(0.94)	(0.94)	(0.94)	(0.43)	(0.42)	(0.36)
group3_03	0.076	0.076	0.076	0.014	0.013	0.013
	(3.03)***	(3.02)***	(3.02)***	(1.70)*	(1.64)	(1.55)
group4_03	0.038	0.038	0.038	0.011	0.012	0.012
	(1.52)	(1.51)	(1.53)	(1.28)	(1.44)	(1.38)
Var_GDP					0.105	0.082
					(1.22)	(0.95)
Var_W_Ind		0.001	0.029		0.184	0.166
		(0.02)	(0.40)		(7.06)***	(6.35)***
Var_Qual		0.054	0.029		-0.008	-0.016
		(0.42)	(0.23)		(0.36)	(0.70)
Var_C5		0.001	-0.008		-0.019	0.001
		(0.03)	(0.20)		(2.72)***	(0.13)
Var_dens		-0.011	0.005		0.014	-0.023
		(0.41)	(0.17)		(1.46)	(2.27)**
ln_EffGeo_res			0.043			0.036
			(1.92)*			(8.80)***
_cons	0.330	0.339	0.217	0.296	0.296	0.199
	(8.97)***	(7.86)***	(2.83)***	(22.65)***	(16.43)***	(9.47)***
Secteur	Oui	Oui	Oui	Oui	Oui	Oui
N	7,241	7,241	7,241	51,083	51,083	51,083
F	19.99	15.99	15.41	111.77	88.44	88.06
R^2 Aj.	0.04	0.04	0.04	0.03	0.03	0.04

t entre parenthèses : * $p<0.1$; ** $p<0.05$; *** $p<0.01$.

L'analyse de la situation des établissements franciliens rend compte de l'influence supérieure des conditions initiales (taille et âge au début de la période) et de la gouvernance sur la croissance. Le fait d'appartenir à un groupe en 2003, quelle que soit sa taille ou nationalité, sont autant de facteurs favorables à une forte création d'emplois. Il semble donc bien que dans cette région atypique, les effets des caractéristiques du territoire passent nettement après la stratégie des groupes. En effet, seul l'effet géographique demeure significatif, quoique faiblement. Les autres variables locales perdent en revanche tout caractère explicatif.

La situation change du tout au tout lorsqu'on s'intéresse aux facteurs explicatifs de la croissance des établissements de province seulement. Si les variables structurelles et de marché ne permettent pas de les différencier de l'ensemble des établissements nationaux, il n'en va pas de même des éléments territoriaux. En effet, les établissements industriels installés dans les zones d'emploi de province se révèlent particulièrement sensibles à la proximité d'autres établissements de l'industrie : plus le poids de l'effectif salarié dans l'industrie est élevé et augmente, plus la croissance individuelle de chaque établissement croît. En revanche, l'accentuation de la concentration de l'emploi dans les 5 plus grands établissements, aggrave l'effet déprimant sur la trajectoire propre de chaque établissement de la zone d'emploi considérée. L'effet géographique mesuré à l'échelon de la zone d'emploi reste un facteur dynamisant important pour chaque établissement.

5. CONCLUSION

L'objectif de cette étude était d'expliquer le taux de croissance de l'effectif d'établissements industriels français selon leur localisation. Pour y parvenir, et c'est l'une des originalités de ce travail, nous avons ajouté la composante géographique issue d'une analyse structurelle-résiduelle aux facteurs habituellement retenus pour caractériser les territoires. Ce travail a ainsi une portée empirique différente de ceux qui le précèdent en montrant comment l'atmosphère et les facteurs invisibles spécifiques aux zones d'emploi contribuent à expliquer les trajectoires de croissance des unités de production. L'un des principaux résultats obtenus concerne la contribution de l'effet géographique à la croissance individuelle. Elle traduit l'idée que les caractéristiques locales intangibles, l'atmosphère économique ou le capital social, constituent une ressource que les établissements mobilisent. Lorsque celle-ci est abondante, la croissance est plus importante que lorsqu'elle fait défaut comme le montre la valeur significativement positive du coefficient associé à cette variable. Ce résultat accrédite l'idée de territoires qui gagnent non seulement en raison d'un portefeuille d'activités en croissance mais aussi car ils possèdent des caractéristiques intrinsèques qui permettent aux établissements qui y sont implantés de créer plus d'emplois qu'ailleurs.

Outre son apport à la recherche sur les déterminants locaux de l'activité économique, les résultats auxquels nous parvenons peuvent présenter un intérêt pour les décideurs économiques. En renouvelant l'éclairage des relations entre les caractéristiques locales et la croissance des établissements, il attire l'attention des élus et responsables des politiques économiques locales sur l'importance de développer des outils et objectifs propres plutôt que de transposer à un territoire donné des principes, recettes et outils génériques, définis au niveau national, voire européen.

Il présente cependant certaines limites qui tiennent à la nature même des données utilisées. En conduisant l'analyse au niveau des établissements, le gain de précision géographique et productive s'accompagne d'une perte de données comptables. Une solution pourrait consister à ne travailler que sur les entreprises mono-établissement qui constituent l'essentiel du tissu productif français. Ce choix conduirait toutefois à renoncer à la dimension groupe qui, dans le contexte récent, constitue aussi un élément important à prendre en compte.

REFERENCES

Acs Z., Audretsch D., Feldman M., 1994, "R & D spillovers and recipient firm size", *The Review of Economics and Statistics*, 76(2):336–340.

Almus M., Nerlinger E., 1999, "Growth of new technology-based firms: which factors matter?", *Small Business Economics*, 13:141–154.

Ardishvili A., Cardoza R., Harmon B., Vadakath S., Reynolds P., Bygrave W., Carter N., Manigart S., Mason C., Meyer G., Shaver K. *(Eds.)*. 1998 *Frontiers of entrepreneurship research*; Proceedings of the 18th Annual Entrepreneurship Research Conference Towards a theory of new venture growth, Babson College Centre.

Arrow K.J., 1962, "The economic implications of learning by doing", *Review of Economic Studies,* 29, 155–73.

Audretsch D., Feldman M., 2004, "Knowledge spillovers and the geography of innovation", in: Henderson V., (Ed.), *Handbook of Regional and Urban Economics*, volume 4, chapter 61, Elsevier, pp. 2713–2739.

Audretsch D., Falck O., Heblich S., 2011, "Who's got the aces up his sleeve? Functional specialization of cities and entrepreneurship", *The Annals of Regional Science*, 46(3):621–636.

Audretsch D., Grilo I., Thurik A., 2012, "*Globalization, entrepreneurship and the region*", EIM Research Reports.

Audretsch D.B., Dohse D., 2007, "Location: A Neglected Determinant of Firm Growth", *Review of World Economics*, 143(1), 79-107.

Baldwin R., 1994, "*Towards an Integrated Europe*. Centre for Economic Policy Research, London.

Beaud M., 1966 « Une analyse des disparités régionales de croissance », *Revue économique*. 17(1), pp. 55-91.

Becchetti L., Trovato G., 2002, "The determinants of growth for small and medium sized firms. the role of the availability of external finance",. *Small Business Economics*, 19(4): 291–306.

Boschma R.A., 2005, "Proximity and innovation. A critical assessment", *Regional Studies*, 39(1), pp. 61-74.

Bottazzi G., Coad A., Jacoby N., Secchi A., 2011, "Corporate growth and industrial dynamics: evidence from French manufacturing", *Applied Economics*, 43(11), pp.103–116.

Braunerhjelm P., Borgman B., 2004, "Geographical concentration, entrepreneurship and regional growth: Evidence from regional data in Sweden, 1975-99", *Regional Studies*, 38(8):929-947.

Bunel M., Duhautois R., Gonzalez L., 2008 « Quelles sont les conséquences des fusions-acquisitions sur l'emploi ? », *Revue Economique*, 59(3) ,pp. 609-620.

Camagni R., Maillat D., 2004, *Milieux innovateurs : Théorie et politiques*, Paris, Economica.

Carré D., 2006, « Les performances paradoxales de l'économie de l'Île-de-France : essai d'interprétation », *Revue d'Économie Régionale & Urbaine*, 4, pp. 575-595.

Carré D., Levratto N., 2011, « L'Ile-de-France et ses départements : proximité et économie de localisation », *Géographie Economie Société*, 13, pp. 273-299.

Carré D., Levratto N., 2012, « Forces structurelles et fragilités tendancielles du territoire francilien », in Gilliot N., Ravallet G. (Eds.) *Comprendre l'économie des territoires,* Certu.

Cassia L., Colombelli A., Paleari S., 2009, "Firms' growth: Does the innovation system matter?", *Structural Change and Economic Dynamics,* 20(3), pp. 211-220.

Catin M., 1994, « Externalités » et « Economie d'agglomération », in Auray J-P., Bailly A., Derycke H., Huriot, J-M. (éds.) *Encyclopédie d'économie spatiale concepts-comportements-organisations*, Paris, Economica.

Caves R., 1998, "Industrial organization and new findings on the turnover and mobility of firms", *Journal of Economic Literature*, 36(4), pp.1947–1982.

Ciccone A., Hall R., 1996, "Productivity and the density of economic activity", *American Economic Review*, 86(1), pp. 54-70.

Coad, A., 2009, *The Growth of Firms: a Survey of Theories and Empirical Evidence,* Cheltenham, UK and Northampton, MA, USA, Edward Elgar.

Combes P.P., Duranton G., Gobillon L., Puga D., Roux S., 2009, "*The productivity advantages of large cities : distinguishing agglomeration from firm sélection*", Working Paper, CREST, février.

Cooke P., 2005, "Regionally asymmetric knowledge capabilities and open innovation: Exploring globalisation 2 - a new model of industry organisation", *Research Policy*, 34(8), pp. 1128-1149.

Davezies L., 2008, *La république et ses territoires. La circulation invisible des richesses,* Paris, Éditions du Seuil.

Davidsson P., Achtenhagen L., Naldi, L., 2007, "What do we know about small firm growth?", In Parker, S. (Ed.), *The Life Cycle of Entrepreneurial Ventures*, volume 3 of International Handbook Series on Entrepreneurship, Springer US. pp. 361-398.

Delmar F., 1997, "Entrepreneurship and SME Research: on its Way to the Next Millennium", in *Measuring growth: methodological considerations and empirical results*, Hants, England, Ashgate Publishing Ltd., pp. 199-215.

Demirgüç-Kunt A., Maksimovic V., 1998 "Law, Finance, and Firm Growth", *Journal of Finance*, 53, pp. 2107-2137.

Dinc M. Haynes K., 2005, "Productivity, international trade and reference area interactions in shift-share analysis: some operational notes", *Growth and Change*, 36(3), pp. 374-394.

Doeringer P., Terkla D., Topakian, G., 1987, *Invisible factors in local economic development*, Oxford University Press.

Dunn E., 1960, "*A statistical and analytical technique for regional analysis*", Papers and Proceedings of the Regional Science Association, 6, pp. 97-112.

Dunne T., Roberts M., Samuels L., 1988, "Patterns of entry and exit in us manufacturing industries",, *Rand Journal of Economics*, 19(4), pp. 495-515.

Duranton G., Puga D., 2000, "Diversity and specialisation in cities: why, where and when does it matter? ", *Urban Studies*, 37, pp.533-555.

Duranton G., Puga D., 2001, "Nursery Cities: urban diversity, Process Innovation, and the Life Cycle of Products", *American Economic Review*, 91(5), pp. 1454-1477.

Duranton G., Puga, D., 2005, "From sectoral to functional urban specialisation", *Journal of Urban Economics*, 57(2), pp. 343-370.

Evans D., 1987a "The Relationship between Firm Growth, Size, and Age: Estimates for 100 Manufacturing Industries", *Journal of Industrial Economics*, 35(4), pp. 567-81.

Evans D., 1987b "Tests of alternative theories of firm growth", *Journal of Political Economy*, 95(4), pp. 657-74.

Fafchamps M., 2004, *Manufacturing Growth and Agglomeration Effects*, Working Paper n°233, Centre for the Study of African Economies, Oxford University.

Fotopoulos G., Spence N., 2001, "Regional variations of firm births, deaths and growth patterns in the UK, 1980–1991", *Growth Change*, 32(2), 151-173.

Franklin R., Plane D., 2004, "A shift-share method for the analysis of regional fertility change: An application to the decline of childbearing in Italy, 1952–1991", *Geographical Analysis*, 36(1), pp. 1-20.

Gaigné C., Piguet V., Schmitt B., 2005 « Évolution récente de l'emploi industriel dans les territoires ruraux et urbains : une analyse structurelle - géographique sur données françaises », *Revue d'Economie Régionale et Urbaine*, 1, pp. 3-31.

Garnsey E., 1998, "A Theory of the Early Growth of the Firm", *Industrial and Corporate Change*, 7(3), pp. 523-556.

Gibrat R., 1931, *Les inégalités économiques*, Paris, Sirey.

Glaeser E., 1998, "Are cities dying?", *The Journal of Economic Perspectives*, 12(2), pp. 139-160.

Glaeser E., Kallal H., Scheinkman J., Shleifer A., 1992, "Growth in cities. *Journal of Political Economy*", 100(6), pp. 1126-1152.

Greiner L., 1972, "Evolution and revolution as organizations grow", *Harvard Business Review*, pp. 37-46. Reprint *Harvard Business Review*, 1998, pp. 3-11.

Hamermesh D., 1993, *Labor Demand*. Princeton University Press, New Jersey.

Haynes K, Dinc M., 1997, " Productivity change in manufacturing regions: a multi-factor/shift-share approach", *Growth Change*, 28(2), pp. 201-221.

Henderson V., Kuncoro A., Turner M., 1995 "Industrial development in cities", *Journal of Political Economy*, 103(5), pp. 1067-90.

Hoogstra G., van Dijk J., 2004, "Explaining firm employment growth: Does location matters?", *Small Business Economics*, 22, pp. 179-192.

Jaffe A., 1986, "Technological opportunity and spillovers of R & D: Evidence from firms' patents, profits, and market value", *The American Economic Review*, 76(5), pp. 984-1001.

Jayet H., 1993, *Analyse spatiale quantitative*, Paris, Economica.

Johnson P., 2004, "Differences in regional firm formation rates: a decomposition analysis", *Entrepreneurship theory and practice*, 28(5), pp. 431-445.

Jovanovic B., 1982, "Selection and the évolution of industry", *Econometrica*, 50(3), pp. 649-670.

Krumm R., Strotmann H., 2013, The impact of regional location factors on job creation, job destruction and employment growth in manufacturing, *Jahrbuch für Regionalwissenschaft*, 33(1), pp. 23-48.

Kutner M.H., Nachtsheim C.J., Neter J., 2004, *Applied Linear Regression Models*, 4th edition, McGraw-Hill Irwin.

Lamarche R.H., Srinath K.P., Ray D.M., 2003, "Correct partitioning of regional growth rates: improvements in shift-share theory", *Canadian Journal of Regional Science*, XXVI (1), pp. 121-141.

Levratto N., Tessier L., Zouikri M., 2010, The determinants of growth for SMEs. A longitudinal study from French manufacturing firms, Working paper 2010-28, Economix.

Mansfield E., 1962, "Entry, gibrat's law, innovation, and the growth of firms", *American Economic Review*, 52(4), pp. 1023-1051.

Mérenne-Schoumaker B., 2002, *La localisation des industries : enjeux et dynamiques*, Presses universitaires de Rennes.

Marshall A., 1920, *Principles of Economics*, MacMillan, London, 8th edition.

Mélo P., Graham D., Noland R., 2009, "A meta-analysis of estimates of urban agglomeration economies", *Regional Science and Urban Economics*, 39, pp. 332-342.

Moati P., Mazars M., Pouquet L., 2006, « Croissance des jeunes entreprises et territoires », *Revue d'économie industrielle*, 113, pp. 61-82.

Mueller P., van Stel A.J., Storey D.J., 2008, "The effects of new firm formation on regional development over time: The case of Great Britain", *Small Business Economics*, 30(1), pp. 59-71.

North D., Smallbone, D., 1995, "The employment generation potential of mature smes in different geographical environments", *Urban Studies*, 32(9), 1517-1534.

Nyström K., 2007, "An industry disaggregated analysis of the determinants of regional entry and exit", *Annals of Regional Science*, 41, pp. 877-896.

Oberhofer H., Pfaffermayr M., 2012, "Firm growth in multinational corporate groups", *Empirical Economics,* April.

Ottaviano G., Puga, D., 1997, *Agglomeration in the global economy: A survey of the "new economic geography*, Discussion Papers 1699, CEPR.

Penrose E., 1959, *The Theory of the Growth of the Firm,* New York, Wiley & Sons.

Plane D., 1987, "The geographic components of change in a migration system", *Geographical Analysis,* 19(4), pp. 283-299.

Porter M., 1998, *On Competition*, Boston, Harvard Business School Publishing.

Raspe O., van Oort, F., 2008, "Firm growth and localized knowledge externalities", *The Journal of Regional Analysis and Policy*, 38(2), pp. 100-116.

Raspe O., van Oort, F., 2011, "Growth of new firms and spatially bounded knowledge externalities", *Annals of Regional Science*, 46, pp. 495-518.

Redor P., 2010, « Les régions françaises : entre diversité et similitudes », in INSEE, *La France et ses régions*, Paris.

Saives A-L., 2002, *Territoire et compétitivité de l'entreprise*, Paris, L'Harmattan.

Santarelli E., Klomp L., Thurik A. R., 2006, "Gibrat's law: An overview of the empirical literature", In Santarelli, E., (Ed.), *Entrepreneurship, Growth, and Innovation*, volume 12 of International Studies in Entrepreneurship, pp. 41-73.

Schimke A., Teicher N., 2012, *Impact of local knowledge endowment on employment growth in nanotechnology,* In DRUID Academy. January, pp. 19-21.

Schulz N., Stahl, K., 1996, "Do consumers search for the highest price? oligopoly equilibrium and monopoly optimum in differentiated-products markets", *Rand Journal of Economics*, 27(3), pp. 542-562.

Stimson R., Stough R., Roberts B., 2006, *Traditional Tools for Measuring and Evaluating Regional Economic Performance I: Economic Base and Shift-Share Analysis*, Berlin, Springer.

Storper M., 1995, "The resurgence of regional economies, ten years later: the region as a nexus of untraded interdependencies", *European Urban and Regional Studies,* 2(3), pp. 191-221.

Sutton J., 1997, "Gibrat's legacy", *Journal of Economic Literature*, 35,1, pp. 40-59.

Wright R., 1996, "Immigrants and the changing racial/ethnic division of labor in New York city, 1970–1990", *Urbàn Geography*, 17(4), pp. 317-353.

Zuliani J-M., 2012, Le territoire toulousain, un « continuum » industrie-services avancés en lien avec les activités aéronautiques, spatiales et de systèmes embarqués, communication au Colloque de l'ARSDLF 2012, Belfort.

ANNEXE 1. Tableau des variables et des sources utilisées

$\Delta Eff_{i,t}$	Variation de l'effectif salarié en fin d'année (en équivalent temps plein)	CLAP, INSEE 2003-2009
	Variables spécifiques à l'établissement	
$lnEff_{i,2003}$	Effectif salarié déclaré au début de la période (en équivalent temps plein)	CLAP, INSEE 2003-2009
IND	Dummy sectorielle	CLAP, INSEE 2003-2009
lnage	Nombre de mois écoulés entre la date de création et l'année 2003	CLAP-REE, INSEE 2003
GROUP0	Dummy = 1 si l'établissement fait partie d'une entreprise indépendante ; = 0 sinon	Lifi-Diane 2003*
GROUP1	Dummy = 1 si l'établissement est une tête de groupe ; = 0 sinon	Lifi-Diane 2003*
GROUP2	Dummy = 1 si l'établissement fait partie d'une filiale sous contrôle majoritaire d'un groupe français ; = 0 sinon	Lifi-Diane 2003*
GROUP3	Dummy = 1 si l'établissement fait partie d'une entreprise incluse dans le contour élargi d'un groupe étranger ; = 0 sinon	Lifi-Diane 2003*
GROUP4	Dummy = 1 si l'établissement fait partie d'un microgroupe ; = 0 sinon	Lifi-Diane 2003*
	Variables de localisation	
ΔDENS	Variation de la densité démographique (nombre d'habitants au km²)	INSEE, RGP (1999-2009)
ΔGDP	Taux de variation du PIB régional par habitant	INSEE-Observatoire des territoires
ΔQUAL	Variation de la part des cadres dans l'ensemble des actifs employés	CLAP-REE, INSEE 2003-2009
ΔC5	Part de l'emploi dans les 5 plus grands établissements	CLAP-REE, INSEE 2003-2009
ΔW-IND	Variation de la part de salariés travaillant dans l'industrie manufacturière par rapport au nombre total de salariés actifs	CLAP-REE, INSEE 2003-2009
EffGeo-ZE	Effet géographique à l'échelon de la zone d'emploi (calcul des auteurs)	Unistatis-Pôle Emploi

* Voir annexe 2.

ANNEXE 2. La base LIFI-Diane

Ce dispositif permanent d'observation des groupes de sociétés consiste à interroger directement par voie d'enquête les entreprises françaises (personnes morales uniquement) du secteur privé, dont le portefeuille de titres de participation est supérieur à 1,2 million d'euros, ou dont le chiffre d'affaires est supérieur à 60 millions d'euros, ou dont l'effectif salarié est supérieur à 500 personnes, quel que soit le secteur d'activité. De plus sont interrogées, les têtes de groupe de l'année précédente ou les entreprises détenues directement par une entreprise étrangère. Les entreprises contrôlées majoritairement par l'Etat sont soumises à une enquête spécifique similaire. Le fichier contient toutes les entreprises citées dans au moins un des deux questionnaires. A partir des informations recueillies par LIFI, l'enquête permet :

- d'identifier les têtes de groupes. Une tête de groupe est une entreprise non contrôlée directement ou indirectement par une autre entreprise et ayant au moins une

filiale, que cette entreprise soit de nationalité française ou étrangère (les groupes sont ainsi distingués par nationalité),
- de déterminer les relations financières réelles qui unissent les entreprises à leur tête de groupe. Lorsqu'une entreprise est contrôlée par une tête de groupe. Elle appartient au noyau dur du groupe,
- de délimiter le contour et l'influence des groupes. L'entreprise appartient au contour élargi d'au moins un groupe lorsque L'entreprise est contrôlée simultanément par au moins deux groupes. Il peut s'agir d'une filiale commune ou d'une *joint venture*. L'entreprise peut également appartenir à la mouvance des groupes lorsqu'aucun contrôle majoritaire ne peut être confirmé à partir de l'analyse des participations au capital,
- d'étudier leur importance économique. Le chiffre d'affaires et l'effectif total des groupes français ou étrangers en France sont estimés dans le fichier LIFI.

INDUSTRIAL ESTABLISHMENTS GROWTH: WHEN LOCATION MATTERS

Abstract - *The purpose of this paper is to explore the local determinants of firm growth and to provide evidence about the influence of location thanks to the analysis of the number of workers employed by a set of establishments located at the level of employment areas between 2003 and 2009. Two possibilities are studied. The first consists in introducing variables usually used to characterize a territory. We propose then to estimate a first model in which local characteristics such as density, specialization, agglomeration effects, investments by local administration, etc. are introduced. The second possibility rests upon the use of a shift-share method. It is more innovative and makes our approach quite different to previous ones. Our results confirm the impact of local factors on establishments' growth paths. They also emphasize the difference between industrial establishments located in the Paris area and those located in other regions.*

Key-words - FIRM GROWTH, SMEs, REGIONAL ANALYSIS, SHIFT-SHARE

INDUSTRY STRUCTURE AND EMPLOYMENT GROWTH: EVIDENCE FROM SEMIPARAMETRIC GEOADDITIVE MODELS

Roberto BASILE [*], Cristiana DONATI [**], Rosanna PITTIGLIO[***]

Abstract - *Using Local Labor Systems (LLSs) data, we assess the effect of the local productive structure on employment growth in Italy during the period 1981-2008. Italy represents an interesting case study because of the high degree of spatial heterogeneity in local labor market performances and of the presence of strongly specialized LLSs (industrial districts). Building on semi-parametric geoadditive models, our empirical investigation allows us to identify important nonlinearities in the relationship between local industry structure and local employment growth, to assess the relative performance of industrial districts and to control for unobserved spatial heterogeneity.*

Key-words: SEMIPARAMETRIC GEOADDITIVE MODELS, INDUSTRY STRUCTURE, INDUSTRIAL DISTRICTS, EMPLOYMENT DYNAMICS

Classification JEL: R11, R12, C14

We thank Marcello Pagnini (Bank of Italy) for his comments on a previous version of the paper. We also thank Giulio Cainelli (University of Padova), Diego Puga (University of Madrid) and the other participants to the AIEL (Italian Association of Labour Economics) conference in Santa Maria Capua Vetere (Italy) for their interesting comments.

[*] Department of Strategic Management, Seconda Università di Napoli, Corso Gran Priorato di Malta,1-81043, Capua (CE), Italy; roberto.basile@unina2.it

[**] Department of economics, Seconda Università di Napoli, Corso Gran Priorato di Malta,1-81043, Capua (CE), Italy; cristiana.donati@unina2.it

[***] Department of economics, Seconda Università di Napoli, Corso Gran Priorato di Malta,1-81043, Capua (CE), Italy; rosanna.pitigglio@unina2.it

1. INTRODUCTION

Following the broad literature started by Glaeser *et al.* (1992) and Henderson *et al.* (1995)[1], in this paper we analyze the effect of many factors characterizing the local industry structure (such as the presence of Marshallian and urbanization externalities) on employment growth in Italy. Previous studies on the Italian case (i.a., Mameli *et al.*, 2008; Paci and Usai, 2008, Cainelli and Leoncini, 1999) report a negative impact of specialization (notwithstanding the strong anecdotal evidence of the economic success of *industrial districts*, the places where Marshallian externalities are magnified) and a positive effect of diversification on local employment growth. Only Forni and Paba (2002) find a positive impact of both factors. Moreover, it emerges a negative effect of local competition and of scale economies and a positive effect of population density.

We claim that the results of previous studies may suffer from a number of model mis-specifications. First, most of them use the location quotient to measure the effect of Marshallian externalities disregarding that specialization has a positive effect on productivity and, under certain conditions (inelastic product demand), this may lead to a reduction (rather than an increase) of labor demand (Cingano and Schivardi, 2004). However, specialization alone cannot explain the economic success of Italian industrial districts. As a matter of fact, several socio-economic factors (such as mutual trust and *coopetition*[2]) have contributed along with "working on similar things" to determine the "industrial atmosphere" theorized by Marshall as well as by several Italian economists (e.g. Becattini, 1987; Becattini *et al.*, 2003; Bellandi, 2007). In a nutshell, in order to assess the existence of Marshallian externalities, we need to bear in mind that this kind of external economies are more likely to occur within industrial districts than anywhere else. Therefore, we suggest to verify directly the relative performance of industrial districts using information on their presence in the territory.

Second, most of the previous studies disregard the existence of nonlinearities in the relationship between industry structure and employment growth, although it is widely recognized in the literature that economic growth behaviors are characterized by strong nonlinearities (Henderson *et al.*, 2012). Some authors (i.a. De Lucio *et al.*, 2002, Viladecans-Marsal, 2004, and Illy *et al.*, 2011) allow for nonlinearities by introducing quadratic terms in their models. Although this is the easiest way to deal with such a nonlinearity in a parametric framework, it is only one of several possible nonlinear parameterizations. Indeed, nonlinearities can be better accommodated in a semiparametric frame-

---

[1] See also, i.a., Henderson (1997), Combes (2000), Rosenthal and Strange (2004), de Groot *et al.* (2009), Melo *et al.* (2009). For a recent review of the literature, see Beaudry and Schiffauerova (2009).

[2] Generally speaking, coopetition is a business strategy based on a combination of cooperation and competition. It is derived from an understanding that business competitors can benefit when they work together. Basic principles of coopetitive structures have been described in game theory. A coopetition approach can be adopted to study a model of district formation (see, e.g., Soubeyran and Weberm, 2002).

work, where the actual shape of the partial effect can be assessed using smooth functions.

Third, most of previous studies carried out in Italy as well as in many other countries do not control for unobserved spatial heterogeneity when specifying the local economic growth model. Part of this heterogeneity is *time invariant* and can be captured by geographical dummies included in the econometric model. One can think, for example, to the role of "*natural advantages*" of local areas in affecting their growth performances (Krugman, 1993; Ellison and Glaeser, 1999). There are, however, other sources of *time varying* unobserved spatial heterogeneity that cannot be captured by simple geographical dummies. One can think about the presence of localized *spillover* and the consequences of the *Modifiable Areal Unit Problem* (MAUP).

Using census data for 686 Local Labor Systems (LLS) in Italy for both manufacturing and services and for three different periods (1981-1991, 1991-2001, 2001-2008), we contribute to existing literature by a) assessing the presence of nonlinearities in the relationship between industry structure and local-sector employment growth, b) assessing the relative performance of industrial districts and c) controlling for both *time invariant* and *time varying* unobserved spatial heterogeneity.

To this aim, we develop a methodological framework which innovates with respect to the existent literature along several dimensions. First, we use a semiparametric model which allows us to identify smooth nonlinear effects of the growth predictors. Second, we include in our model a dummy variable, *ID*, which takes value 1 if the LLS belongs to an industrial district and zero otherwise. Specifically, we distinguish between the within-sector and the between-sector *ID* effects. We also consider potential endogeneity of this dummy variable using instrumental variable (IV) methods. Third, exploiting the longitudinal dimension of our data set, we include in our model a geoadditive component (a smooth interaction between latitude and longitude) for each time period which permits us to control also for time-varying unobserved spatial heterogeneity.

Controlling for endogeneity with instrumental variables, our empirical findings confirm that industrial districts have performed better than the other LLSs during the sample period, thus corroborating the hypothesis that Marshallian externalities exert a positive role on local employment growth. Regression results also highlight a hockey stick-shaped relationship between specialization and local employment growth: net of the industrial districts' effect, a higher specialization increases productivity and reduces, under the assumption of inelastic product demand, labor demand. However, after a certain threshold, location economies exhaust their effect on productivity and, thus, on employment so generating a nonlinear relationship between specialization and employment growth. In line with previous evidence and corroborating Jacobs' theory, diversification boosts employment growth in manufacturing and reduces it in services. Allowing for nonlinearities and in keeping with theoretical predictions, we find a hump-shaped relationship between population density and local employment growth in the case of services: the positive effect of overall population density fades as the density of economic activities reaches some threshold value, after which congestion costs overcome agglomeration externalities. In the case of manufacturing the effect of density is monotonically negative. Nonlinear effects are also evident for local competition and average firm size. Finally, the inclusion of a smooth spatial trend surface allows us to control for spatial heterogeneity.

The remainder of the paper is organized as follows. Section 2 describes our modeling strategy. Section 3 provides information about data and variables. The results are presented and discussed in section 4. Conclusions are reported in section 5.

2. MODELING REGIONAL EMPLOYMENT GROWTH

2.1. A log-linear specification

Combes (2000) analyzes the relationship between industry structure and local employment growth by estimating the following log-linear reduced form:

$$\begin{aligned} y_{r,s,t} = {} & \beta_0 + \beta_1 \, log(spe_{r,s,t-\tau}) + \beta_2 \, log(div_{r,s,t-\tau}) \\ & + \beta_3 \, log(den_{r,t-\tau}) + \beta_4 \, log(size_{r,s,t-\tau}) \\ & + \beta_5 \, log(comp_{r,s,t-\tau}) + \gamma_s + \delta_t + \varepsilon_{r,s,t} \end{aligned} \quad (1)$$

where $y_{r,s,t}$ is the employment growth rate of sector s in site r computed over a given period (between $t-\tau$ and t); $spe_{r,s,t-\tau}$, $div_{r,s,t-\tau}$, $den_{r,t-\tau}$, $size_{r,s,t-\tau}$ and $comp_{r,s,t-\tau}$ are the explanatory variables computed at the initial period $t-\tau$ and corresponding respectively to specialization, diversity, population density, average size of plants and local competition; β_0-β_5 are the parameters associated to the intercept and to the explanatory variables expressed in log terms; γ_s is a sector fixed effect; δ_t is a temporal fixed effect; and $\varepsilon_{r,s,t}$ is an error term assumed to be *iid*.[3]

The variable *spe* should capture external economies occurring among firms producing similar goods or services and operating in the same area. According to the Marshall-Arrow-Romer theory (the MAR-theory), formalized by Glaeser *et al.* (1992), within-sector pecuniary (static) and non-pecuniary (dynamic) externalities (knowledge spillovers) are the main sources of local

[3] Starting from a similar specification, Paci and Usai (2008) and Mameli *et al.* (2008) extend the model by introducing other explanatory factors, such as human and social capital. However, they conclude that the baseline model (1) does not suffer from omitted-variable problems. On the basis of these evidences and because of the lack of complete information on further explanatory variables for the whole sample period, we do not consider additional factors in our empirical analysis.

growth.[4] These external economies are known as *localization* or *specialization externalities* and are often measured with the degree of *sectoral specialization* of the region. Therefore, according to the MAR-theory, the higher the degree of specialization of the region in a specific industry, the higher the growth rate in that particular industry within that region.

From a different perspective, Jacobs (1969) argues that the most important sources of pecuniary and non-pecuniary economies are external to the industry within which the firm operates. She suggests diversity rather than specialization as a mechanism leading to economic growth: a diverse sectoral structure increases the chances of interaction, generation, replication, modification and recombination of ideas and applications across different industries; moreover, a diverse industrial structure protects a region from volatile demand and offers it the possibility of switching between input substitutes. *Urbanization* or *Jacobs externalities* are measured with the degree of *sectoral diversification* (*div*) of the local production structure. According to Jacobs theory, the higher the degree of diversification of the region, the higher its growth rate.

Empirical evidence provided by a large amount of studies in support of the Marshall and Jacobs theories yields mixed results. Beaudry and Schiffauerova (2009) review 67 studies and discuss their basic results. According to them, almost half of these studies report both MAR and Jacobs externalities. Both specialized and diversified local industrial structures may therefore be conductive to local economic growth. In line with this interpretation, Duranton and Puga (2000, p. 553) observe that there is "a need for both large and diversified cities and smaller and more specialized cities". Although positive evidence for both types of externalities is reported, many of these studies also find negative impacts. However, the negative influence is observed much more often for Marshallian externalities than for Jacobs externalities (only in 3 per cent of all the studies).

Besides the degree of specialization and diversification, the two alternative theories (MAR and Jacobs) also relate regional growth performances to the level of local competition, *comp*. According to the MAR-theory, "local monopoly is better for growth than local competition, because local monopoly restricts the flow of ideas to others and so allows externalities to be internalized by the innovator" (Glaeser *et al.*, 1992, p. 1127). Porter (1990) supports the Marshallian specialization hypothesis in identifying intra-industry spillovers as the main source of knowledge externalities but suggests that local competition rather than monopoly favors growth in specialized geographically concentrated industries. In line with Porter, Jacobs (1969) also suggests that a more competitive environment is more conductive to innovation and therefore to growth.

According to Beaudry and Schiffauerova (2009), only 25 studies attempt to detect the three types of externalities: specialization, diversity and competi-

---

[4] In MAR-Theory, static externalities refer to cost reductions deriving from the creation of a specialized labor market pooling and from the presence of specialized suppliers, while dynamic externalities refer to knowledge spillovers which occur when knowledge crosses the boundaries of a firm, improving the innovation activity of other firms.

tion. Porter's view on competition is most often supported in conjunction with Jacobs' prediction on the positive effect of diversity. For the case of Italy, Paci and Usai (2008) find a positive effect of market power (i.e. a negative effect of local competition) on local employment growth. Mameli *et al.* (2008) find a negative effect of local competition when using 2-digit sectoral level data and a positive effect of local competition when using 3-digit sectoral level data.

Urbanization economies are not only driven by the degree of diversity of an economy, but also by the overall density of economic activity, *den*. Ciccone and Hall (1996) argue that an increase in economic density involves the accessibility to a broader supply of local public services and a higher local demand and this may foster local growth. However, a larger size of the local economy also entails congestion effects (including higher land prices, higher crime rates, environmental pollution, traffic jams and excess commuting), so that agglomeration diseconomies may dominate. In other words, regions tend to grow faster if, *ceteris paribus*, agglomeration economies overcome congestion costs. Combes (2000) reports, for example, a negative effect of urbanization economies on urban growth in the manufacturing sector. Mameli *et al.* (2008) report evidence of a positive linear effect of population density, while in Paci and Usai (2008) the effect of population density is positive for the whole sample (including both manufacturing and services) and null for the manufacturing sectors.

Finally, the presence of scale economies means that larger is the size of a plant (*size*) better it is possible to exploit fixed costs. This is the case, for example, in monopolistic competition models. A large size could be source of a more detailed division of labor, promoting specialization and productivity growth. However, a large firm size can lead to an increase in costs, for example owing to the more difficult and slow information flow or related to managerial incapability. Mameli *et al.* (2008) find a negative effect of scale economies when using data at 2-digit sectoral level (in line with Paci and Usai, 2008) and a positive effect of scale economies when using data at 3-digit sectoral level.

2.2. Critical issues

Equation (1) is used in many empirical studies on local employment growth. However, we claim that this specification suffers from three types of problems. The first critical issue concerns the effect of Marshallian externalities, captured by the location quotient (or Balassa index), *spe*. The evidence of a negative effect of the specialization on employment growth observed in most of the studies on the Italian case contrasts with the strong anecdotal evidence of the economic success (also in terms of job creation) of *industrial districts*, the places where Marshallian externalities are magnified (Becattini and Dei Ottati, 2006; Becchetti *et al.*, 2007; Sforzi, 2007). In fact, these empirical studies overlook the fact that a higher specialization first has positive effects on productivity and, under certain conditions (such as inelastic sectoral demand, labor-saving technical change, in-homogeneous and non-perfectly mobile labor, variable capital stock) this may lead to a reduction (rather than an increase) of labor demand (Cingano and Schivardi, 2004). In particular, as discussed by Combes, Magnac and Robin (2003), when the demand in the industry is inelastic, the increased product demand due to the reduction of the price deriving from the increased productivity cannot compensate the reduced labor demand per unit of output. Therefore, we should expect a negative (rather than a positive) effect of specialization on employment growth.[5]

On the other hand, it is important to recognize that a negative effect of specialization would not preclude a positive effect of district economies on employment growth. Indeed, specialization *per se* cannot capture the role of district externalities (Becattini, 1979). The essence of the "industrial atmosphere" discussed by Marshall does not simply consist of "working on similar things", but it also depends on a number of other factors, such as the prevalence of small and medium sized firms often involving family ties, a high degree of mutual trust and tolerance among economic actors and other socioeconomic factors which contribute to determine the social capital of the region. Additionally, the industrial districts' structures are supported by an infrastructure tailored to the particular needs of the district's industry. This includes educational infrastructure as well as financial services, technical support, and trade associations. Thus, in order to capture the effect of industrial districts externalities, a large number of socioeconomic variables should be included in the empirical model. However, this strategy is not always feasible because of the lack of relevant information, especially when, as in our case, the analysis covers a rather long time period. As it will be clarified in sub-section 2.3, to solve this problem, we exploit information on the presence of industrial districts in Italy.

The second critical issue concerns the possible existence of nonlinearities in the relationship between agglomeration economies and growth. For example, the prevalence of either positive or negative urbanization externalities may depend on the level of economic density (*den*) reached. Thus, one may expect the existence of a hump shaped relationship between local growth and total employment density: below a certain threshold of economic density positive urbanization externalities overcome congestion costs, while above the threshold congestion costs prevail. To explore this issue, one may insert a squared term of *den*. This strategy is adopted, for example, by De Lucio *et al.* (2002), Viladecans-Marsal (2004) and Illy *et al.* (2011). Although this is the easiest way to deal with such a nonlinearity in a parametric framework, it is only one of several possible nonlinear parameterizations. Indeed, nonlinearities can be better accommodated in a semiparametric framework, where the actual shape of the partial effect can be assessed using smooth functions.

Similar arguments can be raised to justify the existence of nonlinearities between employment growth and the other indicators of the local industry struc-

[5] More generally, we must recognize that agglomeration externalities should be captured measuring the impact of the indices of localization/diversification on productivity. As observed by Rosenthal and Strange (2004), the use of dependent variables different from productivity – such as, employment growth (Glaeser et al., 1992; Henderson et al., 1995), new firms formation (Carlton, 1983; Rosenthal and Strange, 2003), real wages (Wheaton and Lewis, 2002; Duranton and Puga, 2004; Combes *et al.*, 2011), rents (Dekle and Eaton, 1999) – suffers from one or more limitations.

ture. As for local competition (*comp*), we may expect that, starting from low levels of market power (high levels of competition), an increase of sectoral concentration fosters local economic growth because it allows externalities to be internalized by the innovator (in keeping with the MAR theory), while starting from high levels of local market power, a more competitive environment is more conductive to innovation and therefore to growth (in line with Porter and Jacobs). A non-monotonic effect of scale economies (*size*) can also be easily predicted: starting from low plant sizes, a larger plant size may boost economic growth, through a stronger division of labor; above a certain threshold, however, a larger plant size can lead to an increase in information and managerial costs.

A third possible mis-specification of model (1) concerns the possibility to control for unobserved spatial heterogeneity. The characteristics of the local industrial structure (degree of specialization, diversification, competition, density and scale economies) cannot capture all the spatial heterogeneity in employment growth rates. Regardless the role of economic factors, there are, indeed, "natural advantages" of local areas (Krugman, 1993; Ellison and Glaeser, 1999) affecting local growth performances. The marked unevenness of local development can be partly justified on the basis of space being not uniform: some areas are mainly agricultural systems and are scantly devoted to industrial and service activities; some others are plenty of mountains and are sparsely developed. A possible correlation between this unobserved spatial heterogeneity and the observed characteristics included in the model would generate an estimation bias. This kind of time invariant unobserved spatial heterogeneity might be controlled through the inclusion of geographical dummies (for example regional fixed effects), exploiting the longitudinal dimension of the data. There are, however, other sources of unobserved spatial heterogeneity which are time varying and, therefore, cannot be captured by spatial fixed effects. We can think, for example, about the presence of localized spatial spillovers (generated by labor mobility or information flows), or about the consequences of the so-called MAUP (*Modifiable Areal Unit Problem*) due to the arbitrary definition of geographical boundaries. Both spillovers and the MAUP generate *time-varying* spatial autocorrelation and spatial heterogeneity which cannot be captured by simple geographical dummies. As it will be clarified in the next sub-section, we use a geoadditive component (i.e. a smooth interaction between latitude and longitude) to capture both time-invariant and time-varying unobserved spatial heterogeneity.

All in all, in line with Briant *et al.* (2010), we argue that a number of model mis-specifications may have a much stronger impact on the econometric results than other issues related to the size and the shape of the geographical unit or to the level of sectoral aggregation adopted.

2.3. A semiparametric geoadditive model

Taking all of the above mentioned remarks into account, we propose an alternative specification of the empirical local employment growth model:

$$
\begin{aligned}
y_{r,s,t} = {} & \beta_0 + \theta_1 ID_{r,s} + \theta_2 ID_{r,s'} \\
& + f_1\left(\log\left(spe_{r,s,t-\tau}\right)\right) + f_2\left(log\left(div_{r,s,t-\tau}\right)\right) \\
& + f_3\left(log\left(den_{r,t-\tau}\right)\right) + f_4\left(log\left(size_{r,s,t-\tau}\right)\right) \\
& + f_5\left(log\left(comp_{r,s,t-\tau}\right)\right) + \Sigma_t h_t\left(n_r, e_r\right) + \gamma_s + \delta_t \\
& + \varepsilon_{r,s,t}
\end{aligned}
\tag{2}
$$

where $ID_{r,s}$ is a dummy variable which takes value 1 if the region-sector (*r,s*) belongs to an industrial district specialized in the same sector (*s*) and zero otherwise; $ID_{r,s'}$ is a dummy variable which takes value 1 if the region-sector (*r,s*) belongs to an industrial district specialized in another sector (*s'*) and zero otherwise; θ_1 and θ_2 are their associated parameters. The inclusion of these dummy variables allows us to assess the relative performance of industrial districts, net of specialization. Specifically, the two dummies permit us to distinguish between the within-sector and the between-sector *ID* effect, while the variable spe only captures the effect of specialization (positive on productivity and negative on employment).

f_k are unknown nonparametric smooth functions of the univariate terms[6]. They permit us to identify nonlinearities in the relationship between growth and industry structure without imposing any parametric polynomial form. Finally, h_t are nonparametric functions which allow us to estimate the smooth effect of the interaction between latitude (*northing*, *n*) and longitude (*easting*, *e*) of the region's centroid. The inclusion of this geoadditive component (or smooth spatial trend surface) for each time period permits us to control for both time invariant and time-varying spatial unobserved heterogeneity and, thus, to abstract from heterogeneity of the underlying space.[7]

2.4. The identification of the *ID* effect

Estimating the *causal* effect of industrial districts (*ID*) on employment growth without bias may be a very challenging identification task. First of all, since the *ID* "treatment" cannot be randomized across local areas (as it would be possible in a classical natural experiment), the identification of the *ID* effect requires the application of specific methodologies for the estimation of the Average Treatment Effect (ATE) (see, e.g., Wooldridge, 2002, chap. 18).[8] Assum-

---

[6] See Appendix 1a for a brief description of the method adopted to estimate the semi-parametric model. For further information, see Basile *et al.* (2013)

[7] Although geoadditive models are widely used in environmental studies and in epidemiology (see, i.a., Kammann and Wand, 2003; Augustin *et al.*, 2009), they are rarely considered for modeling economic data, and, to the best of our knowledge, this paper presents their first application to the analysis of local employment growth.

[8] Let y_1 denote the outcome (the employment growth rate) with treatment (that is when *ID*=1) and y_0 the outcome without treatment (that is when *ID*=0). Because a region cannot be in both states over the same sample period, we cannot observe both y_0 and

ing "*ignorability of treatment*" – i.e. assuming that, conditional on the set of covariates, *ID* and the potential outcomes (y_0 and y_1) are independent[9], the estimated parameter $\hat{\theta}$ in our flexible model (2) still provides a consistent estimate of the average *ID* effect. In other words, the smooth functions of the covariates introduced in model (2) would operate as "control functions" (Van der Klaauw, 2002) for the correction of the omitted variable bias.[10]

As discussed in Wooldridge (2002), when we suspect failure of the "*ignorability-of-treatment*" assumption, we can use instrumental variable (IV) methods for estimating ATEs if a good instrument for treatment is available. In fact, there is good reason to suspect that the *ID* status is endogenously determined in growth equations, that is higher employment growth may be not only a consequence of Marshallian externalities but also its cause. Under specific socioeconomic conditions (such as mutual trust, family ties, a large number of small enterprises and so on), favorable employment growth in a sector within a region may induce other specialized workers and thus other small and medium sized firms belonging to the same or strictly related sectors to enter that region (the likelihood of matching within the local labor market increases), thus contributing to the creation of an industrial district. This reverse causality problem will lead to a spurious relationship between *ID* and employment growth and a correlation between the two variables does not necessarily imply causation. Accordingly, it is important to account for this potential endogeneity bias when estimating the effect of *ID* on employment growth in our semi-parametric regression framework.[11]

To implement the IV approach, we run two semiparametric first-stage probit equations (one for $ID_{r,s}$ and one for $ID_{r,s'}$) to estimate the probability for a local area to belong to an *ID*. In these probit equations we include all of the exogenous variables and a set of excluded instruments (see section 3.3). The fitted probabilities from the first-stage binary response models are then used as instruments for $ID_{r,s}$ and $ID_{r,s'}$ along with the exogenous covariates in the growth regression equation (see Angrist and Pischke, 2008, Sec. 4.6.1). Inference on the parameters is carried out through bootstrapping methods.

---

y_1; in effect, the problem we face is one of omitted variable. The Average Treatment Effect is defined as $E(y_1 - y_0|X)$, where X is the vector of covariates.

[9] The idea underlying the "*ignorability of treatment*" assumption is this: if we can observe enough information (contained in the set of covariates) that determines treatment, then y_0 and y_1 might be mean independent of *ID*, conditional on the covariates. Loosely, even though y_0 and y_1 and *ID* might be correlated, they are uncorrelated once we partial out the covariates.

[10] The term "control function" used by Van der Klaauw (2002) in the Regression Discontinuity Design literature might confuse the reader with the notion of control function in endogenous regression. In that case a control function transform the problem of endogeneity to a one of omitted variables incorporating a function of residuals from a first stage to the reduced form.

[11] Simultaneity biases are ruled out for the other variables included in the model, since they are measured at the first year of each time period (1981, 1991 and 2001) and, thus, they can be considered as predetermined.

Alternatively, we can apply a control function approach, as suggested by Vella and Verbeek (1999). First, we compute the 'generalized residual' from the semiparametric first-stage probit equation (using the inverse Mill's ratio) and then we use it as an additional regressor in equation (2). The generalized residual may enter equation (2) as a smooth nonparametric function. Significance of this smooth term can be used as a test of endogeneity of *ID*.

3. DATA AND VARIABLES

3.1. Data

Following Mameli *et al.* (2008) and Paci and Usai (2008), the geographical unit of observation considered in the present analysis is the Local Labor System (LLS), a territorial aggregation of neighboring municipalities, identified on the basis of daily labor commuting flows as recorded in the censuses of the population and comparable from a statistical and geographical point of view (ISTAT, *Italian National Institute of Statistics*, 2001). LLSs cross regional and provincial administrative boundaries, leaving unchanged only municipalities boundaries, since municipalities are the basic unit of observation to survey daily labor commuting flows. Hence, LLSs seem to be a more suitable choice in terms of spatial units compared to the NUTS (*Nomenclature of Territorial Units for Statistics*) option in order to investigate the effects of agglomeration externalities on local employment growth. The number of LLSs in Italy has changed over time. We use the 2001 classification which identified 686 LLSs.

ISTAT categorizes LLSs according to whether or not they belong to an industrial district. In particular, ISTAT identifies industrial districts by means of an algorithm which requires the identification of: 1) the manufacturing LLS using a location quotient (LQ) based on employment; 2) the manufacturing LLS of small and medium enterprises (SMEs); 3) the main industry of the manufacturing LLS of SMEs. Finally, a manufacturing LLS of SMEs is defined as an *industrial district* if the following two conditions are met: a) the employment in SMEs of the main industry is more than half the total employment of the industry in firms of all sizes; b) the employment in small firms of the main industry is more than half the employment of medium-sized firms (see Sforzi, 2009, for further details).[12] Thus, ISTAT identifies 156 industrial districts in Italy. This piece of information turns out to be of relevance for our analysis: while the degree of urbanization and diversification allows us to put into a test the effect of Jacobs externalities on local labor market performance, the possibility of distinguishing between LLS belonging to an industrial district and other LLSs allows us to assess the role of Marshallian economies on employment dynamics at a very fine territorial level.

[12] Since ISTAT identifies industrial districts using threshold values of LQ and firm size, the dummy *ID* could pick up nonlinearities in the effect of *spe* and *size* more than the effect of Marshallian externalities. However, the inclusion of nonparametric terms for *spe* and *size* in our model specification allows us to correctly identify the *ID* effect.

Both manufacturing and service sectors are considered in our analysis. Many empirical studies on the local employment growth focus on the manufacturing sectors (Henderson *et al.*, 1995; Forni and Paba, 2002; Cingano and Schivardi, 2004). However, modern economies are characterized by an increasing number of service activities that have become an important source of employment. Following the recent literature, we take into account this process of structural change in employment dynamics. We consider 15 sectors (subsections of ATECO91-NACE rev.1 classification)[13] (see Annex 2): 10 manufacturing sectors and 5 services sectors. The public sector is not included. Data on the number of employees and on the number of establishments (local units) in manufacturing sectors for the 686 LLS are taken from Italian Census of Industries and Services for 1981, 1991 and 2001. These data are obtained through the consultation of the Italian Statistical Atlas of Municipalities (*Atlante Statistico dei Comuni*). Data from the 2008 are taken from the Statistical Register of Active Enterprises (ASIA). Both sources of data are provided by ISTAT. Population and areas data come from ISTAT Population Census.

3.2. Variables

As in Combes (2000), each variable used in our empirical analysis is normalized by the value it takes at the national level for the considered sector: this allows us to control for unobserved time-varying industry effects. Thus, the dependent variable, $y_{r,s,t}$, is the difference between the annual employment growth rate of the s-th sector (s=1,...,10) in the r-th LLS (r=1,...,686) computed for three successive periods (1981-1991, 1991-2001 and 2001-2008) and the annual national employment growth rate of this sector during the same periods:

$$y_{r,s,t} = log(E_{r,s,t}/E_{r,s,t-\tau}) - log(E_{s,t}/E_{s,t-\tau}) \tag{3}$$

where E stands for employment, while t and $t-\tau$ correspond to the final year (1991, 2001 and 2008) and the initial year (1981, 1991 and 2001), respectively, of each period. Table 1a shows that employment decreased during the sample period in manufacturing while it increased in service sectors. We also detect a higher spatial heterogeneity in annual average growth performance in manufacturing than in services both among *ID* and non-*ID* LLS (Tables 1b and 1c).

All explanatory variables refer to the beginning of each period in a way consistent with the idea that agglomeration forces manifest their impact on regional growth after a consistent time lag (Combes, 2000). Specifically, we include five explanatory variables capturing the role of (1) specialization, (2) diversification, (3) density, (4) plant size and (5) local competition.

[13] Beaudry and Schiffauerova (2009), in their review of the literature, conclude that the probability to detect Jacobs externalities increases with the level of detail of industry classification, whereas the likelihood to detect MAR externalities appears less correlated with the industry aggregation level.

Table 1a. National annual average employment growth rates

NACE rev.1	1981-1991	1991-2001	2001-2008
Manufacturing			
DA	-0.149	-0.498	-0.313
DB-DC	-1.410	-2.703	-4.561
DD-DE	-1.157	-0.733	-3.432
DF-DG	-2.038	-1.485	-1.641
DH-DI	-2.057	0.318	-0.832
DJ	-1.121	0.681	-0.800
DK	-0.651	1.032	-3.056
DL	-0.605	-0.539	-6.079
DM	-1.808	-2.379	0.543
DN	0.122	0.014	6.678
Services			
G	0.659	-0.466	1.734
H	1.102	1.588	5.584
I	-0.237	0.623	0.804
J	2.581	0.324	0.236
K	6.202	6.446	4.435

Table 1b. Mean and standard deviations of LLS' annual average employment growth rates

NACE rev.1	1981-1991	1991-2001	2001-2008
Manufacturing			
DA	0.152	-0.133	0.185
	(3.865)	(3.285)	(4.261)
DB-DC	-2.214	-3.433	-6.776
	(7.425)	(7.287)	(9.517)
DD-DE	-1.196	-0.660	-2.224
	(3.495)	(3.242)	(4.585)
DF-DG	-1.016	0.834	-0.769
	(10.577)	(9.316)	(12.276)
DH-DI	-0.763	0.513	0.839
	(6.383)	(5.710)	(6.944)
DJ	0.965	1.845	0.304
	(4.780)	(4.242)	(5.075)
DK	0.784	2.470	-4.386
	(8.896)	(8.454)	(12.679)
DL	4.001	1.049	-9.405
	(10.402)	(7.859)	(14.887)
DM	0.949	0.401	0.749
	(10.426)	(10.928)	(16.509)
DN	2.555	0.396	12.116
	(9.252)	(7.570)	(12.061)
Services			
G	0.687	-1.091	1.758
	(1.247)	(1.445)	(1.486)
H	1.340	0.703	6.038
	(2.493)	(2.138)	(3.292)
I	0.092	-0.221	0.293
	(2.169)	(3.012)	(3.774)
J	3.830	1.040	-0.365
	(2.823)	(2.541)	(2.877)
K	7.536	5.202	4.932
	(3.076)	(2.616)	(2.946)

Notes: Standard Deviations in parenthesis.

Table 1c. Mean and standard deviations of LLS' annual average employment growth rates. *ID* vs. Non-*ID* LLS

NACE rev.1	1981-1991	1991-2001	2001-2008	1981 1991	1991-2001	2001-2008
Manufacturing		*Non-ID*			*ID*	
DA	0.10	-0.18	0.27	0.33	0.01	-0.12
	(4.04)	(3.20)	(3.93)	(3.19)	(3.55)	(3.25)
DB-DC	-2.89	-3.34	-6.87	0.07	-3.76	-6.48
	(7.74)	(7.70)	(10.28)	(5.71)	(5.72)	(6.37)
DD-DE	-1.26	-0.95	-2.37	-0.97	0.33	-1.73
	(3.64)	(3.32)	(4.76)	(2.93)	(2.75)	(3.91)
DF-DG	-1.40	0.60	-1.02	0.01	1.47	-0.06
	(10.71)	(9.78)	(12.40)	(10.19)	(7.91)	(11.94)
DH-DI	-0.46	0.02	1.15	-1.78	2.19	-0.23
	(6.66)	(6.02)	(7.26)	(5.26)	(4.09)	(5.66)
DJ	0.70	1.55	0.53	1.86	2.83	-0.45
	(5.07)	(4.44)	(5.35)	(3.51)	(3.30)	(3.91)
DK	0.42	2.29	-4.99	1.84	3.00	-2.54
	(9.58)	(9.39)	(13.81)	(6.45)	(4.77)	(8.03)
DL	3.98	0.75	-10.18	4.06	2.04	-6.82
	(11.10)	(8.24)	(14.68)	(8.15)	(6.41)	(15.34)
DM	1.71	0.91	0.19	-0.90	-0.97	2.34
	(10.65)	(10.96)	(17.33)	(9.65)	(10.79)	(13.88)
DN	3.57	0.31	13.04	-0.48	0.68	9.01
	(9.58)	(7.90)	(12.30)	(7.44)	(6.35)	(10.70)
Services		*Non-ID*			*ID*	
G	0.66	-1.23	1.74	0.77	-0.63	1.81
	(1.31)	(1.50)	(1.57)	(1.02)	(1.11)	(1.18)
H	1.38	0.53	6.07	1.22	1.30	5.92
	(2.59)	(2.21)	(3.34)	(2.15)	(1.75)	(3.12)
I	0.08	-0.46	0.24	0.12	0.60	0.48
	(2.26)	(3.10)	(4.03)	(1.81)	(2.57)	(2.72)
J	3.84	0.86	-0.51	3.79	1.64	0.11
	(2.88)	(2.58)	(2.95)	(2.62)	(2.32)	(2.57)
K	7.53	4.89	5.02	7.55	6.25	4.63
	(3.22)	(2.70)	(3.05)	(2.55)	(2.00)	(2.55)

Notes: Standard Deviations in parenthesis.

Following the main literature, in the first step of our empirical analysis (i.e. when we estimate the linear model (1)), we measure specialization externalities, $spe_{r,s}$ by means of the location quotient:

$$spe_{r,s} = \frac{E_{r,s}/E_r}{E_s/E} \tag{4}$$

This index measures the relative concentration of a sector in a LLS with respect to the average concentration of the same sector in Italy. Thus, the r-th LLS is specialized in the s-th sector if the value of $spe_{r,s}$ is higher than 1, showing that in the LLS considered the weight of the sector is greater than its weight in the whole country. Values for $spe_{r,s}$ lower than 1 are evidence of de-specialization.

According to arguments reported above, a higher level of $spe_{r,s}$ should yield a positive effect on productivity and, thus, a negative effect on employment growth.

In a second step of our empirical analysis (i.e. when we estimate the semiparametric model (2)), we try to capture the effect of industrial district (*ID*) externalities by directly including the dummy variable $ID_{r,s}$, on the basis of the consideration that specialization *per se* does not capture all the social-economic factors characterizing the industrial district atmosphere. We also include the dummy $ID_{r,s'}$ to evaluate the impact of industrial districts specialized in a given sector *s* into the employment growth rates of other sectors.

As it is common in the literature (e.g., Henderson et. al., 1995; Combes, 2000; Mameli *et al.*, 2008; Paci and Usai, 2008; Illy *et al*, 2011), we measure Jacobs or diversification externalities by means of the inverse of the Hirschman-Herfindahl index normalized by the same variable computed at the national level:[14]

$$div_{r,s} = \frac{1/\sum_{s' \neq s}\left[E_{r,s'}/\left(E_r - E_{r,s}\right)\right]^2}{1/\sum_{s' \neq s}\left[E_{s'}/\left(E - E_s\right)\right]^2} \tag{5}$$

Own-industry employment is excluded so that the values of this indicator for the sectors in one LLS differ. A high value of $div_{r,s}$ means that the *r*-th LLS has a comparative advantage in a remarkable share of different sectors (i.e. its production structure is diversified). A low value of $div_{r,s}$ means that the *r*-th LLS is specialized in a few industries. Thus, a positive effect of $div_{r,s}$ would support Jacobs theory.

Total population density, $dens_r$, is used to measure the scale of urbanization externalities as in Mameli *et al.* (2008) and Usai and Paci (2008):

$$dens_r = \frac{P_r}{A_r} \tag{6}$$

where P_r indicates the population in the *r*-th LLS and A_r indicates the area in km^2. A positive effect of $dens_r$ implies that positive urbanization economies dominate over negative congestion effects.

Following Combes (2000) and Ó hUallacháin and Satterthwaite (1992), internal economies of scale, $size_{r,s}$, are measured by the normalized average plant size in the *s*-th sector located in the *r*-th LLS:

$$size_{r,s} = \frac{E_{r,s}/F_{r,s}}{E_s/F_s} \tag{7}$$

[14] Many alternative measures of Jacobs externalities have been used in the literature, for example the Gini index, the Ellison-Glaeser index and the Theil index (see, Beaudry and Schiffauerova, 2009).

where F indicates the number of local units (plants). A positive coefficient associated to $size_{r,s}$ indicates that the positive effect of a higher division of labor within the firm dominates over the negative effect of higher information and managerial costs.

Table 2. Descriptive statistics

	mean	*min*	*median*	*max*	*std.dev.*
	Total				
log(spe)	-0.406	-6.000	-0.260	1.997	0.990
log(div)	-13.840	-15.570	-13.764	-13.000	0.422
log(den)	4.674	2.508	4.598	7.765	0.945
log(size)	-0.637	-3.994	-0.5261	2.913	0.772
log(comp)	5.846	2.014	5.813	9.891	1.138
	Non-ID				
log(spe)	-0.388	-6.000	-0.258	1.995	1.035
log(div)	-13.831	-15.568	-13.761	-13.004	0.405
log(den)	4.610	2.508	4.514	7.765	0.972
log(size)	-0.703	-3.994	-0.597	2.913	0.833
log(comp)	5.947	2.014	5.912	9.891	1.134
	ID				
log(spe)	-0.464	-5.839	-0.265	1.997	1.029
log(div)	-13.885	-15.396	-13.779	-13.025	0.460
log(den)	4.888	2.526	4.947	7.472	0.820
log(size)	-0.419	-3.994	-0.318	2.440	0.709
log(comp)	5.516	2.032	5.484	9.467	1.116

Table 3. Correlation matrix

	growth	*log(spe)*	*log(div)*	*log(den)*	*log(size)*	*log(comp)*
log(spe)	-0.306	1.000	0.097	0.002	0.631	-0.114
log(div)	-0.003	0.097	1.000	0.160	0.114	-0.287
log(den)	0.015	0.002	0.160	1.000	0.171	-0.458
log(size)	-0.250	0.631	0.114	0.171	1.000	0.014
log(comp)	-0.006	-0.114	-0.287	-0.458	0.014	1.000

We measure local competition, $comp_{r,s}$, using the following normalized Herfindahl index:

$$comp_{r,s} = \frac{\sum_{g=1}^{G}\left(\left(\frac{E_{r,s,g}/F_{r,s,g}}{E_{r,s}}\right)^2 * n_{r,s,g}\right)}{\sum_{g=1}^{G}\left(\left(\frac{E_{s,g}/F_{s,g}}{E_s}\right)^2 * n_{s,g}\right)} \tag{8}$$

where n is the number of firms and g indicates the size class of firms in terms of employees. Seven size classes are considered, namely: 1-5, 6-9, 10-19, 20-49, 50-99, 100-499 and more than 500 employees. A negative effect of $comp_{r,s}$ would support Porter's hypothesis, while a positive effect of $comp_{r,s}$ would support MAR theory.

Tables 2 and 3 report some descriptive statistics and the pairwise correlation matrix between explanatory variables.

The five explanatory variables mentioned above cannot capture all the spatial heterogeneity in the LLS' employment growth rates. As mentioned above, in our semiparametric approach, we directly control for the unobserved spatial heterogeneity by including the smooth interaction between latitude and longitude of the LLS' centroids.

3.3. Instrumental variables

As discussed above, the identification of the *ID* effect requires the use of instrumental variables. Following recent contributions to the literature on agglomeration economies (Combes *et al.*, 2011; Di Giacinto *et al.*, 2012), we use historical factors as sources of exogenous spatial variation of the likelihood of observing an industrial district in a specific LLS. At the same time we expect these factors will be uncorrelated with current employment growth in the LLS.

We have selected two groups of historical data to predict the *ID* status. The first one consists of long lags of specialization measures, indicating whether in the past the local area had those characteristics observed in 2001 for the Italian industrial districts, i.e. a specialization in traditional manufacturing sectors and/or in industrial machinery and a specialization in the small-size class (less than 10 employees) of firms. Precisely, we use data from the 1961 census to construct *a*) a dummy variable (*SpecIDsec*>1) taking value 1 if in 1961 the LLS was specialized in traditional and/or industrial machinery sectors, *b*) a dummy variable (*SpecSmallSize*>1) taking value 1 if in 1961 manufacturing firms within the LLS were specialized in the size class of less than 10 employees and *c*) the interaction between *a*) and *b*) (*Interaction*).

The second set of instruments consists of information on past dominations. According to several authors (see, i.a., Bagnasco, 1977; Trigilia, 1986, 2001; Becattini, 1987), the development of agglomerations of small and medium sized firms in the Third Italy over the 1970s represents the outcome of the interaction between social actors and institutions which have provided effective instruments for the regulation of social conflicts. Such interactions have favored the accumulation of social capital (*mutual trust* and *cooperation propensity*) which is the main factor characterizing the industrial atmosphere within industrial districts in Italy. More recently, Guiso *et al.* (2008) and Tabellini (2010) have also pointed out that the spatial distribution of entrepreneurial culture may reflect local differences in social capital endowment which affects the efficiency of local institutions. These authors have also suggested that different historical political traditions may have favored the accumulation of social capital which has improved the effectiveness of local institutions. According to Di Liberto and Sideri (2012), these factors may find their origin in the dominations that each geographical area in Italy has undergone in the past.

On the basis of these considerations, to isolate the exogenous variation in the spatial distribution of industrial districts, we rely on a set of data collected by Di Liberto and Sideri (2012) on the dominations which have governed each

Italian province over seven centuries before the creation of unified Italian State. More precisely, these data measure the number of years during which Italian provinces have been governed by one of the following dominations: *Normans*, *Swabian*, *Savoy*, *Papal*, *Anjou*, *Spain*, *Austria*, *Bourbon* and *Venice* (some provinces are classified as *Independent*). According to Di Liberto and Sideri (2012), the strong current spatial heterogeneity in the quality (efficiency, functioning) of local institutions (and more generally in the current local endowment of social capital) can be considered as "the result of the previous existence of highly heterogeneous formal institutions created by historical accidents across the Italian regions" and thus it is strongly affected by the duration of specific kinds of dominations which ruled a province before the process of Italian unification. These authors observe, for example, that during the XII century the South of Italy, after the Normans domination, was run by the Swabians, who have implemented important reforms (especially during the period of Federico II) reducing the influence of landowners, founding the University of Naples and creating a secular and well-ordered State. However, the succeeding dominations (Anjou, Aragonese and Bourbon) did not improve the educational system and supported a hierarchical political system which discouraged the formation of a confidence climate and the development of economic activities. On the contrary, during the XVI century part of the North-East of Italy was dominated by the Hasburg dynasty who managed to give their Empire a good administrative and bureaucratic organization, strong efficient judiciary system implementing several economic reforms in favor of industry.

To the extent that there is substantial persistence in the spatial distribution of industrial districts but local drivers of high employment growth today differ from those in the distant past, all these historical data represent good (i.e. exogenous) instruments and, thus, they remove any simultaneity bias caused by contemporaneous local shocks. This assumption can be defended by observing that the structure of the Italian economy and the technological paradigm predominating in the last thirty years are very different from those existing in the 1960s and 1970s when industrial districts emerged in Italy.[15]

4. ECONOMETRIC RESULTS

4.1. Evidence from log-linear models

We begin the econometric analysis by estimating the baseline log-linear model (1) which does not take into account nonlinear effects and spatial heterogeneity. The dependent variable is the local-sector average annual employment

[15] Specifically, we observe that the factors that stimulated industrial agglomerations in the past are not related to the current determinants of local employment growth. For example, advances in information and communication technologies (ICT) change the need for geographical proximity between knowledge users (Rallet and Torre 1999), and more in general, the diffusion of ICT provides opportunities for employees with offices in geographically dispersed locations to communicate, share and collaborate. For this reason, it is reasonable that face-to-face relationship are today less important in explaining agglomeration economies than in the past.

growth rate computed for the three successive periods (1981-1991, 1991-2001 and 2001-2008). Pooling the data by sector and by period, we estimate equation (1) using OLS (Ordinary Least Squares) and including time fixed effects (sectoral heterogeneity is controlled for by computing all the variables, except *den*, in deviation from national average, as described in Section 3) (Table 4). The analysis is repeated by pooling alternatively only manufacturing sectors and service sectors. Because all variables are in logarithms, coefficients can be interpreted as elasticities.[16]

Table 4. Log-linear model : basic specification

	Whole economy	*Manufacturing*	*Services*
Variables	*Coefficients (Robust s.e. in parentheses)*		
(Intercept)	3.840***	15.071***	-3.787***
	(1.101)	(2.121)	(0.699)
log(spe)	-1.292***	-1.322***	-1.460***
	(0.059)	(0.068)	(0.078)
log(div)	0.306***	1.006***	-0.195***
	(0.081)	(0.146)	(0.051)
log(den)	0.127***	-0.137**	0.308***
	(0.044)	(0.068)	(0.035)
log(size)	-0.679***	-0.702***	-0.153
	(0.079)	(0.089)	(0.094)
log(comp)	-0.105**	-0.146**	-0.100***
	(0.042)	(0.059)	(0.035)
No. of obs.	27,257	17,006	10,251
R^2_{adj}	0.074	0.070	0.122
RESET test	24.807	14.272	29.899
	[0.000]	[0.000]	[0.000]
Residual spatial het. 1981-91	10.880	6,932	8.329
	[0.000]	[0.000]	[0.000]
Residual spatial het. 1991-01	13.442	11,103	36.069
	[0.000]	[0.000]	[0.000]
Residual spatial het. 2001-08	1.658	1,890	9.621
	[0.109]	[0.054]	[0.000]

Notes: Dependent variable: Employment growth rate. All estimates includes time fixed effects. White-corrected standard errors in parenthesis. RESET test is a test for linearity. Time-varying residual spatial heterogeneity is tested by regressing the residuals on the smooth interaction between latitude and longitude (spatial trend surface) for each time period. Approximated F-tests and associated p-values for the significance of the spatial trend surfaces are reported.

[16] In order to estimate equation (1), Combes (2000) uses the sample selection regression model (Heckman, 1976) because plants smaller than 20 workers are not in his data set. In our case, this selection bias does not occur, since our data includes local units of all size classes, even those with just one worker. Nevertheless, within the group of manufacturing sectors, we had to exclude about 2,500 observations (i.e. 12% of the total number of observations in manufacturing) because in some LLS sectoral employment in manufacturing was equal to zero (in service sectors we had to exclude only 5 observations due to the same problem). Therefore, like in Combes (2000), for the whole economy and for manufacturing, we have also used a generalized tobit model including different geographical dummies in the selection (probit) equation. However, the coefficients and standard errors of the variables in the outcome equation turned out to be very close to the pooled-OLS results. Thus, we conclude that in our case the sample selection bias does not affect the consistency and the efficiency of our OLS results.

For the whole economy and for manufacturing sectors, OLS estimates indicate that, on average, the local-sector employment growth rate is negatively affected by the degree of specialization (*spe*) of the LLS in that sector and positively affected by the degree of diversification (*div*) of the LLS economy, corroborating Jacobs' theory and, apparently, confuting the MAR theory. In service sectors, both *spe* and *div* have a negative effect.[17]

The effect of population density (*den*) is positive for the whole economy and services, indicating that urbanization economies dominate over congestion costs, while it is negative and slightly significant for manufacturing. Therefore, according to linear estimation results, in Italy the positive effect of urbanization externalities dominates the negative effect of congestion costs in services but not in manufacturing.

Linear regression models also indicate a negative effect of *size* in the case of the whole sample and manufacturing sectors, which simply means that smaller plants tend to grow faster. This may reflect a firm's life cycle effect: new firms are in general of small size and are able to grow faster, whereas, once they have reached their optimal size, their employment stops expanding. The negative elasticity of *size* would also mean that information spillover are more important for small firms and/or that adaptability and flexibility can be higher in small firms. Surprisingly, the effect of *size* is not significant in the case of services. Finally, the effect of *comp* is negative and significant for both manufacturing and services, apparently corroborating the Porter theory.

All in all, our econometric results for the log-linear model are very much in line with previous evidence reported for the case of Italy in studies which used LLS as territorial units of analysis (Paci and Usai, 2008; Mameli *et al.*, 2008). However, the results of nonlinearity (*RESET*) tests raise doubts about the capacity of the linear functional form to properly capture the data generating process. Moreover, by regressing the residuals on the smooth interaction between latitude and longitude for each time period, it emerges a significant time-varying residual spatial heterogeneity.[18] In conclusion, the diagnostics of the residuals suggest that the log-linear model is mis-specified due to the assumptions on the functional form and on spatial homogeneity. These assumptions are relaxed by estimating the geoadditive semiparametric model (2) as shown in the next section.

---

[17] To test for multicollinearity we computed the Variance Inflation Factors (VIF). This indicator has a minimum value of 1 (no multicollinearity) and no upper bound. A popular cut-off value of 10 is normally used to show that no multicollinearity is present. In our log-linear models, the VIF values are always lower than 2, thus we can safely rile out multicollinarity problems in our analysis.

[18] The spatial heterogeneity test applied for the residuals of the log-linear model (1) ($\hat{\varepsilon}_{it}$) is built by estimating the following equation: $\hat{\varepsilon}_{it} = \alpha + h_t(no_i, e_i) + u_{it}$. See Appendix 1a for the estimation method used. The significance of the smooth terms $h_t(no_i, e_i)$ would indicate the presence of unobserved spatial heterogeneity.

4.2. Evidence from semiparametric models

In Table 5 we report the estimation results of the semiparametric model (2) which includes the dummy variables $ID_{r,s}$ and $ID_{r,s'}$ to capture the average within-sector and between-sector "industrial district" effects, smooth univariate terms to identify possible nonlinear effects of agglomeration economies and the smooth interaction between latitude and longitude to control for unobserved spatial heterogeneity.

The coefficients associated to $ID_{r,s}$ and $ID_{r,s'}$ are always positive and significant, indicating that industrial districts perform better (in terms of job creation) than the other LLSs. This result is consistent with a huge amount of empirical evidence on the growth success of industrial districts in Italy. However, not surprisingly, the magnitude of the coefficient associated to $ID_{r,s'}$ is much higher in the case of manufacturing than in the case of services.

Table 5. Semiparametric geoadditive model

	Whole economy	Manufacturing	Services
Parametric terms	*Coefficients (s.e. in parentheses)*		
(Intercept)	0.328*** (0.063)	0.468*** (0.097)	0.067 (0.045)
$ID_{r,s}$	1.905*** (0.281)	2.210*** (0.346)	
$ID_{r,s'}$	0.172* (0.092)	0.399** (0.146)	0.195*** (0.067)
Non-parametric terms	*F test and edf (in square brackets)*		
f_1 (*log*(*spe*))	229.204*** [3.860]	132.286*** [3.732]	247.476*** [3.893]
f_2 (*log*(*div*))	20.962*** [2.481]	39.871*** [1.942]	12.108*** [2.053]
f_3 (*log*(*den*))	7.547*** [2.657]	2.167* [1.781]	32.368*** [3.204]
f_4 (*log*(*size*))	45.925*** [2.872]	32.663*** [2.896]	19.059*** [2.914]
f_5 (*log*(*comp*))	8.115*** [2.872]	6.348*** [2.400]	43.349*** [1.003]
$h_{1981}(no,e)$	7.190*** [7.190]	8.314*** [6.217]	8.547*** [11.184]
$h_{1991}(no,e)$	17.292*** [5.472]	11.667*** [5.308]	22.092*** [8.132]
$h_{2001}(no,e)$	1.851* [6.242]	2.109** [6.715]	9.160*** [11.306]
No. of obs.	27,257	17,006	10,251
R^2_{adj}	0.094	0.091	0.197
REML	85,784	56,815	23,734

Notes: Dependent variable: Employment growth rate. All estimates include time fixed effects. Time-varying residual spatial heterogeneity is tested by regressing the residuals on the smooth interaction between latitude and longitude for each time period. Approximated F-tests and associated p-values for the significance of the spatial trend surfaces are reported.

The middle part of Table 5 reports the F-tests for the overall significance of the smooth terms as well as their effective degrees of freedom (*edf*).[19] In order to avoid both mis-specification biases and the danger of over-fitting, we have controlled the degree of smoothness of each nonparametric term by penalizing wiggly functions in the model fitting through a quadratic penalty term. A smoothing parameter associated to the penalty function allows us to balance

[19] Each univariate nonparametric term, f_k is specified as a linear combination of known basis functions (we have used *P-spline basis* functions) with associated unknown parameters to be estimated (see Appendix 1a).

between bias and variance of the estimates.[20] The results of *F*-tests suggest that all univariate smooth terms enter significantly the model. The *edf* is a measure of the term's nonlinearity: if the *edf* is equal to one, a linear relationship cannot be rejected. Evidence reveals that the *edf* is equal to one only for $f_5(log(comp))$ in services. Finally, also the spatial trend surface $(h(n_r, e_r))$, approximated by a tensor product of penalized cubic regression splines, is highly significant in all sectors and in all periods, suggesting the presence of unexplained spatial heterogeneity in local employment growth.

Figures 1-5 portray the smoothed partial effects of univariate terms. The shaded areas highlight the 95 per cent credibility intervals (we have used Bayesian inference). The $log(spe)$-plot (Figure 1 - Panel A) confirms that, *ceteris paribus*, local areas with lower specialization in a sector tend to grow faster in that sector. However, the effect of specialization always appears to be nonlinear. In particular, we find a hockey stick-shaped relationship between specialization and local employment growth: a higher specialization increase local productivity and reduces, under the assumption of inelastic product demand, the labor demand. However, localization economies exhaust their effect on productivity and thus on employment growth after a certain threshold.

The effect of diversification is monotonically positive in manufacturing (Figure 2 - Panel A) in line with previous evidence and corroborating Jacobs' theory. For services, it emerges a nonlinear relationship: the effect of diversification is null up to a certain threshold, after which it turns to be negative.

Allowing for nonlinearities, we find a hump-shaped relationship between population density, *log*(*den*), and local employment growth (Figure 3 - Panel A) in the case of services: the positive effect of overall population density fades as the density reaches some threshold value, after which congestion costs overcome agglomeration externalities. This outcome is consistent with the hypothesis that a denser economic activity can exert a positive externality that promotes local growth, but when the level of agglomeration becomes too high, congestion costs kick in and gradually reduce the growth performance. In the case of manufacturing sectors the results suggest that negative congestion effect always prevails over the positive externality.

We also find evidence of a hump-shaped relationship between employment growth and *log*(*size*) (Figure 4 - Panel A): starting from low levels of *log*(*size*), an increase in plant size has a positive effect on growth due to, for example, a more detailed division of labor; after a certain threshold (that is starting from high values of *log*(*size*)), however, an increase in plant size has a negative effect on growth due to an increase in information and managerial costs. The log-linear model (Table 4) masks these nonlinearities and brings us to conclude for a negative effect of *log*(*size*) both in manufacturing and for a null effect of this variable in services.

[20] To estimate model (2), we have used the method described by Wood (2006) which allows for automatic and integrated smoothing parameters selection through the minimization of the *Restricted Maximum Likelihood* (*REML*). Wood has implemented this approach in the R package *mgcv*.

Figure 1. (A) Smooth effect of *spe*. (B) Smooth effect of *spe* with IV estimates

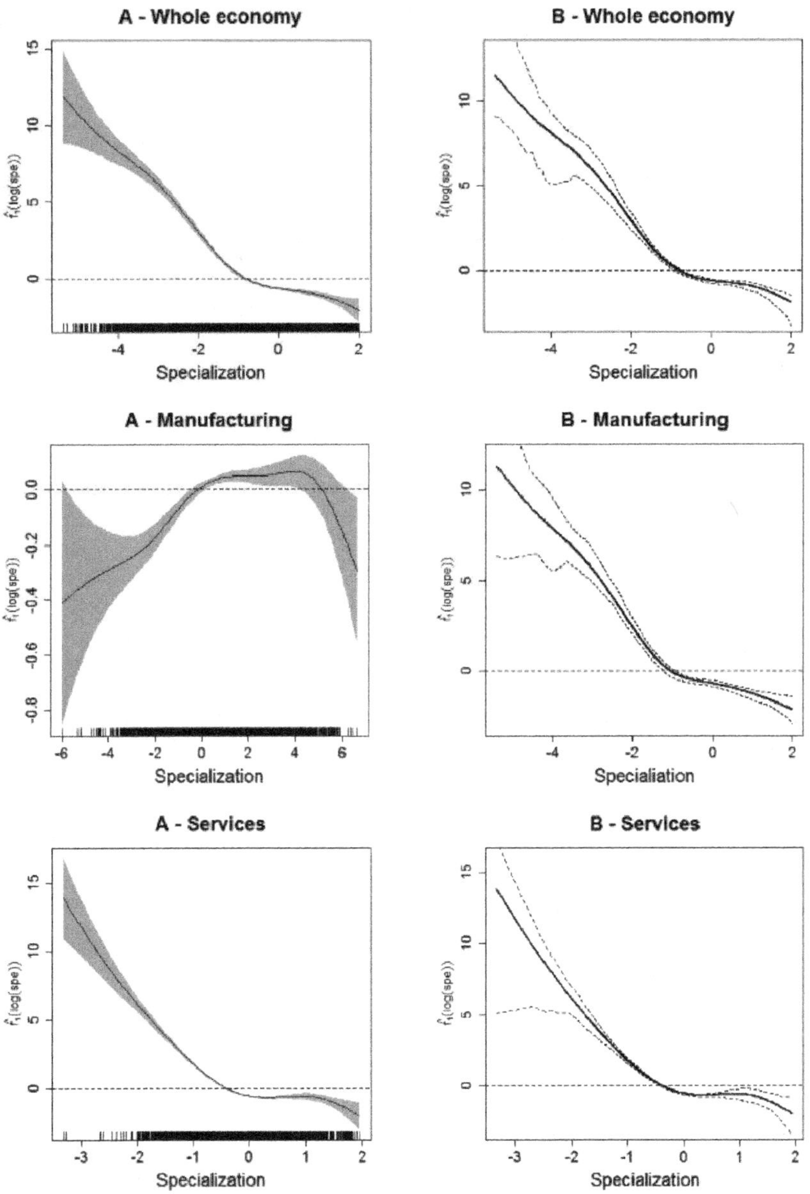

Figure 2. (A) Smooth effect of *div*. (B) Smooth effect of *div* with IV estimates

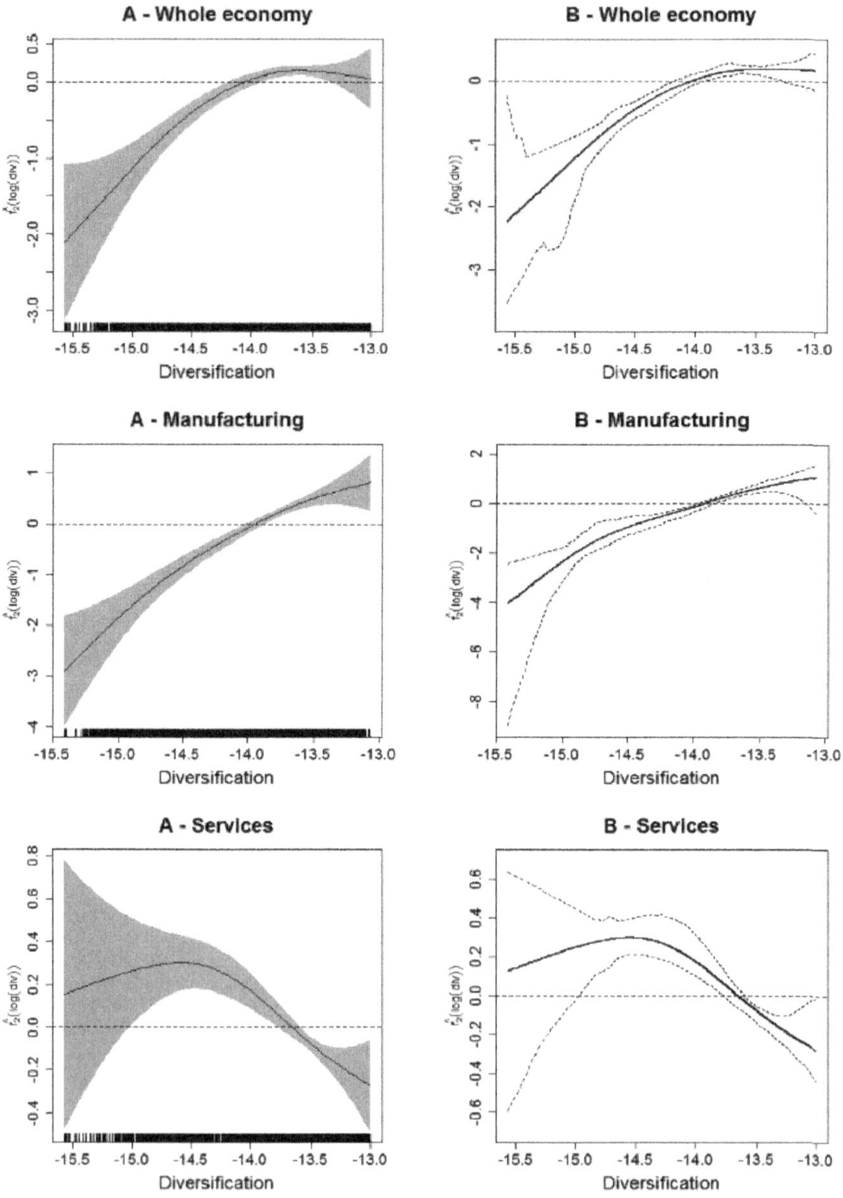

Figure 3. (A) Smooth effect of *dens.* (B) Smooth effect of *dens* with IV estimates

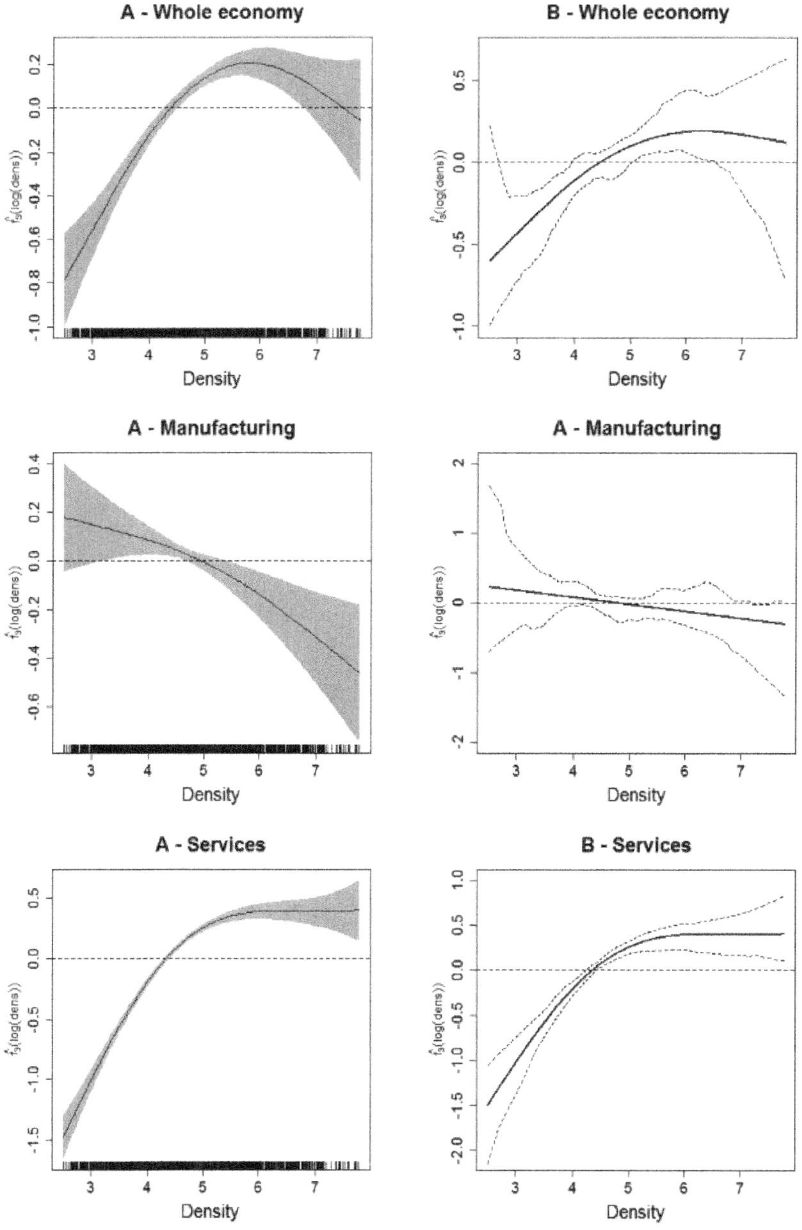

Figure 4. (A) Smooth effect of *size*. (B) Smooth effect of *size* with IV estimates

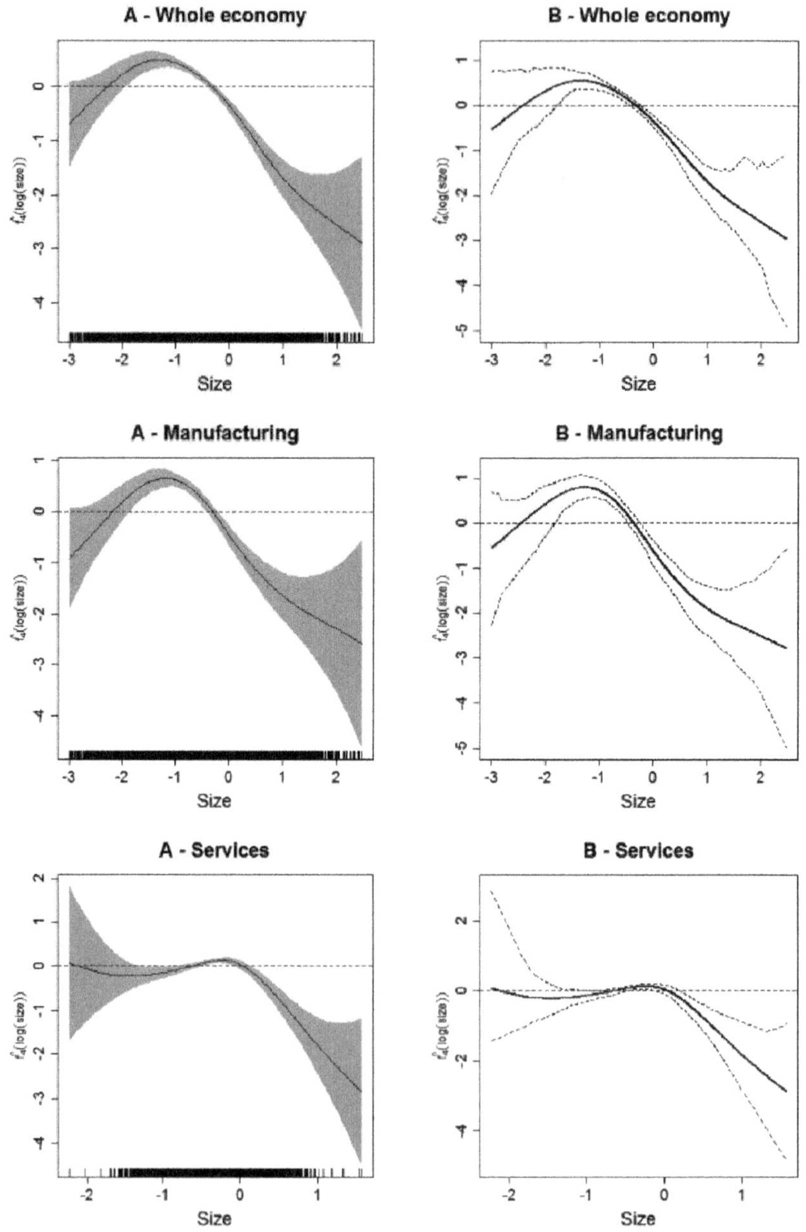

Figure 5. (A) Smooth effect of *comp*. (B) Smooth effect of *comp* with IV estimates

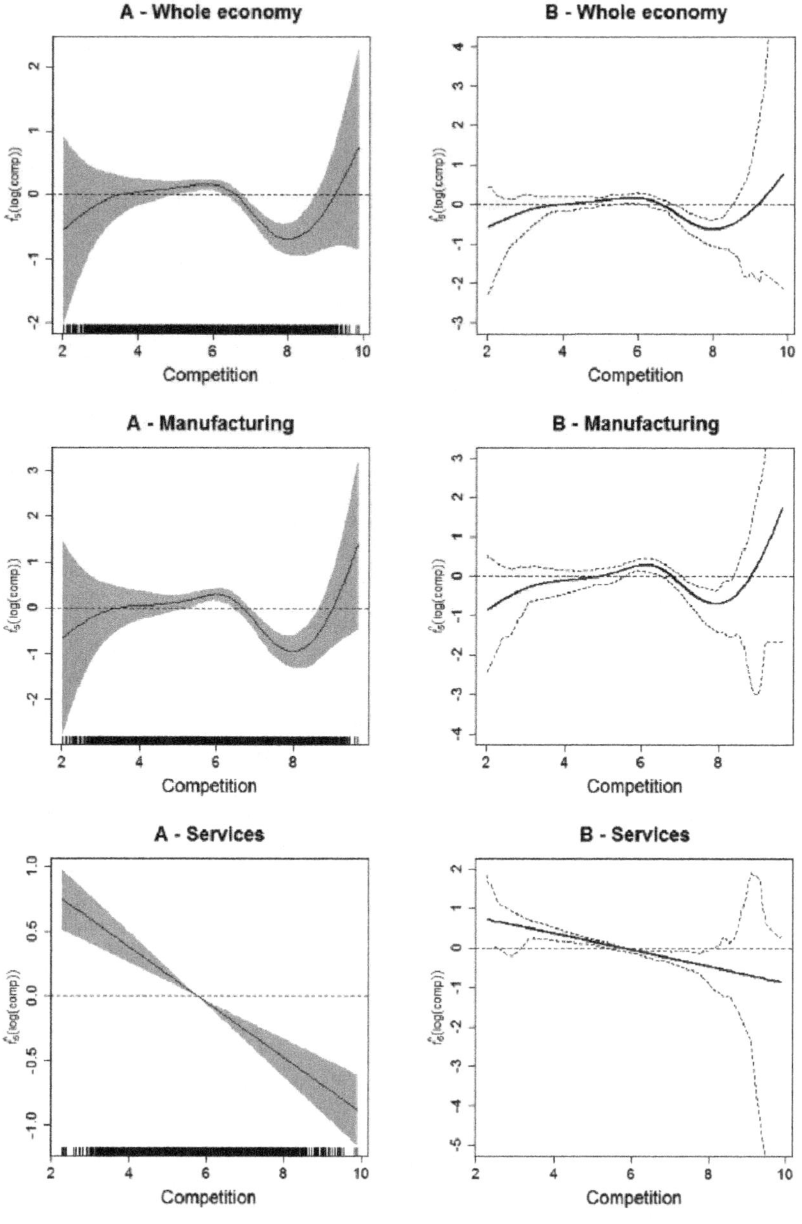

Figure 6. Geographical components of the geo-additive model for each time period

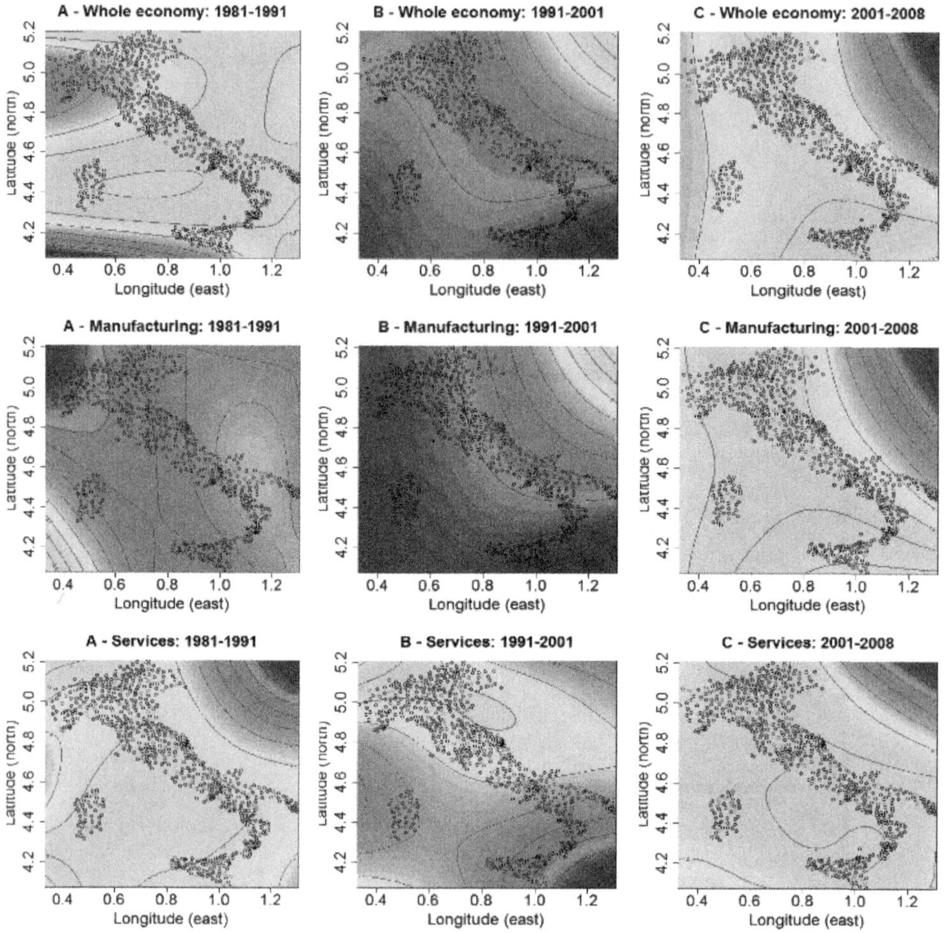

Notes: Contour lines for different values of the predicted employment growth rate in each LLS. X- and Y- axes mesure degrees of longitude and latitude, respectively.

The relationship between growth and *log*(*comp*) (Figure 5 - Panel A) is linear and negative in the case of services, indicating that local competition is always better for growth, in line with the Porter's theory. In the case of manufacturing, our semiparametric estimates provide evidence of a nonlinear relationship between growth and *log*(*comp*): starting from low levels of *log*(*comp*) (i.e. from high levels of local competition), an increase in market power has a positive effect on growth, corroborating the MAR theory; after a certain threshold (that is starting from high levels of *log*(*comp*)), a decrease of market power favors local growth. In other words, our results suggest that the validity of Jacobs-Porter hypothesis (according to which local competition is a driving force to urban growth) or of the MAR theory (according to which local competition is an obstacle to urban growth) depends on some cut off level reached by the degree of local competition.

Table 6. First stage: semiparametric probit model for $ID_{r,s}$

	Whole economy	Manufacturing
Parametric terms	*Coefficients (s.e. in parentheses)*	
SpecIDsec>1	0.822 (0.000)	0.753 (0.000)
SpecSmallSize>1	-0.195 (0.140)	-0.177 (0.160)
Interaction	0.560 (0.000)	0.5199 (0.000)
log(Anjou)	0.199 (0.000)	0.190 (0.000)
log(Spain)	0.043 (0.140)	0.040 (0.160)
log(Bourbon)	-0.358 (0.000)	-0.346 (0.000)
log(Venice)	0.069 (0.000)	0.073 (0.000)
Nonparametric terms	χ^2 *test and edf (in square brackets)*	
f_1 (*log(spe)*)	5.409	5.239
f_2 (*log(div)*)	4.224	4.299
f_3 (*log(den)*)	3.740	3.608
f_4 (*log(size)*)	4.649	4.475
f_5 (*log(comp)*)	3.425	3.260
$h_{1981}(no, e)$	6.471	6.426
$h_{1991}(no, e)$	6.382	6.393
$h_{2001}(no, e)$	8.020	7.779
No. of obs.	27,257	17,006
REML	1,252	1,218

Table 7. First stage: semiparametric probit model for $ID_{r,s'}$

	Whole economy	Manufacturing	Services
Parametric terms	*Coefficients (s.e. in parentheses)*		
log(Anjou)	0.263 (0.000)	0.195 (0.000)	0.122 (0.240)
log(Spain)	0.021 (0.040)	0.051 (0.000)	0.029 (0.680)
log(Bourbon)	-0.408 (0.000)	-0.340 (0.000)	-0.238 (0.000)
log(Venice)	0.137 (0.000)	0.117 (0.000)	0.137 (0.000)
Non-parametric terms	χ^2 *test and edf (in square brackets)*		
f_1 (*log(spe)*)	5.248	3.901	3.962
f_2 (*log(div)*)	6.754	5.539	5.704
f_3 (*log(den)*)	8.728	8.552	6.393
f_4 (*log(size)*)	3.966	4.162	2.818
f_5 (*log(comp)*)	3.666	3.324	2.751
$h_{1981}(no, e)$	21.773	17.516	11.588
$h_{1991}(no, e)$	21.726	13.169	11.775
$h_{2001}(no, e)$	21.527	13.075	12.264
No. of obs.	27,257	17,006	10,251
REML	10,129	6,029	3,821

Finally, Figure 6 displays the map of the geographical component in the geoadditive model – $h(n_r, e_r)$ – estimated for each sector and for each period. It shows that, after controlling for the most relevant variables and allowing for nonlinearities, some unexplained clusters of high (or low) employment growth still remain in some part of the country. In particular, it emerges some unexplained positive growth in the North-East over the middle period (1991-2001).

The results presented so far might be affected by a simultaneity bias and we select a sufficiently large number of instruments to endogenize the dummy variables $ID_{r,s}$ and $ID_{r,s'}$. The relevance of the instruments is well documented in Tables 6 and 7, which report the estimation results of the first stage semiparametric probit equations. To avoid the pitfalls of weak instruments, we drop insignificant instruments, but we also repeat the analysis by including the whole set of instruments in both first stages and see that this does not affects the coefficients of interest.

In Table 8 we report the results of the IV estimation of model (2). In the case of manufacturing sectors, the results confirm that the exogenous component of *ID* due to history and geography is strongly correlated with current local economic growth, after controlling for observed and unobserved spatial heterogeneity. As it is usual, the IV estimates of the dummy variables $ID_{r,s}$ and $ID_{r,s'}$ are larger in magnitude than the one estimated without control for the endogeneity bias. Surprisingly, for the sample of service activities, IV estimates do not confirm the evidence of a significant effect of industrial districts. The results for the nonparametric terms are very similar to those obtained without control for endogeneity (Figures 1-5 Panel B). For robustness check, we have also applied a control function procedure described in section 2.4. The results reported in Table 9 confirm the significance of $ID_{r,s}$ and $ID_{r,s'}$ in manufacturing, although the amount of the coefficients is lower.[21].

Table 8. Semiparametric geoadditive model – IV method

	Whole economy	Manufacturing	Services
Parametric terms	*Coefficients (bootstrap s.e. in parentheses)*		
$ID_{r,s}$	1.728 (0.000)	2.628 (0.000)	
$ID_{r,s'}$	0.896 (0.020)	1.753 (0.000)	0.120 (0.680)
Nonparametric terms	*F test and edf (in square brackets)*		
f_1 (*log*(*spe*))	5.439	5.174	5.344
f_2 (*log*(*div*))	2.793	3.113	2.499
f_3 (*log*(*den*))	2.260	1.007	3.501
f_4 (*log*(*size*))	4.102	4.272	4.095
f_5 (*log*(*comp*))	4.759	5.069	1.005
$h_{1981}(no, e)$	8.100	6.961	14.359
$h_{1991}(no, e)$	5.365	5.204	8.885
$h_{2001}(no, e)$	5.554	5.621	13.353
No. of obs.	27,257	17,006	10,251
R^2_{adj}	0.095	0.093	0.199
REML	85,780	56,805	23,735

[21] Both for IV and control function estimates, bootstrapped p-values are computed for the coefficients of $ID_{r,s}$ and $ID_{r,s'}$ following the procedure described in Appendix 1b.

Table 9. Semiparametric geoadditive model – CF method

	Whole economy	Manufacturing	Services
Parametric terms	*Coefficients (bootstrap s.e. in parentheses)*		
$ID_{r,s}$	0.681 (0.040)	1.732 (0.000)	
$ID_{r,s'}$	0.729 (0.060)	1.311 (0.020)	0.109 (0.620)
$gr_{r,s}$	0.764 (0.010)	0.271 (0.040)	
$gr_{r,s'}$	-0.390 (0.040)	-0.634 (0.060)	0.060 (0.780)
Nonparametric terms	*F test and edf (in square brackets)*		
f_1 $(log(spe))$	5.439	5.159	5.344
f_2 $(log(div))$	2.649	2.602	2.493
f_3 $(log(den))$	2.514	1.022	3.503
f_4 $(log(size))$	3.998	4.182	4.094
f_5 $(log(comp))$	4.716	5.070	1.005
$h_{1981}(no, e)$	8.062	6.886	14.401
$h_{1991}(no, e)$	5.521	5.168	8.847
$h_{2001}(no, e)$	5.559	5.665	13.349
N. of obs.	27,257	17,006	10,251
R^2_{adj}	0.093	0.093	0.200
REML	85,081	56,808	23,733

5. CONCLUSION

In this paper we have used a semiparametric geoadditive model to analyze the effect on employment growth of various factors characterizing the local productive structure in Italy: localization and urbanization externalities, local competition and internal scale economies. The flexibility of the semiparametric approach has allowed us to appreciate that some local characteristics have a nonlinear effect on employment growth. In particular, in keeping with theoretical predictions, the positive effect of urbanization externalities (captured by population density) appears to fade as the density of economic activities reaches some threshold value (in the case of service sectors). Moreover, it emerged a hump-shaped relationship between average firm size and local employment growth as well as between the level of local competition and employment growth. A higher diversification has a positive effect on employment growth in manufacturing sectors corroborating Jacobs theory and a nonlinear effect in services, while a higher specialization (computed with the location quotient) has a negative (albeit nonlinear) impact on employment dynamics. This last finding is consistent with idea that a higher specialization boosts local productivity and thus, under certain circumstances (such as inelastic product demand), reduces labor demand. Finally, the geoadditive model, which incorporates a smooth spatial trend surface, is able to capture residual spatial heterogeneity.

Net of the effect of specialization and average firm size, it has also emerged a *causal* positive effect of industrial district economies on employment growth. It would be a very hard task to capture district externalities through a single indicator, since the essence of this kind of external economies depends on a large number of socio-economic factors (mutual trust, co-operation propensity, presence of institutions that boost the formation and accumulation of social capital). In order to overcome this problem, we have exploited the information on the membership of LLSs to industrial districts (the places where Marshallian externalities are magnified). Thus, we have included in our model a dummy variable *ID*, indicating whether a LLS belongs or not to an industrial district. Empirical evidences (even after controlling for the potential endogeneity of the dummy *ID*) have confirmed that industrial districts have performed better than the other LLSs in manufacturing sectors, thus confirming that industrial district externalities exert a positive effect on local employment growth.

Obviously, our approach does not allow us to distinguish between the various channels through which industrial districts exert a positive effect on local employment dynamics. As it is well known, Marshallian externalities take the form of a more efficient *sharing* of indivisible facilities (e.g., local infrastructure), risks, and the gains from specialization (Duranton and Puga, 2004; Ellison *et al.*, 2010). Moreover, industrial districts allow for a better *matching* between employers and employees, buyers and suppliers, partners in joint projects, or entrepreneurs and financiers. This can occur through both a higher probability of finding a match and a better quality of matches when they occur. Finally, industrial districts can facilitate *learning* about new technologies, new markets, or new forms of organization. Some of these mechanisms (e.g., matching) may have instantaneous effects, while others (e.g., learning) may take time to materialize. In other words, the dummy variable *ID* represents a *black box* and it allows us only to estimate the average net effect of the Marshallian externalities on growth, while the identification of the mechanisms of *sharing*, *matching* and *learning* requires the availability of microeconomic information (see, for example, Andini *et al.*, 2012).

REFERENCES

Andini M., de Blasio G., Duranton G., Strange W.C., 2012, "Mashallian labor Market pooling: Evidence from Italy", *Documents de Treball de IIEB* 2012/27.

Angrist, J.D., Pischke J., 2008, *Mostly Harmless Econometrics: An Empiricist's Companion*, Princeton University Press.

Augustin, N., Musio, M., von Wilpert, K., Kublin, E., Wood, S. N., Schumacher, M., 2009, "Modeling spatio-temporal forest health monitoring data", *Journal of the American Statistical Association*, 104, pp. 899-911.

Bagnasco, A., 1977, *Tre Italie. La problematica territoriale dello sviluppo italiano*, Il Mulino, Bologna.

Basile, R., Girardi, A., 2010, "Specialization and Risk Sharing in European Regions", *Journal of Economic Geography*, 10(5), pp. 645-659.

Beaudry, C., Shiffauerova, A., 2009, "Who is right, Marshall or Jacobs? The localization versus urbanization debate", *Research Policy*, 38(2), pp. 318-337.

Becattini, G., 1979, "Dal 'settore' industriale al 'distretto' industriale: alcune considerazioni sull'unità d'indagine dell'economia industrial", *Rivista di economia e politica industriale*, 1, pp. 7-21.

Becattini, G., 1987, *Mercato e forze locali: il distretto industriale*. Bologna: il Mulino.

Becattini, G., Bellandi, M., Dei Ottati, G., Sforzi, F., 2003, *From industrial districts to local development. An itinerary of research*. Cheltenham: Edward Elgar.

Becattini G., Dei Ottati, G., 2006, "L'economia italiana negli anni novanta: un confronto tra aree di grande impresa e distretti industriali", *Economia e Politica Industriale*, 1, pp. 5-24.

Becchetti L., De Panizza, A., Oropallo, F., 2007, "The role of agglomeration externalities in export and value added performance: evidence from the population of Italian firms", *Regional Studies*, 41(5), pp. 601-621.

Bellandi, M., 2007, "Industrial Districts and Waves of Industrialization: A Rich and Contested Terrain", *Scienze regionali*, 6(2), pp. 7-33.

Briant, A., Combes, P.P., Lafourcade, M., 2010, "Dots to boxes: Do the Size and Shape of Spatial Units Jeopardize Economic Geography Estimations?", *Journal of Urban Economics*, 67(3), pp. 287-302.

Cainelli, G., Leoncini, R., 1999, "Externalities and long-term local industrial development: some empirical evidence from Italy", *Revue d'Economie Industrielle*, 90, pp. 25-39.

Ciccone, A., Hall, R.E., 1996, "Productivity and the density of economic activity", *American Economic Review*, 86, pp. 54-70.

Cingano, F., Schivardi, F., 2004, "Identifying the Sources of Local Productivity Growth", *Journal of the European Economic Association*, 2, pp. 720-742.

Combes, P.P., 2000, "Economic structure and local growth: France, 1984-1993", *Journal of Urban Economics*, 47, pp. 329-355.

Combes, P.P., Duranton, G., Gobillon, L., 2011, "The identification of agglomeration economies", *Journal of Economic Geography*, 11(2), pp. 253-266.

De Groot, H.L.F., Poot, J., Smit, M.J., 2009, "Agglomeration, innovation and regional development: theoretical perspectives and meta-analysis". In: Capello, R., Nijkamp, P. (eds), *Handbook of regional growth and development theories*. Cheltenham: Edward Elgar, pp. 256-281.

De Lucio, J.J, Herce, J.A., Goicolea, A., 2002, "The Effects of Externalities on Productivity Growth in Spanish Industry", *Regional Science and Urban Economics*, 32, pp. 241-258.

Di Giacinto, V., Gomellini, M., Micucci, G., Pagnini, M., 2012, "Mapping local productivity advantages in Italy: industrial districts, cities or both? ", *Temi di discussione Banca d'Italia*, 850.

Di Liberto, A., Sideri, M., 2012, "Past Dominations, Current Institutions and the Italian Regional Economic Performance", *DEGIT Conference Papers c017-022*, DEGIT, Dynamics, Economic Growth, and International Trade.

Duranton, G., Puga, D., 2000, "Diversity and Specialisation in Cities: Why, Where and When Does it Matter?", *Urban Studies*, 37(3), pp. 533-555.

Duranton, G., Puga, D., 2004, "Microfoundations of urban agglomeration economies", In Vernon Henderson, J., Thisse, J-J (eds.) *Handbook of Regional and Urban Economics*, Vol. 4. Amsterdam: NorthHolland, pp. 2063-2117.

Eilers, P., Marx, B., 1996, "Flexible Smoothing with B-Splines and Penalties", *Statistical Science*, 11, pp. 89-121.

Ellison, G., Glaeser, E.L., William, R.K., 2010, "What causes industry agglomeration? Evidence from coagglomeration patterns", *American Economic Review*, 100(3), pp. 1195-1213.

Forni, M., Paba, S., 2002, "Knowledge Spillovers and the Growth of Local Industries", *Journal of Industrial Economics*, 50, pp. 151-171.

Glaeser, E., Kallal, H., Scheinkman, J., Shleifer, A., 1992, "Growth in cities", *Journal of Political Economy*, 100, pp. 1126-1152.

Guiso, L., Sapienza, P., Zingales, L., 2008, "Alfred Marshall Lecture Social Capital as Good Culture", *Journal of the European Economic Association*, MIT Press, 6(2-3), pp. 295-320, 04-05.

Heckman, J. (1976), "The common structure of statistical models of truncation, sample selection and limited dependent variables and a simple estimator for such models", *Annals of Economic and Social Measurement*, 5, pp. 475-492.

Henderson, V., Kunkoro, A., Turner, M., 1995, "Industrial Development in Cities", *Journal of Political Economics*, 103, pp. 1067-1090.

Henderson, V., 1997, "Externalities and Industrial Development", *Journal of Urban Economics*, 42(3), pp. 449-470.

Henderson, D.J., Papageorgiou, C., Parmeter, C.F., 2012, "Growth Empirics without Parameters", *The Economic Journal*, 122, pp. 125-154.

Illy, A., Schwartz, M., Hornych, C., Rosenfeld, M.T.W., 2011, "Local Economic Structure and Sectoral Employment Growth in German Cities", *Tijdschrift voor economische en sociale geografie*, 102, pp. 582-593.

ISTAT, 2001, *Distretti industriali e sistemi locali del lavoro 2001*. Roma.

Jacobs, J., 1969, *The Economies of Cities*. New York: Random House.

Krugman, P. 1993, "First nature, second nature, and metropolitan location", *Journal of Regional Science*, 33: pp. 129-144.

Mameli, F., Faggian, A., McCann, P., 2008, "Employment growth in Italian Local Labour Systems: issues of model specification and sectoral aggregation", *Spatial Economic Analysis*, 3(3), pp. 343-360.

Markusen, A., 1996, "Sticky Places in Slippery Space: A Typology of Industrial Districts", *Economic Geography*, 72, pp. 293-313.

Marshall, A., 1920, *Principles of Economics*. London: Macmillan.

Melo, P.C., Graham, D.J., Noland, R.B., 2009, "A Meta-analysis of Estimates of Urban Agglomeration Economies", *Regional Science and Urban Economics*, 39, pp.332-342.

Ó hUallacháin, B., Satterthwaite, M.A., 1992, "Sectoral growth patterns at the metropolitan level: an evaluation of economic development incentives", *Journal of Urban Economics*, 31, pp. 25-58.

Paci, R., Usai, S., 2008, "Agglomeration Economies, Spatial Dependence and Local Industry Growth", *Revue D'Economie Industrielle*, 123, pp. 1-23.

Porter, M.E., 1990, *The Competitive Advantage of Nations*. London: MacMillan.

Rosenthal, S.S., Strange, W.C., 2004, "Evidence on the Nature and Sources of Agglomeration Economies". In: Henderson, V., Thisse, J-C. (eds), *Handbook of Regional and Urban Economics: Cities and Geography*, Amsterdam: Elsevier, pp. 2119-2171.

Sforzi, F., 2007, "Il contributo dei distretti industriali al cambiamento dell'economia italiana", *Economia italiana*, pp. 79-103.

Sforzi, F., 2009, "The empirical evidence of industrial districts in Italy", In: Becattini, G., Bellandi, M., De Propris, L. (eds.). *A Handbook of industrial Districts*. Cheltenham: Edward Elgar, pp. 327-342.

Soubeyran, A. and Weber, S., 2002, "District formation and local social capital: a (tacit) co-opetition approach", *Journal of Urban Economics*, 52, pp. 65-92

Tabellini, G. (2010), "Culture and Institutions: Economic Development in the Regions of Europe", *Journal of the European Economic Association*, 8(4), pp. 677-716

Trigilia, C., 1986, *Grandi partiti e piccole imprese: comunisti e democristiani nelle regioni a economia diffusa*, Il Mulino, Bologna.

Trigilia, C., 2001, "Capitale sociale e sviluppo locale", in A. Bagnasco, F. Piselli, A. Pizzorno, C. Trigilia, *Il capitale sociale Istruzioni per luso*, Il Mulino, Bologna.

Van der Klaauw, W., 2002, "Estimating the Effect of Financial Aid Offers on College Enrollment: A Regression-Discontinuity Approach", *International Economic Review*, 43, pp. 1249-1287.

Viladecans-Marsal, E., 2004, "Agglomeration Economies and Industrial Location: City-level Evidence", *Journal of Economic Geography*, 4, pp. 565-582.

Wood, S.N., 2006, *Generalized additive models. an introduction with R*. Boca Raton. Florida: Chapman and Hall/CRC.

Wooldridge, J., 2002, *Econometric Analysis of Cross Section and Panel Data*. Massachusetts: MIT Press.

ANNEX 1. Semiparametric Geoadditive Models

The semiparametric geoadditive model estimated in this paper can be represented in a more general form as:

$$y_{it} = \mathbf{X}_{it}^{*\prime}\boldsymbol{\beta}^* + f_1(x_{1it}) + f_2(x_{1it}) + \cdots + \sum_t h_t(no_i, e_i) + \tau_t + \varepsilon_{it} \qquad (9)$$

$$\varepsilon_{it} \sim iid\mathcal{N}(0, \sigma_\varepsilon^2) \quad i = 1, \dots, N \quad t = 1, \dots, T$$

where, for each spatial unit i=1,2,...,N and for each period t=1,2,...,T, y_{it} is a continuous response variable; $\mathbf{X}_{it}^{*\prime}\boldsymbol{\beta}^*$is a linear predictor for any strictly parametric component parametric component (including the intercept, all categorical covariates and eventually some continuous covariates), with $\boldsymbol{\beta}^*$ a vector of fixed parameters; with $\boldsymbol{\beta}^*$ being a vector of fixed parameters. $f_k(.)$ are unknown smooth functions of univariate continuous covariates capturing nonlinear effects of exogenous variables. The term $h(no_i, e_i)$ is a smooth spatial trend surface, i.e. a smooth interaction between latitude (*northing*) and longitude (*easting*). It allows us to control for unobserved spatial hetero-geneity.[22] Finally, τ_t is a time fixed effect and ε_i are *iid* normally distributed random shocks.

Omitting the subscripts *it*, each *k-th* univariate term in equation (9) can be approximated by a linear combination of known basis functions $b_{q_k}(x_k)$:

$$f_k(x_k) = \sum_{q_k} \beta_{q_k} b_{q_k}(x_k) \qquad \text{with } \beta_{q_k} \text{ unknown parameters to be estimated.}$$

To reduce mis-specification bias, $q_k's$ must be made fairly large. But this may generate a danger of over-fitting. By penalizing 'wiggly' functions when fitting the model, the smoothness of the functions can be controlled. Thus, a measure of 'wiggliness' $J \equiv \boldsymbol{\beta}'\mathbf{S}\boldsymbol{\beta}$ is associated with each k smooth function, with $\mathbf{S}$ a positive semi-definite matrix. In this study, we have used P-spline basis functions and discrete penalties suggested by.

The penalized spline base–learners can be extended to two or more dimensions, such as $h_t(no_i, e_i)$, to handle interactions by using thin–plate regression splines or tensor products (Wood, 2006). In the case of a tensor product, smooth bases are built up from products of 'marginal' bases functions. For example:

$$h_t(no, e) = \sum_l \sum_m \beta_{l,m} b_l(no) b_m(e)$$

[22] Removing *unobserved spatial patterns* is a primary task, especially when the researcher considers spatial unobservables as potential sources of endogeneity, that is, when there is a suspected correlation between unobserved and observed variables.

Given the bases for each smooth term, equation (9) can be rewritten in matrix form as a large linear model,

$$y = X^*\beta^* + \Sigma_{q1}\beta_{1_{q1}} b_{1_{q1}}(x_1) + \Sigma_{q2}\beta_{2_{q2}} b_{2_{q2}}(x_2) + \cdots + \varepsilon = X\beta + \varepsilon \qquad (10)$$

where matrix **X** includes $\mathbf{X}^*$ and all the basis functions evaluated at the *x's* covariate values, while $\boldsymbol{\beta}$ contains $\boldsymbol{\beta}^*$ and all the coefficient vectors, β_q, corresponding to the basis functions.

The estimation of model (10) can be based on the reparameterization of such a model in the form of a mixed model:

$$y = X\beta + ZU + \varepsilon \quad U \sim \text{i.i.d. } N(0, G) \quad \varepsilon \sim \text{i.i.d. } N(0, \sigma_\varepsilon^2 I) \qquad (11)$$

where G is a block–diagonal matrix, which depends on both $\sigma_{u_k}^2$ and σ_ε^2 variances. This model is a mixed model where β represents the parameters vector of fixed part and U are the random effects. The smoothing parameters are defined by the ratios $\theta_k = \frac{\sigma_\varepsilon^2}{\sigma_{u_k}^2}$.

This reparameterization consists in post-multiplying X and pre-multiplying β in model (10) by an orthogonal matrix resulting from the singular value decomposition of the penalty matrices S_k. Therefore, the type of penalizations determines the transformation matrix and, thus, the fixed and random effects obtained in the mixed model. The resulting coefficients associated with the fixed effects (β) are not penalized, while those associated with the random effects (U) are penalized. The penalization of random effects is given by the variance–covariance matrix of these coefficients.

Once the mixed model is defined, the parameters associated to fixed (β) and random effects (θ_k and σ_ε^2) can be estimated by using a ML algorithm. If the noise term follows a Gaussian distribution, the log–likelihood function is given by:

$$\log L(\beta, \theta_1, \ldots, \theta_K, \sigma_\varepsilon^2) = \text{constant} - \frac{1}{2} log|V| - \frac{1}{2}(y - X\beta)' V^{-1}(y - X\beta)$$

where $V = ZGZ' + \sigma_\varepsilon^2 I$ and the smoothing parameters θ_K are included in V.

However, the ML estimates are biased since this method does not take into account the reduction in the degrees of freedom due to the estimation of the fixed effects. The restricted maximum likelihood (REML) method can be used to solve the problem. The REML method looks for the linear combinations of the dependent variable that eliminates the fixed effects in the model. In this case the objective function to maximize is given by:

$$\log L_R(\theta_1, \dots, \theta_K, \sigma_\varepsilon^2) = \text{constant} - \frac{1}{2}log|\mathbf{V}| - \frac{1}{2}log|\mathbf{X}'\mathbf{V}^{-1}\mathbf{X}|$$

$$-\frac{1}{2}\mathbf{y}'(\mathbf{V}^{-1} - \mathbf{V}^{-1}\mathbf{X}(\mathbf{X}'\mathbf{V}^{-1}\mathbf{X})^{-1}\mathbf{X}'\mathbf{V}^{-1})\mathbf{y}$$

An estimation of the variance components parameters can be obtained after maximizing $log\ L_R(.)$. In a second step, the estimates of β and U are given by:

$$\hat{\beta} = (\mathrm{X}'\hat{\mathrm{V}}^{-1}\mathrm{X})\mathrm{X}'\hat{\mathrm{V}}^{-1}\mathrm{y} \qquad \hat{\mathrm{U}} = \hat{\mathrm{G}}\mathrm{X}'\hat{\mathrm{V}}^{-1}(\mathrm{y} - \mathrm{X}\hat{\beta})$$

Finally, the estimated values of the observed variable can be obtained as:

$$\hat{\mathrm{y}} = \mathrm{X}\hat{\beta} + \mathrm{Z}\hat{\mathrm{U}}$$

To build confidence (or better credibility) intervals for the estimated values, Wood (2006) has implemented a Bayesian approach. This strategy recognizes that, by imposing a particular penalty, we are effectively including some prior beliefs about the likely characteristics of the correct model. This can be translated into a Bayesian framework by specifying a prior distribution for the parameters β. Specifically, Wood (2006) shows that using a Bayesian approach to uncertainty estimation results in a Bayesian posterior distribution of the parameters

$$\beta|\mathrm{y} \sim \mathcal{N}\left(E(\hat{\beta}), \sigma_\varepsilon^2\left(\mathrm{X}'\mathrm{X} + \sum_k \theta_k \mathrm{S}_k\right)^{-1}\right)$$

This latter result can be used directly to calculate credibility intervals for any parameter. Moreover, the credibility intervals derived via Bayesian theory are well behaved also from a frequentist point of view, i.e. their average coverage probability is very close to the nominal level $1-\alpha$, where α is the significance level.

ANNEX 1b. The boostrap procedure

Since the second-step regression of both the IV and Control Function approaches contains generated regressors, we use a bootstrap procedure to compute the standard errors and p-values. Indicating with y_1 the response variable (the employment growth rate), with X the *model matrix* (including the dichotomous endogenous variables, $y_2 = ID_{r,s}$ and $y_3 = ID_{r,s'}$) and with Z the set of instrumental variables, this procedure consists of the following steps:

1. Select a bootstrap sample ($\mathrm{y}_{1b}^*, \mathrm{X}_b^*, \mathrm{Z}_b^*$) drawn with replacement from ($\mathrm{y}_1, \mathrm{X}, \mathrm{Z}$);

2. Run a semiparametric probit first step model for each endogenous variable ($\mathrm{y}_2 = 1[f_2(\mathrm{Z}) + e_2] \geq 0$ and $\mathrm{y}_3 = 1[f_3(\mathrm{Z}) + e_3] \geq 0$) and compute the generalized residuals:

$$\widehat{gr}_2 = \left[\phi\left(\widehat{f}_2(\mathbf{Z})\right)/\Phi\left(\widehat{f}_2(\mathbf{Z})\right)\right] \times y_2 - \left[\phi\left(\widehat{f}_2(\mathbf{Z})\right)/\left(1-\Phi\left(\widehat{f}_2(\mathbf{Z})\right)\right)\right] \times (1-y_2)$$

$$\widehat{gr}_3 = \left[\phi\left(\widehat{f}_3(\mathbf{Z})\right)/\Phi\left(\widehat{f}_3(\mathbf{Z})\right)\right] \times y_3 - \left[\phi\left(\widehat{f}_3(\mathbf{Z})\right)/\left(1-\Phi\left(\widehat{f}_3(\mathbf{Z})\right)\right)\right] \times (1-y_3)$$

3. Following the IV procedure, use the estimated probabilities from the first steps ($\Phi\left(\widehat{f}_2(\mathrm{Z})\right)$ and $\Phi\left(\widehat{f}_3(\mathrm{Z})\right)$) as instruments for y_2 and y_3. Alternatively, following the CF procedure, insert the first-step residuals in the original semi-parametric regression;

4. Repeat B=1000 times points *(1)*–*(3)*; For each estimated parametric coefficients compute the corresponding equal–tail bootstrap p-value:

$$P^*(\hat{\beta}) = 2 \times min\left(\frac{1}{B}\sum_{b=1}^{B} \#\{\hat{\beta}_b^* \leq 0\}, \frac{1}{B}\sum_{b=1}^{B} \#\{\hat{\beta}_b^* > 0\}\right)$$

5. For each estimated nonparametric coefficients compute the average partial effect at the 95% confidence bands.

ANNEX 2. Sector disaggregation

NACE rev.1	Sectors
	Manufacturing
DA	Manufacture of food products, beverages and tobacco
DB	Manufacture of textiles and textile products
DC	Manufacture of leather and leather products
DD	Manufacture of wood and wood products
DE	Manufacture of pulp, paper and paper products; publishing and printing
DF	Manufacture of coke, refined petroleum products and nuclear fuel
DG	Manufacture of chemicals, chemical products and man-made fibres
DH	Manufacture of rubber and plastic products
DI	Manufacture of other non-metallic mineral products
DJ	Manufacture of basic metals and fabricated metal products
DK	Manufacture of machinery and equipment n.e.c.
DL	Manufacture of electrical and optical equipment
DM	Manufacture of transport equipment
DN	Manufacturing n.e.c.
	Services
G	Wholesale and retail trade; repair of motor vehicles, motorcycles and personal and household goods
H	Hotels and restaurants
I	Transport, storage and communication
J	Financial intermediation
K	Real estate, renting and business activities

Notes: data for the sectors DB, DC, DD, DE, DF, DG, DH and DI have been merged in pairs. n.e.c. stands for Not Elsewhere Classified.

STRUCTURE INDUSTRIELLE LOCALE ET CROISSANCE DE L'EMPLOI : UNE ANALYSE À PARTIR DE MODÈLES GÉOADDITIFS SEMI-PARAMÉTRIQUES

Résumé - *A partir de données sur les « systèmes locaux de travail » italiens, l'effet de la structure productive locale sur la croissance de l'emploi est étudié durant la période 1981-2008. L'Italie représente un terrain d'étude intéressant à deux titres : en raison, d'une part, du niveau élevé d'hétérogénéité spatiale des performances des marchés du travail locaux et, d'autre part, de la présence de bassins d'emploi fortement spécialisés (districts industriels). Les modèles géo-additifs semi-paramétriques utilisés permettent d'identifier des non-linéarités importantes dans la relation entre la structure industrielle locale et la croissance de l'emploi, d'évaluer les performances relatives des districts industriels et de contrôler l'hétérogénéité spatiale non observée.*

Mots-clés : MODÈLES GÉOADDITIFS SEMI-PARAMÉTRIQUES, DISTRICT INDUSTRIEL, ÉVOLUTION DE L'EMPLOI, STRUCTURE INDUSTRIELLE

INTERACTIONS, SPILLOVERS DE CONNAISSANCE ET CROISSANCE DES VILLES EUROPÉENNES

QUEL EST LE RÔLE DE LA GÉOGRAPHIE, DU CLIMAT INSTITUTIONNEL ET DES RÉSEAUX DES FIRMES MULTINATIONALES ?

Catherine BAUMONT[*], Rachel GUILLAIN[**]

Résumé - *Nous étudions si les spillovers entre les économies urbaines associés aux externalités de connaissance existent et quels sont leurs impacts sur la croissance économique de 82 villes européennes sur la période 1990-2005. Nous modélisons les spillovers entre les villes en distinguant cinq schémas d'interactions via la proximité géographique, la globalisation des activités de services supérieurs, le climat des affaires et deux combinaisons de ces schémas. Les modèles spatiaux estimés permettent d'analyser les effets des facteurs de croissance en termes de spillovers et d'externalités. Nous montrons que si les déterminants de la croissance des villes européennes sont essentiellement d'ordre local, les interdépendances entre les villes accentuent les processus de convergence et de divergence. Les impacts manifestes du capital de connaissance sur la croissance des villes ne sont cependant pas fondamentalement différents selon la géographie, le climat institutionnel, les réseaux des firmes multinationales et leurs formes d'interactions.*

Mots-clés : CROISSANCE URBAINE, INSTITUTIONS, ÉCONOMÉTRIE SPATIALE, RÉSEAUX DES FIRMES MULTINATIONALES, SPILLOVERS

Classification JEL : C31, O4, R11, R12

Ce travail bénéficie du soutien du Conseil Régional de Bourgogne dans le cadre du programme de recherche PARI SHS 5 « Régions d'Europe et territoires ».

---

[*] LEDi UMR CNRS 6307, Université de Bourgogne ; catherine.baumont@u-bourgogne.fr
[**] LEDi UMR CNRS 6307, Université de Bourgogne ; rachel.guillain@u-bourgogne.fr

1. INTRODUCTION

Suivant la tradition néoclassique, la croissance économique urbaine dépend d'un ensemble de caractéristiques traditionnelles comme le niveau initial de richesse, de population, la composition sectorielle, le capital économique et social (niveau d'éducation, taux de chômage...), les facteurs géographiques de première nature... (Glaeser et *al.*, 1995). La référence à l'*économie moderne* (Baumont, 2011 ; Fujita et Thisse, 2006 ; Venables, 2008)[1] souligne, quant à elle trois principales caractéristiques : les interactions entre les économies, les spillovers de connaissance et les sources institutionnelles de la croissance.

La ville *'engine of growth'* de Jacobs (1969) exprime selon Lucas (1988) l'idée d'un mécanisme similaire au cœur de la croissance et de l'agglomération : les interactions par lesquelles se forment les effets externes du capital humain et l'accumulation des connaissances. Comme les individus sont prêts à investir pour se former, ils sont prêts à payer aussi pour bénéficier de ces environnements propices aux échanges tels qu'on les trouve dans les villes[2]. Les modèles de la microéconomie urbaine ont exploité cette recherche d'interactions créatrices de connaissances pour expliquer les concentrations des ménages (Beckmann, 1976) et des firmes (Fujita et Ogawa, 1982). L'innovation, la main-d'œuvre qualifiée ont ainsi tendance à s'agglomérer et à soutenir conjointement la croissance des villes et la croissance économique (Martin et Ottaviano, 1999 ; 2001). Urbanisation et croissance sont encore associées pour mettre en avant les changements des systèmes productifs vers une spécialisation des économies les plus dynamiques dans les activités tertiaires supérieures (Glaeser et Ponzetto, 2010).

Une approche plus qualitative des déterminants de la croissance est ainsi mise en évidence car la ville n'est pas seulement le lieu où se concentrent les facteurs de croissance, elle est aussi le lieu où s'organisent les conditions d'interactions efficaces entre ces facteurs pour la production de connaissances (Baumont et *al.*, 1998).

Le contexte de la globalisation et de ses nouvelles formes d'organisation des échanges pose alors les conditions de la croissance économique en trois questions. Comment se répartissent entre les villes les activités économiques de croissance ? Comment s'organisent les interactions entre les villes afin de produire les spillovers de connaissance ? Quels sont les impacts de ces interactions sur la croissance urbaine ?

Pour répondre à ces trois questions, nous développons un modèle empirique qui apporte trois contributions. Premièrement, nous nous intéressons pré-

[1] "This economy surrounded by increasing returns to scale deriving from economic sources and from social and political sources as well; it is a knowledge intensive based economy with an unprecedented development of new information and communication technologies; it faces new trade conditions defined by an increasingly integrated and globalized economy".

[2] « What can people be paying Manhattan or downtown Chicago rents for, if not for being near other people? » (Lucas, 1988, p. 39).

cisément au contexte des économies urbaines en étudiant la croissance économique de 82 villes européennes. Notre étude porte sur la période 1990-2005. Nous considérons que les villes concentrent un socle d'activités favorisant les spillovers de connaissance et qu'elles interagissent entre elles. Ce type d'étude est rare : soit les recherches s'intéressent à la croissance démographique des villes, soit elles traitent de la croissance économique mais à l'échelle des régions européennes. Deuxièmement, nous établissons le lien entre les modèles économétriques spatiaux et la nature des spillovers de connaissance. Nous clarifions pour cela, d'une part, la nature des spillovers de connaissance, et d'autre part, comment le traitement des interdépendances permet d'analyser les différentes formes de spillovers. Troisièmement, nous considérons plusieurs schémas d'interactions entre les économies urbaines pour évaluer l'impact du capital de connaissance sur la croissance économique urbaine. Nous relions en particulier les schémas d'interdépendances à trois formes de proximités : la proximité géographique, la proximité institutionnelle et la proximité des affaires.

L'article s'organise comme suit. Nous présentons, dans la deuxième section, le contexte des économies modernes en insistant sur l'organisation géographique et institutionnelle des conditions de la croissance. La troisième section clarifie le modèle empirique. Partant d'un modèle de croissance à la Barro et Salai-I-Martin (1995), nous relions les différentes spécifications spatiales de ce modèle aux concepts de spillovers de connaissance. Nous définissons par ailleurs les schémas d'interdépendances entre les économies associés au contexte des économies modernes. Les cinq formes retenues sont basées sur la proximité géographique, la proximité institutionnelle, la proximité organisationnelle et deux formes combinant les trois précédentes. Nous définissons à cette occasion une distance institutionnelle entre les villes qui comprend à la fois des indicateurs nationaux et des attributs locaux. Les schémas de voisinage, de type « plus proches voisins », sont illustrés et comparés. Les études empiriques font l'objet des quatrième et cinquième sections. Un ensemble d'analyses exploratoires sur les caractéristiques de la croissance des villes européennes sont menées dans la quatrième section. Nous souhaitons en effet mieux qualifier les attributs des 82 villes européennes considérées dans notre étude, notamment en analysant, d'une part, la distribution des facteurs et, d'autre part, les schémas de dépendance spatiale de ces distributions. La taille des villes, leur niveau de richesse, le capital de connaissance urbain et les caractéristiques institutionnelles sont plus précisément étudiés. L'analyse exploratoire des données spatiales révèle que les attributs des villes sont spatialement auto-corrélés tout en suivant des schémas géographiques distinctifs selon les variables. Enfin, l'estimation des spillovers de connaissance est réalisée dans la dernière section. Nous précisons les spécifications spatiales estimées en appliquant les méthodes de recherche de spécifications de type *specific-to-general* et *general-to-specific*. Les spécifications retenues sont le modèle SEM et le modèle spatial de Durbin. Les estimations montrent que les villes européennes sont interdépendantes quels que soient les schémas considérés. L'estimation des impacts indique que les niveaux de richesse favorisent le processus de convergence et que les spillovers entre les villes accroissent cette convergence. En revanche, le capital de connaissance est un facteur de divergence et les spillovers de connaissance sont surtout de nature locale ce qui accentue cet effet. Les cinq schémas d'interdépendances ne contribuent pas de manière fondamentalement différente à ces résultats.

2. L'ORGANISATION GÉOGRAPHIQUE ET INSTITUTIONNELLE DES CONDITIONS DE LA CROISSANCE

L'organisation géographique des conditions de la croissance est associée aux choix de localisation des activités économiques qui dessinent une géographie des marchés et de la connaissance. Les conditions institutionnelles dans lesquelles se développent les économies modernes représentent par ailleurs des forces d'attractivité, des facteurs de développement et d'échanges entre les économies.

2.1. Géographie des marchés et climat des affaires

Les fondements micro-économiques des économies d'agglomération renvoient à la construction d'un climat économique interne favorable à l'activité économique urbaine et à la spécialisation sectorielle et fonctionnelle des villes dans les activités intensives en connaissance et les activités de décision (Duranton et Puga, 2000 ; 2005). Cependant, la fragmentation de plus en plus fine de la chaîne de valeur (Defever et Mucchielli, 2005 ; Fujita et Thisse, 2006) place chaque ville et ses activités au cœur du système global des échanges des biens, des services, des informations et des idées.

Il en résulte *une nouvelle géographie des marchés* centrée sur les agglomérations et structurée par les stratégies de localisation des firmes globales. Cette nouvelle géographie des marchés révèle à la fois la complexité des choix des firmes : « where to locate production activity (the locational choice of economic geography) and how to serve foreign markets (the organizational choice of the multinational) » (Mion et *al.*, 2008) et leur dépendance à l'ensemble des coûts des interactions : « Overall, (it) highlight(s) the fundamental roles of production costs ('cost-saving attraction'), market size ('market-seeking attraction'), and access to other markets ('accessibility') » (Mion et *al.*, 2008).

L'urbanisation des économies devient dans ces conditions la réponse spatiale aux choix de localisation des firmes multinationales, notamment celles opérant dans les activités de décision et de contrôle et dans les activités intensives en connaissance. En effet, dans les villes, les activités et les fonctions supérieures bénéficient d'une main-d'œuvre qualifiée et de la proximité des centres de recherche et de formation (Quigley, 1998). Dans les activités de décision et de contrôle où les contacts face à face sont importants, les firmes bénéficient dans les villes de la proximité de leurs clients et fournisseurs, de la proximité des institutions, des pouvoirs politiques et des administrations (Choppin-Ansidéi et Guillain, 2002 ; Glaeser et *al.*, 2010). La présence des activités et fonctions supérieures constitue par ailleurs un facteur positif pour tout un ensemble d'activités urbaines complémentaires. Les sièges sociaux bénéficient dans les milieux métropolitains de la proximité des autres sièges sociaux (Ota et Fujita, 1993 ; Scott, 2001). Plus important, en développant leurs réseaux dans les autres villes, les firmes multinationales construisent un véritable réseau d'interactions par lequel transitent « leurs affaires » et s'accomplissent en chaque nœud du réseau un grand nombre d'affaires complémentaires (Scott, 2001 ; Taylor, 2004).

La localisation urbaine des activités et des fonctions supérieures est alors un moyen pour les firmes opérant dans ces secteurs et pour toutes les activités qui en dépendent de réduire les coûts de production, les coûts de coordination et les coûts de transaction pour leurs affaires locales et internationales. Cet environnement désigne le *climat urbain des affaires*.

Considérer le climat urbain des affaires comme un facteur de la croissance économique des villes renvoie à l'approche institutionnelle de la croissance et du développement (Hall et Jones, 1999 ; North, 1990). Cette approche souligne l'importance d'une « bonne gouvernance » (Kaufmann et Kraay, 2008) ou d'un « bon climat des affaires »[3] (Begg, 1999 ; Dollar et *al*., 2003 ; Eicher et Leukert, 2009) pour inciter les acteurs économiques à investir, à innover, à développer leurs activités, à réaliser des transactions... L'approche institutionnelle ne cherche à démontrer ni la primauté d'une régulation publique sur la liberté entrepreneuriale ni la primauté d'un système libéral sur un système administré. Elle souligne que ces deux systèmes sont liés pour le bon fonctionnement de l'économie et que les détournements ou captures de richesses par l'un ou l'autre système ne sont pas efficaces. L'offre de politiques économiques, l'existence d'un système de régulation efficace des marchés, d'un système juridique transparent et juste, la démocratie et la transparence du système politique, l'absence de corruption, la sécurité, la stabilité politique... sont autant d'indicateurs sur le climat institutionnel d'un pays.

L'application aux villes de cette approche nécessite de tenir compte des spécificités locales en termes par exemple de biens publics locaux (infrastructures de transports et de communication, services administratifs, enseignement...), de politiques fiscales, des politiques économiques et de régulation du marché du travail, de la liberté d'entreprendre, favorisant l'innovation... Au niveau urbain, il s'avère en particulier, que les institutions agissent à trois niveaux (Baumont, 2011 ; Henderson et Wang, 2007). Elles agissent, d'une part, sur le fonctionnement « technique » des villes avec l'offre de politiques économiques permettant une meilleure organisation des affaires. Elles agissent, d'autre part, sur la bonne gouvernance politique permettant une meilleure transparence et une offre de politiques plus efficaces. Enfin, elles agissent sur le degré d'ouverture et d'échange permettant une meilleure intégration économique et commerciale. La qualité du climat des affaires est ainsi un facteur, en tant que tel, d'attractivité et de croissance des villes (Venables, 2008), mais dont l'incidence reste à ce jour encore peu étudiée empiriquement.

---

[3] La terminologie est employée ici pour désigner plutôt le fonctionnement des institutions « bonne gouvernance » et son application à la création de richesse et à la régulation économique avec le « climat des affaires ». Le climat institutionnel, par extension, prendra en compte les deux dimensions : fonctionnement des institutions et leurs actions.

Ainsi, au niveau international, les travaux de Henderson et Wang (2007), d'une part, et de Kaufmann et *al.* (2006), d'autre part, s'intéressent au rôle des institutions sur la croissance des villes ou leur performance. Sur la période 1960-2000 et pour les villes de plus de 100 000 habitants réparties sur plus d'une centaine de pays, les analyses d'Henderson et Wang soulignent le rôle joué par le contexte institutionnel sur la croissance des villes, surtout les plus petites d'entre elles et essentiellement par l'amélioration de ce climat institutionnel. De même, améliorer la bonne gouvernance permet d'améliorer la performance des villes, notamment en termes d'offre d'infrastructures, comme l'indiquent les analyses réalisées par Kaufmann, Léautier et Mastruzzi (2006), sur un ensemble de plusieurs centaines de villes, au début des années 2000, des pays développés ou en développement. Les auteurs insistent sur la corrélation entre les contextes institutionnels, économiques et d'ouverture des économies. Dollar et *al.* (2003) s'intéressent aux régions urbaines chinoises et caractérisent le climat « urbain » de l'investissement pour 23 « villes » au début des années 2000. Le climat des investissements est appréhendé par une dizaine d'indicateurs sur les infrastructures, le système financier et judiciaire, les compétences, la flexibilité du marché du travail, les barrières à l'entrée, le développement du secteur privé... L'objectif est d'évaluer l'impact du climat urbain des investissements sur la performance des entreprises. D'autres études sont menées au niveau européen par Baumont (2011) à l'échelle des villes ou par Arbia et *al.* (2010) à l'échelle des régions européennes. Dans le premier cas, un indicateur propre aux villes est construit, tandis que dans le second cas, c'est le contexte institutionnel national qui est utilisé. L'impact positif du climat urbain des affaires sur la croissance économique est mis en évidence dans ces travaux qui traitent par ailleurs la question de l'interdépendance entre les économies.

Dans la mesure où ces différentes études n'ont pas pour objectif de tester la suprématie des institutions sur les autres facteurs de croissance, elles indiquent qu'une corrélation existe entre ces deux « groupes » de déterminants de la croissance. Elles ne négligent pas en particulier de caractériser le capital de connaissance des économies[4].

2.2. Géographie des connaissances et spillovers de croissance

Les économies d'agglomération, en tant que rendements d'échelle croissants externes, favorisent, sous leur forme dynamique, la croissance économique. La spécialisation (ou la diversité) du tissu urbain est à l'origine de spillovers de connaissance de type MAR (ou Jacobs) favorables à l'innovation (Glaeser, 1999 ; Guillain et Huriot, 2001).

Au-delà cependant de cet effet interne aux villes, plusieurs travaux se sont intéressés aux spillovers de connaissances externes aux villes. Ils souli-

[4] Les débats sur l'hypothèse institutionnelle de la croissance mettent en jeu le rôle induit ou moteur des institutions sur le contexte économique. Dans ce cadre, différentes études, à l'échelle nationale notamment, montrent que le capital de connaissance est un déterminant important de l'évolution du contexte institutionnel (Glaeser et *al.*, 2004).

gnent l'interdépendance entre les économies, généralement modélisée à travers des liens technologiques et des échanges des biens et/ou des individus et des idées. Cependant, peu de modèles théoriques traitent ces deux dimensions. Glaeser et *al.* (1992) formalisent les interdépendances technologiques d'une économie urbaine avec son environnement global, mais sans spécifier une structure d'interdépendance entre chaque ville. Kubo (1995) considère une économie à deux régions dotées chacune d'externalités technologiques de connaissances de nature interne – des rendements d'échelle standards qui restent confinés au sein de la région – et externe – qui transitent entre les régions. La croissance des deux régions est formalisée en intégrant les poids relatifs des externalités intra-régionales et inter-régionales.

Les modèles dits de la « synthèse géographie-croissance » ont également souligné l'importance de la portée spatiale des spillovers de connaissance dans les mécanismes de croissance. Selon ces modèles (Martin et Ottaviano, 1999 ; 2001), les spillovers locaux de connaissance sont directement associés à la concentration spatiale : ils restent donc confinés aux structures urbaines. En revanche, il existe des spillovers globaux qui impliquent que les villes peuvent bénéficier du socle de connaissances des autres villes. Dans ces conditions, les spillovers globaux favorisent la convergence tandis que les spillovers locaux favorisent les disparités de croissance (Kubo, 1995 ; Martin et Ottaviano, 2001). Certains modèles de croissance formalisent les interdépendances entre les économies dans un cadre multilatéral et la croissance d'une économie devient formellement associée à la croissance et aux caractéristiques des économies voisines (Ertur et Koch, 2007).

La distinction entre les spillovers locaux et les spillovers globaux implique des géographies de la croissance et de la connaissance assez différentes. Dans le cas de spillovers locaux, chaque lieu de production des connaissances constitue une force de rappel et la concentration des facteurs de croissance et de la croissance suit des schémas polarisés joints. Dans le cas de spillovers globaux, au contraire, le schéma de répartition des sources de la croissance est inégal alors que la géographie de la croissance l'est moins. Une interdépendance forte entre les économies, soutenue à la fois par des processus de création de connaissances et des échanges de connaissances, sera donc plus susceptible de favoriser la croissance économique en de multiples lieux.

Les études empiriques intégrant les interdépendances entre les économies sont très nombreuses et concernent différents ensembles de pays et régions dans le monde. Au sein de l'Union européenne, plusieurs études montrent que les interdépendances de croissance entre les régions européennes sont fortes : par exemple, le taux de croissance d'une région augmente en moyenne de 0,8% si la moyenne des taux de croissance de ses voisines augmente de 1% (Baumont et *al.*, 2006). Cependant, le rôle des interdépendances entre les économies soulève des difficultés particulières : par quels canaux ces interdépendances se manifestent-elles et quelles en sont les ampleurs ? Quelles sont les modalités de formalisation de ces spillovers et leur statut vis-à-vis des concepts théoriques proposés dans les modèles ?

3. INTERDÉPENDANCE DES ÉCONOMIES ET SPILLOVERS DE CONNAISSANCE

Depuis une vingtaine d'années, les modèles empiriques de croissance régionale élaborés à partir des analyses statistiques et économétriques spatiales fournissent des méthodes pour modéliser les interdépendances et en estimer les effets sur la croissance économique. Ces méthodes s'appuient pour beaucoup d'entre elles sur la définition de schémas d'interdépendances spécifiés, d'une part, dans les matrices de pondérations spatiales et, d'autre part, dans les équations spatiales estimées. L'appréhension et la signification des spillovers dans ces modèles empiriques peuvent prendre différentes formes qu'il est nécessaire de clarifier.

3.1. Modélisation empirique des interactions spatiales et croissance

Nous considérons *n* économies urbaines *i* dont le taux de croissance annuel moyen suit un schéma standard néoclassique dépendant de facteurs explicatifs X. On pose que X est une matrice de variables explicatives de population *(Pop)*, de richesse *(G)* et d'un socle local de connaissances *(Kloc)* (ces variables sont définies et présentées dans la section 4).

Sous forme matricielle, l'équation de croissance s'écrit :

$$g_T = \alpha i_n + \beta_G G_0 + \beta_P Pop_0 + \beta_K Kloc_0 + \varepsilon \qquad \varepsilon \sim iid \qquad (1)$$

g_T est le vecteur de dimension ($n\times 1$) du taux de croissance annuel moyen de la richesse sur la période T, i_n est le vecteur unité de dimension ($n\times 1$) et α le paramètre constant à estimer. Les variables explicatives sont exprimées en logarithmes et sont mesurées à la date initiale 0, β est le vecteur des paramètres à estimer, ε est le vecteur des termes d'erreur de dimension ($n\times 1$) avec les propriétés habituelles. Le modèle de croissance ainsi spécifié reprend les conditions de convergence à la Barro et Salai-I-Martin (1995) et permet de distinguer le processus de convergence lié à β_G et conditionnel aux variables de contrôle et d'environnement *Pop* et *Kloc*.

La prise en compte des interdépendances entre les économies, est modélisée via la matrice d'interactions *W* de dimension ($n\times n$) dont les termes w_{ij} spécifient le niveau d'interactions reliant les villes *i* et *j*. Les valeurs d'interactions sont des fonctions non décroissantes d'une mesure des connexions entre les villes. Nous préciserons dans la partie suivante, quelles sont les mesures que nous adoptons dans le cas des spillovers de connaissance (cf. paragraphe 3.2).

Plusieurs formes d'interdépendances sont modélisées via *W* selon les équations spatiales. Par définition, l'intégration de *W* dans l'équation à estimer constitue le moyen d'appréhender un effet de spillover car on modélise l'impact de l'organisation spatiale sur l'économie sous la forme d'un *effet de localisation relative* qui renvoie au concept d'autocorrélation spatiale (Abreu et *al.*, 2005 ;

Arbia et *al.*, 2010) [5]. L'équation a-spatiale (1) exclut donc les effets de spillovers par définition. Les formes spatiales usuelles sont les modèles SEM (Spatial Error Model), pour une autocorrélation spatiale des erreurs (Equation 2), SAR (Spatial Autoregressive) pour la variable endogène autorégressive (Equation 3), SLX (Spatial lag of X = Explanatory Variables) pour les variables exogènes autorégressives (Equation 4) et SDM (Spatial Durbin Model) pour un schéma autorégressif sur la variable dépendante et les variables explicatives (Equation 5). L'écriture de chaque modèle est précisée ci-après et le Tableau 1 synthétise les concepts de spillovers qui leur sont associés.

Tableau 1. Modèles spatiaux, typologie des spillovers et des impacts

Modèle	Auto-corrélation	Spillovers	Effet direct ED X_k	Effet indirect ID X_k
OLS			$\widehat{\beta}_k$	
SLX		Modélisés locaux	$\widehat{\beta}_k$	$\widehat{\theta}_k$
SEM	nuisance	Non modélisés	$\widehat{\beta}_k$	
SAR	substantielle	Modélisés globaux	Mean Diag $(I-\rho W)^{-1}\widehat{\beta}_k$	Mean off-Diag $(I-\rho W)^{-1}\widehat{\beta}_k$
SDM	substantielle	Modélisés globaux	Mean Diag $(I-\rho W)^{-1}[\widehat{\beta}_k + W\widehat{\theta}_k]$	Mean off-Diag $(I-\rho W)^{-1}[\widehat{\beta}_k + W\widehat{\theta}_k]$

X_k est une variable explicative k.
Mean Diag : moyenne des termes diagonaux.
Mean off-Diag : moyenne des termes non diagonaux.

a) Le modèle SEM est spécifié avec une structure autorégressive du terme d'erreur, λ étant le paramètre spatial à estimer.

$$g_T = \alpha i_n + X\beta + \varepsilon \qquad \text{avec } \varepsilon = \lambda W\varepsilon + u \text{ et } u \sim iid \qquad (2)$$

Il n'existe, par définition, aucun schéma de spillovers associé au modèle SEM (LeSage et Pace, 2009 ; Vega et Elhorst, 2013) dans la mesure où l'impact de l'attribut k d'une ville sur son taux de croissance est directement mesuré par le coefficient β_k estimé, sans tenir compte de l'impact des attributs des autres villes. Ceci se traduit par une autocorrélation spatiale de nuisance, liée à des variables omises, une mauvaise spécification de la forme fonctionnelle, des

[5] L'impact de l'espace sur l'économie peut également se matérialiser par un effet de localisation absolue : dans ce cas, la situation d'une ville est indépendante de celle des autres villes. La description de la localisation des villes par des variables indicatrices relève par exemple de cet effet et il est usuel de représenter l'hétérogénéité spatiale ou géographique de cette manière : les villes européennes appartiennent à des pays particuliers, elles sont localisées au sud ou au nord de l'espace européen, au centre ou en périphérie…

erreurs de mesure... La dépendance spatiale est dite non modélisée (Anselin, 2003).

b) Le modèle SAR rend compte d'une dépendance spatiale sur la variable endogène : le taux de croissance d'une ville dépend des taux de croissance des villes voisines, ρ étant le paramètre spatial à estimer.

$$g_T = \rho W g_T + \alpha i_n + X\beta + \varepsilon \qquad \varepsilon \sim iid$$

Soit sous forme réduite :

$$g_T = (I - \rho W)^{-1}(\alpha i_n + X\beta + \varepsilon) \tag{3}$$

Les spillovers sont de nature globale car ils se produisent sur l'ensemble de l'espace à travers le multiplicateur spatial : $(I - \rho W)^{-1}$. L'impact d'une variable explicative k sur le taux de croissance ne se mesure pas uniquement par la valeur du coefficient β_k estimé car il combine des effets de propagation et de feedback. Toute variation en un lieu se propage aux lieux voisins et revient vers ce lieu (effet direct d'une variation de la ville i sur elle-même). De même, toute variation touchant les villes voisines se propage au sein de l'espace et affecte chaque lieu (effet indirect des variations des villes j sur la ville i). Une mesure des effets directs et indirects consiste à prendre la moyenne des effets individuels (LeSage et Pace, 2009). L'autocorrélation spatiale est qualifiée de substantielle et répond à une structure modélisée et explicative des spillovers portée par les attributs k des villes : le niveau de richesse initial, la taille initiale ou le socle des connaissances.

c) Le modèle SLX repose justement sur une écriture directe des externalités spatiales : les attributs des villes j connectées à i peuvent impacter le taux de croissance de la ville i.

$$g_T = \alpha S + X\beta + WX\theta + \varepsilon \qquad \varepsilon \sim iid \tag{4}$$

Les spillovers sont de nature locale (Anselin, 2003 ; LeSage et Pace, 2009) car il n'y pas d'effets de multiplicateur spatial. L'impact d'un attribut k sur le taux de croissance combine un effet direct mesuré par le coefficient β_k estimé et un effet indirect (externalités locales) mesuré par le coefficient θ_k estimé (Vega et Elhorst, 2013). La modélisation des spillovers sous cette forme est souvent guidée par des phénomènes explicatifs connus, des faits observés... que l'on souhaite tester. C'est bien le cas de l'existence d'une externalité spatiale de connaissance provenant des villes avec lesquelles on est connecté. Le modèle SLX permet de dissocier l'effet sur la croissance, d'une composante propre à la ville i et d'une composante territoriale autour de cette ville. On peut considérer que la croissance de chaque ville dépendra de son propre capital de connaissance mais également de celui, par exemple, des villes appartenant au même pays, ou des villes situées à moins de 500 kilomètres ou des villes reliées par 3 allers-retours aériens par jour ...On peut, en faisant varier l'étendue de ce territoire selon la matrice W utilisée, spécifier tout un ensemble de territoires jusqu'à retrouver « *l'effet national* » de Glaeser et *al.* (1992). Celui-ci correspond en fait au cas où $W = U - I$ (U est la matrice unité et I la matrice identité). Cet effet national peut cependant être modulé dans le cadre spatial par l'étendue des connexions retenues et leurs pondérations.

d) Le modèle SDM, enfin, combine les effets de dépendance sur les variables explicatives et sur la variable endogène.

$$g_T = \rho W g_T + \alpha S + X\beta + WX\theta + \varepsilon \qquad \varepsilon \sim iid$$

Soit sous forme réduite :

$$g_T = (I - \rho W)^{-1}(\alpha i_n + X\beta + WX\theta + \varepsilon) \tag{5}$$

Les spillovers sont globaux du fait du multiplicateur spatial et l'impact d'un attribut k sur le taux de croissance combine un effet direct et un effet indirect qui ne se réduisent pas aux valeurs des coefficients estimés. Contrairement au modèle SAR, le ratio entre les effets directs et indirects peut varier selon les variables explicatives, alors qu'il est constant dans le cas du SAR (Vega et Elhorst, 2013). Comme pour le modèle SLX, l'existence d'externalités portées par les attributs des villes est modélisée et testée. L'autocorrélation spatiale est qualifiée de substantielle.

La modélisation de la dimension spatiale ne renvoie donc pas directement aux formes de spillovers énoncées dans les modèles de croissance. Le modèle SLX permet de formaliser les externalités spatiales qui se rapprochent le plus de la forme interrégionale des spillovers théoriques. Les spillovers « globaux » qui sont mesurés empiriquement dans les modèles SAR ou SDM intègrent en réalité des schémas de propagation et de feedbacks qui mobilisent l'ensemble des villes, quelles que soient les structures d'interactions qui les unissent. Enfin, ces formulations ne renvoient plus à l'interprétation directe des équations spatiales SAR ou SDM mais à celles de leur forme réduite. Les impacts des attributs des villes sur les taux de croissance ne sont donc pas systématiquement donnés par les valeurs estimées des coefficients associés mais dépendent de la forme spatiale estimée.

3.2. Schéma de diffusion des spillovers de connaissance

Les matrices d'interactions $W_{n\times n} = [w_{ij}]$ définissent quelles villes sont connectées entre elles et avec quelles intensités. Du fait de la constitution de notre échantillon de villes européennes (cf. Tableau 2), nous avons une distribution de villes assez nombreuses et rapprochées au centre de l'espace européen et une dispersion des villes dans les pays plus périphériques (cf. Carte 1).

Dans ces conditions, la structure d'interdépendances de type « n_k *plus proches voisins* » qui permet à chaque ville d'avoir un nombre égal de voisins est généralement préférée à celle donnée par des ensembles variables de villes voisines, délimités par exemple par des distances seuils. Nous retenons $n_k = 7$. Les matrices sont standardisées en ligne, de telle sorte que $w_{ij} = 1/7$ pour les 7 villes qui interagissent entre elles et $w_{ij}= 0$ sinon[6]. Des mesures de ces différentes proximités peuvent donc être utilisées pour spécifier le schéma des interactions entre les économies.

Tableau 2. Villes et pays européens

PAYS *Ville*	PAYS *Ville*	PAYS *Ville*	PAYS *Ville*
Allemagne	**Chypre**	**Italie**	**Slovénie**
Berlin	*Nicosie*	*Bologne*	*Lubiana*
Bonn	**Estonie**	*Gênes*	**Suède**
Cologne	*Tallin*	*Milan*	*Göteborg*
Dortmund	**Espagne**	*Naples*	*Malmö*
Dresde	*Barcelone*	*Palerme*	*Stockholm*
Düsseldorf	*Bilbao*	*Rome*	**Slovaquie**
Essen	*Madrid*	*Trieste*	*Bratislava*
Francfort	*Séville*	*Turin*	**Rép. Tchèque**
Hambourg	*Valence*	*Venise*	*Prague*
Hanovre	**Finlande**	**Lettonie**	**Royaume-Uni**
Leipzig	*Helsinki*	*Riga*	*Belfast*
Mayence	**France**	**Lituanie**	*Birmingham*
Mannheim	*Bordeaux*	*Vilnius*	*Bristol*
Munich	*Grenoble*	**Luxembourg**	*Cardiff*
Nuremberg	*Lille*	*Luxembourg*	*Edimbourg*
Stuttgart	*Lyon*	**Pays-Bas**	*Glasgow*
Autriche	*Marseille*	*Amsterdam*	*Leeds*
Linz	*Paris*	*La Haye*	*Liverpool*
Vienne	*Strasbourg*	*Rotterdam*	*Londres*
Belgique	**Grèce**	*Utrecht*	*Manchester*
Anvers	*Athènes*	**Pologne**	*Newcastle*
Bruxelles	**Hongrie**	*Cracovie*	*Norwich*
Liège	*Budapest*	*Varsovie*	*Nottingham*
Danemark	**Irlande**	**Portugal**	*Plymouth*
Arhus	*Dublin*	*Lisbonne*	*Sheffield*
Copenhague			*Southampton*

[6] La standardisation en ligne permet l'interprétation des coefficients en termes de moyenne pondérée des attributs au sein du voisinage. La matrice des *k plus proches voisins* et à poids unitaires permet de conserver la dimension relative de la localisation même après la standardisation en ligne.

Carte 1. Localisation des villes européennes

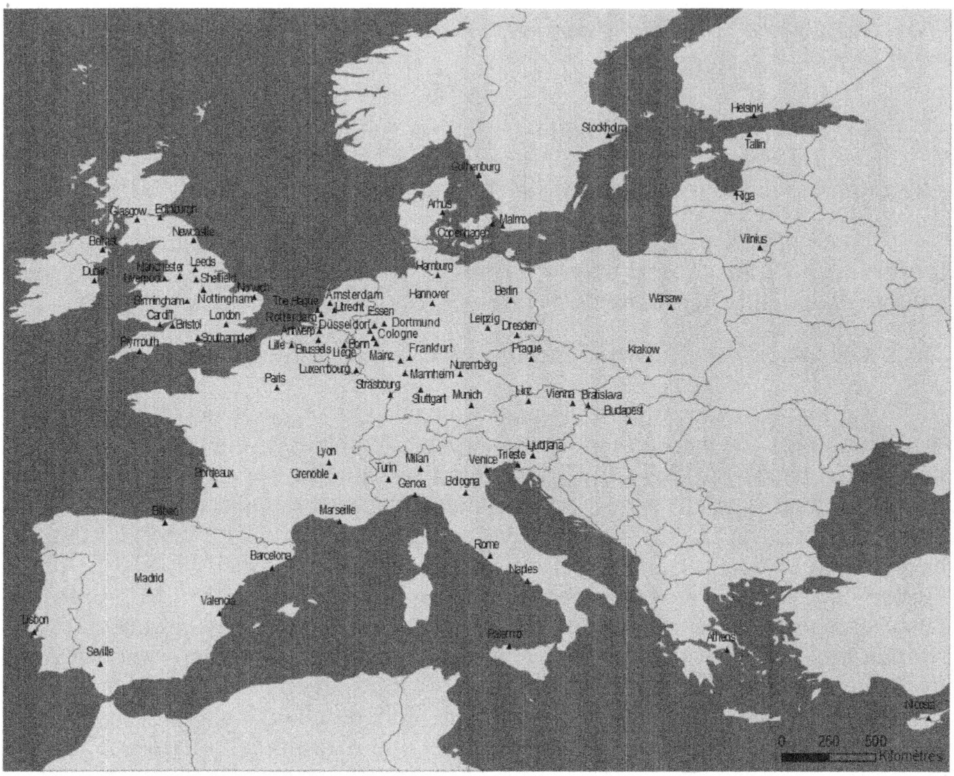

3.2.1. Géographie : l'effet conventionnel de la localisation spatiale

La plupart des études utilisent des mesures de la proximité géographique entre les économies, car la proximité géographique favorise les échanges matériels, les contacts face à face et elle est souvent associée à une proximité culturelle ou sociale selon l'adage « qui se ressemble s'assemble ». Il est aussi montré qu'en dépit de la baisse du coût des échanges commerciaux, la proximité géographique compte toujours en commerce international (Carrère et Schiff, 2005). La proximité géographique permet également d'apprécier « l'effet pur » de la distance et peut être utilisée comme substitut à d'autres formes de proximités si la corrélation spatiale s'avère positive entre les variables. Une première mesure de la proximité que nous utiliserons sera donc basée sur la distance géographique (à vol d'oiseau) entre les villes.

Soit W_{Geo} la matrice d'interactions associée. Si $d_{Geo}(ij)$ désigne la distance géographique séparant les villes i et j, alors chaque ville i aura pour voisin, les 7 villes j telles que : $d_{Geo}(ij) \leq d_{Geo}(7)$ où $d_{Geo}(7) = d_{Geo}(ik)$ est la distance maximale de telle sorte que la ville k soit la 7ème et dernière ville interagissant directement avec i. La valeur des interactions est la suivante :

$$W_{geo}(ij) = \begin{cases} 0 & si \quad i = j \\ \frac{1}{7} & si \quad d_{Geo}(ij) \leq d_{Geo}(7) \\ 0 & si \quad d_{Geo}(ij) > d_{Geo}(7) \end{cases} \qquad (6)$$

La dimension géographique est ici par nature limitée par l'étendue d'un voisinage à 7 voisins. Les interactions captées sont donc confinées à un espace géographique limité tout en autorisant les liens entre villes de pays différents.

Une approche plus opérationnelle des modèles spatiaux tend à se développer avec l'utilisation d'autres formes de proximités afin de mieux rendre compte de la réalité des échanges et de la géographie des marchés.

3.2.2. Globalisation : les stratégies organisationnelles des FMN

Le contexte de l'internationalisation des échanges et de la globalisation des économies, en particulier, nous amène à considérer une autre mesure de proximité, basée sur les stratégies organisationnelles et de localisation des firmes multinationales (FMN) opérant dans les services supérieurs aux producteurs (Taylor et *al.*, 2002). En effet, ces services assurent des fonctions centrales de décision et de coordination. La base de données *DataSet 11*, établie par le Global and World City Group and Network, fournit, pour 100 FMN représentant 6 catégories de services supérieurs (Banque et Finance, Assurance, Gestion, Marketing, Services juridiques et Conseil en management), le réseau des établissements implantés par ces FMN dans les grandes villes[7]. L'importance de chaque établissement est appréciée sur une échelle allant de 0 à 5 : la valeur 5 est attribuée au siège social international et elle décroît en fonction de la taille de l'établissement implanté et des fonctions assurées. La valeur 0 indique que la firme n'a pas implanté d'établissement dans la ville. Ces valeurs peuvent être assimilées à la quantité et à la qualité des services rendus par les établissements : un établissement de taille supérieure, pouvant assurer globalement plus de transactions et qualitativement plus de transactions différentes, correspond à une plus grande échelle de décision qu'un petit établissement. A partir de ces données, on peut alors spécifier, d'une part, les interactions inter-urbaines que chaque firme réalise via son réseau et, d'autre part, à l'échelle des villes, les interactions globales réalisées par l'ensemble des firmes globales.

Soit $\boldsymbol{F}$ la matrice qui indique pour chaque firme *e* la valeur f_{ie} du service implanté dans la ville *i*. $\boldsymbol{F}$ décrit l'organisation territoriale de chaque FMN, à savoir où elle implante ses établissements et le type d'établissement. Les interactions entre les villes *i* et *j* issues des interactions entre toutes les firmes via leurs établissements sont données par la matrice $\boldsymbol{R}$ calculée simplement de la manière suivante :

$$R_{n\times n} = F'_{(n\times 100)}F_{(100\times n)} = [r_{ij}] \qquad (7)$$

[7] Tous les détails sur les firmes, les villes et les valeurs des services sont disponibles sur le site. http://www.lboro.ac.uk/gawc/

Cette formulation signifie que plus les villes i et j accueillent les mêmes réseaux de firmes globales avec des niveaux élevés de services, et plus elles ont un profil similaire en terme organisationnel : les interactions entre ces villes qui transitent par les réseaux des FMN sont ainsi plus élevées et les spillovers de connaissance plus forts et plus facilement assimilables. La valeur r_{ij} peut alors aussi s'interpréter comme le montant des transactions réalisées par unité de temps dans la sphère des services supérieurs et de leurs clients. Les stratégies de localisation des FMN dans les villes et le type d'établissement installé répondent à différents enjeux pour les firmes. Le type d'établissement est généralement lié au statut de la ville (capitale) ou à sa taille (effet place centrale) tandis que le nombre d'établissements est lié à la stratégie d'extension de la couverture territoriale par les FMN (accès aux marchés). Pour étendre leur réseau, les FMN se localisent dans de plus en plus de villes et couvrent de manière plus homogène le territoire européen.

Soit W_{FMN} la matrice d'interactions associée. Si $r(ij)$ désigne la quantité des interactions entre les villes i et j, alors chaque ville i aura pour voisin, les 7 villes j telles que $r(ij) \geq r(7)$ où $r(7) = r(ik)$ est la quantité de transactions minimales de telle sorte que la ville k soit la 7ème et dernière ville interagissant directement avec i. La valeur des interactions est la suivante :

$$W_{FMN}(ij) = \begin{cases} 0 & si \quad i = j \\ \frac{1}{7} & si \quad r(ij) \geq r(7) \\ 0 & si \quad r(ij) < r(7) \end{cases} \tag{8}$$

Chaque ville est donc directement connectée aux villes avec lesquelles elle entretient le plus d'interactions et un effet de type « place centrale » est plutôt attendu à l'échelle du territoire européen.

3.2.3. La proximité institutionnelle : le climat urbain des affaires

Les spillovers de connaissance peuvent encore être favorisés globalement par le climat urbain des affaires qui renvoie à l'idée de bonne gouvernance des institutions. Nous avons défini une distance institutionnelle entre les villes qui est fonction du degré de similarité de leur climat des affaires. Plus les villes sont proches institutionnellement et plus elles sont susceptibles d'interagir entre elles. Sur le territoire européen, les politiques d'intégration européenne et d'élargissement de l'Union européenne sont tout à fait représentatives de ce potentiel.

Il n'existe pas d'indicateurs donnant, à l'instar de ce que l'on peut trouver pour les pays, des éléments pour mesurer la bonne gouvernance des villes favorable à l'investissement ou à la performance économique. Nous avons donc construit un indicateur qui, à notre connaissance, est le seul actuellement qui ne retient pas seulement des éléments à l'échelle des pays. Plus précisément, le climat urbain des affaires a été défini à partir d'un ensemble de variables (cf. Tableau 3) sur lesquelles nous avons appliqué une Analyse en Composantes Principales (ACP).

Tableau 3. Description des variables

Variable (Unité, Source)	Moyenne	Ecart-type	min	max
Variable dépendante				
g_{15} (1990-2005, % ; Camb.)	2,90	4,20	-0,48	27,06
Les facteurs traditionnels				
Pop90 (Milliers ; Camb.)	1 332	1 276	178	6 674
G90 (Milliers € 1995; Camb.)	18,553	11,622	0,0684	56,907
Le capital de connaissance				
KIA (% ; Eurostat)	42,66	7,20	25,60	59,61
Hedu (% ; Eurostat)	25,52	7,10	10,54	44,49
Dpop (par km², Camb.)	4 072	3 471	140	20 807
Le climat institutionnel				
GovSum (nb ; WBI)	41,53	11,50	14.49	57,19
GovTx (% ; WBI)	-1,41	34,70	-19,10	190,23
Brevet (par million d'actifs ; Eurostat)	280	268	2	1324
Sup (% ; Eurostat)	17,06	5,77	3,5	33,6
Indep (% ; Eurostat)	16,00	7,89	7,81	39,93
NMS (2005 vs 1990 ; € par hab. ; Camb.)	141,28	71,85	-3,16	5253,35
DChom (2005 vs 1990 ; ville/pays ; Camb.)	-0,02	0,48	-0,67	3,76

Camb. : Cambridge ; WBI : World Bank Institute.

Les variables qui permettent de tenir compte du climat institutionnel du pays (défini par les 6 indicateurs de bonne gouvernance de la Banque mondiale) sont mesurées en niveau (GovSum) et en variation (GovTx) sur la période[8]. Cinq autres variables permettent de considérer un ensemble d'attributs propres aux villes afin d'exprimer la manière dont les politiques publiques locales répondent aux besoins des acteurs. La facilité d'entreprendre est mesurée par la part de l'emploi salarié sur l'emploi indépendant (Indep). « Faciliter l'activité d'innovation » est mesuré par le nombre de brevets déposés à l'European Patent Office rapporté à la population (Brevet). « Développer l'enseignement supérieur » est mesuré par la part des étudiants de niveau post licence dans l'ensemble des inscrits dans le système éducatif – primaire, secondaire et supérieur (Sup). « Faciliter l'insertion sur le marché du travail » est mesuré par la variation au cours de la période du rapport entre le taux de chômage observé dans la ville et le taux de chômage national (DChom). Enfin, « offrir des biens et services collectifs » est mesuré par la valeur de ces services rapportée à la population et en considérant plus précisément la variation de ce ratio sur la période (NMS). Nous avons ensuite réalisé une ACP sur ces 7 variables et nous

[8] Les 6 indicateurs sont « *Voice and accountability* », « *Political stability and absence of violence* », « *Government effectiveness* », « *Regulatory quality* », « *Rule of law* », et « *Control of corruption* ». Chaque indicateur prend une valeur comprise entre -2,5 et +2,5 et est relevé tous les 2 ans. Soit 5 relevés entre 1996 et 2004. La variable GovSum est la somme des 6 indicateurs pour les 5 relevés. La variable GovTx est le taux de variation entre 1996 et 2004.

avons retenu les deux premiers facteurs principaux. Le premier axe principal explique 35% de la variance (valeur propre 2,45) et oppose les villes ayant un bon niveau global de gouvernance et d'innovation à celles qui développent l'enseignement supérieur et l'emploi indépendant. On trouvera dans le second groupe les villes des pays ayant plus récemment adhéré à l'Union européenne. Le second axe principal explique 16,5% de la variance (valeur propre 1,16) et caractérise les villes selon l'évolution de la bonne gouvernance des institutions au cours de la période (à l'échelle du pays, d'une part, et en fonction de l'évolution de la part des services non marchands offerts à la population, à l'échelle de la ville, d'autre part). On retrouve ici les villes des pays ayant adhéré récemment à l'Union européenne. La distance institutionnelle entre deux villes est calculée à partir des coordonnées des villes sur les deux premiers axes principaux.

Soit W_{Gov} la matrice d'interactions associée. Si $d_{Gov}(ij)$ désigne la distance institutionnelle séparant les villes i et j, alors chaque ville i aura pour voisin, les 7 villes j telles que : $d_{Gov}(ij) \leq d_{Gov}(7)$ où $d_{Gov}(7) = d_{Gov}(ik)$ est la distance maximale de telle sorte que la ville k soit la 7ème et dernière ville interagissant directement avec i. La valeur des interactions est la suivante :

$$W_{Gov}(ij) = \begin{cases} 0 & si \quad i = j \\ \frac{1}{7} & si \quad d_{Gov}(ij) \leq d_{Gov}(7) \\ 0 & si \quad d_{Gov}(ij) > d_{Gov}(7) \end{cases} \qquad (9)$$

Les interactions selon ce schéma distinguent les villes selon un effet pays (même gouvernance nationale) et un effet de régulation urbaine dont l'impact peut être lié à la taille de la ville.

3.2.4. Les interdépendances mixtes

Enfin, nous avons souhaité apprécier la manière dont les vecteurs d'interactions simples qui viennent d'être définis peuvent se combiner. Nous avons alors construit deux autres formes de proximités : l'une combinant la proximité organisationnelle et la proximité géographique et l'autre combinant la proximité organisationnelle et la proximité institutionnelle.

Les matrices d'interactions associées sont $W_{FMN/Geo}$ et $W_{FMN/Gov}$. Dans le premier cas, les interdépendances entre les villes peuvent ainsi être plus fortes, soit parce que les villes sont géographiquement proches, soit parce qu'elles attirent les mêmes réseaux de FMN. Dans le second cas, les interdépendances sont plus fortes parce que les villes ont des climats des affaires similaires ou parce qu'elles correspondent aux mêmes réseaux de FMN.

3.2.5. Comparaison des différents schémas d'interactions

Pour 3 villes européennes, nous avons reporté les ensembles des 7 plus proches voisins selon les 5 schémas d'interactions (Tableau 4) et représenté ces ensembles visuellement sur des cartes pour 4 autres villes (cf. Annexe A2).

Tableau 4. Dépendances entre les villes selon les formes de proximité

Villes	Schémas d'interactions				
	Geo	FMN	Gov	FMN/Geo	FMN/Gov
Paris	Anvers	Amsterdam	Anvers	Amsterdam	Amsterdam
	Bruxelles	Bruxelles	Cardiff	Bruxelles	Anvers
Centre	Liège	Francfort	Edimbourg	Düsseldorf	Bruxelles
Pop ++	Lille	Londres	Glasgow	Francfort	Londres
FMN ++	Londres	Madrid	Londres	Londres	Lyon
Gov Sum -	Rotterdam	Milan	Southampton	Luxembourg	Madrid
Gov Tx --	La Haye	Stockholm	Strasbourg	Milan	Strasbourg
Cologne	Bonn	Amsterdam	Bonn	Amsterdam	Amsterdam
	Dortmund	Bruxelles	Düsseldorf	Bonn	Bonn
Centre	Düsseldorf	Francfort	Essen	Düsseldorf	Düsseldorf
Pop +	Essen	Londres	Francfort	Essen	Francfort
FMN +	Liège	Madrid	Hanovre	Francfort	Hanovre
Gov Sum +	Luxembourg	Milan	Mayence	Luxembourg	Mannheim
Gov Tx - -	Mannheim	Paris	Mannheim	Mannheim	Munich
Liverpool	Birmingham	Amsterdam	Birmingham	Birmingham	Birmingham
	Bristol	Dublin	Leeds	Bristol	Leeds
Periph N-O	Cardiff	Nicosie	Manchester	Dublin	Londres
Pop - -	Leeds	Londres	Newcastle	Leeds	Manchester
FMN –	Manchester	Madrid	Nottingham	Londres	Newcastle
Gov Sum +	Nottingham	Milan	Sheffield	Manchester	Nottingham
Gov Tx +	Sheffield	Paris	Utrecht	Nottingham	Paris
Stockholm (cf. Carte A2.1) : Périph N-E, Pop ++ ; FMN ++ ; GovSum ++ ; GovTx ++					
Cracovie (cf. Carte A2.2) : Localisation périph, Pop - ; FMN -- ; GovSum -- ; GovTx -					
Valence (cf. Carte A2.3) : Périph S-O, Pop ++ ; FMN - ; GovSum - ; GovTx ++					
Lyon (cf. Carte A2.4) : Localisation centrale, Pop + ; FMN + ; GovSum - ; GovTx -					

Les 4 catégories correspondent, pour le critère étudié, à la classification des villes dans les différents quartiles de la distribution : « ++ » pour les villes situées au-dessus du 3ème quartile, « + » pour les villes situées entre la médiane et le 3ème quartile, « - » pour les villes situées entre le 1er quartile et la médiane et enfin « - - » pour les villes situées en dessous du 1er quartile de la distribution.

Les plus fortes différences s'observent pour les interactions liées aux réseaux des firmes multinationales. Plus la ville est globale (FMN « ++ » ; Paris – cf. Tableau 4 – et Stockholm – cf. Carte A2.1) et plus les interactions se distinguent de celles liées à la proximité géographique ou à l'effet institutionnel. Lorsque les villes sont de taille moyenne (Pop « + » ou Pop « - ») et qu'elles ont des voisins géographiques dans leur propre pays (Cologne – cf. Tableau 4, Lyon – cf. Carte A2.4), l'ensemble des voisins en termes de gouvernance reste assez similaire. Les variations apportées par les schémas mixtes (FMN/Geo ou

FMN/Gov) sont assez pertinentes également, notamment pour les villes ayant peu de voisins dans leur pays (villes de la partie orientale de l'Europe, Cracovie – cf. Carte A2.2) ou étant situées en périphérie de notre territoire (Valence – cf Carte A2.3 et Stockholm – cf. Carte A2.1). Pour les plus petites villes (Pop « - - ») et ayant des voisins géographiques dans leur pays (Liverpool – cf. Tableau 4), il y a peu de différences en revanche.

Nous utilisons ces différents schémas pour estimer l'impact des spillovers de connaissance sur la croissance urbaine selon des vecteurs potentiels de transmission des connaissances autres que la proximité géographique. En effet, en considérant le côté informel – i.e. tacite – des échanges d'informations, il est important de minimiser les coûts de transactions via les proximités institutionnelles des territoires ou les proximités organisationnelles des firmes. Cependant, les proximités géographiques favorisant également les échanges (Guillain et Huriot, 2001), des schémas mixtes sont également intéressants à considérer.

Quelques études ont cherché à comparer le rôle que peuvent jouer différentes formes d'interactions dans les processus de croissance. A l'échelle des pays, Plaigin (2009) s'intéresse à trois formes de diffusion des externalités de connaissance et trois schémas d'interdépendances sont proposés : les spillovers de croissance sont portés soit par la proximité géographique, soit par la proximité culturelle, soit par la proximité institutionnelle. Les institutions désignent les infrastructures sociales au sens de Hall et Jones (1999) et sont mesurées par les indicateurs de la Banque mondiale (Kaufmann et *al.*, 2008). Les trois formes de proximité n'ont pas les mêmes impacts et il est en particulier montré que la proximité culturelle n'a pas d'impact significatif sur la croissance des pays. Les proximités géographiques et institutionnelles ont toutes les deux un impact positif et significatif, mais la géographie semble dominer les institutions. Ce sont néanmoins les proximités géographiques qui sont le plus souvent utilisées. Le contexte institutionnel de la croissance a également été testé sur un échantillon de 147 pays par Bosker et Garretsen (2009). Leur étude montre que la performance des pays dépend non seulement de la qualité de la gouvernance nationale mais également de la qualité de la gouvernance des pays géographiquement proches. Ils utilisent différents schémas d'interactions de proximités géographiques (frontière commune ou distance) et établissent donc que la « géographie des institutions » compte. Toujours à l'échelle des pays, Ying (2005) construit une matrice d'interactions basées sur la qualité institutionnelle et conclut à l'existence de spillovers de croissance liés aux institutions pour un ensemble d'une centaine de pays et sur la période 1960-1988.

De telles études à l'échelle des régions ou des villes restent très rares. Arbia et *al.* (2010) utilisent une matrice d'interactions basées sur les proximités institutionnelles à l'échelle des régions européennes. Ils utilisent une mesure de la proximité institutionnelle basée sur une distance linguistique qu'ils combinent avec la distance géographique. Leur analyse approfondit par ailleurs le rôle des institutions et de la bonne gouvernance en tant que déterminants de la croissance des régions européennes sur la période 1991-2004. Ils distinguent ainsi les effets de localisation absolue (variables de contrôle) et relative (schéma d'interactions) et concluent à l'impact positif des institutions sur la croissance dans les deux cas. Une application aux villes européennes n'a pas encore été conduite à notre connaissance. Par ailleurs, l'utilisation de schémas d'interactions induits par les stratégies des acteurs, les FMN en l'occurrence ici, n'a pas non plus fait l'objet d'études empiriques.

Avant de présenter les résultats des estimations économétriques, un ensemble d'analyses exploratoires permet dans un premier temps d'étudier comment se positionnent les villes de notre échantillon face à un ensemble de faits stylisés sur les déterminants de la croissance urbaine, d'une part, et sur l'hypothèse de la dépendance spatiale, d'autre part.

4. ANALYSES EXPLORATOIRES DE LA CROISSANCE DES VILLES EUROPÉENNES

Nous étudions la croissance des métropoles européennes sur la période 1990-2005. Notre échantillon comprend 82 métropoles européennes appartenant à 24 pays de l'Union européenne (Tableau 2 et Carte 1). Le choix des métropoles s'est fait en fonction de la disponibilité des données nécessaires : celles fournies par le GaWC Group and Network sur les implantations des FMN opérant dans les services supérieurs et celles sur les attributs des villes sur la période d'étude. Ce dernier point nous a conduits notamment à exclure les villes des derniers pays ayant adhéré à l'Union européenne. Les données utilisées sont présentées dans le Tableau 3[9]. A côté des informations classiques, populations, richesses… nous avons plus particulièrement cherché à spécifier un capital de connaissances local source d'externalités de connaissances.

Le capital de connaissance local (*Kloc*) est défini à partir d'un ensemble de variables permettant de qualifier à la fois les activités et les mécanismes impliqués dans la création des connaissances. Nous retenons les activités supérieures et privilégions une approche en termes de complémentarité et de diversité des activités. Les activités intensives en connaissance (KIA) sont constituées d'activités tertiaires et industrielles qui mobilisent une base de connaissance moyenne ou élevée, selon la nomenclature NACE[10]. On y trouve les activités

[9] Les données sont collectées à partir de quatre sources et extraites de différentes bases de données : *Cambridge data base*, *Eurostat Regio*, *Data Set 11* du Global and World City Study Group and Network et *Governance Indicators Dataset* du World Bank Institute. Les données sont collectées à l'échelle des villes ou de la plus petite subdivision pour laquelle elles sont disponibles (unités NUTS3). Cependant, les données sur les activités intensives en connaissance et pour la population active hautement qualifiée sont collectées à l'échelle des régions NUTS2 et pour l'année 2002 (KIA) ou 2003 (Hedu), seules années où les données sont disponibles pour l'ensemble des villes de notre échantillon. Dans la mesure où ces activités sont généralement concentrées dans la ville régionale, la collecte de ces données au niveau NUTS2 reste pertinente et est utilisée dans la plupart des études.

[10] Research intensive industries = research-intensive high technology branches (NACE 30, 32, 33) + research-intensive "medium high" branches (NACE 24, 29, 31, 34, 35). Knowledge-intensive services = knowledge-intensive technology-related services (NACE 64, 72, 73) + knowledge-intensive market-related enterprise services (NACE 61, 62, 70, 71, 74) + knowledge-intensive financial services (NACE 65, 66, 67).

des secteurs de l'électronique, de la chimie et de la pharmacie, de l'informatique, des services financiers, de la R&D, des transports... Cette base d'activités permet de ne pas se cantonner aux seules activités tertiaires supérieures mais renvoie au contraire à la complémentarité et à la diversité des activités comme source d'externalités de connaissances (Berliant et Fujita, 2012). Pour les villes européennes de notre étude, les activités intensives en connaissance représentent en moyenne 42,5% de l'activité économique des villes avec une dispersion relativement faible d'environ 7%. Empiriquement, Krätke (2007) souligne effectivement la présence conjointe de ces activités ainsi que leur développement dans les plus grandes villes européennes. Une autre source d'externalités de connaissances est associée aux talents (Lever, 2002 ; van Winden et *al.*, 2007). Faute de données détaillées, notamment en termes de professions, nous approximons, comme dans la plupart des études (Behrens et *al.*, 2014), cette base créative par la population active hautement qualifiée (Hedu) et plus précisément par la part de la population active ayant atteint 5 à 6 années d'études dans l'enseignement supérieur (niveau ISCED 5-6). Cela concerne en moyenne 25,5% de la population active, avec une dispersion d'environ 7%. Enfin, le capital de connaissance est apprécié par la densité de population (Dpop) qui permet de faciliter les interactions au sein de milieux spécialisés ou diversifiés. Pour tenir compte des différentes échelles de collecte et des problèmes de colinéarité entre les variables, nous construisons un indicateur composite à l'aide d'une Analyse en Composantes Principales. Le premier facteur (resp. le second facteur) explique 60,1% (resp. 24,6%) de l'information contenue dans les 3 variables de départ et a une valeur propre de 1,8 (resp. 0,74) : il extrait plus d'informations qu'une caractéristique initiale et selon le critère de Kaiser nous retenons ce premier facteur et les coordonnées des villes sur l'axe correspondant pour qualifier le capital de connaissance de chaque ville.

4.1. Faits stylisés de la croissance urbaine en Europe

Why does a city grow ? interrogeait M. Storper (2010), en mettant en avant les effets taille de marché, la spécialisation, le capital humain et les institutions. Peut-on alors, pour les villes européennes de notre étude, illustrer les trois propositions suivantes ? (1) La croissance est liée à un effet taille et les villes les plus dynamiques sont les villes qui vont attirer de la population. (2) La croissance est liée à une spécialisation des villes en économie de la connaissance. (3) La croissance économique est liée à la bonne gouvernance.

Tableau 5. Désignation des classes de villes européennes

Valeurs	Min	Q1	Q2	Q3	Max
Classe	C1 « - - »	C2 « - »	C3 « + »	C4 « ++ »	
Villes	*« les moins »*	*« peu »*	*« assez »*	*« les plus »*	

Pour éviter les effets d'hétérogénéité sur les villes de notre échantillon, nous avons construit 4 catégories correspondant aux quartiles de la distribution et nous obtenons donc les classes de villes suivantes : *« les moins », « peu », « assez »* et *« les plus »,* comme spécifié dans le Tableau 5.

Tableau 6. Statistiques descriptives des attributs des villes

Variable	Moyenne	Ecart type	min	Q1	Q2	Q3	max
g_{15} (annuel moyen)	2,9	4,2	-0,5	1,2	1,7	3,1	27,1
Pop90 (milliers)	1352	1276	178	576	953	1530	6674
TxPOP (total)	3,1	8,7	-20,4	-2,1	2,6	9,2	28,6
KIA (spécialisation)	1,03	0,17	0,62	0,92	1,05	1,16	1,44
Hedu (%)	25,5	7,1	10,5	21,6	25,6	30	44,5
Office (nb)	63	63	7	21	37	97	368
GovSum (nb)	41,5	11,5	14,5	37,2	47,4	50,5	57,2
GovTx (%)	-1,4	34,7	-19,1	-14,6	-9,4	-3,5	190,2

Tableau 7. Classification des villes selon leur taux de croissance annuel moyen 1990-2005

Catégories	g_{15}	Villes (g_{15} en %)
Min	-0,48	
C1 Villes les moins dynamiques		Mannheim (-0,48) ; Bonn (-0,26) ; Grenoble (-0,21) Essen (0,07) ; Hanovre (0,16) ; Norwich (0,33) ; Nottingham (0,50) Mainz (0,51) ; Strasbourg (0,58) ; Bordeaux (0,58) Nuremberg (0,73) ; Rotterdam (0,88) ; Hambourg (0,97) Lille (1,09) ; Cologne (1,09) ; Bologne (1,09) ; Munich (1,10) Liège (1,11) ; Anvers (1,12) ; Rome (1,15) ; Paris (1,20)
Q1	1,20	
C2 Villes peu dynamiques		Linz (1,22) ; Bruxelles (1,22) ; Turin (1,24) ; Milan (1,24) Stuttgart (1,28) ; Marseille (1,29) ; Venise (1,31) ; Palerme (1,33) Dortmund (1,36) ; Düsseldorf (1,41) ; Southampton (1,41) Naples (1,42) ; Valence (1,55) ; Barcelone (1,55) ; Arhus (1,58) Francfort (1,58) ; Malmö (1,60) ; Madrid (1,62) ; Séville (1,63) La Haye (1,66)
Q2	1,67	
C3 Villes assez dynamiques		Vienne (1,67) ; Liverpool (1,84) ; Lyon (1,86) ; Gênes (1,88) Utrecht (1,98) ; Plymouth (2,15) ; Amsterdam (2,22) Stockholm (2,26) ; Göteborg (2,29) ; Lisbonne (2,29) Manchester (2,36) ; Helsinki (2,38) ; Londres (2,39) Sheffield (2,44) ; Bilbao (2,46) ; Berlin (2,50) ; Nicosie (2,54) Newcastle (2,64) ; Athènes (2,72) ; Birmingham (2,79)
Q3	3,07	
C4 Villes les plus dynamiques		Trieste (3,17) ; Leeds (3,22) ; Luxembourg (3,40) ; Cardiff (3,94) Edimbourg (4,15) ; Bristol (4,23) ; Leipzig (4,40) ; Lubiana (4,44) Glasgow (4,47) ; Copenhague (4,53) ; Budapest (4,63) Belfast (4,81) ; Prague (5,30) ; Cracovie (5,45) ; Dublin (5,95) Dresde (6,26) ; Bratislava (6,37) ; Tallin (8,17) ; Varsovie (9,51) Vilnius (26,45) ; Riga (27,06)
Max	27,06	

Les principales statistiques pour les attributs sont données dans le Tableau 6 et la composition des classes de croissance économique, mesurée par le taux de croissance annuel moyen sur la période 1990-2005 est détaillée dans le Tableau 7. Si l'on s'intéresse aux profils des villes selon leur taux de croissance sur la période, on observe les tendances suivantes. Pour un taux de croissance annuel moyen de 2,9% sur la période pour l'ensemble des villes, les villes les moins dynamiques ont connu un taux de croissance annuel moyen inférieur à 1,2% (trois d'entre elles ont même connu un taux négatif), contre un taux de croissance annuel moyen supérieur à 3,1% pour les plus dynamiques d'entre elles. C'est aussi dans cette classe que se trouvent toutes les villes qui ont un taux de croissance annuel moyen supérieur au taux moyen. Le deuxième quartile se situant à 1,7%, les villes peu dynamiques auront donc un taux de croissance compris entre 1,2% et 1,7% et celles « assez » dynamiques ont connu des taux de croissance compris entre 1,7% et 3,1%. Les graphiques 1, 2 et 3 retracent, pour chaque classe, la distribution des attributs des villes selon ce profil de croissance en faisant ressortir ce qui peut les différencier.

Graphique 1. Croissance économique et population

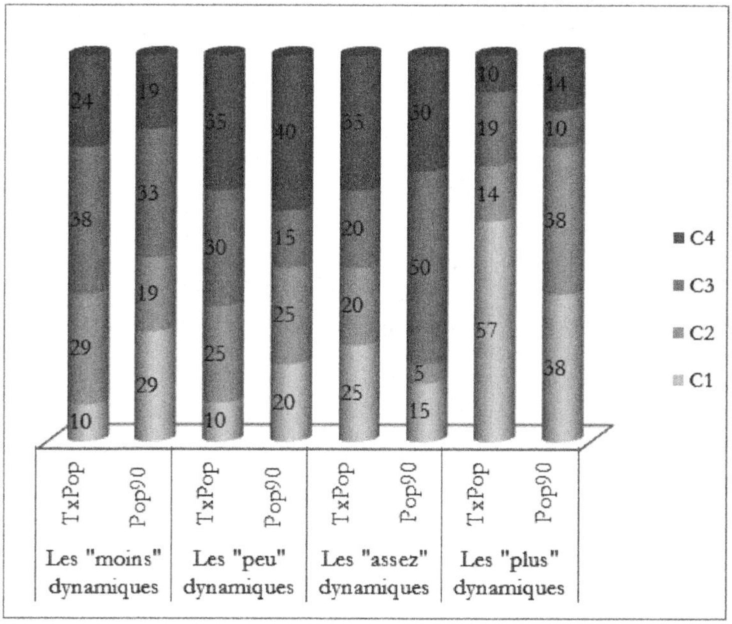

Lecture : 24% des villes les moins dynamiques ont une croissance de population (TxPop) appartenant à la classe des villes ayant connu une croissance de leur population la plus forte (C4). 50% des villes assez dynamiques ont une population en 1990 (Pop90) qui se situe dans la classe des villes assez peuplées (C3).

4.1.1. Croissance économique et population

Les modèles urbains ou de l'Economie géographique associent volontiers croissance économique et croissance des villes, rejoignant les faits stylisés de l'urbanisation et du développement, de la ville attractive et de la mondialisation.

La ville offre des emplois diversifiés, elle attire la population qualifiée, elle offre une variété de biens, de services collectifs, elle est le siège d'effets de taille de marché et de rendements croissants. Le constat est cependant plus mitigé. Les villes les moins dynamiques font plutôt partie des plus petites villes (29% d'entre elles ont une population inférieure à 500 000 habitants) ou des grandes villes (33% d'entre elles avaient en 1990 une population de 1 à 1,5 millions d'habitants environ). Elles sont assez attractives pour la population car 38% d'entre elles ont connu des taux de croissance de leur population compris entre 2,6% et 9,2% en 15 ans et 29% d'entre elles des taux supérieurs à 9,6%. Les villes les plus dynamiques en revanche sont à 57% d'entre elles situées dans la classe des villes les moins attractives, c'est-à-dire celles qui ont perdu de la population sur la période avec des taux supérieurs à 2,1%. Les villes assez dynamiques (entre 1,6 et 2,9 % de taux de croissance annuel moyen) sont parmi les plus grandes (50% ont plus d'un million d'habitants et 30% plus d'1,5 millions d'habitants) et elles sont majoritairement plutôt attractives (classes C3 et C4). Les villes peu dynamiques enfin sont plutôt dans la catégorie des plus peuplées (40% d'entre elles ont plus de 1,5 millions d'habitants) et dans celle des plus attractives car 30% d'entre elles ont connu des taux de croissance de leur population supérieurs à 2,6% et 35% des taux supérieurs à 9,6%.

4.1.2. Croissance et économie de la connaissance

L'économie de la connaissance est appréciée par la part des activités intensives en connaissances (KIA), la part de la population active ayant atteint un niveau post-licence dans l'enseignement supérieur (Hedu) et le montant total des services supérieurs implantés par les FMN (Office). Les villes *les moins* dynamiques disposent d'un bon socle d'activités intensives en connaissance (48% d'entre elles, classe C3, ont une structure en activités intensives en connaissances qui, avec un quotient de spécialisation compris entre 1,05 et 1,16, est supérieure à la moyenne des villes de l'échantillon) mais sont parmi les moins attractives pour les firmes multinationales opérant dans les activités de services supérieurs aux entreprises (elles sont 33% et 29% dans les classes C1 et C2 pour la valeur des services supérieurs). Pour la majorité d'entre elles, la part de la population active ayant un niveau d'étude post-licence est inférieure à la moyenne des autres villes (26%). Les villes *peu* dynamiques ont les bases économiques parmi les moins bonnes que ce soit pour les activités intensives en connaissance (elles ne sont pas spécialisées en KIA car elles appartiennent aux classes C1 ou C2 avec des quotients de spécialisation inférieurs à 1 ou à peine plus élevés) ou le niveau supérieur de capital humain (40% d'entre elles disposent d'une part inférieure à 21% pour la population active de niveau post-licence). Les villes *assez* dynamiques présentent les meilleurs profils en économie de la connaissance car elles sont en majorité situées dans les classes C3 et C4 pour les trois attributs, à 70% pour les activités intensives en connaissance et les services supérieurs aux entreprises et 60% pour la main-d'œuvre hautement qualifiée. Enfin, les villes *les plus* dynamiques sont plutôt attractives pour les services supérieurs et la main-d'œuvre hautement qualifiée mais elles ne sont pas spécialisées en activités intensives en connaissance.

Graphique 2. Croissance et économie de la connaissance

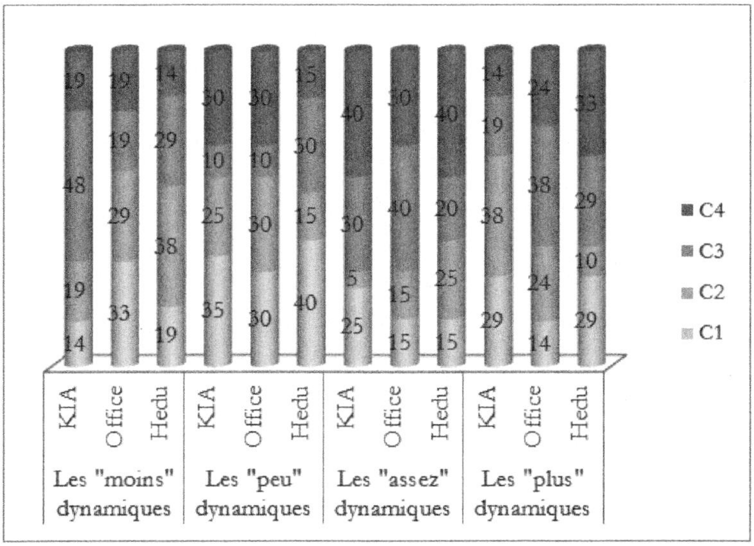

Lecture : 15% des villes peu dynamiques ont une part de capital humain hautement qualifié (Hedu) qui appartient à la classe (C2) des villes peu dotées en capital humain hautement qualifié ou 29% des villes les plus dynamiques ont une dotation en services supérieurs (Office) qui appartient à la classe (C1) des villes les moins bien dotées en services supérieurs. 25% des villes assez dynamiques sont les moins spécialisées (classe C1) dans les activités KIA.

4.1.3. Croissance et gouvernance

Quel est, globalement, l'appui de l'environnement institutionnel du pays sur la croissance économique des villes ? En regardant simplement le niveau de bonne gouvernance sur la période (GovSum) et la variation au cours de la période (GovTx), nous retrouvons pour notre échantillon, les résultats mis en avant dans les analyses internationales (Tableau 8).

Si le niveau de bonne gouvernance est associé généralement à l'idée de développement, c'est avant tout l'amélioration de ce niveau qui est associée au dynamisme économique. Ainsi, les villes les moins dynamiques appartiennent aux pays qui ont des variations négatives de leur (bon) niveau de gouvernance (Graphique 3). En revanche, les villes les plus dynamiques appartiennent à des pays avec de très fortes variations de leur niveau de gouvernance, mais pas nécessairement de bons niveaux de gouvernance. Dans cette catégorie, nous trouvons les capitales de la plupart des PECO nouvellement intégrés à l'Union européenne. Nous trouvons également des villes du Royaume-Uni et les capitales des pays nordiques. 70% des villes assez dynamiques sont situées dans les pays avec de bons niveaux de gouvernance (Classes C3 et C4) et qui sont restés relativement stables sur la période (C3 GovTx).

Tableau 8. Profil de gouvernance des pays européens et de leurs villes

Classe	Pays	GovSum	GovTx*	Pays	Classe
C4 « les plus »	Finlande	57,2	1,9	Lituanie	*C4 « les plus »*
	Pays-Bas	55,6	1,84	Lettonie	
	Luxembourg	54,6	1,15	Slovaquie	
	Danemark	54,4	0,58	Estonie	
	Suède	53,2	0,25	Hongrie	
	Royaume-Uni	50,5	0,24	Slovénie	
C3 « assez »	Autriche	48,7	0,1	Luxembourg	*C3 « assez »*
	Irlande	48	0,06	Finlande	
	Allemagne	47,4	0,06	Grèce	
	Belgique	40	0,03	Espagne	
	France	38,4	0,003	Danemark	
	Portugal	38,4	-0,01	Belgique	
C2 « peu »	Espagne	37,2	-0,03	Suède	*C2 « peu »*
	Chypre	28,9	-0,04	Autriche	
	Slovénie	27,5	-0,08	Royaume-Uni	
	Hongrie	26,6	-0,09	Irlande	
	Italie	26,5	-0,1	Pologne	
	Estonie	26,1	-0,11	Pays-Bas	
C1 «les moins	Rép. Tchèque	23,4	-0,12	Chypre	*C1 «les moins»*
	Grèce	23,1	-0,13	Portugal	
	Pologne	19,6	-0,13	Italie	
	Lituanie	15,5	-0,15	Allemagne	
	Slovaquie	14,9	-0,16	Rép. Tchèque	
	Lettonie	14,5	-0,19	France	

* *Les classes pour les variations de gouvernance correspondent à des valeurs négatives (C1 et C2) ou positives (C3 et C4) de ces taux de variation.*

Ces premières analyses sont en phase avec un ensemble de faits stylisés qui ressortent notamment des études empiriques de la croissance économique à l'échelle intra-nationale. Un niveau élevé de capital humain, une économie concentrant les services intensifs en connaissance ou accueillant les firmes multinationales n'est pas une garantie d'un fort dynamisme de croissance. Le facteur taille n'est pas systématiquement associé à une dynamique économique. Enfin le dynamisme économique est très sensible à l'évolution du climat institutionnel du pays. En particulier, l'intégration dans l'Union européenne des PECO s'est accompagnée d'une amélioration forte de leurs indicateurs de bonne gouvernance, a ouvert leur économie et leur a offert l'image éprouvée du marché européen. Ces tendances sont retrouvées au niveau des villes européennes (Commission européenne, 2007).

Graphique 3. Croissance et gouvernance

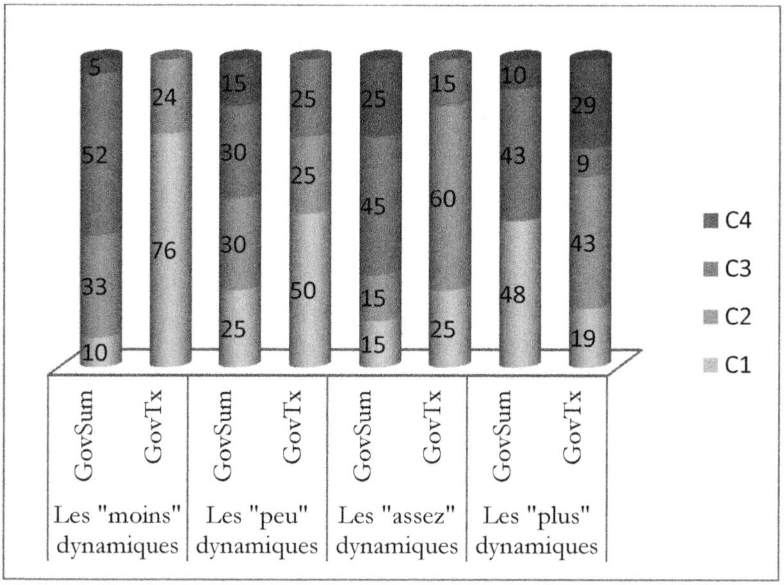

Lecture : 25% des villes peu dynamiques ont un niveau de gouvernance (GovSum) qui appartient à la classe (C1) des villes qui ont les moins bons niveaux de gouvernance sur la période ou 24% des villes les moins dynamiques ont connu une variation de leur niveau de gouvernance (GovTx) sur la période qui appartient à la classe (C2) des villes dont la variation du niveau de gouvernance est peu forte sur la période.

4.2. Les formes de dépendances spatiales des villes européennes

La dépendance spatiale est mise en avant par les analyses exploratoires de données spatiales avec la matrice de proximité géographique des 7 plus proches voisins. La statistique du *I de Moran* nous indique dans un premier temps si les distributions spatiales des attributs des villes sont spatialement auto-corrélées (cf. Tableau 9). Dans tous les cas, on obtient une valeur positive et significative : les villes et leurs voisines ont tendance à avoir des caractéristiques similaires et la distribution spatiale de ces caractéristiques ne peut pas être considérée comme aléatoire. La plus forte dépendance spatiale (+ 0,58) est donnée par le niveau de gouvernance ce qui traduit simplement l'effet pays. La plus faible (+ 0,11) qualifie la distribution de la taille des villes ce qui est lié de manière logique à l'effet place centrale : les grandes villes, qui constituent la majorité de notre échantillon, sont rarement localisées les unes à côté des autres. C'est sans doute l'effet lié aux villes moyennes plus nombreuses dans certains pays qui ressort donc avec cet indice. L'autocorrélation spatiale de la distribution du niveau initial de richesse est assez forte (+0,46) comme traditionnellement observé au niveau des régions européennes. Les distributions des taux de croissance annuels moyens, des dotations en activités intensives en connaissance, en niveaux élevés de capital humain ou en capital de connaissance (KLoc) sont également spatialement autocorrélées à des niveaux similaires de dépendance spatiale (autour de +0,33).

Tableau 9. Dépendance spatiale globale et locale

Variables	Dépendance globale			Dépendances locales				
	I Moran		St.Dev	HH	BB	HB	BH	Signif (%)
g_{15}	0,33	***	0,04	13	51	8	10	33
G90	0,46	***	0,05	27	36	7	12	37
POP90	0,11	*	0,05	14	42	11	15	28
KIA	0,35	***	0,05	35	28	10	9	30
HEDU	0,38	***	0,05	29	27	13	13	32
KLoc	0,34	***	0,05	35	30	9	8	33
GSum	0,58	***	0,05	41	29	5	7	58
GTx	0,23	***	0,04	8	56	11	7	27

*Niveau de significativité : * 5% ; ** 1% ; *** 0,1%.*

Pour définir si nous avons une structure spatiale plutôt polarisée, les statistiques locales de Moran ont été calculées. Les quatre formes de cluster indiquent si une tendance au regroupement de valeurs élevées des dotations (HH) ou de valeurs faibles de ces dotations (BB), ou de valeurs différentes (HB et BH) est plutôt observée. Les clusters de type HH et BB indiquent une polarisation géographique de type « centre-périphérie » où les attributs tendent à s'agglomérer dans les clusters HH et à délaisser les clusters BB. Le détail quantitatif des résultats par catégories (Tableau 9) et le type d'association spatiale locale pour l'ensemble des 82 villes de l'échantillon (Tableau A3 en Annexe 3) indiquent que 13 clusters de croissance économique (HH) sont identifiés. Ils concernent les villes des pays nordiques et de l'est de l'Europe. Les villes italiennes, allemandes et françaises constituent en revanche des clusters de villes peu dynamiques (BB). Les clusters associés au niveau initial de richesse (G90) se localisent de manière symétrique ce qui laisse présager un processus local de convergence. L'agglomération spatiale des clusters de connaissance (35 clusters HH pour les activités intensives en connaissance, 29 clusters HH de niveaux élevés de capital humain ou 35 clusters HH pour le socle de connaissances) concerne les clusters urbains qui se localisent plutôt au nord de l'Europe (pays scandinaves, Pays-Bas, Belgique, Allemagne, Royaume-Uni), tandis que la partie sud de l'Europe (Italie, Chypre, Grèce, Portugal et Espagne) concentre les clusters de connaissance de type BB. Enfin, si la tendance est à une agglomération de bons niveaux de gouvernance (41 clusters), il existe 29 clusters urbains avec des niveaux faibles de gouvernance. En comparant avec les clusters liés à la variation du niveau de gouvernance sur la période, on repère 3 logiques : des clusters de niveau et de variation de type BB pour les villes italiennes et françaises, de type HH et BB pour les villes allemandes et de la Grande-Bretagne et des clusters BB et HH pour les villes des pays nouvellement adhérents.

Enfin, si l'on s'intéresse aux clusters d'associations spatiales négatives (de types HB ou BH), on peut analyser les formes transitionnelles de dépendance spatiale. On peut remarquer les logiques marquant le passage entre des zones fortement polarisées, soit au centre du territoire, soit dans les localisations plus périphériques. Typiquement, ces situations caractérisent les attributs de richesse ou de gouvernance, mesurés en niveaux ou en variations. On illustre la polarisation de l'Union européenne et ses dernières phases d'élargissement qui ont été observées à l'échelle des régions européennes (Duboz et *al.*, 2009 ; Ertur et Koch, 2006) et que l'on retrouve avec l'approche urbaine ici, notamment avec les villes autrichiennes, des Pays-Bas ou de l'est de l'Allemagne. On retrouve également les situations géographiques périphériques (péninsule ibérique ou pays scandinaves). Les phases transitionnelles associées aux attributs de connaissance sont plus complexes associant à la fois la position des villes dans les situations centrales ou périphériques (comme précédemment) à celle de la taille des villes : on observe alors les situations contrastées au sein des pays (Allemagne, Espagne, Suède, France).

L'importance des schémas de dépendances spatiales ainsi détectés pour les caractéristiques des villes confirme le recours à l'estimation de l'impact de la dimension spatiale sur la croissance urbaine.

5. ÉVALUATION DES SPILLOVERS DE CONNAISSANCE SUR LA CROISSANCE DES VILLES EUROPÉENNES

Le modèle de référence estimé correspond à l'équation de convergence spécifiée précédemment :

$$g_{15} = \alpha i_n + \beta_G G_{90} + \beta_P Pop_{90} + \beta_K Kloc + \varepsilon \qquad \varepsilon \sim iid \tag{10}$$

où g_{15} désigne le taux de croissance annuel moyen sur la période 1990-2005 de la valeur ajoutée par habitant, *G90* est la valeur ajoutée par tête en début de période, *Pop90* est la population des villes en début de période et *KLoc* caractérise le capital de connaissance source des spillovers de connaissance internes aux villes, α, β_G, β_P *et* β_K sont les paramètres à estimer. Les variables sont introduites sous forme logarithmique.

5.1. Procédure d'estimation

Les résultats de l'estimation par les MCO (Tableau 10) montrent qu'un accroissement de 10% du capital de connaissance accroît le taux de croissance annuel moyen de 0,17%. Cet impact positif traduit un processus cumulatif de divergence conduisant vers le développement inégal des villes. Le niveau initial de richesse par tête produit, quant à lui, l'effet attendu de convergence. La présence de cet effet du capital de connaissance localisé dans les villes peut cependant s'accompagner de spillovers de connaissance globaux dès lors que les économies urbaines interagissent entre elles. L'étape suivante consiste donc à tester la présence d'autocorrélation spatiale dans le modèle de référence. Techniquement, la présence d'effets spatiaux impliquant que les estimations MCO sont inefficientes (Anselin, 2001 ; Arbia, 2006), il convient de toute manière de tester la présence de dépendance spatiale dans l'estimation de l'équation de référence.

Le recours à différents schémas d'interdépendances, en considérant notamment des sources d'interactions variées, et différentes de la proximité géographique, permet de tester des logiques économiques, sociales, culturelles... qui peuvent mieux décrire la réalité des économies que nous étudions. Nos analyses exploratoires ont notamment souligné la prégnance d'un effet place centrale pour le capital de connaissance et d'un effet pays et européen pour la gouvernance. Au-delà de la traditionnelle matrice W_{Geo} pour la proximité géographique, les 4 autres matrices W que nous avons construites permettent alors de spécifier des interactions en phase avec ces différentes géographies des marchés : la proximité organisationnelle portée par les firmes multinationales W_{FMN} ou la proximité institutionnelle W_{Gov} portée par le climat urbain des affaires, tandis que leurs formes combinées avec la géographie permet de revenir sur les logiques de proximité spatiale traditionnelle.

Tableau 10. Estimation du modèle de référence

Variable dépendante : g_{15}		Nombre d'observations : 82			
		Estimation MCO			
Variables	Constante	G90	Pop90	Kloc	
Coefficients	0,094***	-0,038***	-0,004	0,017***	
R^2 Adj.	0,817***				
		Tests de dépendance spatiale			
Matrices W	Geo	Gov	FMN	FMN/Geo	FMN/Gov
I-Moran	3,180	3,936	2,597	4,551	5,075
(p-value)	*(7 10^{-4})*	*(4 10^{-3})*	*(4 10^{-3})*	*(3 10^{-6})*	*(2 10^{-7})*
LMerr	3,984	8,562	1,021	12,132	14,390
(p-value)	*(0,046)*	*(3 10^{-3})*	*(0,312)*	*(5 10^{-4})*	*(1 10^{-4})*
LMlag	0,086	0,571	0,010	0,882	0,477
(p-value)	*(0,769)*	*(0,45)*	*(0,918)*	*(0,347)*	*(0,489)*
RLMerr	4.303	10,357	1,376	11,793	21,617
(p-value)	*(0,0381)*	*(1 10^{-3})*	*(0,241)*	*(6 10^{-4})*	*(3 10^{-6})*
RLMlag	0,405	2,365	0,366	0,542	7,705
(p-value)	*(0,525)*	*(0,124)*	*(0,545)*	*(0,462)*	*(6 10^{-3})*

Plusieurs spécifications économétriques spatiales peuvent être estimées. Le choix d'une spécification induit le mode de calcul de l'impact estimé des facteurs explicatifs sur la croissance (cf. Tableau 11). Deux méthodes de recherche de spécifications peuvent être appliquées pour apprécier la robustesse de la sélection : il s'agit des méthodes *Specific-to-General* et *General to Specific* qui sont basées sur des tests statistiques et sont détaillées en annexe 1. Cependant beaucoup d'auteurs choisissent de se référer à une « histoire » liée à l'étude menée et à la réalité. Dans la mesure où nous cherchons à évaluer les spillovers de connaissance, la spécification la plus complète est le modèle SDM (Equation 11). L'estimation du modèle SDM permet, en effet, d'évaluer les spillovers globaux de connaissance du fait du multiplicateur spatial $(I - \rho W)^{-1}$ et de tenir compte d'externalités inter-urbaines associées aux villes voisines du fait des variables exogènes décalées WX (Equation 12).

$$g_{15} = \rho W g_{15} + \alpha i_n + \beta_G G_{90} + \beta_P Pop_{90} + \beta_K Kloc + \theta_G W G_{90} + \theta_P W Pop_{90} + \theta_K W Kloc + \varepsilon \qquad \varepsilon \sim iid \tag{11}$$

Soit sous forme réduite :

$$g_{15} = (I - \rho W)^{-1}[\alpha i_n + (\beta_G I + \theta_G W)G_{90} + (\beta_P I + \theta_P W)Pop_{90} + (\beta_K I + \theta_K W)Kloc + \varepsilon] \tag{12}$$

En revanche la spécification SLX (équation 13) ne permet d'estimer que les externalités inter-urbaines associées aux villes voisines via les variables exogènes décalées WX.

$$g_{15} = \alpha i_n + (\beta_G I + \theta_G W)G_{90} + (\beta_P I + \theta_P W)Pop_{90} + (\beta_K I + \theta_K W)Kloc + \varepsilon \tag{13}$$

Dans ces conditions, nous avons appliqué les recherches de spécifications et avons alternativement contrôlé l'existence et la nature des spillovers de connaissance en estimant les spécifications SDM et SLX. En effet, l'approche *Specific-to-General* appliquée au modèle de base conduit à retenir le modèle SEM pour toutes les structures de dépendance spatiale : les tests LMERR et LMLAG et leurs versions robustes RLMERR et RLMLAG ne permettent pas de rejeter l'hypothèse d'absence d'autocorrélation spatiale des erreurs (cf. Tableau 10). L'approche *General-to-Specific* appliquée au modèle SDM conclut au choix du modèle SEM contre le modèle SDM et au choix du modèle SDM contre les modèles SAR ou SLX (cf. Tableau 11). Dans la mesure où les estimations des modèles SLX et SDM permettent de retrouver des effets purs d'externalités (SLX) et leur propagation spatiale (modèle SDM), nous avons donc choisi de présenter également les estimations obtenues par le modèle SLX. Les résultats complets pour les différentes matrices d'interactions et les modèles SEM, SLX et SDM sont présentés dans les Tableaux 12a à 12e.

Tableau 11. Sélection de spécification : approche *General-to-Specific*

	Geo	Gov	FMN	FMN/Geo	FMN/Gov
SDM vs SEM H_0 : $\theta = -\rho\beta$					
LR	3,518	2,353	1,232	1,923	0,693
p-value	0,318	0,503	0,745	0,589	0,875
suggestion	SEM	SEM	SEM	SEM	SEM
SDM vs SAR H_0 : $\rho = 0$					
LR	6,922	10,277	3,769	9,845	14,373
p-value	0,074	0,016	0,288	0,020	0,002
suggestion	SDM	SDM	SAR	SDM	SDM
SDM vs SLX H_0 : $\theta = 0$					
LR	3,188	4,873	2,831	7,302	7,495
p-value	0,074	0,027	0,092	0,007	0,006
suggestion	SDM	SDM	SDM	SDM	SDM

5.2. Estimations des spillovers

L'analyse vise à (1) examiner la robustesse des résultats suivant les spécifications spatiales, (2) souligner la sensibilité éventuelle des effets suivant la structure d'interactions spatiales et (3) préciser les processus spatiaux sous-jacents en termes d'effets directs, indirects et d'externalités.

Nous rappelons que l'impact d'un facteur sur la croissance des économies urbaines est estimé par l'effet total qui correspond, dans les tableaux 12a à 12e, aux résultats des colonnes 2 (pour le modèle SEM), 5 (pour le modèle SLX) et 10 (pour le modèle SDM). Cet impact total combine différents mécanismes spatiaux. Pour le modèle SDM, il renvoie à trois éléments. Premièrement, c'est un effet de multiplicateur spatial (ou de propagation spatiale) qui dépend du paramètre d'autocorrélation spatiale ρ sur la croissance des villes voisines. Deuxièmement, l'effet global est initié par les attributs des villes (coefficient β) et ceux des villes voisines avec lesquelles elles interagissent (externalités spatiales, coefficient θ). Troisièmement, l'effet global peut se décomposer sur la manière dont les villes réagissent aux variations qu'elles initient (effet direct) ou aux variations qui proviennent des villes avec lesquelles elles interagissent (effet indirect). Pour le modèle SLX, l'effet total dépend des attributs des villes et de leurs voisines (externalités spatiales) sans effet de propagation spatiale. Pour le modèle SEM, l'effet total est directement donné par l'estimation du coefficient β, sans externalités ni propagation spatiale. Comparer les trois spécifications nous permet, à titre d'exercice, de décomposer de plus en plus finement le processus spatial potentiellement présent.

Les paramètres d'autocorrélation spatiale $\hat{\lambda}$ et $\hat{\rho}$ sont significatifs et positifs. Les villes européennes ne sont pas isolées les unes des autres. En particulier, on ne peut pas rejeter l'hypothèse d'absence de dépendance entre leurs taux de croissance annuels moyens sur la période 1990-2005. Le taux de croissance annuel moyen d'une ville s'accroit de $\hat{\rho}$% (avec $\hat{\rho} \in [0{,}34\,;0{,}666]$) lorsque le taux de croissance de l'ensemble de ses villes voisines s'élève en moyenne de 1%. Cet impact est assez important, sachant que 69 villes sur 82 dépassent ces 1%. Cependant, dans la mesure où le paramètre d'autocorrélation spatiale ρ traduit un processus de propagation spatiale son impact sur la croissance des villes européennes transite par les différents facteurs explicatifs retenus.

Avant de détailler les résultats associés aux spillovers de connaissances, nous commentons les effets tailles en termes de richesse ou de population. L'impact du niveau initial de richesse sur la croissance des villes européennes (estimés à partir de $\hat{\beta}_G$) est relativement stable : il est significativement négatif et varie entre -0,034 et -0,041 selon les spécifications et les schémas d'interactions. Ces valeurs sont plus élevées que celles estimées au niveau des régions européennes – qui se situent le plus souvent entre -0,01 et -0,025 suivant les études réalisées avec des méthodologies similaires (voir par exemple Baumont et *al.*, 2006 ou Arbia et *al.*, 2010). Il existe peu de points de comparaison avec des études sur la croissance économique des villes. Le cas des villes américaines, étudié par Glaeser et *al.* (1995) sur la période 1960-1990, présente, pour une spécification intégrant le capital éducatif, un coefficient de convergence égal à -0,155. Le processus de convergence associé est caractérisé par une vitesse de convergence située entre 4,8% et 6,4% et une demi-vie comprise entre 20 et 17 ans. Le processus de convergence est alors assez soutenu. Des externalités positives et significatives sont estimées pour les proximités géographiques (W_{Geo}), institutionnelles (W_{Gov}) et mixtes ($W_{FMN/Geo}$ et $W_{FMN/Gov}$) et c'est le climat des affaires associé aux réseaux des firmes multinationales qui constitue le voisinage le plus intéressant : un voisinage de richesse 10% plus élevé en moyenne améliore le taux de croissance annuel moyen de 0,25% (modèle SLX) ou de 0,33% (modèle SDM). Enfin, un processus de propagation spatiale est estimé dont les effets sont uniquement directs (les effets indirects ne sont jamais significatifs) et assimilables dans ce cas au processus de convergence corrigé des effets de rétroaction spatiale. Globalement, l'effet de multiplicateur spatial est faible car les effets totaux donnés par le modèle SDM restent similaires à ceux estimés par le modèle SEM. C'est le climat des affaires associé aux réseaux des firmes internationales qui constitue là encore le voisinage impactant le plus le processus de convergence (-0,43%).

Aucune estimation ne fournit d'impact significatif de la taille de la ville sur la croissance urbaine. L'effet taille ne peut donc être associé au processus de croissance économique dans le cas des villes européennes. Ce résultat est également obtenu par Glaeser et *al.* (1995) sur les villes américaines pour la période 1960-1990 ; la taille des villes étant plus un facteur explicatif de la croissance des villes que de la croissance économique urbaine.

L'impact estimé du capital de connaissance est, quant à lui, significatif et positif avec des valeurs estimées qui varient entre 0,014% et 0,016%. Si la ville de Lille par exemple atteint un capital de connaissance similaire à celui de la ville de Grenoble en développant des activités intensives en connaissance et son capital humain, alors elle gagnera 0,2% de taux de croissance annuel. Les externalités spatiales captées par les valeurs du coefficient θ_K ne sont jamais significatives, de même que les effets indirects. Les effets de multiplicateur spatial transitent essentiellement par les effets de rétroaction spatiale (effet direct) qui sont significativement positifs. Ces différents résultats nous amènent à ne pas pouvoir confirmer l'existence de spillovers globaux (au sens de Martin et Ottaviano) mais à plutôt corroborer l'existence de spillovers locaux : le capital de connaissance localisé dans une ville est un moteur de croissance pour cette ville mais pas pour les autres villes.

Les valeurs des impacts étant très proches quels que soient les supports des interactions spatiales choisis, nous ne pouvons pas trouver de schéma de diffusion des spillovers de connaissance qui domine ou serait à privilégier. Ce résultat suggère ici que l'organisation spatiale constitue une approximation robuste aux autres formes d'organisation. Alternativement, cela suggère que la proximité géographique, la proximité institutionnelle, la proximité organisationnelle ou leurs formes combinées sont équivalentes : dans ce cas, s'il n'est pas pertinent d'en privilégier plutôt l'une qu'une autre, il ne convient pas plus d'en rejeter plutôt l'une qu'une autre. Enfin, si la proximité géographique ne peut se modifier, les autres formes de proximité peuvent au contraire évoluer et renvoyer dans des études futures à des résultats plus discriminants.

Tableau 12a – Proximité géographique W_{geo} et spillovers de connaissance

Modèle	SEM	SLX			SDM				
	(2) Total	(3) Direct	(4) Indirect	(5) Total	(6)	(7)	(8)	(9)	(10) Total
Variables	$\hat{\beta}_k$	$\hat{\beta}_k$	$\hat{\theta}_k$	(3)+(4)	$\hat{\beta}_k$	$\hat{\theta}_k$	Direct	Indirect	(8)+(9)
Constante	0,090***	0,110***			0,069				
Pop90	-0,002	-0,001	-0,007	-0,008	-0,000	-0,005	-0,000	-0,009	-0,009
G90	-0,039***	-0,039***	0,001	-0,038***	-0,039***	0,013*	-0,039***	-0,000	-0,039***
Kloc	0,016***	0,010*	0,010	0,020	0,010*	0,006	0,011*	0,014	0,025**
$\hat{\lambda}$ (SEM)	0,371***								
$\hat{\rho}$ (SDM)					0,340*				
Adj. R^2									
AIC	-421,33	-417,67			-418,85				

Nombre d'observations : 82 *Significativité : *** <0,01 ; ** < 0,05 ; * < 0,1*

Tableau 12b – Climat des affaires W_{Gov} et spillovers de connaissance

Modèle	SEM	SLX			SDM				
	(2) Total	(3) Direct	(4) Indirect	(5) Total	(6)	(7)	(8)	(9)	(10) Total
Variables	$\hat{\beta}_k$	$\hat{\beta}_k$	$\hat{\theta}_k$	(3)+(4)	$\hat{\beta}_k$	$\hat{\theta}_k$	Direct	Indirect	(8)+(9)
Constante	0,093***	0,15**			0,121*				
Pop90	-0,001	-0,001	-0,01	-0,010	-0,001	-0,008	-0,001	-0,015	-0,016
G90	-0,041***	-0,043***	0,01	-0,034***	-0,041***	0,018**	-0,041***	0,000	-0,041***
Kloc	0,015***	0,014**	-0,003	0,010**	0,014***	-0,009	0,014***	-0,006	0,008
$\hat{\lambda}$ (SEM)	0,560***								
$\hat{\rho}$ (SDM)					0,435***				
Adj. R^2									
AIC	-427,05	-420,52			-423,40				

Nombre d'observations : 82 *Significativité : *** <0,01 ; ** < 0,05 ; * < 0,1*

Tableau 12c – Réseaux des FMN W_{FMN} et spillovers de connaissance

Modèle	SEM	SLX			SDM				
	(2) Total	(3) Direct	(4) Indirect	(5) Total	(6)	(7)	(8)	(9)	(10) Total
Variables	$\hat{\beta}_k$	$\hat{\beta}_k$	$\hat{\theta}_k$	(3)+(4)	$\hat{\beta}_k$	$\hat{\theta}_k$	Direct	Indirect	(8)+(9)
Constante	0,089***	0,037			0,014				
Pop90	-0,004	-0,004	0,006	0,002	-0,004	0,008	-0,004	0,011	0,007
G90	-0,039***	-0,038***	0,001	-0,037***	-0,038***	0,009	-0,038***	0,000	-0,038***
Kloc	0,016***	0,016**	0,002	0,018**	0,016***	-0,004	0,016***	-0,003	0,013
$\hat{\lambda}$ (SEM)	0,603*								
$\hat{\rho}$ (SDM)					0,666*				
Adj. R^2									
AIC	-420,39	-414,79			-415,63				

Nombre d'observations : 82 *Significativité : *** <0,01 ; ** < 0,05 ; * < 0,1*

Tableau 12d – Réseaux des FMN, géographie $W_{FMN/Geo}$ et spillovers de connaissance

Modèle	SEM	SLX			SDM				
	(2) Total	(3) Direct	(4) Indirect	(5) Total	(6)	(7)	(8)	(9)	(10) Total
Variables	$\hat{\beta}_k$	$\hat{\beta}_k$	$\hat{\theta}_k$	(3)+(4)	$\hat{\beta}_k$	$\hat{\theta}_k$	Direct	Indirect	(8)+(9)
Constante	0,089***	0,124**			0,066				
Pop90	-0,003	-0,001	-0,009	-0,011	-0,002	-0,006	-0,002	-0,012	-0,015
G90	-0,039***	-0,040***	0,003	-0,037***	-0,039***	0,017**	-0,039***	-0,001	-0,040***
Kloc	0,015***	0,012**	0,008	0,021	0,012**	0,004	0,012**	0,018	0,031*
$\hat{\lambda}$ (SEM)	0,569***								
$\hat{\rho}$ (SDM)					0,449***				
Adj. R^2									
AIC	-426,89	-417,51			-422,82				

Nombre d'observations : 82 *Significativité : *** <0,01 ; ** < 0,05 ; * < 0,1*

Tableau 12e – Réseaux des FMN, climat des affaires $W_{FMN/Gov}$ et spillovers de connaissance

Modèle	SEM	SLX			SDM				
	(2) Total	(3) Direct	(4) Indirect	(5) Total	(6)	(7)	(8)	(9)	(10) Total
Variables	$\hat{\beta}_k$	$\hat{\beta}_k$	$\hat{\theta}_k$	(3)+(4)	$\hat{\beta}_k$	$\hat{\theta}_k$	Direct	Indirect	(8)+(9)
Constante	0,09***	0,052			0,023				
Pop90	-0,002	-0,002	0,001	-0,001	-0,002	0,003	-0,002	0,004	0,002
G90	-0,041***	-0,045***	0,025***	-0,020	-0,043***	0,033**	-0,042***	0,024	-0,018
Kloc	0,014***	0,015**	-0,007	0,008	0,014***	-0,013	0,014***	-0,012	0,001
$\hat{\lambda}$ (SEM)	0,744*								
$\hat{\rho}$ (SDM)					0,527***				
Adj. R^2									
AIC	-432,88	-422,08			427,58				

Nombre d'observations : 82 *Significativité : *** <0,01 ; ** < 0,05 ; * < 0,1*

Un enseignement méthodologique de cette étude est la comparaison entre les trois approches d'identification des spécifications. Une approche seulement *Specific-to-General* renvoie au modèle SEM et à l'autocorrélation spatiale de nuisance. Une approche *General-to-Specific* renvoie au modèle SDM : les estimations des coefficients des modèles SDM ne sont pas nécessairement identiques à ceux du modèle SEM (nous le voyons notamment dans le cas des estimations des coefficients β_G) alors que les estimations des effets globaux le sont. La démarche est donc cohérente. Enfin, une approche qui consisterait à privilégier une hypothèse à tester (l'existence d'externalités avec le modèle SLX ou de spillovers globaux avec le modèle SDM), ne peut éviter de calculer les effets globaux sous peine de produire des résultats erronés (c'est le cas par exemple de l'estimation des effets du capital de connaissance dans le cas géographique avec $\widehat{\beta}_K = 0.01$ pour le modèle SDM et $\widehat{\beta}_K = 0.016$ pour le modèle SEM). La comparaison dans notre cas avec les résultats du modèle SEM amène au contraire à nous interroger sur la cohérence des résultats[11].

6. CONCLUSION

En considérant les villes européennes engagées dans les processus de globalisation, trois facteurs essentiels semblent caractériser l'organisation des économies modernes : des géographies des marchés portées par des stratégies organisationnelles des firmes multinationales, des géographies de la connaissance portées par les villes et enfin des structures d'interactions et d'échanges omniprésentes entre les villes. Est-ce que ces caractéristiques sont déterminantes pour expliquer la croissance économique des villes ?

Pour répondre à cette question, le cadre des modèles économétriques spatiaux apparaît pertinent et nous avons montré notamment comment les différentes spécifications spatiales permettaient de modéliser les externalités spatiales et les spillovers de connaissance. Nous avons également choisi de mieux expliciter les types d'interactions qui relient les villes et leurs caractéristiques. Nous avons notamment considéré pour cela trois formes de proximité : la proximité géographique, traditionnelle, la proximité organisationnelle des villes, construite via leur capacité à attirer les firmes globales opérant dans les services supérieurs aux producteurs, et la proximité institutionnelle, mesurée par le climat urbain des affaires. Nous avons aussi combiné ces proximités entre elles.

L'estimation des équations spatiales de croissance montre que de telles interactions existent et sont significativement positives. Nous confirmons l'existence de spillovers de connaissance liés aux attributs des villes sans pour autant qu'un schéma d'interactions n'en domine un autre. Ce résultat ne remet pas en cause la pertinence de schémas d'interactions non purement géographiques mais ne fournit pas non plus d'éléments plus précis pour éclairer les politiques de croissance quant aux vecteurs à privilégier. Les stratégies d'implantation des FMN opérant dans les services supérieurs et l'intégration

[11] Une hypothèse alternative étant systématiquement d'effectuer le test du facteur commun.

européenne sont des vecteurs de spillovers au même titre que la proximité géographique. Ces résultats, obtenus dans le contexte très particulier d'un espace économique intégré et à l'échelle de territoires urbains, confirment un processus de convergence conditionnelle associé à l'effet taille et un processus de divergence associé à la connaissance. Cependant au final, toutes les économies sont stimulées par des spillovers de connaissance.

L'architecture des interactions entre les villes reste un point à approfondir pour mieux décrire l'hétérogénéité du tissu urbain européen. En particulier, les interactions tissées par les firmes multinationales suivent une logique de place centrale alors que les effets du climat des affaires restent associés au processus de l'intégration européenne marqué par des clivages est-ouest et centre-périphérie.

REFERENCES

Abreu, M., De Groot, H.L.F., Florax, R.J.G.M., 2005, "Space and growth: a survey of empirical evidence and methods". *Région et Développement*, 21, pp. 13-44.

Anselin, L., 2001, "Spatial econometrics", in Baltagi B. (Ed.), *A Companion to Theoritical Econometrics*, Oxford: Basil Blackwell, pp. 310-330.

Anselin, L., 2003, "Spatial externalities, spatial multipliers, and spatial econometrics", *International Regional Science Review*, 26, pp. 153-166.

Anselin, L., Bera, A.K., Florax, R., Yoon, M.J., 1996, "Simple diagnostic tests for spatial dependence", *Regional Science and Urban Economics*, 26, pp. 77-104.

Anselin, L., Florax, R., 1995, "Small sample properties of tests for spatial dependence in regression models", in Anselin L., Florax R. (Eds.), *New Directions in Spatial Econometrics*, Berlin, Springer.

Arbia, G., 2006, *Spatial Econometrics: Statistical Foundations and Applications to Regional Convergence,* Springer-Verlag, Berlin.

Arbia, G., Battisti, M., Di Vaio, G., 2010, "Institutions and geography: Empirical test of spatial growth models for European regions", *Economic Modelling*, 27, pp. 12-21.

Barro, R.J., Sala-I-Martin, X., 1995, *Economic Growth Theory,* Boston, McGraw-Hill.

Baumont C., 2011, "Géographie des marchés, firmes globales et performance des métropoles européennes", in Carré D., Levratto N. (dir.), *Les performances des territoires. Les politiques locales, remèdes au déclin industriel*, Editions Le Manuscrit, pp. 46-94.

Baumont, C., Ertur, C., Le Gallo, J., 2006, "Clubs de convergence et effets de débordement géographiques : une analyse spatiale sur données régionales européennes, 1980-1995", *Economie et Prévision*, 173, pp. 111-134.

Baumont, C., Guillain, R., Huriot, J.M., 1998, « Proximité et formation des villes : le rôle des externalités d'information », in Huriot J.M. (dir.), *La ville ou la proximité organisée,* Anthropos (coll. Villes), pp. 115-128.

Beckmann, M.J., 1976, "Spatial equilibrium in the dispersed city", in Y.Y. Papageorgiou (Ed.), *Mathematical Land Use Theory*, Lexington, M.A., Lexington Books, pp. 177-125.

Begg, I., 1999, "Cities and competitiveness", *Urban Studies,* 36, pp. 795-810.

Behrens, K., Duranton, G., Robert-Nicoud, F., 2014, "Productive cities: Agglomeration, selection and sorting", *Journal of Political Economy*, forthcoming.

Berliant, M., Fujita, M., 2012, "Culture and diversity in knowledge creation", *Regional Science and Urban Economics*, 42, pp. 648-662.

Bosker, M., Garretsen, H., 2009, "Economic development and the geography of institutions", *Journal of Economic Geography*, 9, pp. 295-328.

Carrère, C., Schiff, M., 2005, "On the geography of trade distance is alive and well", *Revue Economique*, 56, pp. 1249-1274.

Choppin-Ansidei, J., Guillain, R., 2002, "Réorganisation spatiale de l'activité financière et émergence d'un nouveau centre : le cas de l'IFSC de Dublin", *Revue d'Economie Régionale et Urbaine*, 2, pp. 217-238.

Commission européenne, 2007, *L'état des villes européennes*, Rapport, Mai 2007, Direction Générale, Politique Régionale.

Defever, F., Mucchielli, J.L., 2005, "Décomposition internationale de la chaîne de valeur. Une étude de la localisation des firmes internationales dans l'Union Européenne élargie", *Revue Economique*, 56, pp. 1185-1206.

Dollar, D., Shi, A., Wang, S., Xu, L.C., 2003, "Improving city competitiveness through the investment climate: Ranking 23 Chinese cities", *World Bank Report* n°30247.

Duboz, M.-L., Guillain, R., Le Gallo, J., 2009, "Les schémas de concentration sectorielle au sein de l'Union Européenne : l'Est miroir de l'Ouest ?", *Economie et Statistique,* 423, pp. 59-76.

Duranton, G., Puga, D., 2000, "Diversity and specialisation in cities: Why, where and when does it matter?", *Urban Studies* 37, pp. 533-555.

Duranton, G., Puga, D., 2005, "From sectoral to functional urban specialization", *Journal of Urban Economics*, 57, pp. 343-370.

Eicher, T.S., Leukert, A., 2009, "Institutions and Economic Performance: Endogeneity and Parameter Heterogeneity", *Journal of Money, Credit and Banking*, 41, pp. 197-219.

Ertur, C., Koch, W., 2006, "Disparités régionales et interactions spatiales dans l'Europe élargie", in Capron H. (dir.), *Convergence et dynamique d'innovation au sein de l'Espace Européen,* Editions De Boeck, Bruxelles, pp. 71-105.

Ertur, C., Koch, W., 2007, "Growth, technological interdependence and spatial externalities: theory and evidence", *Journal of Applied Econometrics*, 22, pp. 1033-1062.

Fujita, M., Ogawa, H., 1982, "Multiple equilibria and structural transition of monocentric urban configurations", *Regional Science and Urban Economics*, 12, pp. 161-196.

Fujita, M., Thisse, J.-F., 2006, "Globalization and the evolution of the supply chain: Who gains and who loses?", *International Economic Review*, 47, pp. 811-836.

Glaeser, E.L., Kallal, H., Scheinkman, J., Shleifer, A., 1992, "Growth in cities", *Journal of Political Economy*, 100, pp. 1126-1152.

Glaeser, E.L., Scheinkman, J., Shleifer, A., 1995, "Economic growth in a cross-section of cities", *Journal of Monetary Economics*, 36, pp. 117- 143.

Glaeser, E.L., 1999, "Learning in cities", *Journal of Urban Economics*, 46, pp. 254-277.

Glaeser, E.L., La Porta, R., Lopez de Silanes, F., Shleifer A., 2004, "Do institutions cause growth", *Journal of Economic Growth*, 9, pp. 271-303.

Glaeser, E.L., Kerr, W.R., Ponzetto, G.A.M., 2010, "Clusters of Entrepreneurship", *Journal of Urban Economics*, 67, pp. 150-158.

Glaeser, E.L., Ponzetto, G.A.M., 2010, "Did the death of distance hurt Detroit and help NewYork?" in Glaeser E.L. (Ed.), *Agglomeration Economics*, The University of Chicago Press, Chicago, pp. 303-337.

Guillain, R., Huriot, J.M., 2001, "The local dimension of information spillovers: A critical review of empirical evidence in the case of innovation", *Canadian Journal of Regional Science*, 24, pp. 294-319.

Hall, R., Jones, C.I., 1999, "Why do some country produce more output per workers than others?", *Quarterly Journal of Economics*, 114, pp. 83-116.

Henderson, J.V., Wang, H.G., 2007, "Urbanization and city growth: The role of institutions", *Regional Science and Urban Economics*, 37, pp. 283-313.

Jacobs, J., 1969, *The Economy of Cities*, Random House, New York.

Kaufmann, D., Kraay, A., 2008, "Governance indicators: Where are we, where should we be going?" *World Bank Research Observer*, Oxford University Press, 23, pp. 1-30.

Kaufmann, D., Léautier, F., Mastruzzi, M., 2006, "Globalization and urban performance", in Léautier F. (Ed.), *Cities in a Globalizing World, Governance, Performance, and Sustainability*, WBI Learnings Resources Series, The World Bank, Washington DC, pp.27-68.

Kaufmann, D., Kraay, A., Mastruzzi, M., 2008, "Governance matters VII: Aggregate and individual governance indicators, 1996-2007", *World Bank Policy Research* Working Paper n°4654, June 2008.

Krätke, S., 2007, "Metropolisation of the European economic territory as a consequence of increasing specialisation of urban agglomerations in the knowledge economy", *European Planning Studies*, 15, pp. 1-27.

Kubo, Y., 1995, "Scale economies, regional externalities, and the possibility of uneven development", *Journal of Regional Science*, 35, pp. 29-42.

LeSage, J.P., Pace, R.K., 2009, *Introduction to Spatial Econometrics*, Boca Raton, Taylor & Francis.

Lever, W.F., 2002, "Correlating the knowledge-base of cities with economic growth", *Urban Studies*, 39, pp. 859-870.

Lucas, R.E., 1988, "On the mechanics of economic development", *Journal of Monetary Economics*, 22, pp. 3-42

Martin, P., Ottaviano, G.I.P., 1999, "Growing locations: Industry location in a model of endogenous growth", *European Economic Review*, 43, pp. 281-302.

Martin, P., Ottaviano, G.I.P., 2001, "Growth and agglomeration", *International Economic Review*, 42, pp. 947-968.

Mion, G., Ottaviano, G.I.P., Behrens, K., 2008, "Industry reallocations in a globalizing economy", *Economia e politica industrial*, 4, pp. 51-63.

Mur, J., Angulo, A., 2006, "The spatial Durbin model and the common factor tests", *Spatial Economic Analysis*, 1, pp. 207-226.

North, D.C., 1990, *Institutions, Institutional Change and Economic Performance*, Cambridge University Press, Cambridge.

Ota, M., Fujita, M., 1993, "Communication technologies and spatial organization of multi-unit firms in metropolitan areas", *Regional Science and Urban Economics*, 23, pp. 695-729.

Plaigin, C., 2009, "Explanatory study on the presence of cultural and institutional growth spillovers", Working Paper n°09-03 RS, Département d'économie appliquée, Université Libre de Bruxelles.

Quigley, J.M., 1998, "Urban diversity and economic growth", *Journal of Economic Perspectives*, 12, pp. 127-138.

Scott, A.J., 2001, *Global City-Regions: Trends, Theory, Policy*, Oxford: Oxford University Press.

Storper, M., 2010, "Why does a city grow: Specialisation, human capital or institutions?", *Urban Studies*, 47, pp. 2027-2050.

Taylor, P.J., 2004, *World City Network: A Global Urban Analysis*, London: Routledge.

Taylor, P.J., Catalano, G., Walker, D.R.F., 2002, "Measurement of the world city network", *Urban Studies*, 39, pp. 2367-2376.

Van Winden, W., van den Berg, L., Pol, P., 2007, "European Cities in the Knowledge Economy: Towards a Typology", *Urban Studies*, 44, pp. 525-549.

Vega, S. H., Elhorst, J. P., 2013, "On spatial econometric models, spillover effects, and W", Technical report, Faculty of Economics and Business, University of Groningen.

Venables, A.J., 2008, "Rethinking economic growth in a globalizing world: an economic geography lens", Working Paper 18, Commission on Growth and Development, The International Bank for Reconstruction and Development / The World Bank.

Ying, L.G., 2005, "From physical to general spaces: A spatial econometric analysis of cross-country economic growth and institutions", *Annals of Regional Science*, 39, 393-418.

ANNEXE 1.
Méthodes de recherche de spécifications spatiales

La méthode *Specific to General* consiste à tester la présence de dépendance spatiale dans la spécification MCO (équation 10) ou SLX (équation 4). Les tests LMLAG ou LMERR et leurs versions robustes RLMLAG et RLMERR permettent de discriminer entre une spécification de type SAR ou SEM selon les règles de décisions habituelles (Anselin et Florax, 1995 ; Anselin et *al.*, 1996). Si le modèle SEM est retenu, le test du facteur commun permet de comparer le modèle SEM et le modèle SDM sous-jacent (Mur et Angulo, 2006).

La méthode *General-to-Specific* (Vega et Elhorst, 2013) consiste à partir de la forme spatiale la plus générale, le modèle SDM en l'occurrence, et à tester alternativement le modèle contre la forme contrainte. SDM contre SAR (H_0: $\theta = 0$); SDM contre SLX (H_0: $\rho = 0$) ou SDM contre SEM (H_0: $\theta = -\rho\beta$). Ensuite la forme spatiale est testée contre le modèle non spatial (MCO).

Les impacts des facteurs explicatifs sur la croissance des villes européennes sont calculés en fonction du modèle retenu en appliquant les calculs adéquats aux paramètres estimés (Tableau 1).

ANNEXE 2.
Schémas d'interactions et ensembles de plus proches voisins

Carte A2.1. Les schémas d'interaction de Stockholm

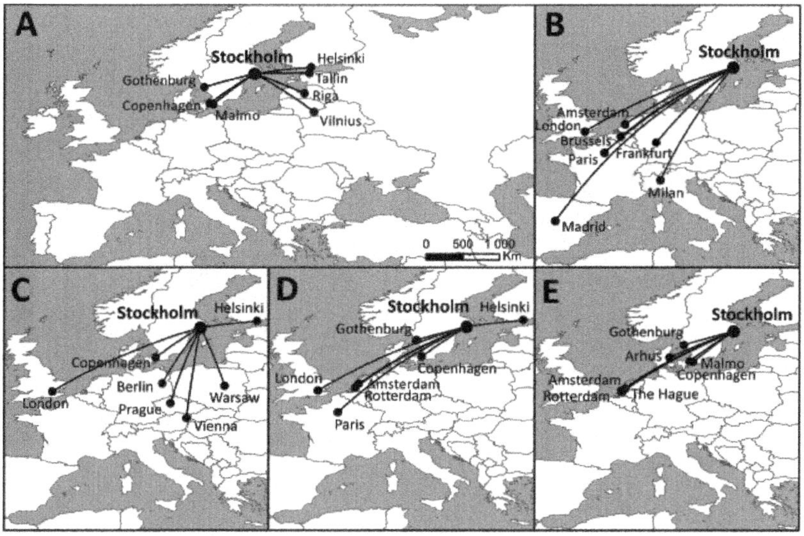

A : WGeo B : WFMN C : WFMN/Geo D : WFMN/Gov E : WGov

Carte A2.2. Les schémas d'interaction de Cracovie

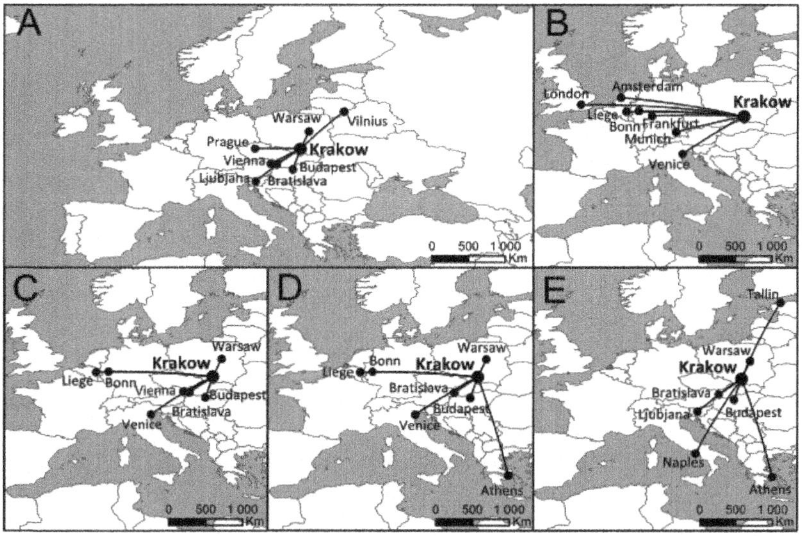

A : WGeo B : WFMN C : WFMN/Geo D : WFMN/Gov E : WGov

Carte A2.3. Les schémas d'interaction de Valence

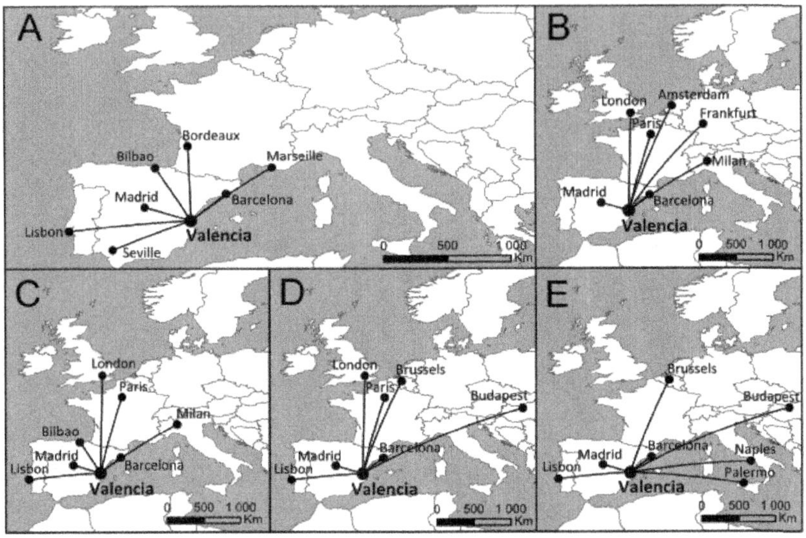

A : WGeo B : WFMN C : WFMN/Geo D : WFMN/Gov E : WGov

Carte A2.4. Les schémas d'interaction de Lyon

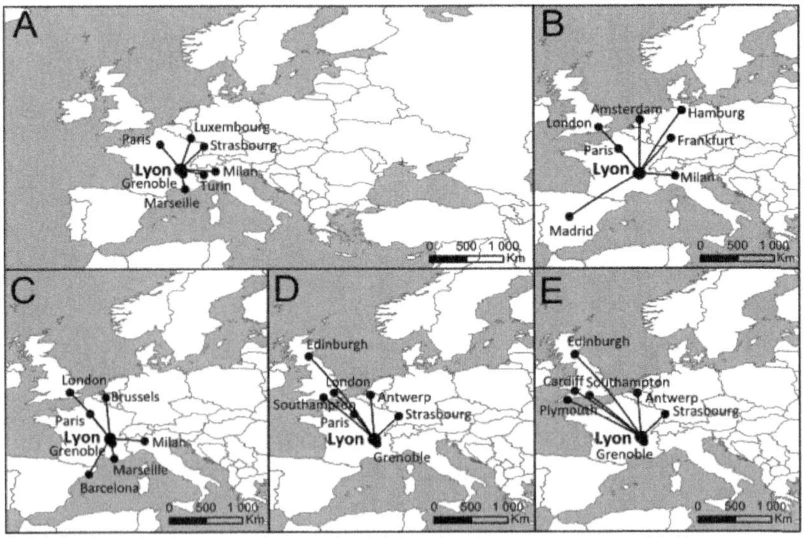

A : WGeo B : WFMN C : WFMN/Geo D : WFMN/Gov E : WGov

ANNEXE 3

Tableau A3. Schéma locaux d'associations spatiales des villes européennes

Villes	g_{15}	*G90*	*KIA*	*Hedu*	*Kloc*	*Pop 90*	*Gov Sum*	*Gov Tx*
Vienne	BH	HB *	HB	BB	HB	HB	HB *	BH
Linz	BH	HB	BB	BB	BB	BB	HB *	BH
Anvers	BB	HH	HH	HH *	HH	BB	BH *	HB
Bruxelles	BB	HH	HH	HH *	HH	BB	BH *	HB
Liège	BB *	BH *	BH	HH	HH	BB *	BH	HB
Nicosie	BH	BB *	BB *	HB *	BB *	BH	BB *	BH
Prague	HH	BH	HH	HH	HH	BB	BH	BH
Berlin	BH	BH	HH	HH	HH	HB	HH	BB
Bonn	BB *	HH *	HH	HB	HB	BB *	HH *	BB
Cologne	BB *	HH *	HB	HB	HB	BB *	HH	BB
Dortmund	BB *	HH *	BH	BB	BH	BB *	HH	BB *
Dresde	HB	BH	BH	HB	HH	BB	HH	BB
Düsseldorf	BB *	HH *	BB	BB	BB	BB *	HH	BB
Essen	BB *	HH *	BB	BB	BB	BB *	HH	BB
Francfort	BB *	HH *	HH	HB	HH	BB *	HH	BB *
Hambourg	BB	HH	HH	HH	HH	HB	HH *	BB
Hanovre	BB *	HH *	HH	BB	BH	BB *	HH	BB *
Leipzig	HB	BH	BH	HH	HH	BH	HH	BB *
Mayence	BB *	HH *	HH	BB	HH	BB *	HH	BB *
Mannheim	BB *	HH *	HB	HB	BB	BB *	HH	BB
Munich	BB	HH	HB	HB *	HB	BB *	HB	BB *
Nuremberg	BB	HH *	HH	BH	HH	BB *	HH	BB *
Stuttgart	BB *	HH *	HH	BB	HH	BB *	HH	BB *
Arhus	BB	HH	HH *	HH	HH	BH	HH *	HB
Copenhague	HB	HH	HH *	HH	HH	HH	HH *	HB
Tallin	HH *	BB *	BB	HB	BB	BB	BB *	HH *
Barcelone	BB *	BB	BB	HH	BB	HH	BB	HB
Bilbao	BB	BB	BB *	HH	HB *	BH *	BB	HB
Madrid	BB	BB	HB *	HH	HB *	HH	BB	HB
Séville	BB	BB	BB *	BH	BB	HH *	BB	HB
Valence	BB	BB	BB *	BH	BB	HH *	BB	HB
Helsinki	BH *	HB *	HB	HB	HB	BB	HB *	HH *
Bordeaux	BB	HB	BB	BH *	BH	BH *	BB	BB
Grenoble	BB	HH	HB	BB *	BB *	BH	BB	BB
Lille	BB *	BH	BH *	BH *	BH *	HH	BH	BB
Lyon	BB *	HH	HB	BB	BB	HH *	BB	BB *
Marseille	BB *	BB	BB	HB *	BB *	HH	BB *	BB *
Paris	BB	HH	HH	HH *	HH *	HH	BH	BB
Strasbourg	BB *	HH *	BH	BB	BH	BB *	BH *	BB
Athènes	BH	BB *	BB *	HB *	BB *	HH	BB *	HH
Budapest	HH	BB *	BB	HB *	HB	HB	BB *	HH
Dublin	HH	BB *	BH	HH	HH	BB	HH *	BB

Tableau A3. (suite)

Villes	g_{15}	*G90*	*KIA*	*Hedu*	*Kloc*	*Pop 90*	*Gov Sum*	*Gov Tx*
Bologne	BB	BH	BB	BB *	BB *	BH	BB *	BB *
Gênes	BB *	BH	BB	BB *	BB *	BH	BB *	BB *
Milan	BB *	HH	BB	BB *	BB *	HB	BB *	BB *
Naples	BB	BB	BB *	BB *	BB *	HB	BB *	BB
Palerme	BB	BB *	BB *	BB *	BB *	BH	BB *	BB
Rome	BB	BB	BB *	BB *	BB *	HH	BB *	BB
Trieste	HB	BH	BB	BB *	BB *	BH	BB	BB
Turin	BB *	BB	BB	BB *	BB *	HH	BB *	BB *
Venise	BB	BH	BB *	BB *	BB *	BH	BB *	BB
Vilnius	HH *	BB *	BB	BH	BB	BB	BB *	HH *
Luxembourg	HB *	HH *	BH	BB	BB	BB *	HH	HB *
Riga	HH *	BB *	BB	BH	BB	BB	BB *	HH *
Utrecht	BB	HH *	HH	HH *	HH *	BB	HH	BB
Amsterdam	BB	HH *	HH	HH *	HH *	BB	HH	BB
La Haye	BB	HH	HH	HH *	HH	BB	HH	BB
Rotterdam	BB	HH	HH	HH *	HH *	BB	HH	BB
Cracovie	HH *	BB *	BB	BB	BB	BB	BB *	BH *
Varsovie	HH *	BB *	BB	BB	BB	HB	BB *	BH *
Lisbonne	BB	BB	BB *	BH	BB	HH *	BB	BB
Göteborg	BB	BH	HH *	BH	HH *	HH	HH *	BB
Malmö	BH	BH	HH *	HH	HH *	BH	HH *	BB
Stockholm	BH *	HB *	HB	HH	HB	HB	HB	BH *
Lubiana	HH	BB	BB	BB *	BB	BB	BB *	HH
Bratislava	HH	BB	HB	HB *	BB	BB	BB *	HH
Belfast	HH	BB	BH	HH	BH	BB	HH *	BB
Birmingham	BB	BB	HH *	BH	HH	BB	HH *	BB
Bristol	HB	BB	HH *	HH	HH *	BB	HH *	BB
Cardiff	HB	BB	HH *	HH	HH *	BB	HH *	BB
Edimbourg	HH	BB *	HH	HH	HH	BB	HH *	BB
Glasgow	HH	BB	HH	HH	HH	BB	HH *	BB
Leeds	HB	BB	HH	BB	HH	BB	HH *	BB
Liverpool	BH	BB	HH	BH	HH	BB	HH *	BB
Londres	BB	HB	HH *	HH	HH	HB *	HH *	BB
Manchester	BB	BB	HH	BB	HH	HB *	HH *	BB
Newcastle	BB	BB	HH	HH	HH	HB	HH *	BB
Norwich	BB	BB	HH *	BH	BH *	BH	HH *	BB
Nottingham	BB	HB	HH *	BH	HH *	BH	HH *	BB
Plymouth	BH	BB	HH *	HH	HH	BB	HH *	BB
Sheffield	BB	BB	HH *	BB	BH	BB	HH *	BB
Southampton	BB	BB	HH *	HH	HH *	BH	HH *	BB

*Note : « * » : la statistique LISA est significative à au moins 5%.*

INTERACTIONS, KNOWLEDGE SPILLOVERS AND GROWTH OF EUROPEAN CITIES: DO GEOGRAPHY, INSTITUTIONS OR INTERNATIONAL FIRM NETWORKS MATTER?

Abstract - *Knowledge spillovers within urban economies are also sources of spillovers between cities. We examine how knowledge spillovers influenced the economic growth of 82 European metropolises over the 1990-2005 period. We model knowledge spillovers between cities on the basis of five specific interaction patterns based on geography, networks of multinational firms in advanced services, institutional climate and two combinations of these factors. Spatial models are estimated to detail the effects of growth factors in terms of spillovers and externalities. We show that spillovers are local rather than global and that interactions among cities accelerate the convergence process based on gross value added while accelerating the divergence process due to knowledge allocations. The impacts of knowledge allocation, however, do not differ fundamentally with the interaction patterns: geography, the institutional environment and networks of multinational firms all enhance knowledge spillovers.*

Key-words: INSTITUTIONS, INTERNATIONAL FIRM NETWORKS, SPATIAL ECONOMETRICS, SPILLOVERS, URBAN GROWTH

REVIEW ESSAY

THE EFFICIENCY OF ENTERPRISE ZONE PROGRAMS SOME CONFLICTING RESULTS?

Florian MAYNERIS[*], **Loriane PY**[**]

Abstract - *We propose in this paper a critical review of the literature on urban enterprise zones. The results that emerge from the papers published over the last twenty years vary a lot across studies. Several explanations can account for these apparently conflicting results. Technical tools and empirical methods for the evaluation of such policies have greatly improved since the 1990's. Moreover, it seems that the efficiency of urban enterprise zones depends on zone characteristics, industrial sector and policy design. Further research in this area should try to better take into account general equilibrium effects, in order to provide a more accurate measure of the welfare implications of these policies.*

Keywords - ENTERPRISE ZONES, LITERATURE REVIEW

JEL Classification: R12, R38, R58.

[*] Université catholique de Louvain, IRES, CORE; florian.mayneris@uclouvain.be
[**] Banque de France et Institut des politiques publiques; loriane.py@banque-france.fr.
The views expressed in this paper are those of the authors and do not necessarily reflect those of the Banque de France or of the Institut des politiques publiques.

1. INTRODUCTION

In many countries, cities feature strong internal disparities, with wealthy neighborhoods often situated a few blocks away from depressed urban areas. In these latter zones, residents have usually a low level income and education, a high level of unemployment, and live in deprived social housing. As a matter of fact, in 2008, in the deprived areas targeted by urban policies in France, 28.8% of the population lives under the poverty line[1] (12% at the national level), the average income of residents is 40% lower than the average income of population in the same agglomeration, and in 2009, the unemployment rate reaches 18.6% while the national average on the whole French territory is equal to 9.5%.

These strong inequalities within cities have important economic and social implications. They are often linked to social segregation phenomena, rich people self-selecting into specific neighborhoods where housing prices become so high that poor people cannot afford living there. Deprived urban areas being seen as less attractive for both residential and business purposes, the deterioration of the economic and living conditions in these zones tend to accelerate, which can lead, in some cases, to urban violence, as exemplified by the riots in the French suburbs in 2005 or in Stockholm in 2013.

In order to tackle these issues, many governments have implemented *Urban Enterprise Zone* programs. These policies appeared at the end of the 1970's in the UK and in the US. The main idea of these programs is to provide tax exemptions in order to reduce business costs and labor costs in targeted zones, so as to attract firms and increase local employment, improve the welfare of zones residents and promote the (re)development of lagging urban areas. The efforts put in these policies vary across countries, but they often represent large amounts of money. In the UK, around 90 euros per resident in the working–age population were spent for the Local Enterprise Growth Initiative areas (i.e. around 95 million euros per year between 2006 and 2009, Einio and Overman, 2011); in California, the enterprise zone policy represents 200 euros per worker (i.e. around 240 million euros in total in 2005, Neumark and Kolko, 2010) and finally in France, 1,800 euros per worker and 360 euros per resident are spent in 2007 in the *Zones franches urbaines* (i.e., around 540 million euros in total, Mayer et al., 2012).

The justification and efficiency of enterprise zones remain however controversial. First, there are concerns about the relative costs of these policies with respect to their rather limited achieved benefits on local business creation and employment. Second, even when enterprise zones manage to (re)develop economic activity, whether the residents of these zones – those initially targeted – benefit from these programs, remains a pending issue. These considerations have led some economists and policy makers to question the replacement of

[1] In France, the poverty line is set to 60% of the median income, and corresponds to 949 euros in 2008 (according to the French Ministry in charge of urban policies).

these *place-based policies* by *people-based policies* (Glaeser and Gottlieb, 2008).

In this paper, we propose a critical review of the literature on urban enterprise zones. We show that the results obtained since the mid-1990's vary a lot across studies and countries.[2] We then argue that part of these conflicting results can be attributed to technical and estimation issues. Beyond these methodological considerations, we show that the different results of impact evaluations also reflect a real heterogeneity in the efficiency of urban enterprise zone policies depending on zone characteristics, on sectors or on the design of the policy. Finally we suggest that the important general equilibrium effects of enterprise zones would need to be better taken into account when it comes to properly evaluate their efficiency, incidence and impact on the welfare of zone residents.

2. ENTERPRISE ZONES: DIFFERENT OUTCOME OF INTEREST AND DIFFERENT RESULTS

Since the 1990's, an important literature has carried out empirical evaluations of enterprise zones. However, studies differ largely in terms of outcome of interest, and results appear very mixed depending on the schemes.

2.1. Enterprise zones and business creations

The first objective of these programs is to promote the development of economic activity in targeted zones, by providing tax credits on capital and/or labor, usually for existing, newly located or newly created firms in targeted zones. However, as the potential effects on local business creation and employment growth are likely to depend on the ability of these programs to attract new firms, it is crucial to assess the impact of enterprise zones on firm location decisions. Several studies have explored this dimension. While Billings (2009) finds no significant effect of the designation of enterprise zones on the number of establishments in Colorado, Neumark and Kolko (2010) tend to find a negative effect in the case of the program conducted in California, and Hanson and Rholin (2011) conclude to a positive impact of US federal enterprise zones. In the case of France, two studies evaluate the recent French enterprise zone program – *the Zones franches urbaines* policy- on business creation[3]. They conclude respectively to a positive impact of the French enterprise zone on the

[2] In line with the early implementation of Enterprise Zones in the US, the empirical literature on EZ first grew in the early 90's, mainly based on the US experience (see in particular Wilder and Rubin (1996) for a literature survey). In this paper, we focus on more recent research in this field in order to shed light on the new insights brought by these studies, but also in order to highlight the recent and important improvements in empirical methods used in EZ evaluations.

[3] The French Ministry of Labor has recently asked and funded an evaluation program of the French Enterprise Zones, which contributed to stimulate recent research in this area in the French case.

probability that plants locate in targeted areas and on the number of establishments in targeted zones (Mayer et al., 2012; Givord et al. 2013). Hence, results regarding the impact of enterprise zones on business creation seem to differ widely in the US and in France, and depending on the program (state or federal policy in the US).

2.2. Enterprise zones and labor market outcomes

The second objective of these programs is usually to enhance local employment growth in targeted areas. Yet, results relative to the impact of enterprise zones on employment growth also vary significantly. In evaluations of US enterprise zone programs, many studies find no significant effect on employment growth in designated areas (see for instance, Boarnet and Bogart (1996) in the case of New Jersey; Bondonio and Engberg (2000) in their evaluation of enterprise zones in California, Kentucky, New York, Pennsylvania and Virginia; Neumark and Kolko (2010) in the case of California and Lynch and Zax (2011) in the case of Colorado). Some studies conclude to a rather positive impact of some US enterprise zone programs (see O'Keefe (2004) in the case of enterprise zones in California; Ham et al. (2011) in their evaluation of US State Enterprise Zone, Federal Empowerment Zone and Federal Enterprise Community programs; and Busso et al. (2013) in the case of Round I of the Federal Empowerment Zone Program in the urban communities of Atlanta, Baltimore, Chicago, Detroit, New York city and Philadelphia/Camden). Studies on European countries conclude to a positive impact of enterprise zones on labor market outcomes, with some restrictions. Einio and Overman (2011) evaluate the impact of the Local Enterprise Growth Initiative in the UK. They find a positive effect on employment, obtained however at the expense of the immediate periphery of targeted zones. In the case of France, two studies find a positive impact on employment growth, though in the short-run only (Rathelot and Sillard, 2009; Givord et al., 2013); the authors interpret this result as a shock modifying the level of employment, but not the trend. Overall, again, the results regarding the impact of enterprise zones on local employment growth appear very mixed depending on the program.

2.3. Enterprise zones: which impact for zone residents?

Finally, once the effect of urban enterprise zones on firm creation and employment growth has been assessed, there remains the crucial question of whether these enterprise zone programs benefit to zones residents or not – i.e. to the population initially targeted by these place-based policies. Several indicators have been used to measure the impact of enterprise zones on the welfare of residents: employment of zone residents, wage and income of zone residents and property values. Results obtained in the literature also tend to differ according to the outcome of interest and depending on the studies.

Several studies have tried to assess the impact of enterprise zones on the employment of zone residents specifically; indeed, growing employment in targeted zones does not necessarily imply that firms hire local workers, in particular due to potential spatial mismatch between the skills needed by firms and the skill available locally. In the US, while Elevery (2009) does not find evidence that the designation of enterprise zones in California and in Florida affects the employment probability of zones residents, Busso et al. (2013) conclude that federal empowerment zones have a significant and positive impact on the employment of zone residents. In the case of France, Gobillon et al. (2012) focus on the effect of French enterprise zones in the Paris region. They find a small effect on the rate at which unemployed workers in targeted areas find a new job, this effect being however significant in the short-run only. Charlot et al. (2012) study the evolution of the socio-economic conditions in the zones targeted by the French program and do not find evidence of any impact on the unemployment rate. The evidence is therefore mixed regarding the US and the French experiences.

Some other studies have focused on factor prices rather than quantities. Indeed, if the designation of enterprise zones succeeds in promoting the development of local economic activities, this can change factor prices in case of imperfect mobility of production factors. On the one hand, one could expect that the relative demand for residents or for their skills increases and that it would translate into a relative increase in their wage or income. Ham et al. (2011) and Busso et al. (2013) do tend to find a positive impact of US programs on the income and wage of zone residents. On the other hand, the benefits of these programs could be weakened if the induced increase in economic activity capitalizes into property value, and this is actually what Hanson (2009) shows in its evaluation of the US Empowerment zones program.

Given the diversity of the results obtained in the literature, it is difficult to conclude regarding the impact of enterprise zones on business location, employment growth and welfare of residents. There are several explanations to these apparently conflicting results. Some technical issues are certainly at play: the tools researchers have at their disposal to precisely delineate the targeted zones, as well as the econometric methods available for the evaluation of these public policies have greatly improved over the past twenty years. Beyond these technical challenges, the effects of enterprise zones might be heterogeneous along several dimensions, such as zone characteristics, sector or program characteristics.

3. WHY SO MANY CONTRADICTORY RESULTS? DELINEATION OF ZONE BOUNDARIES AND ENDOGENEITY ISSUES

The exact identification of targeted zones in the data and the treatment of endogeneity issues are two dimensions along which researchers have made considerable progress over the past few years, and which can explain some of the diverging results in the literature.

3.1. The challenge of the geographical identification of targeted zones

Ideally, a convincing evaluation of an enterprise zone program would require having first, exact information on the boundaries of targeted zones, and second, both pre and post treatment data on economic and social characteristics at the targeted zone level. However, a major concern in the evaluation of these place-based policies is that they usually target relatively small geographical areas whose boundaries do not necessarily match administrative boundaries such as cities, municipalities or districts, making it tricky to precisely measure their geographical limits. Studies carried out over the past 20 years have therefore adopted different methods to overcome these data and technical issues.

Several studies consider that the entire municipality or city in which an enterprise zone is located is actually treated. For instance, Boarnet and Bogart (1996) in the case of New Jersey, consider the whole municipality as an enterprise zone while only one district – only 30% of municipality land – is actually targeted by the program. In the same vein, Bondonio and Engberg (2004) and Bondonio and Greenbaum (2007), which also evaluate enterprise zones in the US, consider that an entire ZIP code is part of an enterprise zone if it includes any portion of an enterprise zone. While this method can be justified by data limitation, one important issue is that the imprecise identification of enterprise zone boundaries is likely to bias the estimated impact of the policy on economic outcomes: indeed, the different neighborhoods of a municipality do not suffer from the same initial lack of attractiveness, and such a strategy might inadequately identify the impact of the policy in case of displacement effects within municipalities.

With the development of sophisticated Geographical Information Systems, attempts have been made to better identify the boundaries of targeted zones. Now, it is possible to precisely draw the boundaries of enterprise zones on a map and to better measure local economic activity within and outside the boundaries of enterprise zones. In the case of France, Mayer et al. (2012) use information on the exact geographical boundaries of enterprise zones and on administrative boundaries of census blocks to assess whether an establishment is located in a census block which belongs to an enterprise zone or not (data on the location of establishments being not geocoded at the address level). They are thus able to delineate enterprise zone boundaries in the data with a precision equivalent to the size of a building block. Thanks to the information provided by zone coordinators, Billings (2009) is able to construct a digital map of each enterprise zone and to compare economic outcomes in terms of business and job creations within a 1/4 mile buffer around each enterprise zone border. Finally by creating digitized maps of original zone boundaries and later expansions, and by combining these maps with geocoded observations on businesses located in California, Neumark and Kolko (2010) are able to very precisely measure the impact of Californian enterprise zones on employment.

These improvements in the identification of the targeted zones have three main advantages. First, they allow for a more accurate evaluation of enterprise zone programs. Second, they make it possible to measure some potential spillovers of the designation of the geographical zones on their neighborhoods. On the one hand, the creation of enterprise zones might create a positive dynamic on their nearby areas. On the other hand, the existence of tax incentives in one particular location could also increase the attractiveness of the targeted zones at the expense of neighboring places, inducing displacement effects, as it has been shown in the case of France (see Givord et al., 2013; Mayer et al., 2012). Third, as discussed below, they greatly improve the reliability of evaluations since researchers can better control for local and time varying characteristics that affect economic outcomes at a very local level.

3.2. Evaluation of enterprise zones schemes: different methodologies

Previous research has also widely varied in terms of empirical strategies. A first major challenge in the evaluation of enterprise zones is that zones designated by the policy are different from non-targeted zones. They are selected among the most deprived areas and are therefore likely to suffer from a constant attractiveness deficit in terms of economic activity. Moreover, policy makers might have selected fast growing, or on the opposite declining areas, depending on their objective, i.e. targeting the most distressed areas or targeting those with the highest recovery potential. Consequently, evaluations of such enterprise zones must be able to distinguish outcomes that result from prior economic conditions in the targeted areas from outcomes attributable to the implementation of the policy itself. Ideally, one would like to compare outcomes in targeted areas with outcome in untreated areas that have similar characteristics. Significant progress has been made recently to address these endogenity issues in a convincing way.

Most studies on enterprise zones rely on difference-in-difference approaches. They rely on before and after comparisons (Papke, 1994; Greenbaum and Engberg, 2004), combined with control groups consisting of areas qualifying for enterprise zones but which did not apply, of areas that applied but were rejected (Boarnet and Bogard, 1996; Hanson, 2009), or of areas later designated as enterprise zones (see for instance Busso et al., 2010; Neumark and Kolko, 2010). Areas that applied but were not selected can be seen as a more appropriate control group than areas which qualify but did not apply; indeed, applying reveals *per se* differences between applicants and non applicants, either in terms of expectation to be designated as enterprise zones, or in terms of the potential gains associated with the acquisition of the enterprise zone status. In this respect, using areas that obtain the enterprise zone status later (as soon as this is for some exogenous reason) contributes to improve the estimations given that in this case, those areas that were designated later fulfill all the criteria in terms of economic characteristics to be treated, as proved by the designation process, and are therefore probably very similar in terms of pre-treatment economic conditions.

Some other studies have relied on propensity score matching methods (see for instance O'Keefe, 2004; Elvery, 2009, Givord et al., 2013). This method consists in matching each targeted zone with a zone that is similar in terms of observable economic characteristics, but lacking from the designation status. In a first step, the probability to be designated as an enterprise zone is estimated. Based on this estimation, each zone is matched and compared with the non-treated zones that had the same probability to be treated. The advantage of this method is that it ensures more comparability between the treated and the control groups, assuming that there are no other unobservable factors correlated with the treatment and the outcome of interest.

Difference-in-differences combined with matching techniques can limit some endogeneity issues, assuming that the remaining unobserved differences between treated and control group are constant over time. However, another major challenge the evaluation of enterprise zones has to face is that some time-varying unobservable factors might coincide with the implementation of the policy or affect the probability of treatment. In order to tackle this issue, researchers have recently used two different methods.

The first one consists in exploiting exogenous discontinuities in the design of the policy. This method has been used by Mayer et al. (2012) in their evaluation of the French program on business location. In France, only firms with less than 50 employees and a turnover inferior to 10 million euros are eligible to tax exemptions in enterprise zones. The authors use these eligibility criteria as a falsification test. They show that the probability to locate in French enterprise zones increases for eligible firms only, which tends to rule out the possibility that some unobservable time-varying factors affect the estimation of the impact of the policy.

The second method consists in spatial differencing or border analysis, i.e. in matching areas or establishment on the two sides of a border, and comparing the evolutions of the two zones across this border. Duranton et al. (2011) have recently proposed this method to assess the impact of local taxation on business and job creations in the UK. In the specific context of urban enterprise zones, Billings (2009) and Neumark and Kolko (2010) rely on this methodology. The advantage of this method is that it allows controlling for time varying unobservable factors, which are reasonably the same across the border at such a fine geographical scale; hence, it should considerably reduce potential biases in the estimation of the impact of the policy.[4]

Note that besides these technical difficulties, the multiplicity of results can also stem from the existence of some complex dynamics at work in targeted zones. Bondonio and Greenbaum (2007) show for example that employment gains associated with new entrants are sometimes offset by employment losses among incumbents, due to potential competition between two types of firms. This means that a clearer distinction should be made, when possible, between effects for incumbent firms and effects for newly created ones.

While the different techniques and methods in existing evaluations can explain part of the conflicting results, another explanation can lie in the heterogeneity in the efficiency of these enterprise zones along several dimensions.

[4] Note that this method is valid only if the border has been exogenously determined and if spillover effects are not too strong.

4. WHY SO MANY CONTRADICTORY RESULTS? HETEROGENEITY OF THE EFFECTS OF ENTERPRISE ZONES

Many papers in the literature have assumed that the effect of these policies is homogenous for all types of areas and industries (Papke, 1994; O'Keefe, 2004; Ham et al., 2011). However, there are several reasons why the effect of enterprise zones could be heterogeneous, and recent papers tend to show that such heterogeneity does exist.

4.1. The role of zones' initial characteristics

First, the initial characteristics of targeted zones may partly influence the efficiency of enterprise zone policies. It is for example well-known that firms tend to locate in places where other firms are already located: the probability that a firm chooses to locate in a given area increases with the number of firms in this area, mostly due to agglomeration economies (Head et al., 1995; Crozet et al., 2004). Consequently, even in the presence of fiscal incentives, firms might be reluctant to locate in places where they would be alone, since such a location would severely undermine their competitiveness. Devereux et al. (2006) actually show that the Regional Selective Assistance in the UK, a policy aimed at attracting plants in lagging regions, has on average a weak positive impact on firms' location decisions, and that this effect is all the more important that more firms are already present in the region. Such a result points at the difficulty for policy-makers to counteract the strong agglomeration forces driving the location decisions of firms.

Mayer et al. (2012) test for a similar idea in the case of French urban enterprise zones. Their evaluation is based on the analysis of more than forty enterprise zones designated in 2004. All these zones are areas that are generally repulsive to firms; however, they display significant differences in their initial attractiveness, as measured by the relative number of plants located within their boundaries as compared to the number of plants in the same municipality but outside the boundaries. Their results show that the probability that plants decide to locate in targeted zones rather than in the non-targeted part of municipalities increases after the implementation of the policy, and that this increase is more important for the zones that were initially less repulsive. The heterogeneity across targeted zones is actually quite substantial: while the probability to locate in French enterprise zones increases by 2.3 percentage points after the implementation of the policy (the probability to locate in these zones being initially equal to 8.9 percent), this effect grows to 3.6 percentage points when the attractiveness of the zone increases by one standard deviation.

Briant et al. (2012) also study the impact of the French urban enterprise zones, but they focus on the role of geographic isolation in determining the effect of the policy. More specifically, they build several indicators to assess how the neighborhoods composing enterprise zones are connected to the other parts of the city by transportation infrastructure; they also measure the geographic isolation of these zones, based on physical obstacles such as road severance for example. They find that the policy increases employment and the number of establishments in the less isolated targeted zones only, pointing at the importance of neighborhood accessibility to both workers and consumers as a determinant of firms' location decisions.

4.2. The role of the industrial sector

The impact of urban enterprise zones might also vary across sectors. Indeed, the match between the skills needed by firms and those available within targeted zones might not be equally good for all sectors. Also, firms might behave strategically and move temporarily, only for the period of time during which they can benefit from exemptions. In this case, firm mobility, which is partly sector-specific, might also play a role.

In this respect, the evidence provided in the literature is mixed. Boarnet and Bogart (1996) evaluate the impact of enterprise zones in New Jersey and distinguish four broad sectors: retail, manufacturing, services and FIRE (finance, insurance and real estate) sectors. The effect measured is statistically insignificant for all four sectors. Neumark and Kolko (2010) study the enterprise zones in California and argue that since they aim at creating jobs for zone residents, who are mainly low-skilled workers, the impact of enterprise zones might be stronger for lower-paying industries; however, their results do not support such a pattern in the Californian case. Lynch and Zax (2011) do not find neither heterogeneous effect across sectors for enterprise zones in Colorado: for all the sectors, the evolution of employment is not different within enterprise zones from what it is outside the zone, except for agriculture, that seems to be negatively affected by the policy.

The picture that emerges from the French case is very different. Mayer et al. (2012) investigate whether the positive impact of French enterprise zones on plant location decisions is stronger for industries in which firms are more mobile. Firms in a sector are said to be highly mobile when the share of transfers, i.e. of relocations of already existing plants, in total plant creations (transfers + "pure" creations) is high. Indeed, if plant-level fixed (re)location costs are low, firms can easily change location over their life cycle, and the number of transfers as compared to "pure" creations within the industry should be higher. This is actually what they find: the effect of the policy is more than five times stronger in highly mobile industries, i.e. in industries with a share of relocations in total plant creations above 25%, the median in the sample. Physicians and nurses, in particular, are shown to be highly responsive to the policy, a result also highlighted in Briant et al. (2012). This result is in line with the idea that such professions can easily move their office a few blocks away without losing their customer base, and can also come back quickly to their original location when subsidies stop.

4.3. The role of policy design

Finally, enterprise zone policies can take various forms, either in terms of money spent or in terms of type of incentives provided to firms. For example, in

2007, the French government spent on average 1,800 euros per worker and 360 euros per resident in the targeted areas, while in 2005, 240 dollars (around 200 euros) per worker were spent for enterprise zones in California (see Neumark and Kolko, 2010) and 60 pounds (around 90 euros) per resident in the working-age population were spent for Local Enterprise Growth Initiative areas in the UK (see Einio and Overman, 2011). In France, firms locating in enterprise zones benefit from exemptions on social contributions, business taxes, corporate taxes, land and property value taxes. In California, the program mainly provides a tax credit for hiring "disadvantaged" employees calculated as a share of wages, while in UK, local authorities spend the money on business support, skill acquisition programs for residents or improvements of the local environment. Bondonio and Engberg (2000) exploit the heterogeneity across enterprise zone policies implemented in five different American states to assess the role of policy design. They do not find any significant impact of enterprise zones on local employment growth, whatever the amount of subsidies or the type of incentives provided (tied to job-creation or capital investment). However, the heterogeneity of the policies they study is quite limited and they cannot identify the exact boundaries of targeted zones in the data. We believe that the role of policy design and in particular the monetary values of tax incentives in the effectiveness of urban enterprise zone policies are an interesting avenue for future research.

5. THE COMPLEX EFFECTS OF ENTERPRISE ZONES: TOWARDS A COMPREHENSIVE APPROACH?

Most of the empirical papers on the evaluation of urban enterprise zones adopt a partial equilibrium approach. They generally investigate the impact of the policy on employment, business creation, wages or housing prices separately. They sometimes mention the potential effects of the policy on the other dimensions, but still do not provide an integrated approach. However, as discussed by Lynch and Zax (2011), the impact of such policies on the volume and the price of production factors heavily depends on the elasticity of substitution between factors, and on the price-elasticity of demand for the final good. Indeed, urban enterprise zone policies generally provide investment tax credits, credits for new jobs and/or for property taxes. Depending on the size of the different subsidies, the relative price of the production factors is modified, which should in turn affect the relative demand for these factors. Two effects are at play. On the one hand, the substitution effect will tend to increase the relative demand for the production factor which relative price decreases. This effect will be stronger when the elasticity of substitution between factors is high. On the other hand, the decrease in input prices tending to increase output, the scale effect should increase the demand for the various production factors, at a speed that is related to the price-elasticity of demand for the final good. The overall impact of the policy is determined by the sum of these two effects.

Whether these policy-induced changes in the demand for production factors will translate into adjustments in volumes and/or prices then depends on the supply-elasticity, and thus on the mobility of production factors. In case the supply of production factors is perfectly elastic, any decrease in the price of production factors will increase the level of activity in the enterprise zones. On the opposite, if the supply of production factors is inelastic, their price will increase, but the level of activity within targeted zones will remain unchanged. This issue is probably highly relevant for commercial real estate, which is linked to an immobile factor, land, and which supply is thus less elastic; if the provision of commercial offices is insufficient, the arrival of new establishments or the extension of incumbent firms will generate tensions on commercial rents. This is probably less of an issue for labor, which is more mobile, or available within the zones in case of high levels of unemployment among the zone residents who have the adequate skills.

Actually, most papers investigating the effect of enterprise zone policies find no significant effect on wages, as O'Keefe (2004) for California, Lynch and Zax (2011) for Colorado and Briant et al. (2012) for France. However, this latter study shows that beyond the null average impact of enterprise zones on wages, significant heterogeneity is at play: an increase in wages is observed only in zones that are geographically isolated. This is interesting, since it confirms the role of labor mobility in the price/quantity adjustment to enterprise zone policies: the zones that are less accessible face a less elastic labor supply, and consequently experience a lower increase in employment and a higher increase in wages. Malgouyres et al. (2012), in a public report on French urban enterprise zones, also study the employment/wage response to the implementation of subsidies in targeted zones. They find a significant increase of employment, especially among lower-paid jobs (less than 10 euros per hour), which are the ones eligible to the social charge exemptions. Regarding wages, they find no significant impact of the policy. However, heterogeneity seems to be again important: once sector and workers' characteristics are taken into account, it seems that the wage of highly-paid workers (wage higher than 10 euros per hour) increases less rapidly within enterprise zones than outside these zones. This is consistent with the fact that the relative demand for this type of workers decreases in enterprise zones following the implementation of the policy.

Papers studying the impact of urban enterprise zones on land prices are far less numerous, good quality data on real estate being scarce. Boarnet and Bogart (1996) and Engberg and Greenbaum (1999) do not find any effect; however, their analysis relies on municipality, rather than enterprise zone level data. Hanson (2009) studies federal empowerment zones in the US, and using an instrumentation strategy, he finds a positive and substantial impact of empowerment zones on property values. This increase in the price of the immobile factor is in many studies suspected to reduce, or even to completely offset, the effect of the policy on employment (Lynch and Zax, 2011).

To our knowledge, Busso et al. (2013) are the first ones to propose a comprehensive evaluation of enterprise zones in a general equilibrium framework. General equilibrium studies generally adopt a structural approach, where theory strongly drives the empirical analysis. The objective of the empirical analysis is then to estimate the parameters of the model. It is important to note that this type of approach better accounts for general equilibrium effects, but that it also often imposes some constraints on the model and on the parameters. "Reduced-form" approaches, such as those cited before, are more flexible in this respect. Busso et al. (2013) provide an empirical analysis that represents some kind of "middle-ground" between these two paradigms: they derive from the model reduced-form elasticities that are sufficient statistics to run a complete welfare analysis. They develop a spatial equilibrium model which features heterogeneous workers, costly commuting, two sectors, wage subsidies for resident workers limited to one of the two sectors in one of the two neighborhoods of the city, and elastic housing supply. Within this framework, the authors can derive a complete analysis of the effects of enterprise zones on employment, wages, rental rate and welfare. They find theoretically that the deadweight loss associated with the implementation of the policy is all the more important that the number of workers changing residence is high. Their empirical findings tend to show that in the case of US empowerment zones, the policy increased employment and wages for resident workers, without impacting the size of the local population or housing costs, suggestive that the implementation of this program has been quite effective. The work by Busso et al. (2013) is an important first step. However, some elements could be added, such as unemployment (see Kline and Moretti, 2013a) and matching issues between firms and local workers for example, in order to see why, in some cases, enterprise zones might attract firms without drastically reducing unemployment of local residents (Gobillon et al., 2012). The assessment of costs and benefits both at the local and at the national level is also an important issue (Kline and Moretti, 2013b).

6. CONCLUSION

It is interesting to note that while the most recent studies on the French case were part of an evaluation program managed by the French Ministry of Labor and by the Ministry in charge of deprived urban areas, the ZFU policy was extended under the same conditions, before the results of the various evaluations were known. For sure, a better articulation between political decisions and impact evaluations would help to improve the design and the efficiency of these policies.

Most of the studies cited in this survey contribute to the evaluation of enterprise zone programs and provide complementary rather than conflicting insights on the effects of urban enterprise zone policies on business creation, local employment growth and on welfare implications for zone residents.

Several factors help explain why results of evaluations may appear contradictory depending on the country or depending on the program. Studies have used different evaluation methods to delineate the boundaries of targeted zones and to properly assess the impact of these policies, there are complex dynamics at work beyond average effects and the nature and importance of tax incentives is likely to affect the impact of the designation of enterprise zones.

However, with one exception, most analyses rely on partial equilibrium approach and therefore do not allow a comprehensive analysis of the general equilibrium effects of enterprise zones. A more systematic use of integrated frameworks would be a promising avenue of research. It would improve the quantitative and qualitative assessment of the effects of urban enterprise zone designation and would provide useful tools for policy-makers to run counterfactual exercises and better calibrate and orient their futures interventions.

Nevertheless, based on existing studies, it appears that when impacts exist, they are generally modest and/or do not necessarily translate into job opportunities for residents of the targeted zones. The better understanding of the sources of heterogeneity in the impact of these policies should help policy-makers to improve the targeting of programs they implement so as to maximize their effects. Other avenues could also be explored, such as subsidizing the hiring of zone residents in firms, whatever their location, rather than subsidizing firm location in targeted zones. Actually, the French government currently experiments this type of policy, called "emplois francs".

Moreover, in order to proceed to a cost/benefit analysis of these programs, some other dimensions would need to be investigated. A better identification of the time dimension of the estimated effects would be necessary in order to know whether business activity decreases, or whether workers lose their job once exemptions expire.[5] It could also be useful to identify the complementary policies that could affect the efficiency of these programs; such analysis could help, in particular, better understand why attracting new firms in depressed urban areas does not always create employment opportunities for zone residents. These programs might also have longer-run and spillover effects on neighboring areas, the evidence on this issue being still relatively scarce. Trying to capture these dimensions is an important avenue for future research.

Finally, while the most recent studies on the French case were part of an evaluation program managed by the French Ministry of Labor and by the Ministry in charge of deprived urban areas, the ZFU policy was extended under the same conditions, before the results of the various evaluations were known. For sure, a better articulation between political decisions and impact evaluations would help to improve the design and the efficiency of these policies.

REFERENCES

Boarnet, M. G., Bogart, W. T., 1996, "Enterprise Zones and Employment: Evidence from New Jersey", *Journal of Urban Economics*, 40, pp. 198-215.

Bondonio, D., Engberg, J., 2000, "Enterprise Zones and Local Employment: Evidence from the States' Programs", *Regional Science and Urban Economics*, 30, pp.519-549.

Billings, S., 2009, "Do Enterprise Zones Work? An Analysis at the Borders", *Public Finance Review,* 37(1), pp. 68-93.

[5] See Givord et al. (2012) for a long-run analysis of French enterprise zones.

Bondonio, D., Greenbaum, R., 2007, "Do Local Tax Incentives Affect Economic Growth? What Mean Impacts Miss in the Analysis of Enterprise Zone Policies", *Regional Science and Urban Economics*, 37, pp. 121-136.

Briant, A., Lafourcade, M.., Schmutz, B., 2012, "Can Tax Breaks Beat Geography? Lessons from the French Enterprise Zone Experience", *PSE Working Paper 2012-22.*

Busso, M.., Gregory, J., Kline, P., 2013, "Assessing the Incidence and Efficiency of a Prominent Place-Based Policy", *American Economic Review*, 103, pp. 897-947.

Charlot, S., Dujardin, C., Goffette-Nagot, F., Havet, N., Sidibé M., 2012, « Accès à l'emploi dans les territoires des politiques de la ville : un appariement entre emplois et populations », *Report for the French Ministry of Labor.*

Crozet, M., Mayer T., Mucchielli, J.-L., 2004, "How do Firms Agglomerate? A Study of FDI in France", *Regional Science and Urban Economics*, 34, pp. 27-54.

Devereux, M., Griffith, R., Simpson, H., 2007, "Firm Location Decisions, Regional Grants and Agglomeration Externalities", *Journal of Public Econo-mics*, 91, pp. 413-435.

Einio, E., Overman, H., 2011, "The Effects of Spatially Targeted Enterprise Initiatives: Evidence from UK LEGI", *mimeo.*

Engberg, J., Greenbaum, R., 1999, "State Enterprise Zones and Local Housing Markets", *Journal of Housing Research,* 10, pp. 163–187.

Givord, P., Rathelot, R., Sillard, P., 2013, "Place-Based Tax Exemptions and Displacement Effects: An Evaluation of the *Zones Franches Urbaines* Program," *Regional Science and Urban Economics,* 43(1), pp. 151-163.

Givord, P., Quantin, S., Trévien, C., 2012, "A Long Term Evaluation of the First Generation of the French Urban Enterprise Zones", *WP D3E n°G2012-07.*

Gobillon, L., Magnac, T., Selod, H., 2012, "Do Unemployed Workers Benefit from Enterprise Zones? The French Experience", *Journal of Public Econo-mics*, 96, pp. 881-892.

Glaeser, E. L., Gottlieb, J. D., 2008, "The Economics of Place-Making Policies", *Brookings Papers on Economic Activity*, 2, pp. 155-239.

Hanson, A., 2009, "Local Employment, Poverty, and Property Value Effects of Geographically-Targeted Tax Incentives: an Instrumental Variables Approach", *Regional Science and Urban Economics*, 39, pp. 721–731.

Head, K., Ries, J., Swenson, D., 1995, "Agglomeration Benefits and Location Choice: Evidence from Japanese Manufacturing Investments in the United States", *Journal of International Economics*, 38, pp. 223-247.

Ham, J. C., Swenson, C., İmrohoroğlu, A., Song, H., 2011, "Government programs can improve local labor markets: Evidence from state enterprise zones, federal empowerment zones and federal enterprise communities", *Journal of Public Economics*, 95, pp. 779-797.

Hanson, A., Rohlin, S., 2011, "Do Location-Based Tax Incentives Attract New Business Establishments?", *Journal of Regional Science,* 51(3), pp. 427-449.

Kline, P., Moretti, E., 2013a, "Place based policies with unemployment", *American Economic Review Papers & Proceedings*, 103, pp. 238-243.

Kline, P., Moretti, E., 2013b, "People, places and public policy: Some simple welfare economics of local economic development programs", *NBER Working Paper n°19659.*

Lynch, D., Zax, J. S., 2011, "Incidence and Substitution in Enterprise Zone Programs: The Case of Colorado", *Public Finance Review*, 39, pp. 226-255.

Malgouyres, C., Mayer, T., Mayneris F., Py, L., 2012, « Évaluation des effets des politiques ciblées sur les territoires : le cas des Zones Franches Urbaines », *Report for the French Ministry of Labor.*

Mayer, T., Mayneris, F., Py, L., 2012, "The Impact of Urban Enterprise Zones on Establishment Location Decisions: Evidence from French ZFUs", *CEPR DP n° 9074.*

Neumark, D., Kolko, J., 2010, "Do Enterprise Zones Create Job? Evidence from California 's Enterprise Zone Program", *Journal of Urban Economics*, 68, pp. 1-19.

O'Keefe, S., 2004, "Job Creation in California's Enterprise zones: A Comparison using a Propensity Score Matching Model", *Journal of Urban Economics,* 55, pp. 131-150.

Papke, L. E., 1994, "Tax Policy and Urban Development: Evidence from the Indiana Enterprise Zone Program", *Journal of Public Economics,* 54, pp. 37-49.

Rathelot, R., Sillard, P., 2009, « Zones Franches Urbaines : quels effets sur l'emploi salarié et les créations d'établissements ? », *Economie et Statistique,* 415(1), pp. 81-96.

Wilder, M.G., Rubin B.M., 1996, "Rhetoric versus Reality: A Review of Studies on State Enterprise Zone Programs", *Journal of the American Planning Association,* 62, pp. 473-491.

L'EFFICACITÉ DES ZONES FRANCHES : DES RÉSULTATS CONTRADICTOIRES ?

Résumé - *Dans cet article, nous proposons une revue critique de la littérature sur les Zones franches urbaines. Les résultats mis en évidence par les évaluations publiées ces vingt dernières années varient considérablement selon les études. Plusieurs facteurs peuvent expliquer ces résultats contradictoires en apparence. D'abord, les outils techniques et les méthodes empiriques d'évaluation ont connu de grandes améliorations depuis les années 1990. Par ailleurs, l'efficacité de ces zones franches urbaines semble varier selon les zones, selon les secteurs et selon la nature des dispositifs. Enfin, les travaux dans ce domaine devront s'attacher dans le futur à mieux tenir compte des effets d'équilibre général de manière à pouvoir fournir une mesure plus précise des implications en termes de coût-bénéfice de ces politiques.*

Mots-clés - ZONES FRANCHES, REVUE DE LA LITTÉRATURE

Région et Développement n° 38-2013

COUPLAGE OU DÉCOUPLAGE DES CYCLES ÉCONOMIQUES DES MENA : UNE APPROCHE EN TERMES DE MODÈLE A FACTEURS DYNAMIQUES

Kamel GARFA*

Résumé - *Les cycles économiques des pays d'Afrique du Nord et du Moyen-Orient (MENA) sont-ils similaires ou non et quels sont les facteurs qui les conditionnent ? Notre méthode consiste à estimer plusieurs spécifications d'un modèle à facteurs dynamiques. Elle permet d'évaluer les poids respectifs des chocs idiosyncrasiques, des chocs communs et de la transmission des chocs spécifiques (effets "spillovers") dans l'explication des cycles économiques des MENA. Si l'on note un début de convergence au sein de cette région, les pays exportateurs de pétrole connaissent des cycles distincts des autres pays. Les épisodes de symétrie des MENA sont conduits par des facteurs extrarégionaux plus que par des interdépendances intra-régionales. La zone MENA est significativement affectée par les dynamiques économiques des grands pays industrialisés. En retour, le facteur spécifique à la zone MENA ne semble induire aucun effet significatif sur les pays du G7.*

Mots-clés : MODÈLE DYNAMIQUE FACTORIEL, EFFETS SPILLOVERS, CHOCS COMMUNS, SYMÉTRIE DES CYCLES D'AFFAIRES

Classification JEL : C32, E30, F00

L'auteur tient à remercier le referee anonyme et la rédaction de la revue qui ont permis d'améliorer significativement cet article.

* Laboratoire Monnaie, Finance et Développement (MOFID), Faculté des Sciences Economiques et de Gestion de Sousse, Tunisie ; garfakam@yahoo.fr

1. INTRODUCTION

La globalisation commerciale et financière a largement marqué l'économie mondiale durant les dernières décennies. Les liens économiques entre les pays se sont développés avec l'ouverture croissante des économies et la prolifération d'accords d'intégration commerciale et de zones monétaires communes. Certains auteurs soulignent que la globalisation internationale est de nature à générer une certaine homogénéisation des cycles d'affaires. Pour d'autres, contrairement à cette vision, ce sont les facteurs régionaux, plutôt que les facteurs globaux, qui semblent devenir la force motrice initiant les cycles d'affaires (Hirata et al., 2013).

Diverses considérations peuvent expliquer l'émergence des cycles régionaux. Un accroissement du commerce intra-régional, renforcé par l'instauration des accords régionaux, peut conduire à une plus forte symétrie conjoncturelle. Les cycles d'affaires régionaux peuvent aussi être le fruit de la similarité sectorielle des pays. Le degré de symétrie régionale peut également dépendre de deux autres facteurs. Primo, les chocs communs, face auxquels les pays répondent d'une façon (a)symétrique. Secundo, des chocs idiosyncrasiques affectant un grand pays de la région qui, via des effets de contagion, se transmettent aux autres pays (effets « spillovers »).

Depuis le milieu des années 1980, l'ouverture internationale des pays d'Afrique du Nord et du Moyen-Orient (MENA) a conduit à la mise en place de nombreuses réformes afin d'améliorer leurs performances économiques. Des pays comme la Tunisie, le Maroc, la Jordanie et l'Egypte ont entrepris des réformes fiscales, réorienté leurs politiques monétaires, adopté un démantèlement tarifaire et restructuré leurs marchés financiers. Mais, en dépit de sa plus grande insertion mondiale, force est de rappeler certaines réalités de la zone MENA qui peuvent la différencier des autres régions. C'est une zone très hétérogène dans le sens où elle compte des pays pétroliers et d'autres où les secteurs manufacturier ou agricole sont davantage développés. Dans le même ordre d'idées, c'est une zone qui n'a connu aucune réelle implémentation d'accords d'intégration en son sein, ce qui a conduit à une faiblesse de ses échanges intra-régionaux et une quasi-absence de toute coordination régionale des politiques économiques et sectorielles. On peut supposer que ces facteurs sont de nature à affecter les dynamiques de croissance des pays MENA, et tout particulièrement le degré de symétrie de leurs cycles d'affaires, que ce soit à l'intérieur de la région même ou entre cette région et le reste du monde.

Ainsi, le rôle des facteurs globaux et régionaux et le (dé)couplage des MENA, c'est-à-dire une évolution (in)dépendante de leur croissance par rapport à celle des grands pays industrialisés, sont des questions qui méritent d'être examinées de plus près. On doit noter que la littérature s'est souvent penchée sur le cas des pays occidentaux. Les pays émergents, exceptés ceux de l'Asie de l'Est ou d'Amérique latine (Loayza et al., 2001 ; Crosby, 2003 ; Moneta et Rüffer, 2009), ont été souvent délaissés et, à notre connaissance, les travaux sur les pays MENA demeurent quasi-inexistants (Sahin, 2006; Garfa, 2013).

Le but est de voir comment et dans quelle mesure la dynamique économique de la zone MENA serait soumise à un cycle commun, et si ce sont les facteurs extrarégionaux ou plutôt les forces d'interdépendance intra-régionale qui déterminent son degré de co-mouvement. Notre méthode repose sur l'utilisation de modèles factoriels dynamiques utilisés en économétrie financière et surtout en macroéconomie (Stock et Watson 2005a et 2005b ; Forni et al., 2004 ; Kose et al., 2003 et 2007 ; Hirata et al., 2013). La principale contribution de notre travail est d'appliquer la modélisation factorielle dynamique développée par Monfort et al. (2003) au cas d'un panel des pays MENA[1].

Ce travail est organisé comme suit. La deuxième section est une analyse de certains faits stylisés des MENA afin de mieux cerner le degré de similarité économique des pays. Dans la troisième section, nous estimons une version statique d'un modèle factoriel. Dans la quatrième section, les estimations des deux spécifications factorielles dynamiques, sans et avec effets spillovers, permettent d'évaluer l'importance du facteur global et des effets spillovers dans l'explication de la symétrie intra-régionale des MENA. La cinquième section examine l'interaction de la région MENA avec celle des grands pays occidentaux ce qui peut fournir une explication alternative à la question de son (dé)couplage. L'idée est d'estimer un modèle factoriel dynamique avec deux groupes de pays : les MENA et les G7. Pour ce faire, des facteurs dynamiques spécifiques aux régions supposés interagir entre eux (la possibilité d'une interaction retardée entre les deux facteurs régionaux) sont introduits. Enfin, la dernière section résume les principales conclusions.

2. UNE ANALYSE DES FAITS STYLISÉS

Nous menons ici une analyse descriptive de certains faits stylisés qui peuvent être à la base des forces de globalisation et/ou de régionalisation dans la région MENA.

2.1. Les structures sectorielles des MENA

2.1.1. Spécialisations à l'exportation

La Figure 1[2] donne pour chaque pays la part de l'agriculture et de différents secteurs industriels dans les exportations totales.

En Tunisie, les exportations dans les années 1980 étaient fortement orientées vers le secteur énergétique, notamment les produits pétroliers. Dans les années 1990 et 2000, les exportations se sont particulièrement développées dans le textile, la production métallique, l'industrie chimique et à un moindre degré l'agroalimentaire. La part des exportations du secteur énergétique a connu un

[1] Dans la littérature, l'examen de la question de symétrie internationale s'est basé sur plusieurs approches, en passant par l'étude des simples coefficients de corrélation des composantes cycliques, des indices de concordance, de diffusion et de symétrie, jusqu'aux nouvelles approches qui sont étroitement liées aux concepts des facteurs communs et des structures factorielles VAR. Nous adoptons cette dernière approche.

[2] Tous les tableaux et figures sont donnés en annexe.

important repli entre 1990 et 2010 même si les revenus procurés par ce secteur ne sont pas négligeables.

La Figure 1 montre une ressemblance entre les spécialisations à l'exportation de la Tunisie et du Maroc. Le Maroc tend aussi à être spécialisé dans l'industrie textile, la production métallique, l'industrie chimique et, dans une moindre mesure, l'agroalimentaire. Sa spécialisation dans le textile est supérieure à celle de la Tunisie.

En Turquie, les exportations des années 1980 étaient fortement orientées vers le secteur agricole. Depuis, le pays s'est plus largement tourné vers l'industrie textile, la production métallique, les métaux de base voire l'industrie chimique.

La structure exportatrice de l'Egypte demeure moins diversifiée que celle de la Tunisie, du Maroc et de la Turquie. L'Egypte reste spécialisée essentiellement dans l'exportation des produits énergétiques et, dans une moindre mesure, dans les produits agricoles. Ce n'est qu'à partir de la dernière décennie que l'Egypte commence à orienter ses exportations vers d'autres industries comme le textile, les métaux de base et les produits chimiques.

La Figure 1 montre une très forte ressemblance entre l'Algérie et l'Arabie Saoudite, au point qu'il est impossible de distinguer leurs diagrammes. Les deux pays sont spécialisés quasi-exclusivement dans le secteur de l'énergie (produits pétroliers, gaz naturel) et leurs revenus en sont largement dépendants.

2.1.2. Similarité productive des MENA

Nous appuyons l'analyse qui précède par l'étude de l'indice de Krugman, calculé comme suit :

$$IS_{j,k} = \sum_{n=1}^{N} \left| S_{n,j} - S_{n,k} \right|$$

où $S_{n,j}$ et $S_{n,k}$ sont respectivement les parts dans le PIB total de l'industrie n dans les pays j et k. Plus l'indice est élevé, plus la différence entre les parts des industries dans les deux pays est importante et plus donc leur dissimilarité productive est élevée. L'indice est calculé pour les différents couples des pays MENA[3], et ce pour les trois dernières décennies. La Figure 2 présente ainsi les différents indices de similarité productive.

Globalement, la disparité en termes de structures productives entre les pays MENA montre une tendance à la baisse depuis les années 1990 et 2000 en comparaison à ce qu'il en a été durant les années 1980. La région a connu une légère convergence des structures productives.

[3] La source des données est le "*National Accounts Main Aggregates Database, United Nations Statistics Division*". La série utilisée est la "*valeur ajoutée par activité économique, à prix constants de 2005 - Dollar US*". Les pays pour lesquels les données sont disponibles sont la Tunisie, l'Algérie, le Maroc, l'Egypte, la Turquie, l'Arabie Saoudite, le Qatar et la Jordanie.

Les valeurs les plus élevées de l'indice de Krugman pour la Tunisie, le Maroc et la Turquie, sont enregistrées avec l'Arabie Saoudite, l'Algérie, le Qatar et la Jordanie. En revanche, pour les couples de pays impliquant la Tunisie, le Maroc, la Turquie et l'Egypte, l'indice semble avoir des valeurs nettement plus faibles. Encore une fois, il semble exister un premier bloc de pays dotés d'une structure productive relativement similaire (Maroc, Tunisie, Turquie et Egypte), et un autre bloc, constitué par l'Arabie Saoudite, l'Algérie, le Qatar et la Jordanie, qui montre des spécialisations proches en termes de structures productives. On peut supposer que l'existence d'une telle divergence sectorielle peut induire une faible symétrie des cycles entre ces deux groupes de pays.

2.2. Indices de symétrie conjoncturelle des MENA

Nous examinons l'évolution du degré d'(a)symétrie conjoncturelle pendant les trois dernières décennies. L'échantillon est élargi, et l'analyse est menée sur différents couples de pays, et ce pour trois types d'intégration, qualifiés de *Sud-Sud* (MENA vs MENA), *Nord-Sud* (G7 vs MENA), et *Nord-Nord* (G7 vs G7). Deux indices sont calculés pour rendre compte du degré de synchronisation entre un couple de pays *i* et *j*.

La corrélation des composantes cycliques

$$\rho_{ij,t} = corr(y_i^c, y_j^c) = \frac{\mathrm{cov}(y_i^c, y_j^c)}{\sqrt{\mathrm{var}(y_i^c)\,\mathrm{var}(y_j^c)}}$$

avec y^c la composante cyclique du produit y (log du PIB réel)[4]. Une fois les séries des composantes cycliques obtenues (via le filtre de Hodrick et Prescott), nous calculons les corrélations bilatérales des produits qui expriment le degré de symétrie des fluctuations entre les pays.

L'indice d'asymétrie conjoncturelle de Bayoumi et Eichengreen (1998)

$$asymm(y_i, y_j) = \sigma\left(\frac{y_{it}}{y_{jt}} - \frac{y_{i,t-1}}{y_{j,t-1}}\right)$$

qui représente l'écart-type du changement dans le log de la production relative entre les pays *i* et *j*. Plus cet indice est faible, plus le degré de synchronisation entre les pays est élevé. Une valeur nulle signifie que les deux pays disposent de cycles parfaitement synchronisés.

A partir de là, la Figure 3 montre que les degrés les plus élevés de corrélation du PIB sont toujours enregistrés pour les couples des pays développés. Les cycles Sud-Sud sont moins corrélés que les cycles Nord-Sud et encore moins corrélés que ceux des pays développés (Nord-Nord).

La moyenne des corrélations des PIB pour les couples des pays MENA a significativement augmenté pendant les années 2000, et ce en dépit d'une légère baisse pendant les années 1990. En parallèle, la symétrie des MENA par rapport

[4] Nous avons utilisé les séries des PIB à prix constant 2005 en monnaie nationale, obtenues à partir de la Banque mondiale ("The World Development Indicators").

au G7 ne cesse de s'accroître d'une décennie à l'autre. Les MENA semblent ainsi gagner non seulement en termes de symétrie intra-régionale mais aussi en termes de symétrie vis-à-vis des pays du G7.

Pour ce qui est de l'indice d'asymétrie (Figure 4), les MENA ont un comportement plus asymétrique en comparaison à ce qui est observé pour les G7. Le comportement cyclique des MENA comparé au G7 est plus symétrique que celui qui relie les couples des pays MENA. Il est net que les cycles Nord-Nord sont plus synchronisés et/ou symétriques que les cycles Nord-Sud ou encore Sud-Sud. Dans les années 2000, l'asymétrie conjoncturelle entre les pays MENA a fortement baissé et les fluctuations des MENA sont devenues beaucoup plus proches de celles des pays développés.

2.3. Répartition géographique des échanges extérieurs des MENA

Les Figures 5 et 6 décrivent l'évolution des flux commerciaux bilatéraux (exportations et importations) des MENA. Il apparaît que le commerce bilatéral entre les MENA et les grands pays développés prend la part la plus importante dans le commerce extérieur total de la région. Il a augmenté par rapport aux années 1970, pour se stabiliser durant les décennies 1980 et 1990. Mais, durant les années 2000, il enregistre un accroissement inédit.

Les échanges extérieurs des MENA avec les pays en développement sont plutôt stables dans les années 1980-2000, mais connaissent une hausse considérable à partir des années 2000.

Par contre, il y a quasi-absence d'un commerce intra-régional de la zone MENA en comparaison à celui réalisé avec le reste du monde et tout particulièrement avec le G7. Les flux commerciaux à l'intérieur de la région restent très faibles, bien que leur volume ait connu une légère augmentation durant les dernières années. On peut en déduire que la contribution des facteurs régionaux dans l'explication des cycles économiques des MENA ne peut être significative puisque la part de son commerce intra-régional continue à y jouer un rôle mineur. En revanche, nous nous attendons à ce que les cycles de la région soient significativement influencés par des facteurs globaux.

3. LA MODÉLISATION FACTORIELLE ADOPTÉE

L'idée de départ de l'approche économétrique est qu'il peut exister un mouvement commun entre n séries stationnaires, capté par k *facteurs communs* ($k << n$), des variables inobservables initiant l'évolution des séries étudiées. À l'instar de Bordo et Helbling (2003), nous pouvons estimer une simple version *factorielle statique* de la forme :

$$\begin{aligned} Y_{it} &= \lambda_i' F_t + u_t \\ Y_{it} &= \lambda_{i,1} f_{1,t} + \ldots + \lambda_{i,p} f_{k,t} + u_{i,t} \\ Y_t &= \Lambda F_t + u_t \end{aligned} \tag{3.1}$$

avec $Y_i^t = (y_{1,t},...,y_{n,t})$ un vecteur à n variables de l'indice de production à la date t, où $t=1,...,T$ et $i=1,...,n$. L'analyse factorielle suppose que ces variables dépendent de k "variables latentes", ou encore "*facteurs communs*", exprimées par le terme F_t de dimension $(k \times 1)$. Le terme Λ dénote une matrice $(n \times k)$ renfermant *les coefficients d'appel* $\lambda_i^{'}$ (*factor loadings*). Ce sont les coefficients de sensibilité qui mesurent l'impact instantané des facteurs communs sur chaque série Y_i^t[5]. Le terme u_{it} exprime un terme d'erreur idiosyncrasique, un processus stationnaire de dimension n. Les facteurs F_t sont communs à tous les pays[6], mais chaque pays a ses propres coefficients de sensibilité qui rendent compte des réponses spécifiques des pays à des chocs affectant les facteurs. Une mesure de la symétrie internationale s'obtient à partir des parts de la variance de la production (ici l'IPI) expliquées par les facteurs communs. Il s'agit dans cette section d'une simple version statique du modèle factoriel souvent basée sur deux hypothèses majeures : les termes d'erreurs u_{it} sont indépendants les uns des autres ; les facteurs inobservés F_{it} sont indépendants les uns des autres et indépendants des termes d'erreurs.

3.1. Données utilisées

Nous utilisons des séries trimestrielles de l'Indice de Production Industrielle (IPI) pour 6 pays MENA : la Tunisie, le Maroc, l'Arabie Saoudite, la Turquie, la Jordanie et le Qatar[7]. Le choix de l'IPI à la place du PIB et justifié pour deux raisons.

Primo, pour notre panel de pays, les données de PIB réel existent uniquement en séries annuelles. Si d'un point de vue économétrique rien n'interdit l'estimation de notre modèle avec des données annuelles, dans ce cas, deux critiques peuvent être adressées. D'un côté, d'un point de vue économique, les effets spillovers, qui mettraient alors un an pour se manifester, peuvent ne pas être représentatifs. D'un autre côté, en travaillant avec des séries annuelles, il est souvent difficile de justifier certains schémas d'identification du modèle VAR.

Secundo, l'utilisation du PIB pour mesurer le cycle économique dans les pays émergents est souvent controversée. Le plus approprié est d'utiliser la production industrielle, supposée réagir fortement aux chocs internes et externes. Le secteur agricole est plus largement affecté par les conditions climatiques que par les facteurs cycliques.

[5] L'approche standard pour calculer les coefficients d'appel et les facteurs communs est de recourir à l'analyse en composantes principales (ACP) appliquée à la matrice de variance ou de corrélation des variables. Les coefficients d'appel sont calculés alors en tant que valeurs propres (*eigenvalues*) de ces matrices.

[6] Bai et Ng (2002) proposent trois critères d'information qui permettent de tester le nombre de facteurs adéquat. C'est d'ailleurs le test que nous avons adopté dans nos estimations.

[7] Les séries de la production industrielle sont obtenues des "Statistiques Financières Internationales" du FMI. Elles sont corrigées des variations saisonnières et de leurs tendances afin qu'elles soient stationnarisées. La période retenue est 1970-2010.

3.2. Estimation d'une version statique

Les résultats de l'estimation du modèle factoriel statique sont donnés dans le Tableau 1. Les estimations sont menées sur deux sous périodes, 1970-1988 et 1989-2010. L'importance du facteur commun dans l'explication des fluctuations de la production industrielle a augmenté dans le temps. Les parts de la variance de l'IPI attribuables aux fluctuations du facteur commun ont augmenté pour tous les pays, allant de 37% durant la première sous-période à 48% durant la deuxième sous-période, de 40% en moyenne sur toute la période 1970-2010. Durant les deux dernières décennies, il y a eu un accroissement de l'impact des facteurs globaux sur la variation de la production industrielle de la zone d'environ 10 points au détriment des effets spécifiques. Les fluctuations des MENA ont vraisemblablement gagné en symétrie durant les deux dernières décennies, grâce éventuellement aux stratégies d'ouverture extérieure engagées par ces pays depuis la fin des années 1980.

La troisième colonne du Tableau 1 donne les coefficients d'appel qui mesurent la sensibilité de l'impact instantané du facteur commun sur chaque série Y_i. Ainsi, la plupart des pays seraient fortement liés au facteur commun (colonne 4). Ce facteur commun explique 35%, 40%, jusqu'à 60% de la variance observée de la production industrielle de la Tunisie, de la Turquie et de l'Arabie Saoudite, respectivement.

La Figure 7 décrit l'évolution du facteur commun aux MENA lors des trois dernières décennies. Les pays ont connu trois crises majeures depuis 1972. Une première crise survenue entre 1986-1989, une période qui traduit la situation économique induite par la crise des dettes et le contre choc pétrolier. La deuxième crise, de faible ampleur, semble avoir pris naissance en 2000-2001 avec la baisse de la production mondiale due à l'éclatement de la bulle internet aux Etats-Unis. Enfin, la dernière crise, en 2009, suite à la « Grande récession », déclenchée par la crise financière des "subprimes" aux Etats-Unis.

Afin de mieux cerner le contexte du co-mouvement des MENA et mieux analyser l'évolution de leur symétrie, la Figure 8 retrace l'évolution du facteur commun aux MENA, du cycle agrégé de la région, ainsi que du taux de croissance de la production industrielle pendant la même période. Nous remarquons une évolution globalement synchrone et étroitement liée entre les trois courbes. Ce résultat prouve la présence d'un facteur global qui pourrait expliquer une grande part des fluctuations de la zone MENA.

4. UNE VERSION À FACTEURS DYNAMIQUES

4.1. Une version dynamique simplifiée

Nous passons maintenant à une version dynamique qui permet d'évaluer les parts contributives des chocs communs et des chocs idiosyncrasiques[8]. Soit l'illustration simplifiée suivante :

[8] Notre travail s'accorde avec certaines modélisations dynamiques à l'instar de Monfort et al. (2004) et Moneta et Rüffer (2009).

$$Y_t = AY_{t-1} + u_t \text{ ou encore } \begin{pmatrix} y_{1t} \\ y_{2t} \end{pmatrix} = \begin{pmatrix} a_{11} & a_{12} \\ a_{21} & a_{22} \end{pmatrix} \begin{pmatrix} y_{1t-1} \\ y_{2t-1} \end{pmatrix} + \begin{pmatrix} u_{1t} \\ u_{2t} \end{pmatrix}$$

avec y_{it} la production industrielle du pays *i*. La différence entre une version statique et une version dynamique est que, dans la dernière, on admet une modélisation explicite de la dynamique des facteurs F_{it} et des résidus u_{it}. Le vecteur d'erreurs est supposé admettre la structure factorielle suivante :

$$\begin{pmatrix} u_{1t} \\ u_{2t} \end{pmatrix} = \Lambda F_t + \begin{pmatrix} \mu_{1t} \\ \mu_{2t} \end{pmatrix}$$

où, dans cette version VAR factorielle, Λ est le vecteur des *factor loadings* relatifs aux pays. F_t et μ_t représentent respectivement les chocs globaux (ou facteurs communs) et ceux spécifiques aux pays, supposés être des bruits blancs. Dans une version dynamique standard, les coefficients de la matrice A sont toujours nuls et les dynamiques sont reflétées uniquement par les facteurs communs, supposés suivre un processus autorégressif. Le but de ce type de modélisation est d'évaluer l'importance de certains facteurs qui peuvent générer une augmentation de la symétrie internationale :

- L'accroissement de la variance du choc global en comparaison des chocs spécifiques aux pays.
- L'accroissement de la covariance des chocs idiosyncratiques μ_1 et μ_2.
- L'accroissement des coefficients de transmission a_{12} et a_{21} qui reflètent les effets spillovers générés par les chocs spécifiques au pays 1 sur le pays 2, et vice versa.

En premier lieu, l'idée revient à étudier tout changement au niveau des variances estimées des chocs globaux et spécifiques. À titre illustratif, si les résultats montrent une baisse au niveau de la volatilité des chocs globaux, cela peut alors expliquer la baisse de la volatilité des taux de croissance d'une région donnée.

En deuxième lieu, les estimations permettent de voir si ce sont les chocs globaux ou les effets spillovers qui seraient responsables de tout accroissement de la symétrie internationale. Il suffit en effet d'examiner les décompositions de la variance des IPI en déterminant les contributions du facteur global, des chocs idiosyncrasiques et des effets spillovers. Afin qu'une telle décomposition soit basée sur des chocs orthogonaux, on utilise la diagonale de la matrice de variance-covariance des séries μ_i plutôt que d'utiliser toute la matrice. Ainsi, on suppose que la transmission des chocs, qui peut être due aux chocs globaux ou spécifiques, entre en jeu avec un retard d'un trimestre[9]. La symétrie des outputs due au choc global est ainsi immédiate, alors que l'effet de transmission a lieu progressivement.

4.2. La représentation "Etat-Mesure"

Dans une version statique, les termes idiosyncrasiques u_t sont supposés non corrélés, ce qui ne permet pas d'étudier les interrelations dynamiques entre les facteurs. C'est pourquoi les travaux se sont orientés vers les modèles à facteurs dynamiques. Soit la spécification :

$$Y_t = \sum_{i=1}^{\infty} \Lambda_i F_{t-i} + u_t = \Lambda(L) F_t + u_t \tag{4.1}$$

En supposant que F_t est un processus de moyenne mobile, Y_t peut être écrit en fonction des chocs communs ε_t et idiosyncratiques u_t :

$$Y_t = \Lambda(L) C(L) \varepsilon_t + u_t = \Lambda^*(L) \varepsilon_t + u_t \tag{4.2}$$

où $F_t = C(L)\varepsilon_t$ et ε_t sont les k chocs communs non corrélés. Il est supposé que ε_t et u_t sont mutuellement orthogonaux. Dans un objectif d'identification, la variance des chocs communs est égale à 1, autrement dit $V(\varepsilon) = Id(k)$.

À l'instar de Moneta et Ruffer (2009) et Monfort et al. (2004), la spécification suppose que Y_t peut être modélisé en introduisant une composante spécifique au pays, autorégressive d'ordre 1, AY_{t-1}, k facteurs inobservables $f_{1,t}, \dots, f_{k,t}$ communs à toutes les séries et un terme d'erreur bruit blanc, idiosyncrasique μ_t. Les facteurs communs sont supposés suivre un processus AR(1). La représentation "Etat-Mesure" s'écrit alors :

$$\begin{cases} Y_t = AY_{t-1} + \Lambda F_t + \mu_t = \Lambda^*(L)\varepsilon_t + u_t \\ F_t = DF_{t-1} + \varepsilon_t \end{cases} \tag{4.3}$$

où μ_t et ε_t sont des bruits blancs indépendants. La matrice Λ des coefficients d'appel mesure l'impact instantané des facteurs communs sur chaque série Y_t. La matrice de variance-covariance des chocs μ est supposée diagonale :

$$V[\mu] = \begin{bmatrix} \sigma_1^2 & 0 \\ 0 & \sigma_1^n \end{bmatrix}, \quad \sigma_i^2 \text{ est } V[\mu_i]$$

[9] Les parts contributives des chocs globaux et idiosyncrasiques sont les parts expliquées par la structure autorégressive de chacune des pays en réponse à chaque type de chocs.

La spécification (4.3) a l'avantage de permettre une distinction entre les chocs communs et les effets spillovers[10]. Ces effets spillovers peuvent être isolés en permettant aux éléments non diagonaux de la matrice A d'être différents de zéro. Il s'agit des effets retardés puisque cette matrice est associée au terme Y_{t-1}. En effet, le degré de co-mouvement capté par le facteur commun peut refléter aussi bien les effets similaires des chocs communs que les effets de symétrie induits par des chocs spécifiques avec effets de transmission d'un pays à un autre. L'évaluation de la part du co-mouvement causée par chacun de ces deux facteurs de symétrie est capitale. Pour ce faire, il suffit de lever la restriction selon laquelle la matrice A est diagonale. La spécification redevient alors une combinaison entre un VAR et un modèle factoriel dynamique. La part du choc idiosyncrasique qui cause des effets spillovers ne va plus être perçue comme un choc commun mais plutôt va être captée par les éléments non-diagonaux de la matrice A[11].

4.3. Un modèle à facteur dynamique commun pour les MENA

L'objectif est de voir dans quelle mesure la dynamique économique de la région MENA serait conduite par un cycle commun. La démarche consiste à estimer une version basique de la représentation "Etat-Mesure", avec un seul facteur commun, et sans effets spillovers entre les pays. La matrice A est supposée donc diagonale, ayant des éléments diagonaux a_i, Λ est un vecteur des éléments individuels λ_i et la matrice D de scalaire d. Le Tableau 2 donne les paramètres estimés sur la période 1970-2010 pour les 6 pays MENA considérés.

Statistiquement, et pour un pays donné, un coefficient idiosyncrasique a_i significatif indique que les variations de la production industrielle de ce pays renferment un élément autorégressif qui ne peut être suffisamment capté par les dynamiques du facteur commun, mais plutôt par des caractères spécifiques au pays. Or nous remarquons que pour tout le panel de pays, le coefficient autorégressif a_i est non significatif. Ainsi, il apparaît que les dynamiques économiques des MENA ne peuvent contenir d'éléments autorégressifs qui ne soient pas captés par les dynamiques du facteur commun. Autrement dit, les chocs globaux peuvent s'accompagner d'effets de persistance élevés sur les fluctuations de la production industrielle. Pour ce qui est du coefficient d'appel λ_i, qui mesure la sensibilité de l'impact du facteur commun sur l'IPI, il est statistiquement significatif pour la plupart des pays considérés. Tous ces résultats laissent supposer que les dynamiques de croissance des MENA seraient plutôt conduites par un même facteur commun, inobservable, que par des facteurs spécifiques.

---

[10] Il faut souligner que dans d'autres travaux, plutôt que de capter les dynamiques de l'erreur idiosyncrasique à travers les valeurs retardées de Y, la variable dépendante retardée n'est pas introduite en tant que régresseur et les erreurs idiosyncrasiques prennent directement la forme d'un processus autorégressif.

[11] Le modèle peut être estimé via une procédure à deux étapes. Dans la première, c'est l'algorithme "*Expectations Maximisation (EM)*" qui est appliqué. Dans la deuxième, il s'agit d'appliquer l'algorithme "BFGS" de maximisation numérique. Nous remercions vivement E. Dubois pour sa précieuse assistance au niveau de l'implémentation du programme principal ("varwithfac.sci") indispensable pour l'estimation de notre modèle.

La dernière colonne donne la part de la variance de la production industrielle expliquée par le facteur commun dynamique. Ce dernier semble jouer un rôle significatif, tout particulièrement pour des pays comme la Tunisie, l'Arabie Saoudite, le Qatar et la Turquie où cette part est relativement élevée. Globalement, la région MENA semble partager l'influence d'un même indicateur de symétrie internationale, celui qualifié de facteur commun ou global.

4.4. Facteur commun et effet spillover intra-régional

Au-delà du rôle des chocs communs, l'objectif de ce paragraphe est d'isoler et/ou d'évaluer l'importance des chocs spécifiques qui se transmettent d'un pays à d'autres (effet spillover). En termes de modélisation, il convient que les éléments non diagonaux de la matrice A soient différents de zéro. Ces éléments captent en effet la part de n'importe quel choc idiosyncrasique qui cause des effets spillovers. Il s'agit notamment des effets retardés puisque la matrice A est associée au terme Y_{t-1}. La démarche revient à estimer la même version "Etat-Mesure", avec un seul facteur commun, mais cette fois-ci avec effets spillovers entre les pays. La matrice A n'est plus alors supposée diagonale. Les résultats sont résumés dans le Tableau 3.

Nous remarquons que la grande partie des coefficients autorégressifs a_{ij} (les effets spillovers générés par les chocs spécifiques au pays i sur le pays j) admet un signe positif, ce qui pourrait traduire la présence d'un effet de transmission entre les pays étudiés. Toutefois, la majorité de ces coefficients ne sont pas significatifs, ce qui mène à dire que globalement l'effet spillover au sein de la zone MENA est très faible. Les deux valeurs faisant exception, qui peuvent traduire des effets d'interdépendance significatifs, sont celles qui relient mutuellement l'Arabie Saoudite et le Qatar [0.163 (2.315) et 0.158 (2.666)]. Ceci peut être expliqué par la forte similarité des structures productives des deux pays qui, tous deux, sont fortement exportateurs de pétrole.

D'après les valeurs des coefficients de sensibilité, nous dirons que le facteur commun s'accompagne d'un effet plutôt significatif sur tous les pays. La dernière colonne du Tableau 3 montre que la part de la variance de l'IPI expliquée par le facteur commun a légèrement baissé pour tous les pays comparée aux valeurs données dans le Tableau 2. Ce résultat est en effet attendu à partir du moment où, dans ces dernières estimations, la symétrie internationale est supposée due non seulement aux effets du facteur commun mais aussi aux effets spillovers entre les pays. Ceci dit, et malgré une baisse légère, l'impact du facteur commun sur la variance de l'IPI demeure important pour des pays comme la Tunisie (38%), le Maroc (32%), l'Arabie Saoudite (60%), le Qatar (58%), et la Turquie (34%).

Ce résultat suggère donc que la grande partie du co-mouvement intra-régional pouvant caractériser la zone MENA serait essentiellement expliquée par un facteur commun, a priori inobservable, plus que par des effets de transmission intra-régionaux. La compréhension de l'évolution du cycle agrégé de la zone MENA doit plutôt être cherchée du côté de l'influence d'un facteur global, "mondial", que du côté des facteurs régionaux ou des liens intra-régionaux. Les enseignements tirés précédemment de l'analyse des faits stylisés (faiblesse des échanges intra-régionaux des MENA, forte disparité régionale de leurs structures productives, forte asymétrie conjoncturelle...) peuvent aider à comprendre ce résultat.

5. UNE MODÉLISATION INTERRÉGIONALE : INTRODUCTION DU FACTEUR MONDIAL

L'objectif maintenant est de voir dans quelle mesure les liens interrégionaux peuvent rendre compte de la symétrie des MENA. L'idée est d'évaluer l'impact du cycle mondial sur les dynamiques du facteur commun aux MENA. En termes de modélisation, nous supposons l'existence de deux groupes : les pays MENA et les grands pays industrialisés (G7). Nous apportons une extension au modèle à travers l'introduction des facteurs dynamiques spécifiques à ces régions, avec la possibilité d'une interaction décalée entre les deux facteurs régionaux.

5.1. La modélisation interrégionale

Outre les effets spillovers entre les pays, des effets spillovers entre les régions peuvent eux aussi être examinés et ce, via l'introduction des facteurs spécifiques aux régions et l'adoption d'une matrice *D* non diagonale. Il s'agit d'estimer un modèle factoriel à plusieurs régions, avec interaction retardée entre les facteurs régionaux, et introduire des facteurs dynamiques communs à chaque sous groupe de séries.

Dans le cas de *n* régions, où chacune contient k_i séries, $Y_{i,t}^j$ dénote les séries de la $i^{\text{ième}}$ région, avec $j = 1,..., K_i$. Le terme F_{it} est un facteur commun, propre à toutes les séries de la région *i*. Le modèle peut s'écrire :

$$\begin{aligned} Y_{i,t}^j &= a_i^j Y_{i,t-1}^j + c_i^j F_{i,t} + \mu_{i,t}^j \\ F_{i,t} &= DF_{i,t-1} + \varepsilon_{i,t} \end{aligned} \tag{5.1}$$

Dans la version basique du modèle, la matrice *D* est diagonale. Cependant, l'accent est maintenant mis sur les interrelations dynamiques entre les différents facteurs régionaux, ce qui revient à lever cette restriction et permettre la non-diagonalié de cette matrice. Ainsi, partant du même principe que la non diagonalité de la matrice *A*, l'idée consiste à évaluer l'étendue de l'impact retardé d'un facteur régional donné sur l'autre région.

5.2. Les résultats des estimations

Les estimations de la spécification (5.1) sont données dans le Tableau 4. Nous constatons que la majorité des coefficients autorégressifs régionaux a_i^j sont statistiquement significatifs, ce qui revient à dire que les facteurs communs régionaux seraient plutôt significatifs pour chaque groupe de pays. Dans le même ordre d'idées, nous remarquons que les deux facteurs régionaux sont caractérisés par un degré de persistance élevé, indiqué notamment par les valeurs prises par les éléments diagonaux de la matrice *D*. Le facteur commun aux G7 semble d'une persistance plus élevée que celle relative au facteur spécifique à la région MENA.

La lecture des éléments non diagonaux de la matrice *D* peut renseigner sur l'interaction entre les deux régions. Il apparaît que le facteur commun spécifique à la zone MENA réagit dans le même sens, avec un retard d'une période, à la suite de toute variation du côté du facteur mondial : ce que traduit le paramètre ($d_{1,2}$) qui a une valeur positive relativement élevée et qui est statistiquement significatif. Ce résultat prouve bien la grande dépendance des pays MENA à la dynamique économique des grands pays du Nord. En revanche, l'autre sens de causalité ne semble pas être vérifié du fait que le facteur mondial n'est pas significativement affecté par le facteur régional de la zone MENA (paramètre $d_{1,2}$ non significatif). Cette importance de l'effet de transmission des pays du G7 vers les pays MENA peut être le résultat de deux grands facteurs. D'une part, une forte dépendance des MENA vis-à-vis des grands pays industrialisés, et d'autre part, une montée importante des chocs globaux aussi bien en termes de fréquence que d'ampleur.

La Figure 9 retrace l'évolution superposée des deux facteurs régionaux. À première vue, il existe une co-variation plutôt négative entre les facteurs spécifiques aux G7 et aux MENA, tout particulièrement durant la période 1970-1990. Pendant cette période, il existerait a priori un comportement plutôt idiosyncrasique et une certaine asymétrie en termes de transmission des chocs entre les deux groupes des pays. Les phases d'expansion des G7 coïncident avec les phases de récession des MENA, et vice-versa. Cependant, cette tendance s'est inversée récemment, et le signe de la transmission des pays du G7 vers les pays MENA est désormais positif. Plusieurs explications peuvent être avancées, en lien avec les faits stylisés présentés à la section 2. Depuis les années 1990, différents pays MENA ont entrepris des politiques de libéralisation commerciale, ont développé leurs échanges extérieurs, ont diversifié leurs structures productives, et ont attiré plus d'investissements directs étrangers et de capitaux extérieurs.

CONCLUSION

Notre objectif a été de voir dans quelle mesure la dynamique économique de la région MENA est conduite par un cycle commun, et si ce sont les facteurs extrarégionaux ou plutôt des interdépendances intra-régionales qui expliquent son degré de co-mouvement. La démarche consiste à estimer diverses spécifications d'un modèle à facteurs dynamiques. Plusieurs enseignements ont pu être tirés.

Si l'on note un début de convergence entre les MENA, force est de constater l'existence de deux blocs distincts au sein de la région. Un premier bloc (l'Arabie Saoudite, l'Algérie, le Qatar) qui montre un comportement idiosyncrasique en termes de structures productives du fait d'une spécialisation marquée dans le domaine de l'énergie. Un deuxième bloc (le Maroc, la Tunisie, la Turquie, et l'Egypte) se dote d'une structure productive plus diversifiée et partant, moins sensible à des chocs spécifiques ou globaux.

Les cycles *Sud-Sud* (MENA vs MENA) sont moins corrélés que les cycles *Nord-Sud* (G7 vs MENA) et sont encore moins corrélés que les cycles *Nord-Nord* (G7 vs G7). La symétrie des MENA par rapport aux G7 ne cesse de s'accroître d'une décennie à une autre. Durant les années 2000, les pays MENA semblent gagner non seulement en termes de symétrie intra-régionale mais aussi en termes de symétrie vis-à-vis des G7.

Le commerce bilatéral avec les grands pays développés constitue la part la plus importante du commerce extérieur de la région MENA. Le commerce intra-régional est insignifiant bien qu'il ait connu une légère augmentation durant les dernières années. De là, la contribution des facteurs régionaux à l'explication des cycles économiques des MENA ne peut être significative.

En revanche, pour la plupart des pays MENA, les estimations montrent la présence d'un facteur commun significatif, laissant entendre une certaine similitude de leurs cycles économiques. Les chocs communs représentent un grand pourcentage de la variance de la production industrielle pour des pays comme la Turquie (35%), la Tunisie (40%), le Qatar (59%) et l'Arabie Saoudite (61%).

L'utilisation d'une version dynamique à deux facteurs régionaux – le groupe des MENA et celui des G7 – montre que la zone MENA est fortement et significativement affectée par les dynamiques économiques des grands pays industrialisés. En revanche, le facteur commun spécifique aux MENA ne semble induire aucun effet significatif sur les G7.

En conclusion, les phases de symétrie à l'intérieur de la zone MENA seraient fondamentalement associées à des facteurs extrarégionaux (globaux) plus qu'à des interdépendances intra-régionales. Ce résultat pointe le risque que pourrait représenter le couplage des MENA par rapport aux cycles économiques mondiaux. Une croissance soutenue dans ces pays semble étroitement dépendante de la croissance des grands pays industrialisés. Viser des mécanismes plus appropriés de coopération régionale entre les MENA serait certainement un moyen de lutter contre des éventuelles instabilités d'ordre international.

ANNEXE

Figure 1 : Spécialisation en termes des produits exportés

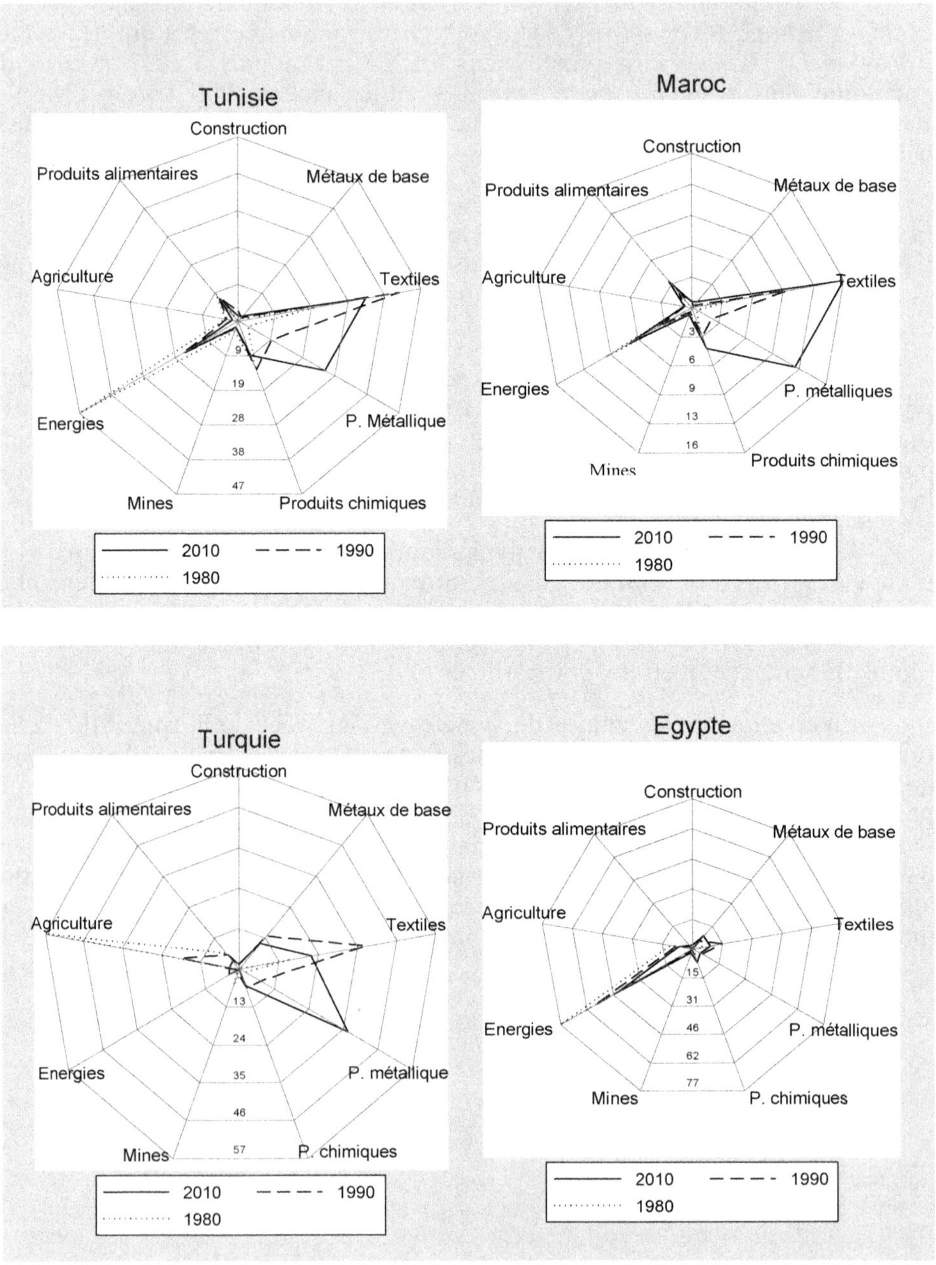

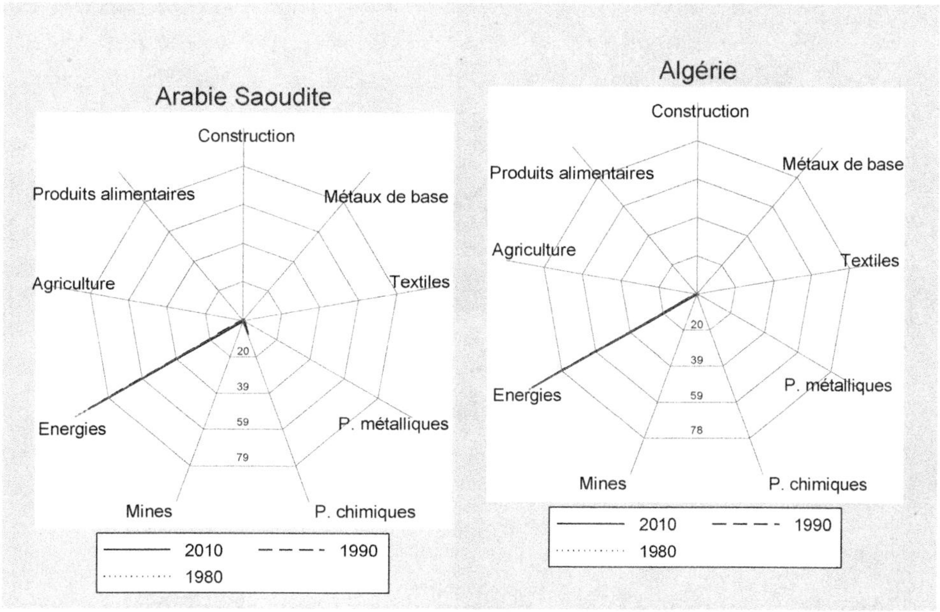

Figure 2. Indice de (dis)similarité productive de Krugman (par décennie)

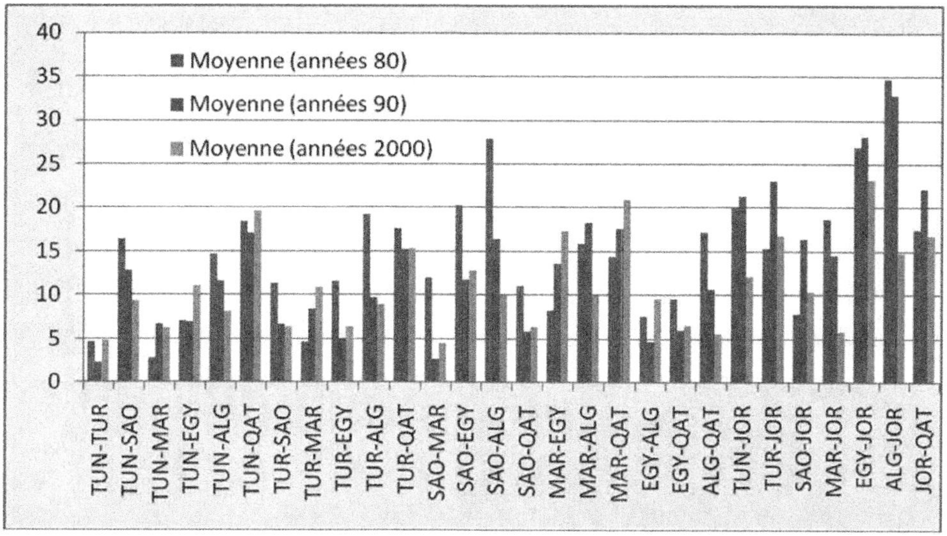

Figure 3. Moyenne des corrélations des composantes cycliques (*100)

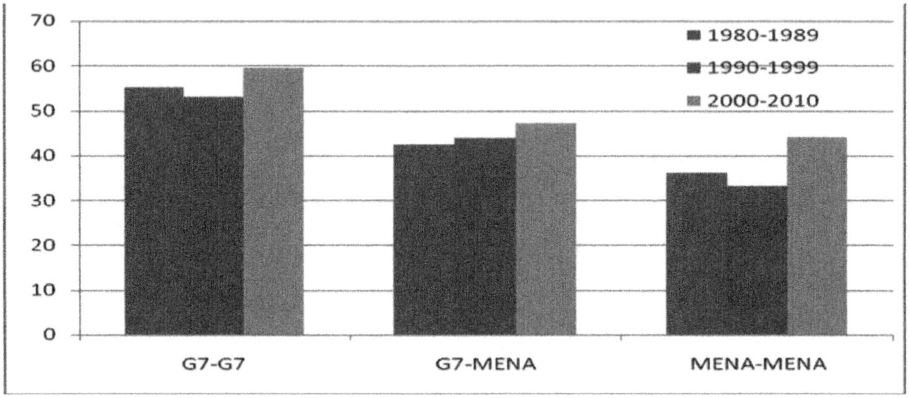

Figure 4. Moyenne des indices d'asymétrie (*100)

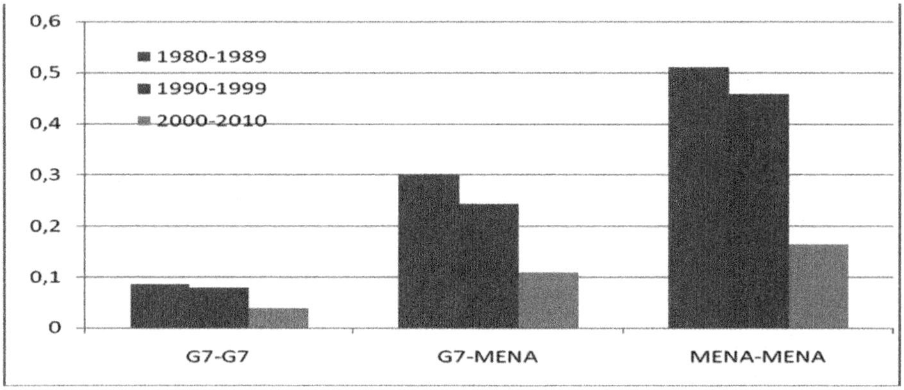

Figure 5 : Echanges commerciaux à l'intérieure de la zone MENA

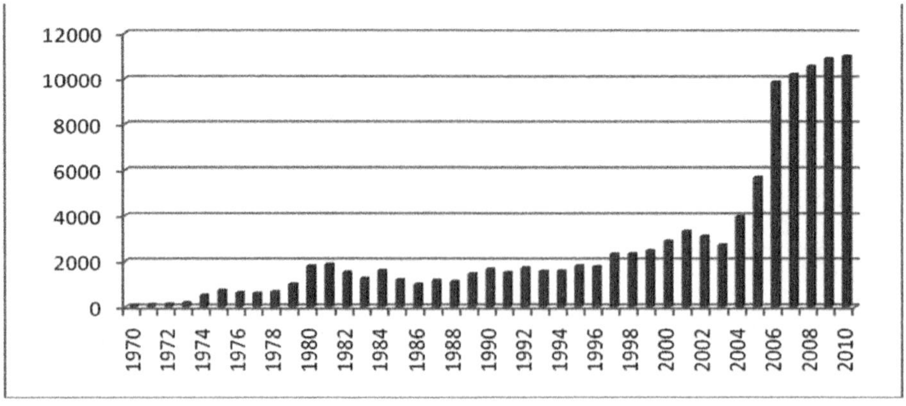

Calcul personnel à partir de la base de données CHELEM. Unité : exportations et importations en millions de $ US ; Période 1970-2010.

Figure 6. Echanges commerciaux des MENA entre eux, avec les G7 et avec pays en développement

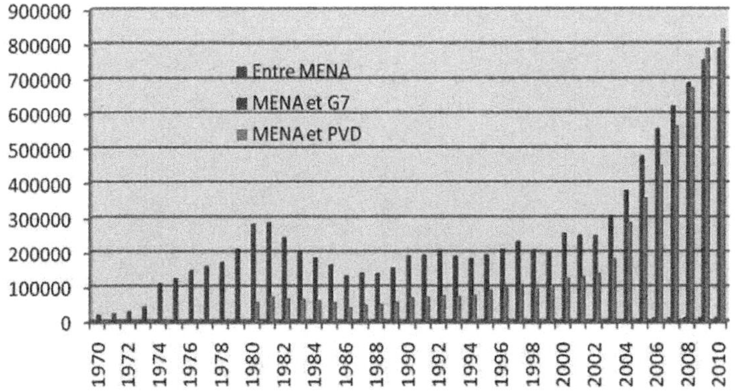

Calcul personnel à partir de la base de données CHELEM. Unité : exportations et importations en millions de $ US.

Figure 7. Facteur commun aux MENA : version statique

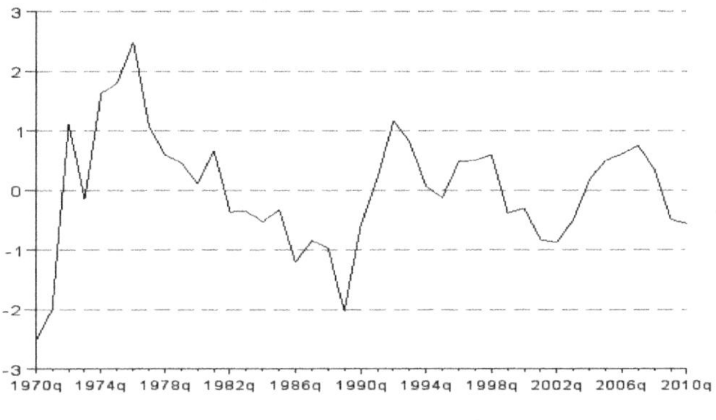

Figure 8. Facteur commun, cycle agrégé et taux de croissance des MENA

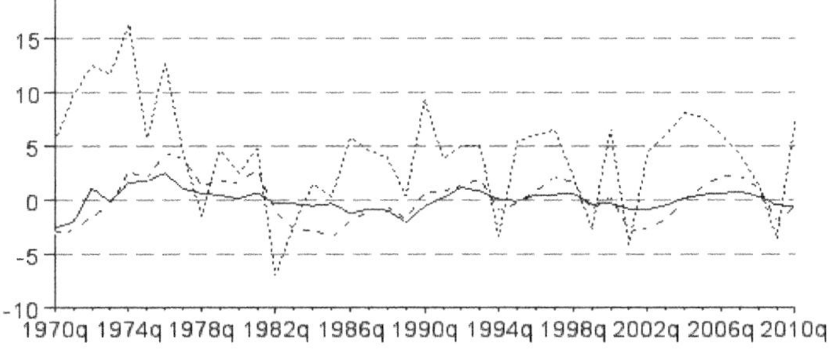

– Facteur commun --- Taux de croissance - - Cycle agrégé

Figure 9. Evolution des facteurs communs, spécifiques aux MENA et G7

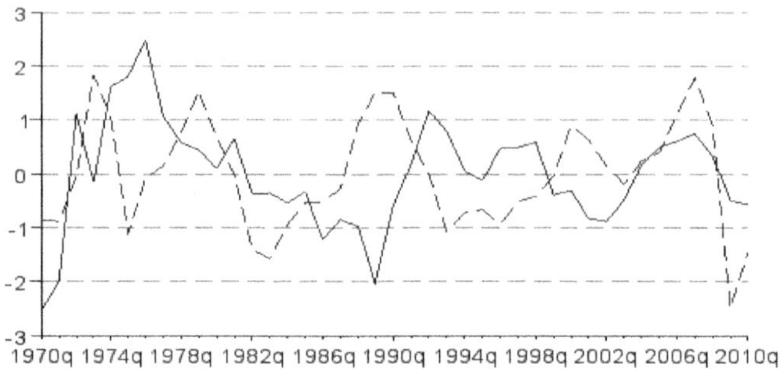

– Facteur spécifique aux MENA - - Facteur spécifique aux G7

Tableau 1. Part de l'IPI expliquée par le facteur commun : version statique

Pays	Sous-période 1 1970-1988	Sous-période 2 1989-2010	Période Totale (1970-2010)	
			« *Loadings* » λ_i	Facteur commun
Tunisie	0.2950	0.4214	0.4481	0.3575
Maroc	0.3241	0.3947	0.3815	0.3245
Jordanie	0.2532	0.2922	0.2142	0.2711
Turquie	0.3677	0.4233	0.4445	0.4001
Arabie Saoudite	0.5731	0.7735	0.6645	0.6014
Qatar	0.4552	0.6201	0.5210	0.4982
Moyenne	**0.3780**	**0.4875**		**0.4088**

Version statique à un seul facteur commun.

Tableau 2. Modèle factoriel dynamique, sans effets spillovers

Pays	Coefficient idiosyncrasique (a_i)	Coefficient de sensibilité (λ_i)	Variance de l'IPI expliquée par le facteur commun
Tunisie	0.035 (0.127)	0.593 (0.110)	0.412
Maroc	0.028 (0.121)	0.385 (0111)	0.371
Jordanie	0.028 (0.118)	0.459 (0.110)	0.352
Turquie	0.031 (0.112)	0.401 (0.117)	0.394
Arabie Saoudite	0.060 (0.119)	0.801 (0.111)	0.701
Qatar	0.075 (0.121)	0.550 (0.101)	0.685

Tableau 3. Modèle factoriel dynamique, à un seul facteur commun et avec effets spillovers

	TUN	MAR	JOR	TUR	SAO	QAT
Eléments non Diagonaux (a_{ij}) de la matrice *A*	0.132	0.091	0.074	0.122	0.133	0.131
	[2.344]	[0.131]	[2.334]	[1.241]	[1.177]	[1.412]
	0.079	0.081	0.111	0.128	0.141	0.125
	[1.321]	[0.142]	[1.066]	[1.421]	[1.444]	[1.515]
	-0.109	-0.098	0.118	0.120	0.109	0.131
	[-1.388]	[-1.077]	[1.401]	[1.135]	[1.701]	[1.785]
	0.119	0.101	0.107	0.111	114	0.122
	[0.101]	[1.377]	[1.203]	[2.013]	[1.091]	[1.084]
	0.109	0.107	0.101	0.111	0.113	0.158
	[1.321]	[1.124]	[1.144]	[1.018]	[1.199]	[2.666]
	0.198	0.099	0.099	0.102	0.163	0.127
	[0.088]	[1.111]	[1.412]	[1.109]	[2.215]	[1.102]
Coefficients d'appel (λ_i)	0.417 [3.399]	0.349 [1.114]	0.281 [3.499]	0.368 [4.212]	0.388 [2.711]	0.321 [3.554]
Variance de l'IPI expliquée par le facteur commun	0.387	0.320	0.273	0.344	0.605	0.583

Les valeurs entre crochets sont les T-statistiques. Les coefficients a_{ij} sont ceux de la matrice triangulaire supérieure. Le modèle est à structure vectorielle autorégressive d'ordre (1).

Tableau 4. Modèle à deux facteurs régionaux, MENA et G7

Pays	Coefficients idiosyncrasiques (a_i^j)	Coefficients de sensibilité régionale (c_i^j)
Tunisie	0.124 (0.107)	0.417 (0.108)
Maroc	0.117 (0.103)	0.332 (0.121)
Jordanie	0.111 (0.094)	0.222 (0.123)
Turquie	0.108 (0.114)	0.384 (0.115)
Arabie Saoudite	0.128 (0.107)	0.512 (0.138)
Qatar	0.118 (0.113)	0.472 (0.122)
Etats-Unis	0.126 (0.112)	0.497 (0.109)
Canada	0.131 (0.119)	0.518 (0.110)
Grande Bretagne	0.122 (0.119)	0.357 (0.122)
France	0.125 (0.108)	0.438 (0.124)
Allemagne	0.133 (0.095)	0.577 (0.116)
Italie	0.114 (0.103)	0.304 (0.122)
Japon	0.112 (0.123)	0.461 (0.121)

Paramètres estimés de la matrice *D* :

d_{11}	0.378 (0.109)	d_{12}	0.581 (0.121)
d_{21}	0.177 (0.114)	d_{22}	0.608 (0.113)

REFERENCES

Bai, J., Ng, S., 2002, "Determining the Number of Factors in Approximate Factor Models", *Econometrica*, 70(1), 191-221.

Bayoumi, T., Eichengreen, J., 1998, "Exchange rate volatility and intervention: implications of the theory of optimum currency areas", *Journal of International Economics*, 191-209.

Bordo, M.D., Helbling, T., 2003, "Have national business cycles become more synchronized ?", *NBER*, Working Paper n° 10130.

Crosby, M., 2003, "Business cycle correlations in Asia-Pacific", *Economics Letters*, 80, 35-44.

Dubois, E., 2006, "Présentation Générale", *Economie et Prévision*, n°172, 1-9.

Dubois, E., Michaux, E., 2010, "Grocer 1.41: an econometric toolbox for Scilab", *available at http://dubois.ensae.net/grocer.html.*

Eickmeier, S., Breitung, J., 2005, "Dynamic factor models", *Deutsche Bundesbank, Discussion Paper*, Series 1: *Economic Studies*, N° 38.

Forni, M., Hallin, M., Lippi, M.., Reichlin, L., 2000, "The generalized dynamic-factor model: Identification and estimation", *Review of Economics and Statistics*, n° 82 (4), 540-554.

Garfa, K., 2013, "Integration, Specialization, and Symmetry of MENA Countries", *Review of Middle East Economics and Finance*, vol 9, n°1, 1-34.

Hirata, H., Kose, M.A., Otrok., C., 2013, "Regionalization vs Globalization", WP/13/19, January.

Kose, M.A., Helbling, T., Berezin, P., 2007, "Possibilités de découplage? Effets de Contagion et cycles économiques mondiaux", dans *FMI : Études économiques et financières, Perspectives de l'économie mondiale*, Avril.

Kose, M.A., Otrok, C,. Prasad, E., 2008, "Global business cycles: convergence or decoupling ?", *Discussion Paper series, IZA*, n°3442.

Kose, M.A., Otrok, C., Whiteman, C., 2003, "International business cycles: world, region and country specific factors", *American Economic Review*, 93, 1216-1239.

Lambert, F., Chavy-Martin, A.C., 2008, "Couplage ou découplage ? Une analyse de la corrélation des cycles entre pays", *Direction des Analyses macroéconomiques et de la Prévision, Bulletin de la Banque de France*, n° 171, Mars.

Loayza, N., Humberto, L., Angel, U., 2001, "Co-movements and sectoral interdependence: Evidence for Latin America, East Asia, and Europe", *IMF Staff Papers*, 48, 2, 367-396.

Moneta, F., Rüffer, R., 2009, "Business cycle synchronization in East Asia", *Journal of Asian Economics*, 20, 1-12.

Monfort, A., Renne, J.P., Rueffer, R., Vital, G., 2004, "Is Economic Activity in G7 Synchronized? Common Shocks vs Spillover Effects". *CEPR Discussion Paper*, n° 4119.

Sahin, H., 2006, "MENA countries as optimal currency areas: Reality or dream?", *Journal of Policy Modeling*, 28, 511-521.

Stock, J.H., Watson, M., 2005a, "Understanding changes in international business cycle dynamics", *Journal of the European Economic Association*, n° 3, (4).

Stock, J.H., Watson, M., 2005b, "*Implications of dynamic factor models for VAR analysis*", NBER, WP n° 11467.

COUPLING OR DECOUPLING OF MENA COUNTRIES: EVIDENCE FROM A DYNAMIC FACTORIAL MODEL

Abstract - *Against the background of the recent inter- and intraregional integration of MENA countries, the first goal of this paper is to examine whether and to what extent real activity in this region is driven by a joint business cycle. Our procedure consists in constructing various specifications of a "Dynamic Factor Model" in order to estimate the importance of the idiosyncratic shocks, the common shocks and the transmission of the specific shocks between countries and/or between regions (spillovers effects) in explaining the variance of the MENA growth rates. We found that in spite of the beginning of a convergence process among MENA countries, this region seems constituted by two distinct cycles. The episodes of MENA symmetry are fundamentally driven by extra-regional factors rather than by strong intra-regional interdependences (spillovers effects). More importantly, the MENA region is significantly affected by the economic dynamics of the most industrialized countries. The MENA common factor reacts positively to any increase of the G7 specific factor. But, the MENA specific factor does not have a significant impact on the G7 aggregate business cycle.*

Key-words: DYNAMIC FACTOR, SPILLOVERS EFFECTS, COMMON SHOCKS, BUSINESS CYCLES SYMMETRY

RESEARCH NOTE

AGRI-FOOD CLUSTERS: IS FRENCH POLICY IN LINE WITH REAL SPATIAL DYNAMICS?

Nejla BEN ARFA[*], Karine DANIEL[**], Fanny FONTAINE[***]

Abstract: *This paper attempts to ascertain to what extent the selected agricultural and agri-food cluster policies rely on a spatial dynamic involving real agricultural and agri-food activities in the relevant geographic area. An explanatory spatial data analysis (ESDA) is used to detect the spatial structure and dynamics of agri-food activities and to connect them to the cluster policies' locations. Results show that some cluster policies are not based on real agglomeration dynamics of agriculture and agri-food production. Those clusters develop specific collaboration, often strategic ones, with other cluster policies*

Keywords: COMPETITIVENESS CLUSTERS, SPATIAL DYNAMICS, AGRICULTURE, AGRI-FOOD ACTIVITIES

***JEL classification*:** R12, Q18

This work was supported by the PSDR-GO (CLAP). The views defended here are the authors' and not necessarily those of the organization mentioned.

[*] LARESS (Laboratoire de Recherche en Economie et Science Sociale), ESA Angers. Corresponding author. Mail : n.benarfa@groupe-esa.com
[**] LARESS, ESA Angers ; LERECO INRA Nantes UR1134.
[***] LARESS, ESA Angers.

INTRODUCTION

The cluster concept is increasingly used to enhance the economic momentum of territories that compete with one another in a context of globalised economies. The work of Porter (1998 and 2000) has been very influential in this matter and used as a justification for cluster policies. A typical defense of cluster policies is that clusters bring economic gains and should therefore receive public support. France developed a policy based on this concept, which has become a pan-European trend following the Lisbon strategy defined in 2000 and laid out in the Europe 2020 plan, a strategy that seeks to make the European Union a competitive economy based on knowledge development. Under the strategy, governments are encouraged to increase expenditures devoted to research and development for innovation (objective of 3% of GDP). Hence, France is adopting a specific policy – based on the cluster models set out in the literature – to enhance territories' economic development through the establishment of competitiveness clusters [*pôles de compétitivité*]. In addition to that national-level effort, local authorities, which have their own economic development responsibilities, are also investing in the development of such clusters.

The French Government's competitiveness clusters policy was adopted in 2005. The first phase was the launch of a call for proposals to give the competitiveness clusters official accreditation. The 2005 selection lists 66 competitiveness clusters, which rose to 71 in 2009.

Studying the French case is interesting because there is a long tradition of strong government intervention regarding the location of economic activities especially agricultural ones and because French cluster initiatives are more or less unified across the country (Duranton et al., 2010). Until the implementation of competitiveness clusters, the French policies of spatial planning aimed to avoid spatial concentration of economic activities in a few territories and to guarantee equity between territories. Now, collaborations and spatial concentration of economic activities in dynamic territories are encouraged by the government. The aim is to achieve a certain "critical mass" in order to be internationally competitive and to build collaborative projects to enable companies to innovate and position themselves at the forefront of their sectors, in France and abroad. Equity considerations remain present since those cluster policies are well geographically distributed across the country and represent most economic sectors. Cluster policies in France have become very popular. However, neither the determinants of implemented cluster policies are clear nor the supported collaborations examined. As Duranton et al. (2010: p. 4) state "cluster policy (..) requires to pick not only the 'right' industries but also the 'right' territories. It is interesting to note that one of the fathers of Silicon Valley, Frederick Terman, who was the vice president of Stanford University, was unable to replicate this experiment in New Jersey a few years later when called upon by the Bell Laboratories (Leslie and Kargon, 1996). There exist actually very few examples of public policies that were successful in promoting clusters". In this respect, the question regarding the French competitiveness cluster policies is: is there any evidence, within the considered sector, that the selected location of the cluster was actually grouping more agglomerated activities?

To analyze how clusters are implemented in France and to see if cluster policies are concerned with the right sector and industry and implemented in the right territory we used explanatory spatial data analysis to detect the spatial structure and dynamics of agri-food activities and to connect them to the location of the competitiveness clusters.

To analyze the supported collaborations we constructed a network to show the interaction between the different cluster policies linked by common projects, and by economic partners involved in these projects (research and development (R&D) projects accredited by the Joint Ministerial Single Fund (FUI)). This network allowed us to show the growing trend of interactions and the type of collaborations and synergy between the clusters.

This paper proposes to first ascertain to what extent the clusters policies relative to the agricultural and agri-food sectors rely on a spatial dynamic involving real agricultural and agri-food activity clusters in the relevant geographic area. Secondly, the paper focuses on the nature and the type of links and collaborations between clusters.

The paper is thus organised as follows; In the first part French policies on competitiveness clusters and cluster policies literature are presented. In the second part we focus on the clusters and spatial statistics indicators used for the analysis of the agricultural and agri-food dynamics. In the third part we present results of such dynamics and link them to the implemented cluster policies. In the fourth part we look at the types of local linkages between the relative competitiveness clusters. Finally in the last part we conclude and present some discussion elements.

1. CLUSTER POLICIES: LESSONS FROM LITERATURE AND THE FRENCH CASE (THE COMPETITIVENESS CLUSTERS)

The policy that led to the implementation of competitiveness clusters was initiated following the 14 September 2004 meeting, convened by the Prime Minister, of the Interdepartmental Spatial Planning and Development Committee (CIADT).

A *"competitiveness Pole"* is defined as the combination, within a given territory, of businesses, training centers and research units:

- collaborating on an undertaking aimed at generating synergies through the execution of innovative shared projects, and

- having the necessary critical mass for international visibility.

Thus, the policy is clearly grounded in the concept of a *cluster* as defined by Porter (1998): "Clusters are geographic concentrations of interconnected companies and institutions in a particular field." Competitiveness clusters are clusters that benefit by specific actions undertaken by governments to support their development, in particular seeking to maintain employment within the country and to achieve international visibility.

The first phase of this French government policy was the launch of a call for proposals to give the competitiveness clusters official accreditation. The clusters may be defined by type as follows: "worldwide" clusters (7 projects), "potentially worldwide" clusters (11 projects, including Végépolys), and national clusters (53 projects). The objectives to be achieved and the level of funding are a function of this categorisation.

Money is being spent to support the competitiveness clusters' development. For the first phase (2005–2008), the Government had set aside an envelope of 1.5 billion euros, with as much again being allotted to competitiveness clusters in 2009–2011. That budget goes primarily to the "worldwide" (50%) and "potentially worldwide" competitiveness clusters (25%). In addition to that financial envelope, businesses that develop cooperative innovative projects with the clusters benefit from tax exemptions. Local authorities, primarily the regions and metropolitan areas, may also contribute to the financing of the competitiveness clusters within their jurisdictions.

The competitiveness clusters policy is an ambitious one as compared to its predecessor, the local productive system policy "système productif localisé" SPL started in 1998 and which was of a small scale and did not mobilize a lot of money. Competitiveness cluster calls on stakeholders to cooperate among themselves to stimulate innovation while still competing with one another in the open market; their cooperation is intended to generate added value, performance and growth.

The relationship between performance growth and agglomeration (clustering) processes has been studied extensively in recent years. Fujita and Thisse (2002) claim that "agglomeration can be thought as the territorial counterpart of economic growth". The positive link between growth and spatial agglomeration is mainly attributed to the fact that technological spillovers, being the engines of endogenous growth, are localized. Consequently, being close to innovation clusters should have positive effects on productivity and growth perspectives (Grafeneder-Weissteiner, 2010). Agglomeration and clustering of economic activities is a fundamental cause of an enhanced level of local economic performance, creating externalities that cause firms to grow faster and larger than they otherwise would do (Igliori, 2008).

It is commonly admitted that the agglomeration of economic activities increases the productivity of firms and some essays analyse the different economic mechanisms that can generate such gain. Those mechanisms imply that economic geography produced by market forces alone is not optimal, which justify à priori public intervention (Duranton et al., 2008).

Many authors have studied the logical underpinnings of the emergence and implementation of a cluster within a given territory (Duranton et al., 2010; Hamdouch, 2011…). The emergence of a cluster in a particular location can be explained by different dynamics. The first type of dynamics is rooted in the historical trajectories of the territories nurturing the specific advantages that lead to clustering phenomena (territorial path dependency). The second type of dynamics refers to historical accidents (random factors) and the third type of dynamics is the outcome of strategic moves and purposive actions of particular actors and/or public policies (Hamdouch, 2011). Clusters, where actors and policy initiatives appear to be crucial in initiating or fostering clustering processes, are labelled "cluster policies". Competitiveness clusters (*poles*) are clearly considered as cluster policies.

According to the Duranton et al. (2010), cluster policies could emerge and help in two ways. First they increase the size of existing clusters and thus improve the performance of firms if the cluster size is suboptimally small. Second, for a given size of clusters, cluster policies could improve the workings of externalities (input market externalities, labour market externalities and technological externalities). Both mechanisms could increase productivity of firms in the cluster. Indeed, this definition supposes that initially a cluster does exist and that a spatial concentration of industries more or less developed does exist.

Some authors have looked at the types of relationships existing between firms in order to establish a clusters typology (Gordon and Mc Cann, 2000), while others have investigated the degree of proximity between them (Rallet and Torre, 2005), taking into consideration the spatial and temporal dimensions of the clustering phenomenon. The authors that looked at proximity between firms (Rallet and Torre, 2005) found that it took two main forms: geographical proximity and organised proximity. Geographical proximity means the physical distance between the players. Organised proximity means the players' ability to interact, whether in a formal relationship or otherwise.

As regards the study of organised proximity, the work of Porter (1990, 1998) and of two Italian authors (Becattini, 1992 ; Brusco, 1982), concerning industrial districts, are mobilized. These papers are concerned with the nature of the relationship between firms. Porter highlights the importance of formal and strategic contacts. He states that cooperation between firms, and hence their solidarity, emerges from the identification of common problems and objectives. The relations established as a result are strategic; they are short-term relations aimed at stimulating innovation. The Italian literature posits another type of business relationship: one that develops through informal contacts, based on mutual trust between the partners. Two basic rationales for the cluster dynamic have been proposed (Amisse and Muller, 2011). Under one rationale, short-term strategic cooperation is undertaken upon the cluster's establishment or after a crisis, following the identification of objectives and problems common to the stakeholders; this is the professional rationale. Under the so-called historical rationale, trust and informal relationships are established in the long term; these go beyond short-term cooperative behaviour and lead to the forging of lasting alliances based on common interests. Thus, these two rationales constitute a temporal approach to the clusters policy.

Other elements may explain how relationships arise in the case of organised proximity (Torre, 2006; Vicente, 1999, 2005; Bocquet and Brossard, 2008). Two such elements may be mentioned. The first is belonging: the fact that two players belong to the same organisation or network facilitates interaction and, outwardly at least, fosters communication. The second is likeness: the fact that the members of an economic entity share the same references or knowledge system eases interaction between them.

In the current literature, however, it appears difficult to distinguish between these various patterns, as relations between firms may involve an alternation of competition and cooperation, and short-term alliances may be combined with more lasting ones.

Table 1. Rationales for collaboration between firms

<table>
<tr><th></th><th>Historical</th><th>Professional</th><th>Belonging</th><th>Likeness</th></tr>
<tr><td>Organised proximity</td><td rowspan="2">Long term, forging of historical alliances, cooperation</td><td rowspan="2">Short term, Strategic</td><td>Belonging to same network</td><td>Same references or knowledge system</td></tr>
<tr><td>Geographical proximity</td><td></td><td></td></tr>
</table>

In the following we exploit some empirical data and simple methods to see whether or not initial cluster does exist before political intervention and whether competitiveness clusters are based on a purely spatial agglomeration of firms or on complementarity between firms, belonging to other clusters identified at the national level. Also, the objective is to ascertain whether the geographical area of cluster policies matches the spatial dynamic of the relevant agricultural and agri-food activities, and then study the interactions between clusters through an analysis of the cluster network.

2. ANALYTICAL METHOD

2.1. Competitiveness clusters studied

The only competitiveness clusters considered in the analysis are those subject to MAAP (the French ministry of agriculture, food, fisheries, rural life and land use planning) that carry on an activity concerned with agri-food and/or agriculture and are strongly tied to the territory in which that activity is conducted. Clusters related to sea products were not included, nor were the InnoViandes and Prod'Innov clusters, inasmuch as in 2010 they lost their national "competitiveness cluster" accreditation. Finally, biotechnology, health and nutrition clusters were not looked at because they are highly R&D-oriented and less directly tied to the agricultural and agri-food sectors. The clusters studied were the following: Industrie et Agro-ressources (IAR), Nutrition Santé Longévité (NSL) and Vitagora. All clusters mentioned will however be taken into account in the last part of the study—network analysis—since all of them collaborate with the agricultural or agri-food competitiveness clusters.

According to DATAR (Délégation interministérielle à l'aménagement du territoire et à l'attractivité régionale) in charge of spatial planning and regional attractiveness), 14 clusters are subject to MAAP, of which 6 meet our criteria. Also, the following clusters are selected (Table 2).

Table 2. Competitiveness clusters studied

Name of cluster	Location of cluster headquarters	Main issues dealt with
Agrimip Innovation	Castanet Tolosan (Midi-Pyrénées)	Food supply chains
Céréales Vallée	Saint-Beauzire (Auvergne)	Cereals
Pôle Européen Innovation Fruits et Légumes	Avignon (Provence-Alpes-Côte-d'Azur)	Fruits and vegetables
Qualiméditerranée	Montpellier (Languedoc-Roussillon)	Fruits and vegetables, wine-growing, cereals and Mediterranean crops
Valorial	Rennes (Bretagne)	Foods of tomorrow, milk, meat and egg products, agri-food technologies and nutrition
Végépolys	Angers (Pays-de-la-Loire)	Varietal selection, horticulture, specialised plants, landscapes, wine-growing, market gardening

In order to bring out the interrelations of the clusters, agricultural activities and agri-food industries, the sectors directly relevant to each cluster have to be identified (Table 3).

Table 3. Agricultural and agri-food industries associated with each competitiveness cluster

	Sector	Agrimip Innovation	Céréales Vallée	PEIFL	Quali-méditerranée	Valorial	Végépolys
Agriculture (prod.)	Field crops	×	×		×		
Food Industries	Cereals/ grains						
Agriculture (prod.)	Fruit	×		×	×	×	×
Agriculture (prod.)	Market gardening/ horticulture						
Food Industries	Fruit/ vegetables						
Agriculture (prod.)	Milk	×				×	
Food Industries	Dairy products						
Agriculture (prod.)	Meat	×				×	
Food Industries	Meat Products						

The following agricultural and agri-food sectors are studied: field crops/cereals sector, fruit, vegetable and horticulture sector, livestock production/ meat and dairy industries. The data regarding all agriculture and agri-food industries taken together are also looked at.

2.2. Data used

The data on agricultural activities is taken from departmental agriculture accounts for 1990 and 2006 (production volume by sector, at the department level)[1] (Ben Arfa et al., 2009). The data on agri-food industries (AFI) is taken from the 1996 and 2005 EAE surveys [Enquête Annuelle d'Entreprises] (number of establishments per sector, at commune level). This data was aggregated at the *zones d'emploi* (employment zone) [2] level, which was seen as the most relevant scale for the study of agri-food activities. The data on cluster policies comes essentially from DATAR (establishments of businesses belonging to the cluster, within the employment zone).

2.2.1. Data processing: mapping and statistical analysis

The first step is to analyse the competitiveness clusters' location and catchment area. For that purpose, the places where the clusters are active are mapped and their reach (number of employment zones covered by the cluster/total number of employment zones) and their concentration (concentration index) are measured.

To analyse the degree of spatial clustering of competitiveness clusters, as evidenced by the presence of clusters in the neighbourhood, a join-count autocorrelation test is used. The join-count statistic is a global autocorrelation test specifically designed to measure the spatial arrangement of spare outcome data. The statistic is derived from three primary components classically referenced as the number of BB, WW, or BW joins. A BB join represents the number of neighbouring areas where there are no competitiveness clusters, WW joins represent the number of adjacent areas where there are competitiveness clusters, and BW the number of areas where a competitiveness cluster exists but there is none in the connecting area.

The standard error of the expected number of BB, WW, or BW joins gauges where differences between the observed and expected joins are significantly different from random.

On the basis of the results (Table 4), an initial cluster typology can be established showing catchment areas. Some clusters, like Végépolys, have a low concentration and a large catchment area. Others, like Agrimip, cover fairly small areas and are quite concentrated. This information, taken from an analysis of cluster location, is related to the dynamics of agricultural and agri-food activities and to inter-cluster collaborations.

To detect the spatial structure and dynamics of agri-food activities and to connect them to the competitiveness clusters' locations, an explanatory spatial data analysis (ESDA) is used. The Moran's *I* tests for spatial autocorrelation is

---

[1] Volumes of production of agricultural products come from the "*département*" accounts of agriculture provided by the French ministry of agriculture, food, fisheries, rural affairs and spatial planning, which are best at the department level. This makes it difficult to disaggregate the data at the employment zone level.

[2] An employment zone is a geographical area in which most of the labour force live and work. Carried out jointly by INSEE and the statistical unit of the labour ministry, the breakdown into employment zones constitutes a division of the territory suited to local studies of employment and its attendant conditions. Source : <http://www.insee.fr/fr/methodes/default.asp?page=definitions/zone-emploi.htm>

first calculated. The spatial weight matrix used to calculate this index is the queen first-order spatial contiguity matrix, describing the spatial contiguity of the employment zones under study.

Table 4. Geographical indicators for competitiveness clusters

	Dispersion/concentration Join-Count (Standard error WW)	Size of catchment area (in % of French territory)
Céréales Vallée	Scattered 1.2804	3.2
Agrimip Innovation	Concentrated 12.4532***	3.5
Qualiméditerranée	Slightly scattered 9.8357***	3.5
Valorial	Concentrated 15.58***	9.7
PEIFL	Concentrated 12.5952***	10.8
Végépolys	Slightly scattered 8.0976***	11.7

***, $p<0.01$.

Table 5 displays Moran's *I* statistic for different food-processing industries for different sectors for the years 1996 and 2005 for the 348 French employment zones. Inference is based on the permutation approach with 9999 permutations (Anselin, 1995). It appears that all Moran's *I* statistics differ in a statistically significant way from zero, and that all agri-food sectors are positively spatially autocorrelated. This result suggests that the distribution of agri-food industries are by nature clustered over the two periods. This clustering is higher for 2005 than for 1996. The most clustered agri-food sector is cereal processing industries.

Table 5. Moran's *I* for agri-food industries, 1996 and 2005

	1996	**2005**
Cereals	0.3174	0.3709
Dairy_products	0.2064	0.2970
Fruits_veg	0.0855	0.2516
Meat	0.2559	0.3119
All AFI	0.1676	0.2044

GeoDa® software is used to calculate Moran's I.

Moran's *I* statistic is a global statistic and does not allow us to assess the regional structure of spatial autocorrelation. In order to gain more insight into how areas with a high or a low number of agri-food industries are located in France, then the local spatial autocorrelation using Local Indicators of Spatial Association (LISA) is analysed (Anselin, 1995). Local spatial autocorrelation statistics provide a measure, for each unit in the region, of the unit's tendency to have an attributed value that is correlated with values in nearby areas.

The high-high and low-low locations (positive local spatial autocorrelation) are typically referred to as spatial clusters, while the high-low and low-high locations (negative local spatial autocorrelation) are termed spatial outliers. While outliers are single locations by definition, this is not the case for clusters, and the cluster itself likely extends to its neighbours as well.

Using the results obtained, mapping may be done to identify the presence of local clusters or specific spatial units with a value opposite to their neighbours'.

3. ANALYSIS AND RESULTS

3.1. Analysis of spatial dynamics

On the basis of the indicators referred to above, maps are produced displaying agricultural and agro-industrial spatial dynamics. The maps of the relevant sectors for each of the clusters studied are presented (referred to in Table 3). For agricultural sectors the 1990 and 2006 maps as well as the 1996 and 2005 maps for agri-food activities (1990 and 1996 in Appendix) are showed. Thus, the activity locations for each competitiveness cluster and the spatial dynamics of sectors pertinent to these clusters' activities are presented.

Figure 1. LISA for agricultural production (2006) and agri-food industries (2005) and Agrimip cluster location

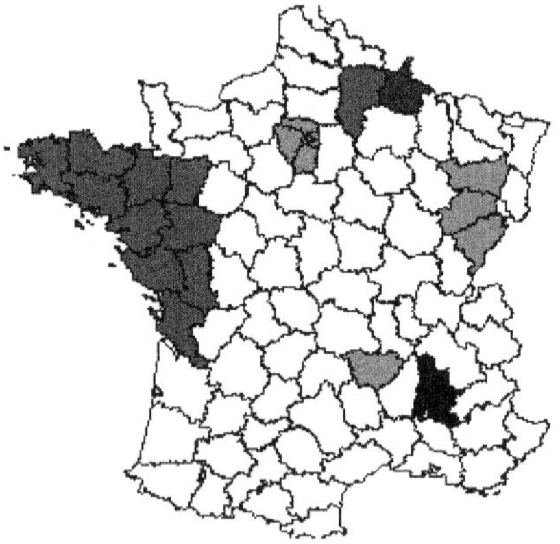

Figure 1(a): Agricultural Production in 2006

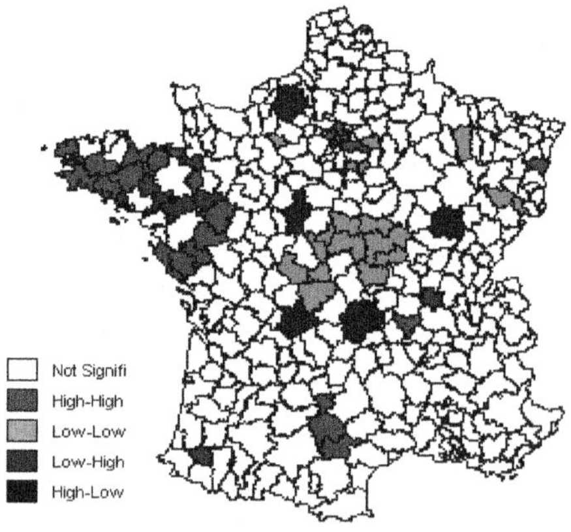

Figure 1(b): Food Industries (all sectors) in 2005

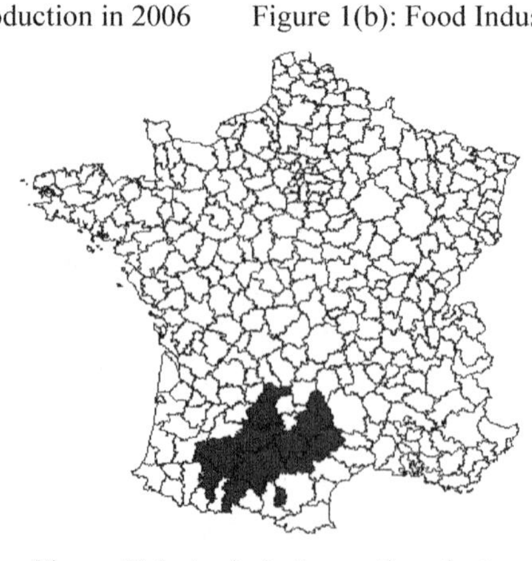

Figure 1(c): Agrimip Innovation cluster

- ***All agricultural production and agri-food industries dynamics and the Agrimip cluster***

The maps in Figures 1(a) and 1(b) show the Grand-Ouest region[3] to be the locomotive for agriculture and agri-food activities. For all agri-food industries, in 1996 (Figure A(i) in appendix) a main cluster was observed in the Grand-Ouest region and two smaller ones in Île-de-France and in the Lyon area (HH zones). In 2005 (Figure 1(b)), a main cluster is still shown in Grand-Ouest and a smaller one in Île-de-France, while a new cluster makes its appearance in Midi-Pyrénées.

Figure 2. LISA for field crops (2006) and Cereal industries (2005), and Céréales Vallée and Qualiméditerranée clusters location

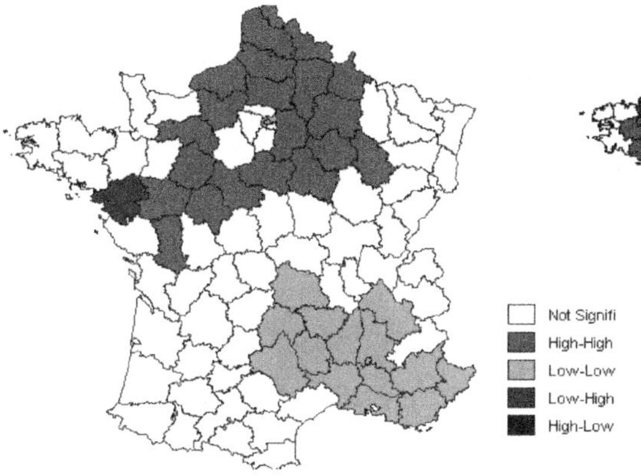

Figure 2 (a): Production of Field Crops in 2006

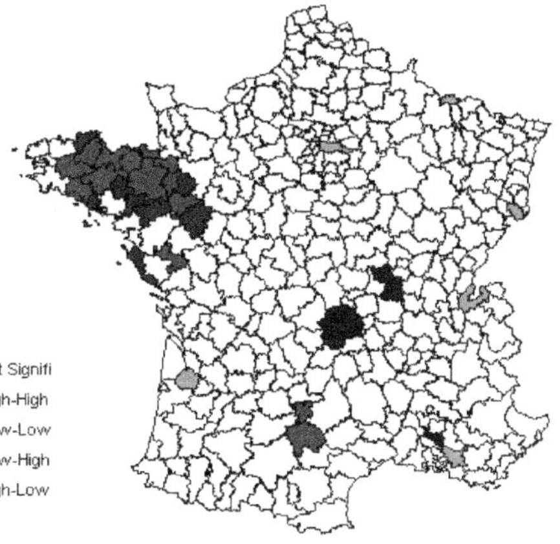

Figure 2(b): Cereal Industries in 2005

Figure 2(c) : Céréales Vallée cluster

Figure 2(d) : Qualiméditerranée cluster

[3] In our analyses we consider the Grand-Ouest as composed of Bretagne, Pays de la Loire, Normandie and Poitou-Charentes regions. Indeed, the major part of the French agricultural production is concentrated in this area.

The Agrimip Innovation cluster (Figure 1(c)) is not located in Grand-Ouest, the most dynamic region both for agriculture and for agri-food industries. It is, however, located in the southwest, in Midi-Pyrénées, where a positive industrial dynamic has recently developed.

- ***Field crops, Cereal industries' dynamics and Céréales Vallée and Qualiméditerranée clusters***

The spatial dynamic of field crops, including cereals, covers a relatively large territory. Between 1990 (Figure A(c)) and 2006 (Figure 2(a)), there was a westward shift of regions with a positive dynamic. For the industrial grains sector, one main cluster is found, in Grand-Ouest, showing little change between 1996 (Figure A(d)) and 2005 (Figure 2(b)). Animal feed industries account for the greater part of this cluster, as Grand-Ouest is an important livestock region.

The Céréales Vallée cluster's catchment area (Figure 2(c)) does not include agricultural or industrial sectors with any notable spatial dynamics. It is, however, located in an area with atypical HL behaviours (being dynamic as regards the cereals industry whereas its neighbours are not). Nor does the Qualiméditerranée cluster (Figure 2(d)) appear to inhabit an area with clustering dynamics in the cereals and field crops sector (some outliers with HL behaviours were present in 1996 but not in 2005).

- ***Fruit, vegetable and horticulture sectors' dynamics and related clusters***

The dynamics of fruit production were found to be stable between 1990 and 2006. The Bouches-du-Rhône department (southeastern France, Figure 3(a)) is the largest vegetable producer and has a highly positive dynamic. Between 1990 (Figure A(e)) and 2006 (Figure 3(c)), other departments strengthened their vegetable and horticulture position, forming a relatively dynamic cluster in western France (Brittany, Pays-de-la-Loire). The Valorial and Végépolys clusters are located there.

Figure 3. LISA for Fruit, vegetable and horticulture productions (2006), fruit/vegetable industries (2005) and concerned clusters location

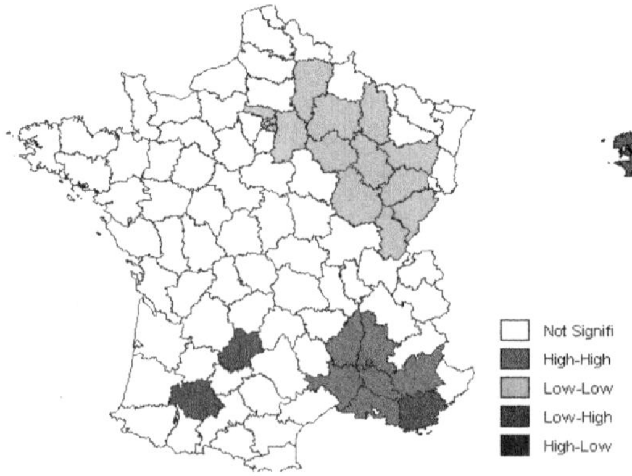

Figure 3(a): Fruit Production in 2006

Figure 3(b): Fruit/vegetable industries in 2005

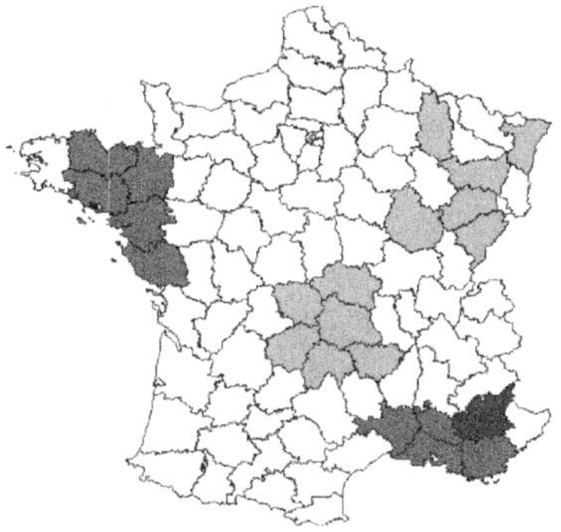

Figure 3(c): Vegetable and Horticultural Production in 2006

Figure 3(d): The Valorial cluster

Figure 3(e): The Végépolys cluster

Figure 3(f): Qualimediterrannée cluster

Figure 3(g) : Pôle Européen d'Innovation Fruits et Légumes

For the fruit and vegetable industry (data for the fruit sector alone is unavailable) (Figure 3(b)), the clustering zones are small. Three clusters are found in Brittany, Aquitaine and Drôme-Ardèche (South Rhône-Alpes). Those clusters have become larger between 1996 (Figure A(f)) and 2005.

Valorial (Figure 3(d)) is located in zones where fruit and vegetable industrial activities have a positive dynamic (Grand-Ouest in particular). Végépolys (Figure 3(e)) has a principal catchment area in the Grand-Ouest that is unrelated to the fruit and vegetable production cluster also found there. It also has members near the Alsace and Aquitaine industrial clusters. The presence of this cluster in the South may reflect a desire on the part of some stakeholders to ride on the coattails of the main horticultural and fruit production cluster.

Qualiméditerranée (Figure 3(f)) is preponderantly based in the South, near but not right inside the most dynamic fruit and vegetable production area. It has however a presence in Pyrénées-Orientales which appear as a new dynamic employment zone with respect to fruit and vegetable industries (it wasn't the case in 1996 (Figure A(f)).

PEIFL (Figure 3(g)) also has an important presence in the fruit and vegetable production and industrial cluster in the Southeast, and has members near or within the Aquitanian industrial cluster.

- ***Livestock production, dairy and meat industries' dynamics and Valorial cluster***

France's Grand-Ouest region has a positive dynamic for dairy production (Figure 4(a)). As regards dairy industries (Figure 4(b)), positive spatial dynamics are more scattered (Basse-Normandie, Franche-Comté, Rhône-Alpes and southern Auvergne).

Positive dynamics for meat production are mainly found in the Grand-Ouest region. That cluster expanded recently to Normandie thanks to beef production (see Figure A(g) in Appendix). Three large clusters may be identified for the meat products processing sector (Figure 4(d)): one in the Grand-Ouest, one in Midi-Pyrénées and one in Rhône-Alpes.

The Valorial cluster (Figure 4(e)) is mainly located in Grand-Ouest, at the heart of dairy production activities. As far as the dairy sector is concerned, this cluster's spatial correlation appears to be more with agricultural than industrial activities. More generally, it is located in the area where a positive dynamic exists for husbandry, both on the farm and in terms of processing industries.

An analysis of the link between cluster location and spatial dynamics indicates that some clusters rely on a strong local dynamic in agricultural and/or agri-food activities. Such is the case, for example, of the Valorial and Végépolys clusters and the "Pôle Européen d'Innovation Fruits et Légumes (PEIFL)". In other cases there is not so clear a link to local production dynamics. Examples of this would be Céréales Vallée, Agrimip Innovation and the Qualiméditérranée cluster.

After this first stage of analysis, which deals with the relationship between competitiveness clusters' emergence, their geographic extent and the spatial dynamics of the agricultural and agri-food sectors concerned, we looked at whether cooperative dynamics or other interactions beyond mere geographical proximity are operative between the clusters.

Figure 4. LISA for livestock production (2006), dairy and meat industries (2005), and Valorial cluster location

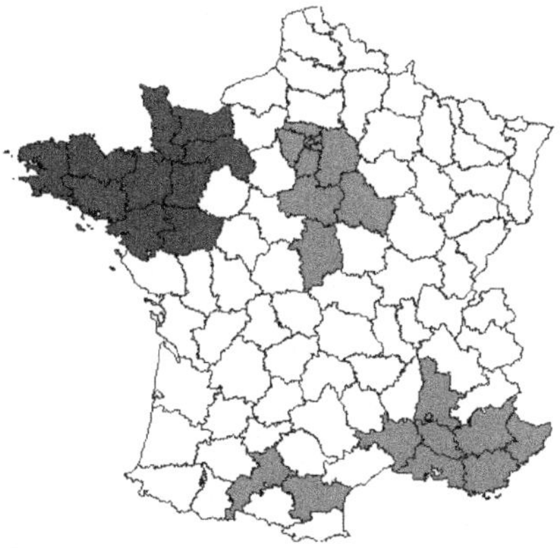

Figure 4(a): Dairy Production in 2006

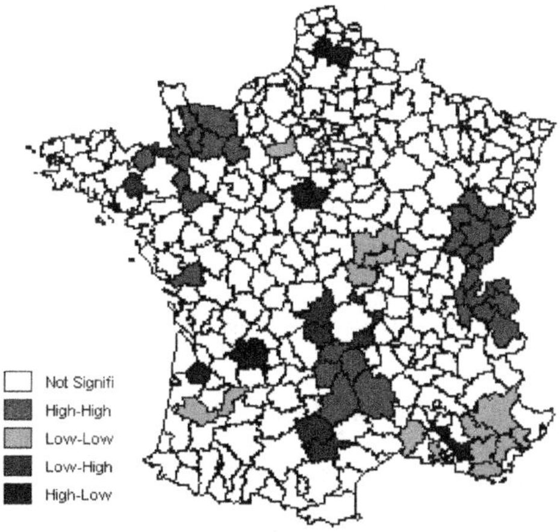

Figure 4(b): Dairy Industries in 2005

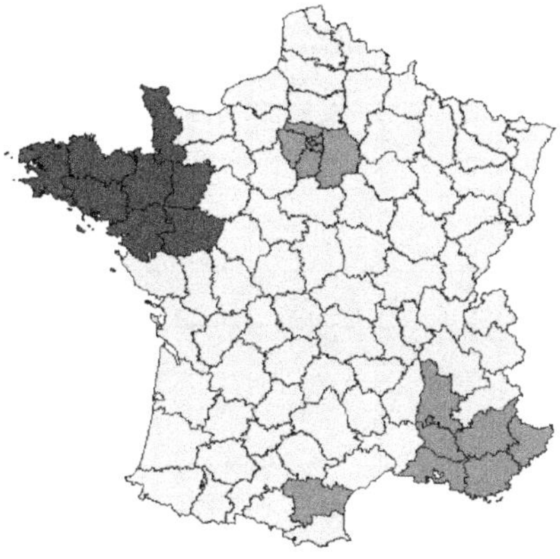

Figure 4(c): Meat Production in 2006

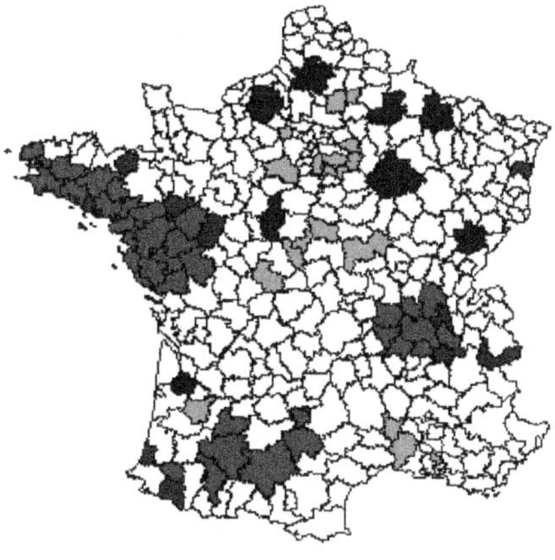

Figure 4(d): Meat Product Industries in 2005

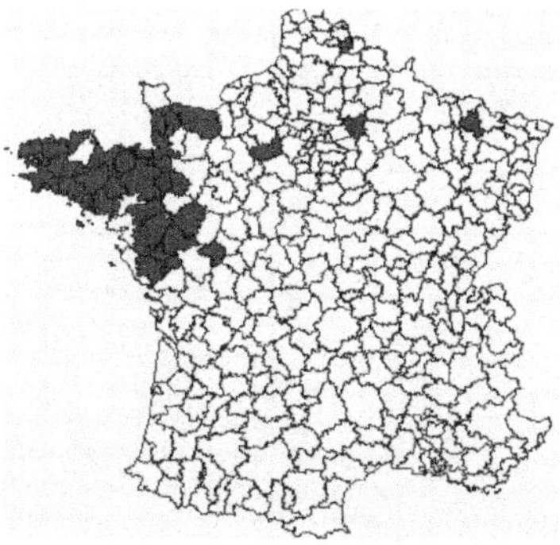

Figure 4(e): The Valorial cluster

4. NETWORK ANALYSIS OF COMPETITIVENESS CLUSTERS

Inter-cluster links – their nature, number, and density – are studied based on a network analysis. The term "network" means a set of interconnected entities that allows the circulation of tangible or intangible items between each of the entities (nodes) according to well defined rules. In our case, collaborative inter-cluster networks are considered: two clusters are linked if they both participate in a research and development (R&D) project accredited by the Joint Ministerial Single Fund (FUI) under the Government's competitiveness clusters policy (Vicente et al., 2011).

Table 6. Collaborations between cluster policies (response to the FUI call for proposals)

	Agrimip Innovation	Céréales Vallée	IAR	Innoviandes	NSL	PEIFL	ProdInnov	Qualiméditerranée	Valorial	Végépolys	Vitagora
Number of CFPs	12	6	12	2	8	4	7	8	6	7	10
Agrimip Innovation					1S		1G	1G			
Céréales Vallée											
IAR											1S
Innoviandes								1S			
NSL	1S							1S		1S	1S
PEIFL								1G			
ProdInnov	1G										
Qualiméditerranée	1G			1S	1S	1G					2S
Valorial										1G	
Végépolys					1S				1G		
Vitagora			1S		1S			2S			
Axelera	1S										
Enfant									1G		
Fibres Grand Est	1S										
PASS			1S								
Plastipolis		1	3S								1S
Pôle européen de la céramique			1S								
Trimatec		1				1G		1G			
Xylofutur	1G										

Source: Datar, 2008.

Inter-cluster linkages and their nature are analysed (geographic proximity, complementary activity); this provides indications as to the competitiveness clusters' collaboration strategies: geographic or organised proximity, belonging or likeness. It also provides guidance on the each cluster's position in the network (central position, intermediate, or end of the network).

This study is conducted using UCINET social network analysis software (Borgatti et al., 2002) and its NetDraw network visualisation plug-in. This software can perform measurements to characterise the network of studied clusters – size, number of links, network density, average distance between two nodes – and visualise the network. The results of this initial data processing step are shown in Table 6.

The first row contains the total number of CFPs (calls for proposals) bid on by each of the clusters reporting to the ministry of agriculture. The figures indicate the number of collaborations between the clusters concerned (clusters other than those related to agricultural and agri-food sectors are considered, see description in Table A.1 in Appendix). The letter S or G indicates the type of collaboration. G collaborations are more geographic in nature, as they took place between clusters physically close to one another (geographical proximity). S collaborations are more strategic, as the clusters entered into partnerships because, for example, their activities are complementary. Such collaborations may be considered as reflecting organised proximity.

Inter-cluster links relating to responses to calls for proposals are shown (Figure 5). This figure incorporates the clusters referred to in Table 6. Thicker lines mean a more intense relationship, i.e. more inter-cluster links.

Figure 5. Network visualisation of inter-cluster collaborations

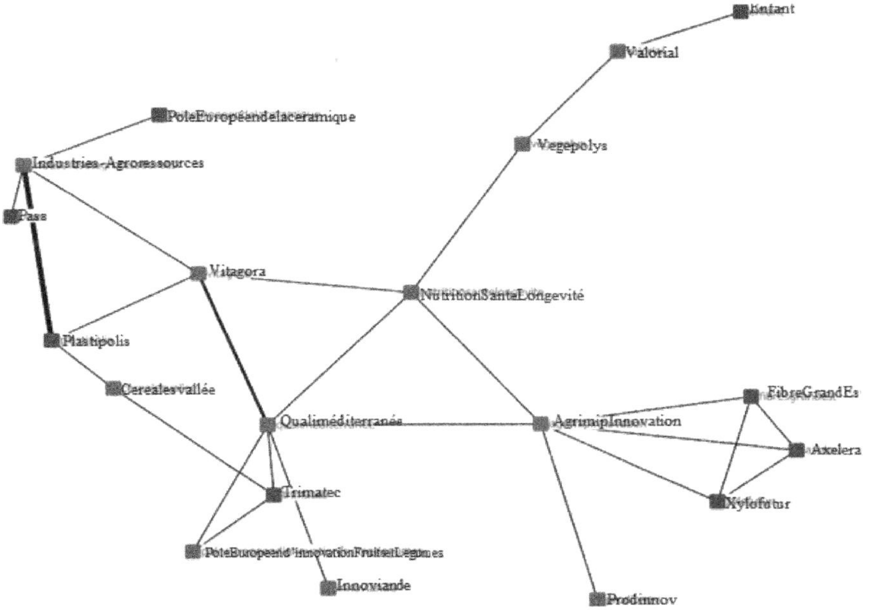

Additional measures may be used to characterise the network. Network density may be calculated based on the actual number of links out of the possible number of links L, where L = N*(N-1)/2 and N is the number of network elements (N = 19 in our case). The average density is 0.17. As density can vary from 0 (no relation) to 1 (all potential links occur), this index shows that the network of relationships is sparse.

Geodesics may be used to evaluate the accessibility of network members. The shortest path connecting two nodes is called a geodesic. Ucinet® calculates an average geodesic distance of 3, a relatively high value indicating relatively difficult access within the network. This means that on the average, clusters need two intermediaries to become connected.

Specific measures are given for each cluster in the network. Degree, in Table 7, means the number of relationships each cluster is part of. Of all clusters, Qualiméditerranée, Agrimip and Industries Agroressources are those that maintain the largest number of relationships with others.

Table 7. Measurement of degree for each cluster

Cluster	Degree
Qualiméditerranée	7
Industries et agroressources	6
Agrimipinnovation	6
Plastipolis	5
Vitagora	5
Nutrition Santé Longévité	4
Trimatec	3
Axelera	3
Xylofutur	3
Fibres Grand Est	3
Céréales Vallée	2
Pôle Européen d'Innovation Fruits et Légumes	2
Vegepolys	2
Valorial	2
Enfant	1
Innoviande	1
Prodinnov	1
Pass	1
Pôle Européen de la Céramique	1

Betweenness is a measure of a node's capacity to play the role of an intermediary, a point through which information must pass. Technically, it is a node's propensity to lie on a geodesic, that is, the shortest path between two network members (Table 8).

This table shows the strategic position of some clusters within the network. The Qualiméditerranée and Agrimip clusters act as intermediaries respectively 61 and 59 times during inter-cluster collaboration. Potential inter-cluster relationships must often go through them, as they occupy a first-class strategic position.

Table 8. Measurement of betweenness

Cluster	Betweenness
Qualiméditerranée	61.5
Agrimipinnovation	59.0
Nutrition Santé Longévité	57.5
Vitagora	51.0
Industries et agroressources	33.0
Vegepolys	32.0
Valorial	17.0
Trimatec	10.5
Plastipolis	7.5
Céréales Vallée	3.0
Enfant	0.0
Axelera	0.0
Pôle Européen d'Innovation Fruits et Légumes	0.0
Fibres Grand Est	0.0
Pôle Européen de la Céramique	0.0
Innoviande	0.0
Prodinnov	0.0
Pass	0.0
Xylofutur	0.0

The final study subject was cliques within the cluster network. Cliques are cohesive cluster subgroups that choose to collaborate with one another. Belonging to the same clique means maintaining special relationships with other clusters in the clique. In this network, 5 cliques are identified.

The cliques within the network using NetDraw:

1: Agrimipinnovation ; Axelera; Fibres Grand Est ; Xylofutur
2: Agrimipinnovation ; Nutrition Santé Longévité ; Qualiméditerranée
3: Industries et agroressources ; Plastipolis ; Vitagora
4: Pôle Européen d'Innovation Fruits et Légumes ; Qualiméditerranée ; Trimatec
5: Nutrition Santé Longévité ; Qualiméditerranée ; Vitagora

Clusters with a high betweenness coefficient are also those that belong to several cliques: Agrimip (2) and Qualiméditerranée (3). These clusters have a truly strategic position within the network studied.

A final network visualisation (Figure 6), showing both the geographic distribution of clusters and the links between them, has been used to summarise the nature of their collaborations (geographical or otherwise).

Essentially there are three areas in which clusters collaborate for reasons of geographical proximity: the Northwest, Southeast and Southwest. In other areas, the collaborations observed arise instead from organised proximity, mainly technological complementarity.

Figure 6. Geographic network visualisation

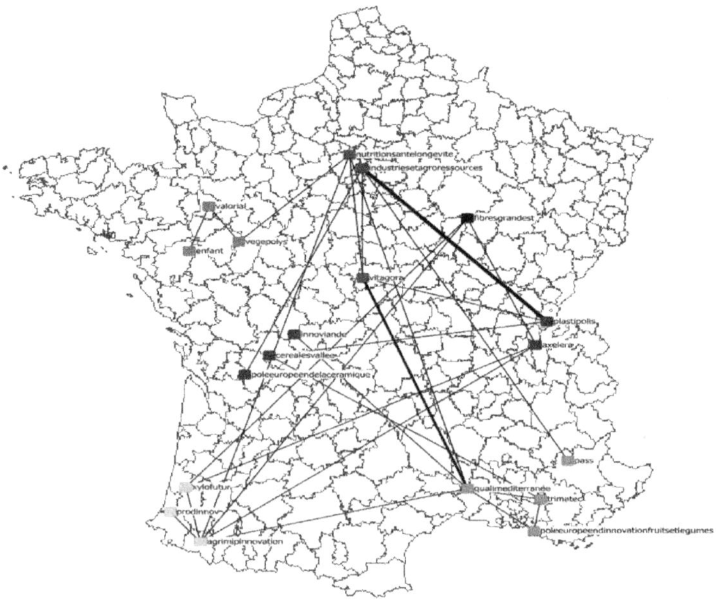

This analysis reveals the general characteristics of the network of clusters, such as density and geodesics. But its main usefulness was in identifying the clusters' network positions and strategies (Table 9).

Table 9. Summary data on clusters' network positions

	Number of links	Betweenness	Belonging to one or more cliques	Nature of links	
				Geographic	Strategic
Agrimip Innovation	6	59	2	2	4
Céréales Vallée	2	3	0	0	2
Qualiméditerranée	7	61,5	3	2	5
PEIFL	2	0	1	2	0
Valorial	2	17	0	2	0
Végépolys	2	32	0	1	1

The Agrimip and Qualiméditerranée clusters play the lead role in the network. They are intermediaries in the collaborations established between clusters and not only create links for reasons of geographical proximity but also establish many strategic relations with clusters throughout France.

Other clusters, like PEIFL or Céréales Vallée, are not tightly integrated into the network. They spark few collaborations and do not occupy a strategic place within the network.

5. CONCLUSION AND DISCUSSION

This paper presents a characterisation of France's competitiveness clusters specialising in the fields of agriculture and agri-food, from which it emerges that the six clusters specifically studied have different profiles because of their proximity to dynamic areas of agricultural and agri-food production and because of their collaborations with other clusters, which have recently been encouraged by the French government.

Clearly, the Valorial and Végépolys clusters (located in the Grand-Ouest region) and the Pôle Européen d'Innovation en Fruits et Légumes (Southwest) are located in areas where there is a clear agricultural and agri-food dynamic (positive spatial autocorrelation of the units observed). These three clusters are also those with the largest catchment areas, as they are a factor in about 10% of France's employment zones. The Céréales Vallée, Agrimip Innovation and Qualiméditerranée competitiveness clusters are less clearly tied to a production dynamic. They are present in a much smaller territory (some 3.5% of the country's employment zones).

Our results presenting agri-food cluster maps show a too equalitarian geographical distribution of the competitiveness clusters to be the result of chance. What some people will call the concern for equity and others, random scattering, is clearly still an issue in the implementation of these cluster policies especially for agri-food sectors which are by nature more geographically linked to the territory and where corresponding cluster policies are not always linked to local agri-food clusters, as shown in this paper. Fontagné et al. (2010) mentioned that the government selection of the competitiveness clusters respects a rationale of an industry-area couple. They found that, based on export performance as a measure of efficiency, public authorities have managed to select the right locations of clusters in the sectors they did prioritize, hence the most promising clusters. However, even if their study was done by sector, the results could not distinguish between sectors as they introduce the type of the cluster policies ("national", "worldwide", "potentially worldwide" clusters) as the only criterion. However, as highlighted by Duranton et al. (2010) policies that encourage the development of "natural" clusters seem more promising.

The original work done has made it possible to profile distinct clusters in the agricultural and agri-food area. However, as the competitiveness clusters policy is relatively recent, it is probably too early to assess their impacts on firms' long-run performance. Martin et al (2011) in their work comparing French industrial firms that benefited from cluster policy (the French SPL program) and firms that did not; show that firms that were sustained through this policy belonged to laggard regions and declining areas. They conclude that this policy did not succeed in reversing the relative decline on productivity for the targeted firms. They also conclude that the benefits vis-à-vis the costs of clustering are extremely modest: increasing productivity by 5 per cent would require doubling the size of an existing cluster. However, their study could not identify a clear pattern in terms of which sectors cluster more and which ones gain more from clustering.

Furthermore, our analysis has been based on inter-cluster collaborations to show if some clusters are more encouraged to collaborate with each other to overcome the lack of initial agglomeration of related industries. It appears from the network analysis that some clusters are strategically positioned thanks to the kind and number of their collaborations. Such is the case of the Agrimip Innovation and Qualiméditerranée competitiveness clusters. It should be noted that in Agrimip Innovation's zone of influence, a positive spatial dynamic has emerged over the last few years in the agri-food sector. The relations developed by these clusters are characterised specifically by strategic or organised proximity, and often involve clusters with complementary activities (e.g. Agrimip Innovation and Fibres Grand Est). Those clusters, specifically the case of the Qualiméditerranée cluster, are highly encouraged by the government to develop inter-cluster collaborations. Clusters more directly linked to an agricultural or agri-food dynamic develop fewer inter-cluster collaborations and those that do exist tend to reflect mere geographical proximity.

This study however ignores international collaborations, even though the clear intent of the policy is to afford cluster members greater international visibility. Furthermore, Christensen et al. (2011) show, for the case of Danish clusters policies, that the impact of collaboration projects is higher in international collaboration projects compared to national collaboration projects. At the French level, this issue was presented as a key one by the government in January 2013, 20 of the French Competiveness Cluster will be selected to develop their international dimension, to contribute to the French attractiveness. To go further, this international dimension will have to be included in any future analysis.

REFERENCES

Anselin L. (1988) *Spatial Econometrics, Methods and Models*. Boston: Kluwer Academic.

Anselin L. (1995) Local Indicator of Spatial Association-LISA, *Geographical Analysis*, 27, 93-115.

Amisse S., Muller P. (2011) Les logiques à l'origine des dynamiques de coopération dans les clusters: l'exemple de filières du végétal spécialisé, *Revue d'Economie Régionale et urbaine,* 1, 115-149.

Ben Arfa N., Rodriguez C., Daniel K. (2009) Dynamiques spatiales de la production agricole en France, *Revue d'Economie Régionale et Urbaine,* 4, 807-834.

Becattini G. (1992) *Le district industriel: une notion socio-économique*, in Benko G., Lipietz A., (éds), *Les régions qui gagnent*, PUF, Paris.

Bocquet R., Brossard O. (2008) Adoption des TIC, proximité et diffusion localisée des connaissances, *Revue d'Economie Régionale et Urbaine*, 3, 411-446.